KB014348

스타일 레슨

스타일 레슨

명확하고 아름다운 영어 글쓰기

● **개정판** 인쇄 2023년 7월 2일 ● **개정판** 발행 2023년7월 10일
● **지은이** 조셉 윌리엄스, 조셉 비접 ● **옮긴이** 윤영삼 ● **감수자** 라성일 ● **북디자인** 김정환
● **펴낸이** 김성순 ● **펴낸곳** 크레센도 ● **주소** 서울 강서구 마곡서1로 132, 301-516
● **전화** 070-8688-6616 ● **팩스** 0303-3441-6616 ● **이메일** editor@xcendo.net
● **홈페이지** xcendo.net ● **트위터** twitter.com/xcendo ● **페이스북** facebook.com/bookbeez

ISBN 979-11-88392-10-0(03740)

스타일 레슨

명확하고 아름다운 영어 글쓰기

조셉 윌리엄스
조셉 비접

크레센도

IV 우아함Grace

V 글쓰기의 윤리 Ethics

부록 Appendix

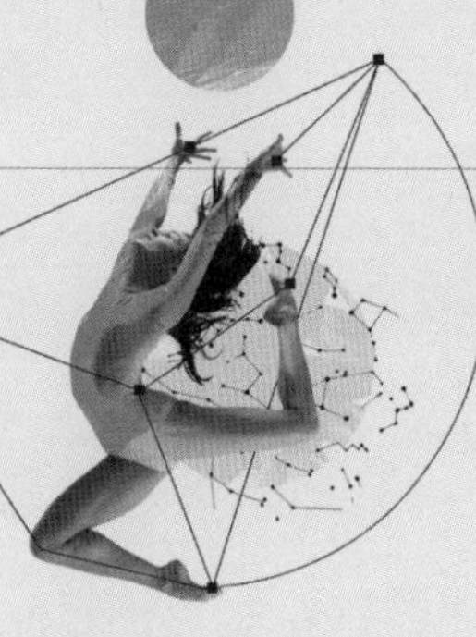

글쓰기 실험실 Writing Style Laboratory

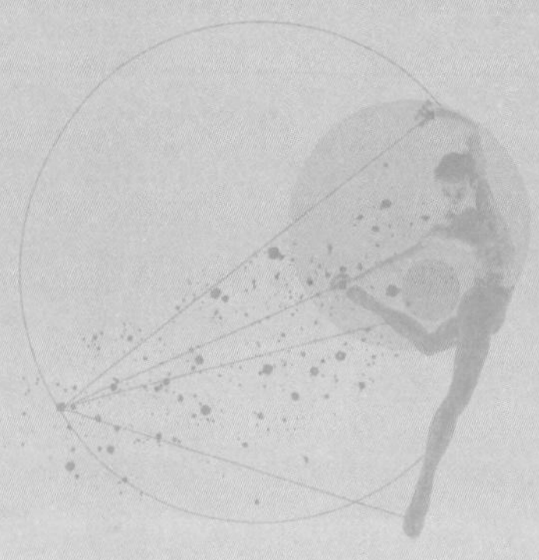

Most people won't realize
that writing is a craft.
You have to take your apprenticeship
in it like anything else.

사람들은 대개 글쓰기가 기술이라는 사실을 깨닫지 못한다.
다른 것과 마찬가지로 견습과정을 거쳐야 한다.

Katherine Ann Porter
캐서린 앤 포터

서문

글쓰기에 관한 최고의 고전으로 인정받는 《Style: Lessons in Clarity and Grace》 **13판**을 준비하면서 나는, 이 책의 고유하고 핵심적인 통찰은 그대로 유지하되 새로움과 신선함을 불어넣고 싶었다. 1981년 이 책이 처음 나왔을 때, 글쓰기에 바로 적용할 수 있는 실용적 조언은 독자들에게 깊은 인상을 심어주었다. 하지만 이 책은 결코 단순한 실무가이드가 아니었다. 조셉 윌리엄스는 명확한 글쓰기는 단순한 기술적 성취가 아니라 사회적 선善이자 윤리적 의무라는 확신을 이 책을 통해 전파하고자 하였다. 1979년 윌리엄스는 이 책의 기초가 되는 논문에서 이렇게 썼다.

> "글쓰기는 결과로 나타난다. 결과에 반영되지 않는 것은 우리의 임무와 무관하다. 어쨌든 교육자의 임무는 학생들이 스스로 되고자 하는 사람이 될 수 있도록 도와주는 것이다."

나는 이 고상한 정신을 새로운 개정판 속에 구현해내기 위해 노력했다.

11판, **12판**에 이어 벌써 세 번째 개정작업에 참여하면서 나는 공저자로서 좀더 적극적으로 개입하였다. 이전 개정작업에서는 원전을 최대한 보존하면서 사소한 요소들만 수정하는 것을 목표로 삼았으나, 이번 개정작업에서는 나의 의견을 반영하여 원고를 수정했다. 물론 이러한 수정작업에 윌리엄스도 충분히 동의할 것이라고 확신한다.

13판에서 무엇이 달라졌나?

책에 등장하는 개념과 원리를 좀더 쉽고 명확하게 설명하기 위해 전반적으로 개선하였으며, 몇 가지 오류를 바로잡았다.

- 내용을 좀더 적절하게 반영할 수 있도록 몇몇 레슨의 제목을 바꿨다.
- 문장을 코딩하는 방식을 최대한 시각적으로 보여주고 스타일의 원리를 그림으로 설명하기 위해 노력했다.
- 책 전반에 걸쳐 예문과 연습문제를 업데이트하였다. 더 넓은 화제와 주제를 포괄하기 위해 다양한 예문을 선별했다.
- **12판**까지 책의 첫머리를 장식했던 첫 번째 레슨 '스타일이란 무엇인가'에 포함되어있던 '모호한 글쓰기의 전통'을 '레슨을 시작하기에 앞서'로 자리를 옮겼다. '모호한 글쓰기의 전통'은 가치있는 정보를 담고 있기는 하지만 이 책을 읽는 독자들의 목적을 고려할 때, 주제가 다소 동떨어져있다고 판단하였다. 레슨1은 '문법과 스타일'이라는 제목으로 좀더 글쓰기에 초점을 맞춰 정리하였다.
- **레슨1**에 수록된 '젠더와 글쓰기' 섹션을 대폭 수정하고 확장하였다. 젠더에 관한 논의가 급부상하면서 **12판**에서 처음 이 책에 추가된 이 섹션은, 그 이후로도 논의가 심화되면서 또다시 상당한 개정작업을 할 수밖에 없었다. **13판**에서는 **레슨11**에서도 윤리적인 관점에서 젠더와 관련한 문제에 대해서 살펴본다.
- 책의 마지막을 장식하는 글쓰기의 윤리에 관한 레슨에도 상당한 변화가 있다. 가장 큰 변화는, 하나의 레슨이었던 것을 두 개로 분리한 것이다. **레슨11**에서는 짧은 예문들을 통해 명확한 글쓰기의 윤리에 초점을 맞춰 설명하고, **레슨12**에서는 명확성보다 한 차원 높은 스타일에 초점을 맞춰 텍스트를 분석하는 기회를 제공한다.
- **12판**까지는 윌리엄스가 제시한 "남들이 나를 위해 써주기 바라는 대로 글을 쓰라."라는 주장을 윤리적 글쓰기의 유일한 최고 원칙으로 삼았다. 하지만 이 원칙

은 우리가 글을 써야 하는 현장에서 온전히 적용하기 어렵다. 특히 글을 쓰는 나의 이익이 글을 읽을 사람들의 이익과 일치하지 않을 때, 이 원칙은 아무런 힘도 발휘하지 못한다. 이러한 상황까지도 포괄할 수 있는 글쓰기의 원칙을 제시하기 위해 나는 윌리엄스가 제시한 원칙을 글쓰기의 제1원칙(골든룰)으로 바꾸고 제2원칙(실버룰)을 새롭게 도입하였다. "남들이 나를 위해 쓰지 않기를 바라는 것은 쓰지 말라." 골든룰을 '공감의 원칙'이라고 한다면, 여기서 파생한 실버룰은 '공정의 원칙'이라 할 수 있다. 아무리 정직한 사람이라고 해도 글을 쓸 때 자신의 이익을 굽히고 독자의 이익을 우선하여 글을 쓸 것이라고 기대하기는 어렵다. 그럼에도 우리는 여전히 글을 쓰는 이가 거짓말을 하거나, 착각을 유발하거나, 불필요하게 어렵게 쓰지는 않을 것이라고 기대한다.

- **레슨12**에는 기존에 실려있던 미국 독립선언문과 더불어 역사상 가장 뛰어난 연설문으로 평가받는 링컨대통령의 두 번째 취임식 연설문을 수록하였다. 오늘날 골치 아픈 정치상황에 비춰보면 링컨의 연설문은 훨씬 깊은 울림을 줄 것이다.
- 이 책은 **9판**까지 조셉 윌리엄스가 직접 개정작업을 했으나, **10판**은 그레고리 콜럼이 개정하였고, **11판**부터는 내가 개정하였다. 점차 공동저작물로 진화하면서 나는 이 책의 완결성이 훼손되지 않도록 면밀하게 신경을 썼다. 이러한 작업은 평범한 이들이 글을 쓰는 과정에서 겪는 고통을 깊이 공감하고 기꺼이 포용했던 윌리엄스의 고결한 정신 덕분에 가능한 것이었다. 이 책은 앞으로도 명확하고 아름다운 글을 쓰고자 노력하는 무수한 독자들과 함께 살아 숨 쉴 것이라 확신한다.

무엇이 달라지지 않았나?

이러한 변화에도 불구하고 이 책이 해결하고자 하는 문제는 전혀 달라지지 않았다. 가장 기본적인 원칙은, 좋은 문장을 판단하는 기준은 글을 쓰는 사람이 결정하는 것이 아니라 그 글을 읽는 독자들의 느낌에서 찾아야 한다는 것이다.

- 독자들이 문장에서 받는 느낌은 구체적으로 어떤 요소에서 나오는 것일까?
- 내 글을 어떻게 진단할 수 있을까? 독자가 받을 느낌을 예상할 수 있을까?
- 내 문장을 독자가 더 낫다고 여기는 문장으로 어떻게 고칠 수 있을까?

이 책의 핵심은 여전히, 다시 말해 1981년 초판부터 지금까지 변하지 않았다. 좋은 글이란, 그 글을 읽는 독자에게 제대로 된 정보를 바탕으로 이성적으로 판단할 수 있는 기회를 제공하는 글이다.

한국어판 일러두기

이 책을 번역한 목적은 '한국어를 모국어로 하는 사람들에게 영어로 글을 잘 쓰는 법을 소개하는 것'이다. 이러한 목적을 달성하기 위해 글쓰기의 원리를 해설하고 영어문장을 분석하는 **본문**은 한국독자들이 최대한 쉽게 이해할 수 있도록 번역하였다. 반면, 본문 중간중간 등장하는 **예문**은 원칙적으로 원문만 보고 이해해야 한다. 하지만 아무래도 외국어만 읽고 이해하는 것이 생각만큼 쉬운 일이 아니기도 하고 독서속도도 상당히 떨어지기 때문에 편의상 예문마다 작은 글씨로 번역을 달았다. 다만 예문번역은 원문의 형식을 그대로 모방하여 번역하는 데 초점을 맞췄기 때문에, 한국어 번역문을 그 자체로 완결된 문장이라고 이해해서는 안 된다.

Joseph M. Williams

Il miglior fabbro

1933-2008

2008년 2월 22일 세상은 위대한 학자이자 스승을 잃었고, 나는 소중한 친구를 잃었다. 거의 30년 동안 조셉 윌리엄스와 나는 함께 가르치고, 함께 연구하고, 함께 글을 쓰고, 함께 술을 마시고, 함께 여행하고, 함께 논쟁했다. 논쟁에서 의견이 맞지 않을 때도 있었지만 그는 마지막 책에서 '우리의 무절제한 외침은 죽이 잘 맞는다'라는 한 마디로 갈등을 정리했고 우리는 그 어느 때보다도 가까워졌으며, 더 사려 깊게 글을 썼다. 물론 그에게 결점이 없었던 것은 아니지만, 그럼에도 그는 내가 아는 최고의 위인이었다.

윌리엄스를 기리는 나의 비문 il miglior fabbro최고의 장인는 그를 위인의 반열에 올려놓는다. 이 말은 단테가 12세기 음유시인 아르노 다이엘Arnaud Daniel을 찬미하며 사용한 말에서 가져온 것이다. 후대에 T. S. 엘리엇은 에즈라 파운드를 향해 이 말을 헌사했다. 물론 이 시인들이 유명한 것은 명확성과 우아함 때문이 아니라 깊이와 난해함 때문이었지만, 어쨌든 그들은 자신의 분야에서 최고의 경지에 오른 사람들이었다. 윌리엄스가 그러했던 것처럼.

여기서 한발 더 나아가 윌리엄스는 세상을 변화시켰다. 그가 발명한 기술은 수천 배 수만 배 복제되어 일상 속으로 퍼져나갔다. 그 덕분에 독자를 좀더 배려하는 논문, 보고서, 문서, 책이 지금도 만들어지고 있다.

그레고리 콜럼

The great enemy of clear language is insincerity.

명확한 언어의 가장 큰 적은 무성의함이다.

George Orwell

조지 오웰

레슨을 시작하기에 앞서

이 책은 두 가지 신념을 바탕으로 한다. 첫 번째, 글은 명확하게 쓰는 것이 좋다. 두 번째, 누구나 명확하게 쓸 수 있다.

첫 번째 신념, 글은 명확하게 써야 한다는 주장은 더 언급할 필요가 없을 만큼 당연한 이야기다. 특히 다음과 같은 문장을 만났을 때 누구든 이 주장의 가치를 더욱 절실하게 느낄 것이다.

> An understanding of causal factors driving male students underperformance on standardized verbal proficiency tests is prerequisite to the potential development of pedagogical strategies showing greater effectiveness.
>
> 표준적인 발화능력시험에서 남학생들이 낮은 점수를 받는 원인이 되는 요인에 대한 이해는 더 큰 효과를 보이는 교수전략의 잠재적 개발에 선행되어야 한다.

무슨 의미인지 이해가 되는가? 이 문장을 다음과 같이 썼다면 어땠을까?

> If we understood why male students underperform on standardized tests of verbal proficiency, we could perhaps develop better ways of teaching them.
>
> 남학생들이 발화능력 표준테스트에서 낮은 점수를 받는 이유를 이해한다면, 그들을 가르칠 수 있는 더 나은 방법을 개발할 수 있을 것이다.

하지만 두 번째 신념, 누구나 명확하게 글을 쓸 수 있다는 주장에 대해서는 의심하는 사람도 있을 것이다. 자신의 생각을 어떤 말로든 표현할 수만 있다면 더 바랄 것이 없는 사람들, 그래서 자신이 쏟아낸 말이 독자의 눈에 어떻게 보일까 따지는 것을 한가한 걱정일 뿐이라고 여기는 사람들에게는 꿈과도 같은 이야기일 것이다. 하지만 명확하게 글을 쓰는 비밀은 독자에게 있으며, 내 생각을 이해하고자 하는 독자의 노력을 꺾어버리기보다는 북돋아 주는 단어와 표현을 선택해야 한다는 것만 이해한다면 누구나 그 꿈을 현실로 만들 수 있다.

이 책은 그 구체적인 방법을 차근차근 알려준다.

모호한 글쓰기라는 굴레

조지 오웰은 글쓰기에 관한 유명한 소논문 〈정치와 영어Politics and the English Language〉에서 의미를 부풀리기 위해, 또는 의도를 숨기기 위해 정치인이나 학자들이 사용하는 현학적인 언어를 다음과 같이 해부한다.

> The keynote [of a pretentious style] is the elimination of simple verbs. Instead of being a single word, such as *break, stop, spoil, mend, kill*, a verb becomes a phrase, made up of a noun or adjective tacked on to some general-purposes verb such as *prove, serve, form, play, render.* In addition, the passive voice is wherever possible used in preference to the active, and noun constructions are used instead of gerunds (*by examination of* instead of *by examining*).
>
> [잘난 체하는 문체의] 핵심은 바로 평이한 동사의 제거다. 단일어 동사, 예를 들면 break, stop, spoil, mend, kill 같은 동사 대신 prove, serve, form, play, render 같은 다용도 동사에 명

사나 형용사를 붙여 만든 구동사를 쓴다. 게다가 능동태 대신에 어디서든 수동태가 사용되며, 명사구문이 동명사 대신 사용된다(예컨대 by examining 대신 by examination of를 쓴다).

문제는, 난해한 글을 비판하는 오웰의 글이 그 자체로 난해하기 그지없다는 사실이다. 자신의 주장을 자신의 글쓰기에 적용하여 실천했다면 훨씬 간결하게 쓸 수 있었을 것이다.

Pretentious writers avoid simple verbs. Instead of using one word, such as *break, stop, kill,* they turn the verb into a noun or adjective, then tack onto it a general-purpose verb such as *prove, serve, form, play, render.* They use the passive voice everywhere instead of the active, and noun constructions instead of gerunds (*by examination of* instead of *by examining*).

잘난 체하는 글에서는 단순명료한 동사를 사용하지 않는다. break, stop, kill 같은 단어 대신에, 그 동사를 명사나 형용사로 바꾼 뒤 prove, serve, form, play, render 같은 다용도 동사에 덧붙인다. 능동태 대신 어디서나 수동태를 사용하고, 동명사 대신 명사구문을 사용한다 (예컨대 by examining대신 by examination of를 쓴다).

난해한 글을 비판하는 이 유명한 글조차 그러한 글쓰기습관을 떨쳐버리지 못하는 것을 보면, 온갖 사람들이 쏟아내는 글들이 난해하기 그지없는 상황은 놀랄 일도 아니다. 학자, 과학자, 법률가, 기업, 정치인, 학생, 너나 할 것 없이 쏟아내는 글이 다 그러하다. 사회과학분야의 글을 한번 읽어보자.

[A] turgid and polysyllabic prose does seem to prevail in the social sciences... Such a lack of ready intelligibility, I believe, usually has little or nothing to do with the complexity of thought. It has to do almost entirely with certain confusions of the academic writer about his own status.

다多음절어를 나열하는 따분한 글이 사회과학 분야에 널리 퍼진 것은 분명해 보인다… 이러한 익숙한 이해가능성의 결여는 대개, 내 생각에, 사상의 심오함과는 전혀 관련이 없으며 있어도 미미할 뿐이다. 이는 거의 예외없이 학술 저자 스스로 자신의 입장에 대한 모호한 태도와 관련이 있다.

C. Wright Mills, *The Sociological Imagination* 라이트 밀스, 《사회학적 상상력》

의학분야 역시 난해한 글쓰기로 악명이 높다.

[I]t now appears that obligatory obfuscation is a firm tradition within the medical profession... [Medical writing] is a highly skilled, calculated attempt to confuse the reader... This may explain why only the most eminent physicians, the Cushings and Oslers, feel free to express themselves lucidly.

강박적인 불명료화는 이제 의료계의 견고한 전통이 된 것처럼 보인다… [의학적 글쓰기는] 독자를 혼란에 빠뜨리기 위한 고도로 훈련된, 치밀한 계략이라 할 수 있다… 이런 이유에서 쿠싱이나 오슬러 같은 가장 탁월한 의사들만이 자신의 생각을 명쾌하게 밝힐 수 있는 것이다.

Michael Crichton, "Medical Obfuscation: Structure and Function", *New England Journal of Medicine* 마이클 크라이튼, '의료계의 불명료한 글쓰기: 구조와 기능' 《뉴잉글랜드 의학저널》

난해한 글쓰기 전통에서 최고의 자리를 놓치지 않는 법학분야의 글을 보자.

[I]n law journals, in speeches, in classrooms and in courtrooms, lawyers and judges are beginning to worry about how often they have been misunderstood, and they are discovering that sometimes they can't even understand each other.

법학저널에서, 토론에서, 강의실에서, 법정에서, 변호사와 판사는 지금껏 대중이 그들을 얼마나 오해하고 있었는지 염려하기 시작했으며, 가끔은 자기들끼리도 서로 이해할 수 없다는 사실을 깨닫고 있다.

Tom Goldstein, *New York Times* 톰 골드스타인, 《뉴욕타임즈》

현학적이고 난해한 글쓰기 올림픽에서 과학분야도 결코 뒤쳐지지 않는다.

But there are times when the more the authors explain [about ape communication], the less we understand. Apes certainly seem capable of using language to communicate. Whether scientists are remains doubtful.

그러나 [유인원의 의사소통에 관한] 저자들의 설명이 늘어날수록, 이해하기가 더 힘들어질 때도 있다. 유인원도 소통을 목적으로 언어를 사용할 가능성이 분명히 있는 것으로 보인다. 과학적으로는 여전히 의구심이 있든 말든.

Douglas Chadwick, *New York Times* 더글라스 채드윅, 《뉴욕타임즈》

우리가 난해하고 현학적인 글을 처음 만나는 곳은 대부분 교과서다.

Recognition of the fact that systems [of grammar] differ from one language to another can serve as the basis for serious consideration of the problems confronting translators of the great works of world literature originally written in a language other than English.

언어마다 [문법]체계가 다르다는 사실에 대한 인식은 영어가 아닌 다른 언어로 쓰인 위대한 세계문학작품의 번역가들이 직면한 문제에 대한 진지한 이해를 위한 토대가 될 수 있다.

사실, 이런 글은 절반의 단어만으로도 훨씬 명확하게 쓸 수 있다.

When we recognize that languages have different grammars, we can consider the problems of those who translate great works of literature into English.

언어마다 문법이 다르다는 것을 안다면 위대한 세계문학작품을 영어로 번역하는 사람들이 직면한 문제를 이해할 수 있다.

이처럼 의미가 응축되어있는 글을 읽어내기 위해 지금도 무수한 학생들이 고군분투하고 있다. 저자의 심오한 생각을 이해하지 못하는 것은, 내 머리가 나쁘기 때문이라고 자책한다. 물론 정말 그런 경우도 있겠지만 훨씬 많은 경우, 글을 쓴 사람이 명확하게 쓰지 못한 (또는 의도적으로 명확하게 쓰지 않은) 탓이 크다.

난해한 글로 인한 손실은 생각보다 매우 크다. 모호한 글은 단순히 독자 개인에게 불편을 끼치는 것을 넘어서, 궁극적으로 사회적 정치적 병폐를 초래한다. 불명료한 단어를 나열함으로써 독자를 끊임없이 배제하는 언어는, 그 주제에 대해 깊이 고민해보고자 하는 독자의 의지를 꺾어버린다. 오웰이 지적했듯이 '지지할 수 없는 것을 지지하는' 무지몽매한 대중을 낳는다. 건강하고 윤리적인 사회에서는 결코 발생할 수 없고, 용납될 수 없는 일이다. 글쓰기의 윤리적 측면에 대해서는 **5부**에서 살펴본다.

모호한 글쓰기는 이처럼 사회적 정치적 목적에서 발현되기도 하지만 지극히 개인적인 욕망에서 비롯하는 경우도 많다. 이해하기 어려운 문장일수록 심오한 사상을 드러낸다는 허황된 믿음으로 문장을 장황하게 부풀려 쓰는 사람도 있고, 자신이 무슨 말을 하고 있는지 모른다는 사실을 들키지 않고자 추상명사를 한 보따리 쏟아내 난해한 문장을 만드는 사람도 있다.

또 문법규칙에만 집착하며 이상한 글을 써내는 사람들이 있다. 좋은 글에는 문법적 오류가 하나도 없어야 한다는 강박으로, 잘 읽히지도 않는 어색한 글을 쏟아내는 것이다. 문법학자들도 쉽게 알아채지 못하는 오류까지도 꼼꼼하게 따지는 문법경찰들에게 글쓰기는 소통의 수단이 아니다. 그들에게 빈 종이는 사유하고 탐험하는 공간이 아니라, 언제 터질지 모르는 문법적 오류들이 곳곳에 묻혀있는 지뢰밭에 불과하다. 이들은 단어와 단어를 조심스럽게 더듬어가면서 자신의 안위만 신경을 쓸 뿐, 독자의 이해는 전혀 고려하지 않는다.

문제는, 문법적으로 완벽하다고 해서 명확한 글이 되는 것은 아니라는 사실이다. 문법적 옳고 그름에만 집착하다보면 글의 의미는 오히려 모호해질 수도 있다. 이 문제에 대해서는 **1부**에서 이야기한다.

또한 새로운 학문이나 직업에 입문한 지 얼마 되지 않은 상황에서, 그 분야에 맞게 사고하고 글 쓰는 법을 배우는 과정에서 모호한 글이 나오기도 한다. 완벽하게 이해하지 못한 것에 관해 글을 쓸 때, 제대로 이해한 것에 관해 글을 쓸 때보다 좋은 글이 나올 수 없다. 물론 이런 이유로 난해한 글을 쓰는 사람은, 그나마 다행이라고 할 수 있다. 글에 담고자 하는 내용을 좀더 명확하게 이해하게 되면, 글도 더 명확해질 것이기 때문이다.

하지만 우리가 글을 명확하게 쓰지 못하는 가장 큰 이유는, 독자가 어떤 부분을 모호하다고 생각하는지 또 왜 그렇게 생각하는지 모르기 때문이다. 내가 쓴 글은 남이 쓴 글보다 훨씬 명확하게 읽히기 마련이다. 내가 쓴 글을 읽을 때는, 종이나 모니터에 박혀있는 글자를 보고 반응하지 않고 내 머릿속에 있는 생각에 반응하는 경우가 많기 때문이다. 내가 '말한 것'을 읽는 것이 아니라 '말하고 싶은 것'을 읽는 것이다. 독자가 '읽는 대로' 읽는 것이 아니라 '읽어주기 바라는 대로' 글을 읽는 것이다. 이토록 명료한 (명료하다고 생각하는) 글을 이해하지 못하는 것은 전적으로 머리 나쁜 독자 탓이라고 생각한다.

나도 이해하지 못하는 주제에 관해 글을 써놓았는데, 그 글을 읽는 사람들은 어찌 이해할 수 있겠는가? 하지만 신기하게도, 쉽게 이해되지 않는 혼란스러운 글을 읽고 나서 그러한 난해함 속에 심오한 사상이 담겨있다고 생각하는 사람들이 존재한다. 더 나아가 그들은 그러한 난해함을 모방하고자 노력한다. 그렇지 않아도 혼미한 세상이 더욱 혼미해진다.

더 안타까운 사실은, 그러한 노력에 성공한 사람들이 사회적으로 높은 지위에 올라갈 확률이 높다는 것이다. 그들은 또다시 난해한 글을 쏟아내고, 그 추종자들의 지지를 받는다. 결국 글쓰기는 차별과 배제의 강력한 수단이 된다. 학생과 독자들은 영원히 고통 속에 허우적대고, 민주주의는 멸망한다.

2부와 **3부**에서 우리는 이러한 악의 굴레에서 벗어나기 위해 우리가 지켜야 할 원칙—규칙이 아니다—을 소개한다. 문장에서 어떤 요소가 독자에게 복잡하고 혼란스럽다는 느낌을 주는지, 또 어떤 요소가 명확하고 깔끔하다는 느낌을 주는지 이해하면, 이러한 지식을 활용하여 독자에게 더 나은 서비스를 제공할 수 있다. 하지만 나 역시 독자가 될 수 있기에, 이것은 나 자신을 위한 서비스이기도 하다. 어떠한 난해한 글과 마주치더라도, 그것을 분해하여 의미를 파악할 수 (적어도 추측할 수) 있다.

물론 명확성 못지않게 글쓰기에서 중요하게 여겨야 하는 또 다른 덕목이 존재한다. 바로 우아함이다.

> The value of our shared reward will and must be measured by the joyful peace which will triumph, because the common humanity that bonds both black and white into one human race, will have said to each one of us that we shall all live like the children of paradise.
>
> Thus shall we live, because we will have created a society which recognises that all people are born equal, with each entitled in equal measure to life, liberty, prosperity, human rights and good governance.

우리가 함께 나눌 보상의 가치는 결국 승리할 기쁜 평화로 측정될 것이고 또 측정되어야 합니다. 흑인과 백인을 하나의 인간으로 묶어주는 공통의 인류애는 우리가 극락의 아이들처럼 함께 어울려 살 것이라고 우리 개개인에게 속삭이기 때문입니다.

우리는 그렇게 살 것입니다. 우리는 모든 사람이 평등하게 태어났으며, 생명, 자유, 번영, 인권, 좋은 정부를 누릴 수 있는 동등한 권리를 부여받았다는 것을 인정하는 사회를 만들어낼 것이기 때문입니다.

Nelson Mandela, Nobel Lecture, 넬슨 만델라, 노벨평화상 수상연설, 1993년 12월 10일

Now the trumpet summons us again—not as a call to bear arms, though arms we need—not as a call to battle, though embattled we are—but a call to bear the burden of a long twilight struggle, year in and year out, "rejoicing in hope, patient in tribulation," a struggle against the common enemies of man: tyranny, poverty, disease and war itself.

이제 다시 우리를 깨우는 나팔소리가 들려옵니다. 이는 무기를 들라는 요청도 아니요 나가 싸우라는 요청도 아닙니다. 오히려 '소망 중에 기뻐하며, 환난 중에 인내하며' 독재, 빈곤, 질병, 전쟁과 같은 인류 공동의 적에 맞서 오랜 세월 끊임없이 지속되어 온 어둠 속 투쟁을 이어가라는 사명입니다.

John Kennedy, Inaugural Address, 존 케네디, 대통령취임사, 1961년 1월 20일

물론 우리가 노벨상 수상연설을 하거나 대통령 취임연설을 할 일은 별로 없겠지만, 그보다 덜 중요한 자리에서 간단한 연설을 해야 할 경우에도 문장을 다듬고 고치는 작업을 해야 한다. 이런 일은 비록 알아주는 사람이 없다고 해도 은밀한 희열을 안겨준다. 단순히 글을 쓰는 것을 넘어, 글을 세련되게 다듬는 즐거움을 아는 사람이라면 **4부**에서 큰 도움을 받을 수 있을 것이다.

이 책을 사용하는 방법

이 책은 문법책이 아니다. 하지만 이 책에서 제공하는 글쓰기의 원칙을 이해하려면 주어, 동사, 명사, 능동태, 수동태, 절, 구와 같은 몇 가지 기본적인 문법용어를 알아야 한다. 자세한 해설은 부록에 수록된 용어설명을 참조하기 바란다.

- 혼자서 이 책을 읽는다면 천천히 읽어라. 앉은 자리에서 술술 읽어나갈 수 있는 가벼운 에세이가 아니다. 한 번에 레슨 하나씩만 읽어라. 배운 것을 적용해서 다른 사람이 쓴 글을 수정해보라. 자신이 예전에 쓴 글을 꺼내 수정해보라. 새로운 글을 쓸 때 적용해보라.
- 글쓰기수업에서 이 책을 교재로 쓰고자 한다면, 최대한 학생들의 토론을 유도하기 위한 자료로 활용하라. 이 책에 수록된 예문과 연습문제도 좋은 토론자료가 되겠지만, 무엇보다도 학생들이 직접 작성한 글을 놓고 이 책에서 설명하는 원칙을 적용하여 서로 코멘트를 주고받도록 하면 더 많은 것을 배울 것이다.

이 책에서 제시하는 원칙은 드래프팅이 아니라 리바이징을 할 때 적용한다는 것을 명심하라. 이 책을 관통하는 핵심적인 주제는, '명확한 글은 독자를 고려하여 타당한 선택을 할 때 나온다'는 것이다. 하지만 이러한 선택을 드래프팅 단계에서 적용하려고 하면 글쓰기는 어려워진다. 심각한 경우, 사고능력이 마비되어 한 글자도 쓰지 못할 수 있다. 이것이 그 유명한 '라이터스 블록writer's block'이다.

그래서 경험이 많은 작가들은 머릿속에 떠오르는 것을 최대한 빨리 써내려 간다. 이렇게 작성한 드래프트를 좀더 명확하게 수정하는 리바이징 작업을 거치는 동안 생각도 체계화되고 깊어지는 것이다. 자신의 생각을 더 잘 이해하면 더 명확하게 표현할 수 있고, 더 명확하게 표현하면 더 깊이 이해할 수 있다. 힘이 닿는 데까지, 흥미가 떨어질 때까지, 마감이 코앞에 다가올 때까지 이 과정을 계속 반복하라.

몇 주, 몇 달, 심지어 몇 년 뒤에 마무리할 글을 쓰면서 이렇게 고심하는 사람은 아마도 선택받은 소수에 불과할 것이다. 대부분 당장 내일 아침까지 마감해야 하는 원고를 놓고 분초를 다투며 글을 고칠 것이다. 결국 완벽하지 않더라도 적당히 글을 마무리할 수밖에 없을 것이다. 어쨌든 시간이 허용하는 한 최선을 다해야 한다. 흠잡을 수 없을 만큼 완벽한 결과물을 만들어내면 좋기는 하겠지만, 그런 경지는 우리가 죽는 순간까지 오지 않을 것이다.

요점을 정리하자면, 드래프팅하는 과정에서는 자신의 생각을 말로 표현해내는 데 집중하라. 그런 다음 이 책에서 제시하는 원칙을 활용하여 리바이징하라. 독자의 눈으로 볼 때, 전달하고자 하는 내용보다 어렵게 진술된 문장이나 문단을 찾아내 고쳐라. 그런 과정에서 자신의 생각도 훨씬 정교해질 것이다.

이 책에서 제시하는 원칙을 적용하여 글을 쓰면 글을 쓰는 데 시간이 훨씬 많이 걸린다는 것을 명심하라. 당연한 일이다. 물론 서서히 빨라질 것이니 걱정하지 말라.

규칙 VS 원칙

미국의 위대한 기자이자 비평가였던 멩켄은 겁도 없이 글쓰기에 관한 책을 쓰고자 하는 사람들을 향해 다음과 같이 경고한다.

> With precious few exceptions, all the books on style English are by writers quite unable to write... Their central aim, of course, is to reduce the whole thing to a series of simple rules—the overmastering passion of their melancholy order, at all times and everywhere.
>
> 아주 특별한 예외도 있겠지만, 글쓰기에 관한 책은 한결같이 제대로 글을 쓸 줄도 모르는 사람들이 쓴 책이다... 물론, 그러한 책들의 주된 목적은 모든 것을 단순한 규칙 몇 개로 요약하여 나열하는 것이다. 언제 어디서나 적용되는 글쓰기 규칙을 만들어내겠다는 침울한 기질의 분수에 넘치는 열정에 불과하다.
>
> H.L. Mencken, "The Fringes of Lovely Letters" 멩켄, "애정 어린 편지의 부스러기들"

실제로 규칙으로는 누구도 좋은 글을 쓰는 법을 배울 수 없다. 특히 스스로 보고 느끼고 판단할 줄 모르는 사람은 글쓰기를 제대로 배울 수 없다.

물론 명확하게 보고, 깊이 느끼고, 사려 깊게 판단할 줄 아는 사람이라고 해서 무조건 자신의 시선, 생각, 느낌을 명확하게 전달하는 글을 쓰는 것은 아니다. 하지만 거꾸로, 명확하게 글을 쓰는 사람은 그렇지 못한 사람보다 명확하게 보고, 느끼고, 판단한다.

어떻게 명확하게 글을 쓸 수 있을까? 규칙은 그런 도움을 주지 못하지만, 몇 가지 원칙은 도움을 줄 수 있다.

이제 글쓰기의 원칙들을 하나씩 살펴보자.

PART I

Style as Choice

Everything that can be thought at all
can be thought clearly.
Everything that can be said
can be said clearly.

어쨌든 생각할 수 있는 것은 명료하게 생각할 수 있다. 표현할 수 있는 것은 명료하게 표현할 수 있다.

Ludwig Wittgenstein

루트비히 비트겐슈타인

1

Established custom, in speaking and writing, is the standard to which we must at last resort for determining every controverted point in language and style.

어떠한 문법규칙도 견고하게 확정된 언어의 사용법을 통제할 만큼 권위를 가지고 있지 않다. 관습만이, 말에서든 글에서든, 언어와 스타일에서 논란이 되는 문제를 판단하기 위해 최종적으로 참조해야 하는 기준이다.

Hugh Blair

휴 블레어

Lesson 1

문법 VS 스타일

사려 깊게 글을 쓸 때 가장 중요한 것은 '선택'이다. 선택을 제대로 해야만 의미를 명확하게 그리고 정확하게 전달할 수 있기 때문이다. 아래 문장을 중에 어떤 것을 독자 앞에 내놓을 것인가?

A lack of sufficient funding was the cause of the program's failure.

충분한 자금공급의 부족은 프로그램 실패의 원인이었다.

The program failed because it was underfunded.

프로그램은 자금이 충분치 않아 실패했다.

둘 다 문법적으로 옳다. 하지만 우리는 대부분 두 번째 문장을 선택할 것이다. 훨씬 명확하다는 느낌을 주기 때문이다.

문법적으로 틀리지 않게 쓰는 것은 중요하지만, 문법적 옳음이 글쓰기에서 최고의 선善은 아니다. 문법이나 맞춤법에서 제시하는 모든 규칙을 지키는 것을 목표로 삼는다면, 글을 쓰는 것은 매우 어려운 일이 될 것이다. 무엇보다도 빠르게 쓰지 못할 것이고, 명확하게 글을 쓰기도 어려울 것이다.

명확하게 글을 쓰는 법을 제대로 이해하려면 우선, 문법과 스타일이 어떻게 다른지 분명하게 알아야 한다.

문법적으로 올바른 용법이라고 정리해 놓은 무수한 '규칙'들을 외우고 준수함으로써 글쓰기의 위험을 회피하고자 하는 사람들이 많다.

> **언젠가 누군가 내 글에서 잘못을 찾아내 지적할 수 있으니 모든 규칙을 예외없이 준수하자.**

하지만 이러한 노력은 최악의 상황으로 이어질 수 있다. "and로 문장을 시작하지 말고, up으로 문장을 끝내지 말라." 하지만 이런 규칙들을 예외없이 지키려고 노력하는 것은 곧, 자기 자신을 밧줄로 꽁꽁 옭아매는 것과 같다.

맹목적인 복종은 하지 않더라도 선별적인 복종은 할 수 있다. 그럴 때 우리는 어떤 규칙은 복종하고 어떤 규칙은 무시할 것인지 결정해야 한다. 지켜야 할 규칙을 따르지 않으면 무지하다, 교육을 받지 못했다, 또는 그보다 심한 비판을 들어야 할지도 모른다. 어떤 규칙을 그럴 만한 이유 때문에 무시하기로 선택했다면, '올바른 문법'이라는 무기로 무장한 어떤 사람이 나타나 사회전반에 영향을 미치는 부정부패보다도 더 큰, 결코 씻을 수 없는 죄를 진 것처럼 비난을 퍼부을지도 모른다. 중학교에서 가르치는 문법규칙을 어기면서도 '표준어법'도 모른다는 비난을 받고 싶지 않다면, 문법경찰들보다 이러한 규칙에 대해 더 많이 알아야 한다.

그런 이유로 표준영어가 어떻게 탄생했는지, 또 격식을 갖춘 문서와 전문적인 문서를 작성할 때 독자들이 어떤 영어를 사용하기를 기대하는지 알아야 한다. (물론 영어를 쓰는 나라마다 '표준'은 다를 수 있다. 이 책에서는 학술적 맥락과 직업적 맥락에서 기대되는 표준이 존재한다는 것만 이야기한다.)

문법의 사회적 역할에 대한 견해는 크게 두 가지로 갈라진다. 첫 번째 견해는, 문법이란 '계급통제' 도구라는 것이다. 표준어는 주류에 벗어난 하층민들의 언어를 낙인찍기 위한 방편으로써, 그들이 사회적 정치적 활동에 나서지 못하게 근원적으로 차단하는 장벽 역할을 한다. 두 번째 견해는, 문법은 작가와 문법연구자들이 오랜 세월에 걸쳐 꾸준히 다듬고 가꿔온 결실이라는 것이다. 다시 말해 표준어는 언어로서 구사할 수 있는 최상의 형태를 표상한다. 물론 이 두 가지 견해 모두 일말의 진실을 담고 있다.

실제로 수백 년 동안 지배계급은 문법적 '오류'라는 도구를 활용하여 학교교육을 통해 양성하는 중간계급의 언어습관을 받아들이려 하지 않는, 또는 받아들일 능력이 없는 사람을 걸러냈다. 하지만 문법이 순전히 그러한 목적으로만 고안되었다는 주장은 지나친 과장이다. 사실 표준어는 지리적 조건과 경제력에 의해 매우 우연하게 결정된다. 같은 언어라고 해도 지역마다 말이 다르기 마련인데, 가장 영향력이 높은 사람들이 사용하는 말이 대개 가장 특별하고 가장 '정확하다'고 여겨졌을 뿐이다.

예컨대 런던이 아닌 에딘버러가 영국의 경제적 정치적 문화적 중심지였다면, 오늘날 표준영어는 셰익스피어보다는 스코틀랜드의 시인 로버트 번즈의 시에 훨씬 가까웠을 것이다.

A ye wha arc sae guid yourself
Sae pious and sae holy,
Ye've nought to do but mark and tell
Your neebours' fauts and folly!
—Scottish

All you who are so good yourselves.
So pious and so holy,
You've nothing to do but talk about
Your neighbors' faults and folly!
—English

반면, 표준영어의 많은 규칙들이 효율적인 표현을 위해 최고의 작가들이 수백 년에 걸쳐 다듬고 활용하고 확산된 결과라는 주장도 일리가 있다. 하지만 수준이 낮다고 폄하되는 다양한 영어보다 표준영어가 사회적으로, 지적으로, 심지어 도덕적으로 우수하다는 보수주의자들의 주장을 뒷받침하는 근거는 하나도 없다.

◎ 핵심포인트

사람을 차별하겠다고 마음먹은 사람이라면, 조그만 차이라도 들춰내 트집을 잡기 마련이다. 흔히 언어는 우리의 마음을 직접 반영한다고 여겨지기에, 문법적 '오류'는 지적 도덕적 결함을 보여준다는 관념으로 이어지고, 이로써 사람을 깔보는 정당한 근거가 된다. 하지만 이러한 의식의 흐름은 사실과 맞지 않을 뿐만 아니라, 민주주의 사회의 근간을 흔들 수 있는 매우 파괴적인 행위다. 한때 고상한 말로 취급받던 ain't가 역사적으로나 논리적으로나 정당성을 갖추고 있음에도, 이 말을 쓰면 안 된다는 사회적 관념은 여전히 강하게 작용하고 있다. (적어도 학술적인 글이나 공적인 글에서 사용해서는 안 된다.) 물론 표준어법이나 문법적 규칙을 어느 정도까지는 존중해야 하겠지만, 절대적인 기준으로 삼아서는 안 된다.

글쓰기 규칙의 세 가지 유형

문법적 올바름과 탁월함을 같은 것이라고 간주하는 잘못된 관념은 세대를 넘어 문법학자들에 의해 계속 확산되어왔다. '올바른' 영어를 완벽한 규칙으로 정리하고 말겠다는 집념에 사로잡혀 이들은 세 가지 유형의 규칙을 마구 뒤섞어 제시한다.

진짜규칙

진짜규칙이란, 가장 기본적인 문법grammar을 의미한다. 단어를 조합하여 문장을 만들기 위해서는, 복잡한 규칙들을 알아야 한다. 예컨대 주어는 일반적으로 동사 앞에 나와야 한다. I see you라고 말해야 하지 See I you 라고 말하면 안 된다. 관사는 명사 앞에 나와야 한다. the book이라고 말해야 하지 book the라고 말하면 안 된다. 좀더 복잡한 규칙으로, 형용사는 순서에 맞춰 제시해야 한다. little red hen이라고 말해야 하지 red little hen이라고 말하면 안 된다.

이 밖에도 많은 규칙이 있다. 언어학자들이 아직 발견하지 못한 규칙도 많다. 모국어 화자들은 전혀 의식하지 않고도 자유자재로 말을 할 수 있기 때문에 여기에 규칙이 존재하는지도 모를 수 있다. 정신병자나 특별한 상황에 처한 사람만이 예외적으로 깨는 규칙도 있다. 물론 몇몇 규칙은 시간이 지나면서 바뀌기도 한다. 언어는 계속 진화하기 때문이다.

사회적 규칙

사회적 규칙이란, 문법이라기보다는 엄격하게 말해서 용법usage이라고 말할 수 있다. 글이나 말에 적용할 수 있는 '올바른' 용법을 알려주는 것으로, 표준어와 비표준어를 구분한다. 예컨대 He don't have no money는 진짜규칙(문법)을 어긴 문장이 아니라 사회적 규칙(용법)을 위반한 문장이다. doesn't가 아닌 don't를 사용한 것과 부정어를 두 번 사용한 것은 표준어 용법에서 벗어난 것이다. 이로써 이 문장은 표준영어가 되지 못한다. 물론 어떤 발화가 사회적 규칙을 어겼는지, 또는 그러한 규칙위반이 의도한 것인지 아닌지 판단하기 위해서는 표준영어의 용법을 알아야 할 것이다.

만들어낸 규칙

마지막으로, 문법학자들이 반드시 지켜야 한다고 주장하는 몇 가지 특별한 규칙이 있다. 사회적 규칙과 마찬가지로 이 규칙들은 용법과 관련되어있지만, 다소 작위적이고 근거가 빈약하다. 문법경찰들의 강력한 지지를 받으며 널리 확산되었으며, 특히 교육수준이 높은 이들이 이들 규칙에 유별나게 집착한다. 이들 규칙은 대부분 18세기 후반 처음 등장하였다.

- to 부정사를 부사로 끊지 말라: *to **quietly** leave*
- 문장을 전치사로 끝내지 말라: *It is something you have to put up **with**.*

20세기에 처음 등장한 규칙도 있다.

- I hope 대신 hopefully를 쓰지 말라: ***Hopefully****, it won't rain.*
- 제한적 관계대명사로 which를 쓰지 말라: *a car* ***which*** *I sold.*

이러한 규칙을 위반했다는 이유로 지난 수백 년 동안 많은 문법학자들이 무수한 작가들을 비난해왔는데, 신기하게도 글을 쓰는 탁월한 작가들은 그러한 비난에 전혀 아랑곳하지 않았다. 사실, 작가들의 고집은 문법학자들에게 오히려 다행스러운 일이었다. 작가들이 이런 규칙을 그대로 받아들였다면 문법학자들은 먹고 살기 위해 또 다른 규칙을 계속 만들어내야 했을 것이고, 그렇지 못하면 다른 일자리를 찾아 나서야 했을 것이기 때문이다.

물론 최고의 작가라고 해도 실수를 저지를 수 있겠지만, 어쨌든 그것이 실수인지 아닌지 판단하기 위해서는 세 가지 유형의 규칙에 대해서 알아야 할 것이다. 하지만 중요한 것은, 무엇이 실수이고 무엇이 실수가 아닌지 판단하는 기준은 가장 뛰어난 작가와 가장 뛰어난 독자가 암묵적으로 공유하는 선에서 판단해야 한다.

문법학자들이 만들어낸 규칙은 크게 '속설'과 '엘레강스' 두 종류로 구분할 수 있다. 속설은 문법적 옳고 그름을 꼬치꼬치 따지는 상황이 아니라면 무시해도 상관없다. 탁월한 작가들은 속설을 전혀 신경쓰지 않으며, 독자들도 이러한 규칙을 무시하는 것에 별다른 거부감을 느끼지 않는다.

반면 엘레강스는, 문법과 용법을 보완하기 위해 만든 규칙이다. 진짜규칙과 사회적 규칙은 그것을 준수했을 때 규칙이 작동하는지 알지 못하지만 그것을 위반했을 때 금방 눈에 띈다. 엘레강스는 이와 정반대로, 규칙을 위반했을 때 눈에 들어오지 않지만, 규칙을 준수했을 때 눈에 확 들어온다. 엘레강스를 획득한 글은 그것을 얼마나 세심하게 다듬었는지 일깨워주며 독자에게 강렬한 인상을 선사한다.

만들어진 규칙: 속설

세심하게 글을 읽고 쓰는 사람은 대부분 이 규칙을 무시한다. 지금은 이 규칙들에 대해 잘 모른다고 하더라도, 글을 쓰다보면 머지않아 이 규칙들로 인해 골머리를 앓게 될 수 있다. 이러한 규칙을 '위반한' 예문들을 살펴보자. 이 예문들은 지적으로나 학술적으로 상당히 지위가 높은 사람들이 쓴 글, 또는 상당히 보수적인 어법과 용례를 고집하는 신뢰할 수 있는 이들이 쓴 글에서 발췌한 것이다. 문법학자들의 주장과 무관하게, 표준영어로 인정할 수 있는 문장에는 ✔표시를 했다.

문장을 and와 but으로 시작하지 말라

이 규칙은 자주 들어보았을 것이다. 예컨대 다음과 같이 쓰지 말라는 것이다.

✔ But, it will be asked, is tact not an individual gift, therefore highly variable in its choices? And if that is so, what guidance can a manual offer, other than that of its author's prejudices—mere impressionism?

그러나, 의문이 하나 생기는데, 눈치는 개인적 재능이 아니라 선택에 따라 달라지는 변수에 불과한 것 아닐까? 또 그렇다면, 매뉴얼은 어떤 지침을 제공할 수 있을까? 저자의 편견—단편적인 인상—만 심어주는 것 아닐까?

Wilson Follett, *Modern American Usage: A Guide,* edited and completed by Jacques Barzun et al. 윌슨 폴릿, 《현대 미국영어 용법 안내서》

하지만 문장을 and와 but으로 시작하지 말라는 주장은, 문법적으로 잘잘못을 따질 수 있는 문제가 아니라 스타일 차원에서 다뤄야 하는 문제다.

문장을 because로 시작하지 말라

다음과 같은 문장은 잘못된 것이라는 규칙이다.

✔ Because we have access to so much historical fact, today we know a good deal about changes within the humanities which were not apparent to those of any age much before our own and which the individual scholar must constantly reflect on.

지금껏 무수한 역사적 사실에 접근해온 덕분에, 오늘날 우리는 나보다 훨씬 오래전에 살았던 이들에게는 명백해 보이지 않던, 또 학자들이 개인적으로 끊임없이 사색해야 하는 휴머니티 속에서 벌어지는 변화에 대해 상당히 많은 것을 알고 있다.

Walter Ong, S. J., "The Expanding Humanities and the Individual Scholar," *Publication of the Modern Language Association* 월터 옹, "인간성과 개별학자의 확장" 《현대언어학회》

이러한 속설은 어디서 나온 것일까? because 절을 먼저 쓰면, 다음 예문처럼 문장을 완결하지 않고 끝내는 경우가 발생할 수 있다.

Why did that dialect of London become Standard English?
Because London was the economic and political center of Great Britain.

왜 런던의 방언이 표준영어가 되었을까? 런던이 영국의 경제적 정치적 중심지였으니까.

이런 파편문이 나올 가능성을 원천적으로 차단하고자 많은 학교선생님들이 because로 문장을 시작하지 말라는 규칙을 만들어냈는데, 이러한 규칙이 속설로 굳어진 것으로 여겨진다.

글쓰기 팁

because로 문장을 시작하지 말라는 규칙에는 스타일 측면에서 약간의 근거가 존재한다. 레슨4에서 자세히 설명하겠지만, 글을 읽는 사람은 자신이 아는 정보로 시작하여 알지 못하는 정보로 나아가는 문장을 좋아한다. because로 시작하는 종속절은 대개 새로운 정보를 전달하기 때문에 이 절을 문장 앞부분에 놓는 것은 다소 어색하게 느껴질 수 있다. 인과성을 드러내는 정보가 친숙한 정보일 경우에는 대개 because보다는 since로 절을 시작한다. 다시 말하자면, since가 이끄는 절은 독자가 이미 알고 있는 정보를 담고 있는 반면 because가 이끄는 절은 독자가 모르는 새로운 정보를 담고 있다.

✔ Since our language seems to reflect our quality of mind, it is easy for those inclined to look down on others to think that grammatical "errors" indicate mental or moral deficiency.

흔히 언어는 우리의 마음을 반영한다고 여겨지기에, 문법적 '오류'는 지적, 도덕적 결함을 보여준다는 생각으로 이어지고 이로써 사람을 깔보는 정당한 이유가 된다.

since 절을 문장 끝에 놓으면, 문장이 힘없이 끝나는 느낌을 준다. 새로운 정보가 아닌 익숙한 정보로 문장이 끝나기 때문이다.

It is easy for those inclined to look down on others to think that grammatical "errors" indicate mental or moral deficiency, since our language seems to reflect our quality of mind.

문법적 '오류'는 지적, 도덕적 결함을 보여준다는 생각으로 이어져 사람을 깔보는 정당한 이유가 되기 쉬운데, 흔히 언어는 우리의 마음을 반영한다고 여겨지기 때문이다.

물론 예외가 있는 경우도 있겠지만, 일반적으로 이 원칙은 타당하다.

제한적 관계사절을 쓸 때, 관계대명사로 which가 아닌 that을 써라

이러한 주장에 따르면 다음 문장은 잘못된 것이다.

✔ Next is a typical situation which a practiced writer corrects "for style" virtually by reflex action.

다음은, 글쓰기 훈련이 되어있는 사람이라면 거의 반사적으로 '스타일을 고려하여' 글을 고치는 전형적인 상황이다.

Jacques Barzun, *Simple and Direct* 자크 바준, 《단순하고 솔직하게》

탁월한 역사학자이자 문체비평가인 자크 바준은 실제로 바로 몇 문장 앞에서 이렇게 주장했다.

Us[e] *that* with defining [i.e. restrictive] clauses except when stylistic reasons interpose.

스타일 차원에서 타당한 이유가 없는 한, 대상을 규정하는 [제한적 용법] 절은 that을 사용하라.

하지만 앞에서 본 예문에는 그럴 만한 이유가 전혀 없다. 바준 자신의 스타일 감각이 which를 쓰도록 이끌었을 뿐이다.

이 '규칙'은 비교적 최근 생겨난 것으로, 1906년 헨리 파울러와 프랜시스 파울러가 집필한 《영국표준영어King's English》에서 처음 등장했다. 파울러 형제는 관계사절에서 that과 which가 임의적으로 사용되는 것이 무질서하다고 생각하여, that은 제한적 용법에만, which는 비제한적 용법에만 사용하라는 주장을 펼친다. 비제한적 관계사절은, 그 절이 없더라도 앞에 나오는 명사가 무엇을 지칭하는지 명확하게 파악할 수 있다.

✔ The company ended its first bankruptcy, which it had filed in 2012.

이 회사는 첫 번째 파산절차를 종료했는데, 이는 2012년 신청한 것이다.

여기서 이 회사의 '첫 번째 파산절차'는 단 한 번 존재할 뿐이다. bankruptcy 뒤에 따라오는 관계사절에 담긴 정보를 알지 못해도 이것이 무엇을 지칭하는지 어렵지 않게 파악할 수 있다. 이러한 절을 '비제한적'이라고 부르는 것은, 이 절에 담긴 정보가 선행하는 명사를 '제한'하지 않기 때문, 다시 말해 선행사를 특정하지 않기 때문이다. 이런 경우, 선행사 뒤에 콤마를 찍고 which로 시작하는 절을 쓴다. 이러한 규칙은 역사적, 현실적 용례에 기반하여 만들어진 것이다. 하지만 파울러형제는 which는 비제한적 관계사절에만 쓰라고 주장하면서, 제한적 관계사절에는 that을 쓰라고 처방한다.

✔ Their boutique only sells clothing that [*not* which] is made from sustainably-sourced materials.

그들의 부티크는 지속가능한 방법으로 생산된 재료로 만들어진 옷만 판매한다.

이 문장의 관계사절(that···materials)은 clothing의 의미를 '제한' 또는 특정하기 때문에, 파울러의 주장에 따르면 that으로 시작해야 한다. (이러한 주장에 따르면, 38쪽 월터 옹의 예문에 등장하는 which도 that으로 바꿔야 한다.)

1918년 프랜시스 파울러가 사망한 뒤, 헨리 파울러는 가업을 지속하여 1926년 《현대 영어용법 사전A Dictionary of Modern English Usage》을 출간한다. 이 기념비적인 저작에서 그는 which와 that의 미세한 차이까지 논의하고 나서 안타까움을 이렇게 표현한다.

> Some there are who follow this principle now; but it would be idle to pretend that it is the practice either of most or of the best writers.
>
> 지금도 이 원칙을 따르는 사람들이 있기는 하지만, 글을 쓰는 사람들이 대부분 이 원칙을 지킨다거나 가장 뛰어난 작가들이 이 원칙을 지킨다고 말하기는 어렵다.

파울러의 조언을 굳이 배척해야 할 특별한 이유는 없지만, 자신의 직관을 믿어야 한다. 예컨대 한두 단어를 사이에 두고 that이 반복될 경우에는 which를 선택하는 것이 좋을 때도 있다. that이 너무 가까이에서 반복될 경우 다소 어색하게 들리기 때문이다.

✔ We all have that one rule that we will not give up.

✔ We all have that one rule which we will not give up.

우리에게는 결코 포기할 수 없는 단 하나의 규칙이 있다.

fewer는 셀 수 있는 명사, less는 셀 수 없는 명사에 써라

이 규칙은 기본적인 영어의 문법처럼 통용된다. 따라서 다음과 같은 문장은 잘못된 것이다.

✔ I can remember no less than five occasions when the correspondence columns of *The Times* rocked with volleys of letters...

《타임즈》의 특파원 칼럼에 항의편지가 쇄도한 사건은 적어도 5번이 넘는 것으로 기억한다...

Noel Gilroy Annan, Lord Annan, "The Life of the Mind in British Universities Today," *American Council of Learned Societies Newsletter* 노엘 길로리 애넌, 로드 애넌, "오늘날 영국대학에서 마음의 삶" 《미국 학술단체협의회 뉴스레터》

물론 fewer를 셀 수 없는 명사에 쓰는 사람은 없다(fewer dirt). 하지만 less는 다르다. 교육을 받은 사람들조차 셀 수 있는 복수형 명사에 쓰는 일이 많다. (i.e. less resources)

since와 while은 시간을 표시하는 용도로만 써라

since와 while은 기본적으로 시간을 표시하는 의미를 갖는다.

✔ We've been waiting here since two o'clock.

여기서 두 시부터 기다렸어.

✔ We'll wait while you eat

네가 먹는 동안 기다릴게.

하지만 신중하게 글을 쓰는 사람들도 since를 because와 가까운 의미로 사용하는 경우가 많다. 물론 앞에서 이야기했듯이 since로 시작할 때는 절에 들어가는 정보에 대해 "이미 아는 사실이겠지만"이라고 말하는 것이다.

✔ Since asbestos is dangerous, it should be removed carefully.

석면은 위험한 물질이라, 조심스럽게 제거되어야 한다.

while 역시 시간이 아닌 다른 의미로 사용하는 경우가 많다. 절 속 정보에 대해 "이미 아는 사실이겠지만, 이것이 전부는 아니다"라고 말하는 것이다.

✔ While we agree on a date, we disagree about the place.

날짜는 정했지만, 장소는 정하지 못했잖아.

이처럼 since와 while 절은 독자에게 익숙한 정보를 전달하기 때문에 문장 끝에 놓으면, 문장이 힘없이 끝나는 느낌을 준다.

Asbestos should be removed carefully, since it is dangerous.

석면은 조심스럽게 제거되어야 하는데, 위험한 물질이니까.

We disagree about the place, while we agree on a date.

장소는 정하지 못했는데, 날짜는 정했지만.

◎ 핵심포인트

표준적인 언어를 능란하게 구사한다고 평가받는 사람이 이른바 '규칙'이라고 여겨지는 것을 계속 위반한다면, 또 신중한 독자들 역시 그러한 오류에 대해서 주목하지 않는다면, 그 규칙은 이제 효력을 잃은 것이다. 그런 경우, 글을 쓰는 사람이 언어사용법을 바꾸기보다는, 문법학자가 규칙을 바꾸는 것이 타당할 것이다.

만들어진 규칙: 엘레강스

엘레강스는 진짜규칙을 보완한다. 엘레강스 중에는 정말 고안된 규칙도 있고, 사라져가는 진짜규칙을 스타일 차원에서 되살려낸—어떤 의미에서 다시 발명해낸—규칙도 있다. 어떤 규칙이든, 자신이 쓴 글을 좀더 격식을 갖춘 것처럼 만들고자 할 때 사용할 수 있다. 엘레강스는 진짜규칙과 반대로, 이를 위반했을 때는 보이지 않지만 그것을 준수했을 때 눈에 띈다.

to 부정사를 분리하지 말라

극단적인 보수주의 언어학자 드와이트 맥도널드는 이런 문장을 썼다.

✔ One wonders why Dr. Gove and his editors did not think of labeling *knowed* as substandard right where it occurs, and one suspects that they wanted to slightly conceal the fact...

닥터고브와 그의 편집자들이 knowed가 나올 때마다 substandard right라는 꼬리표를 붙일 생각을 하지 않았다는 것을 의아하게 여기며, 그들이 어떤 사실을 슬쩍 감추려고 한 것 아닌가 의심할 수도 있다.

Dwight Macdonald, "The String Untuned," The New Yorker 드와이트 맥도널드, "조율되지 않은 현"《뉴요커》

순수언어주의자들은 이 문장을 다음과 같이 고쳐 써야 한다고 주장한다.

they wanted to conceal slightly the fact...

지금은 to와 동사 사이에 부사를 삽입해 쓰는 경우가 너무 흔해져서, 오히려 순수주의자들처럼 글을 쓰면 규칙에—바람직한 규칙이든 불필요한 규칙이든—지나치게 연연하고 있다는 느낌을 주기도 한다.

전치사로 문장을 끝내지 말라

파울러의 《현대영어용법사전》 2판을 편집한 고워스는 이런 문장을 썼다.

✔ The peculiarities of legal English are often used as a stick to beat the official with.

법률영어의 유별난 특성은 관리들을 때리기 위한 매로 사용되는 경우가 많다.

Sir Ernest Gowers, *The Complete Plain Words* 어네스트 고워스, 《쉬운 말로 글쓰기》

순수언어주의자들은 이 문장을 다음과 같이 고쳐 써야 한다고 주장한다.

...a stick with which to beat the official.

원래 문장도 문법적으로 틀린 것은 아니지만, 고친 문장은 좀더 격식을 갖춘 느낌을 준다. (38쪽 월터 옹의 예문도 전치사로 끝난다.) 이러한 규칙을 문장 단위가 아니라 절 단위에서 지켜야 한다고 주장하는 사람들도 있다.

✔ The man I met with was the man I had written to.

✔ The man with whom I met was the man to whom I had written.

앞문장 속에 등장하는 두 절이 모두 전치사로 끝나는데, 이것을 모두 앞으로 끌어온 다음 whom을 붙인 것을 볼 수 있다. 어쨌든 전치사로 문장이 끝나면, 문장이 힘없이 끝맺는 느낌을 주는 것은 분명하다. 조지 오웰의 문장을 보자. (제한적 관계사절을 that이 아닌 which로 시작하는 것도 눈여겨보라.)

[The defense of the English language] has nothing to do with ...the setting up of a “standard English” which must never be departed from.

[영어를 지키는 것은]… 절대 벗어날 수 없는 '표준영어'의 성립과… 아무 관련이 없다.

George Orwell, "Politics and the English Language" 조지 오웰 "정치와 영어"

이 문장을 다음과 같이 끝내면 훨씬 자연스럽고 단호한 느낌을 줄 수 있다.

We do not defend English just to create a "standard English" whose rules we must always obey.

반드시 준수해야 하는 규칙으로 무장한 '표준영어'를 만드는 것만으로는 영어를 지킬 수 없다.

동사나 전치사의 목적어로는 who 대신 whom을 써라

이 규칙은 한때 진짜규칙이었지만, whom이 오늘날 점차 사라져가면서, 지금 엘레강스를 높이는 하나의 규칙으로 취급받고 있다.

✔ Soon after you confront this matter of preserving your identity, another question will occur to you: "Who am I writing for?"

정체성을 잃지 않기 위한 이러한 문제와 맞닥뜨리고 나면 곧바로 새로운 질문이 떠오를 것이다. "나는 지금 누구를 위해 글을 쓰고 있는가?"

William Zinsser, *On Writing Well* 윌리엄 진서 《글쓰기 생각쓰기》

순수언어주의자들은 이 문장을 다음과 같이 고쳐 써야 한다고 주장한다.

another question will occur to you: "Whom am I writing for?"

좀더 격식을 갖추기 위해서는 전치사도 앞으로 끌어내야 한다.

another question will occur to you: "For whom am I writing?"

whom은 특히 문법에 신경 써서 글을 썼는지 판단하는 근거로 사용되는 경우가 많기 때문에 조심해서 써야 한다.

> The committee must decide whom should be promoted.
>
> 위원회는 누가 승진되어야 하는지 판단해야 한다.

여기서 whom은 should be promoted의 주어 역할을 하기 때문에 who로 바꿔야 한다. 한마디로 정리하자면, 절 안에서 주어역할을 하면 who를 써야 하고, 절 안에서 목적어역할을 하면 whom을 써야 한다.

none과 any는 단수로 취급하라

none과 any는 원래 단수로 사용되었지만 지금은 복수로 사용되는 경우가 훨씬 많다. 그래서 이것을 단수로 사용하면 오히려 눈에 띈다.

✔ None of the reasons are sufficient to end the project .

✔ None of the reasons is sufficient to end the project.

프로젝트를 종료할 만큼 타당한 이유는 하나도 없다.

윗문장보다 아랫문장이 좀더 격식을 차린 느낌을 준다. 면밀하게 검사를 받아야 하는 글이라면 지금까지 살펴본 엘레강스 규칙들은 모두 지키는 것이 좋다. 하지만 일반적인 경우에는, 글을 세심하게 쓰는 사람이라고 해도 모든 규칙을 다 따르지 않는다. 엄밀히 말해서 엘레강스는 규칙이 아니라, 스타일 차원에서 격식을 갖춘 느낌을 자아내기 위해 선택하는 것이다.

하지만 어떤 글을 쓰든 엘레강스 규칙을 무조건 준수하는 것은 최악의 선택이 될 수 있다. 지나치게 격식을 차린 글은 딱딱하고 거친 느낌을 줄 뿐만 아니라, 독자들이 신뢰하지 않기 때문이다.

근거없는 규칙들

알 수 없는 이유로 뜨거운 비난의 대상이 된 표현들이 있다. 이들은 의미의 명확성도 문장의 간결성도 전혀 해치지 않기에, 왜 비난의 표적이 되는지 알 길이 없다.

like를 as나 as if처럼 사용하지 말라

이 규칙에 따르면 윗문장은 틀리고 아랫문장은 맞다.

✔ These operations failed like the earlier ones did.
✔ These operations failed as the earlier ones did.

이들 작전은 초기 작전들이 그랬던 것처럼 실패했다.

원래 종속접속사구로 사용되었던 like as에서 18세기 사람들이 as를 빼고 쓰기 시작하면서 like가 독자적인 종속접속사 역할을 하게 되었다. '탈락elision'이라고 하는 이러한 현상은, 언어의 변화과정에서 흔히 발생한다.

보수주의자들이 경전처럼 받드는《현대영어용법사전》초판에서 like를 종속접속사로 쓰는 것을 '문맹illiteracies'으로 분류했으며, 2판에서는 이런 용법을 '변명할 여지가 없는 명백한 실수sturdy indefensibles' 목록으로 분류하면서 이것은 절대적인 규칙처럼 간주되고 있다.

hopefully를 I hope 대신 쓰지 말라

이 규칙에 따르면 윗문장은 틀리고 아랫문장은 맞다.

✔ Hopefully, it will not rain.
✔ I hope that it will not rain.

바로옵건데, 비오지 마라.

이 규칙은 20세기 중반 처음 등장했다. 하지만 hopefully와 용법상 거의 차이가 없는 candidly, frankly, sadly, happily 같은 단어에 대해서는 아무런 불평도 하지 않는다는 점에서 논리적으로나 문법적으로나 근거가 없다.

✔ Candidly, we may fail. (I am candid when I say we may fail.)

솔직히 말해서, 실패할지도 모른다.

✔ Seriously, we must go. (I am serious when I say we must go.)

장난이 아니라, 우리 가야 한다고.

finalize를 finish나 complete 대신 사용하지 말라

finalize는 finish보다 훨씬 의미의 폭이 넓다. '끝에 남은 잔일까지 완전히 마무리짓다'라는 의미로, 이러한 의미를 전달할 수 있는 다른 단어는 존재하지 않는다. finalize를 쓰지 말라는 주장의 근거는 -ize라는 어미가 지저분하다는 것이다. 그렇다면 nationalize, synthesize, rationalize 같은 단어도 모두 쓰지 말아야 한다는 주장은 왜 하지 않는 것일까?

impact는 명사로만 쓰고, 동사로 쓰지 말라

이 규칙에 따르면 윗문장은 틀리고 아랫문장은 맞다.

✔ The survey impacted our strategy.

✔ The survey had an impact on our strategy.

이 연구결과는 우리 전략에 영향을 미쳤다.

하지만 impact는 지난 400년 동안 동사로 사용되어 왔다. 명사로만 사용하라는 기록은 어디에서도 찾을 수 없다.

최상급 형용사를 very, more, quite 같은 부사로 수식하지 말라

perfect, unique, final, complete처럼 극단을 묘사하는 형용사에 very, more, quite 같은 부사를 붙이는 것은 물론 논리적으로 말이 되지 않는다. 그렇다면 다음과 같은 친숙한 문장도 폐기해야 한다.

✔ We the People of the United States, in order to form a more perfect union...

우리 미국인민은 더욱 완벽한 연합을 형성하기 위하여…

물론 이 규칙에는 어느 정도 일리가 있으니, 글을 쓸 때 늘 따져보기 바란다.

regardless나 irrespective 대신 irregardless를 사용하지 말라

뜬금없이 튀어나온 규칙처럼 들리기도 하지만, 이 규칙은 지키는 것이 바람직하다. '사려, 고려'라는 의미의 regard에 less를 붙인regardless는 '고려하지 않는, 무관한'이라는 뜻이다. respect는 regard와 같은 의미로 respective는 '자기 자신을 고려하는, 제각각'이라는 뜻이고 irrespective는 '고려하지 않는, 무관한'이라는 뜻이다. 그런데 여기에 not을 의미하는 in-과 less를 모두 덧붙이는 것은 무슨 의미일까? irregardless라는 단어를 보고 사람들은 당신을 바보라고 생각할지도 모른다.

◎ 핵심포인트

> 문법이 타당한지 용법이 적절한지 예측할 수 있는 보편적인 패턴이나 규칙은 존재하지 않는다. 특히 예외적인 규칙에는 어떤 논리성도 일관성도 없기에, 안타깝지만 하나하나 개별적으로 기억하는 수밖에 없다.

젠더와 스타일

사회가 변화하면 언어도 따라서 변화한다. 몇 년 전 새롭게 등장한 어색하고 낯선 어법이 특정한 집단, 상황, 맥락에서는 점점 보편적으로 받아들여지고 있다. 오늘날 우리가 가장 크게 경험하는 변화는 젠더에 대한 사고방식이다. 예전에는 신경쓰지도 않았던 어법이 지금은 고리타분한, 심지어 성차별적인 것으로 여겨지기도 한다.

이러한 변화는 우리에게 무엇을 의미할까? 글 속에서 젠더를 다루는 방식이, 독자들이 눈여겨보는 주제가 되었다는 뜻이다. 젠더와 관련한 저자의 선택은, 당신이 어떤 생각을 하고 있느냐 보여주는 것만으로 끝나지 않는다. 당신의 가치관, 정치적 이념, 더 나아가 개인적인 성격까지 판단할 수 있는 중요한 단서로 작동한다. 젠더를 둘러싼 풍경은 점점 복잡해지고 있다. 이 험난한 세상을 헤쳐나갈 수 있는 몇 가지 길을 제시한다.

성별을 표시하는 명사

단순히 유행이 지난 것처럼 보이는 표현을 회피하기 위해서, 젠더가 특정된 명사는 무조건 피해나가야 한다. 경험적으로 검증된 두 가지 규칙이 있다.

1. 여성이라는 것을 표시하기 위해 만들어진 명사는 쓰지 말라

대신, 남성명사로 사용하던 것을 남성여성 모두 포괄하는 명사로 사용하거나 이를 대체할 수 있는 명사를 찾아라. 예컨대 예전에는 여성코미디언을 comedienne라고 했지만, 이제는 그냥 comedian 또는 comic이라고 일컫는다. 파티를 주최하는 여자를 hostess라고 불렀지만, 이제는 host라고 불러야 한다. 전통적으로 여성들이 하는 일이나 직업이라고 여겨지던 것들도 예외가 아니다. 비행기에서 승객의 안전을 돌보며 편의를 제공하는 여성을 stewardess라고 일컬었지만 이제는 flight attendant라고 불러야 한다.

물론 두 단어가 쌍을 이루어 성별을 명시적으로 표시하는 명사들은 그대로 사용해도 괜찮다. 예컨대 국가를 통치하는 사람을 일컬을 때, king and queen이라고 쓰는 것은 문제가 없다.

2. 전통적으로 -man을 붙여 만든 단어들은 조심해서 사용하라

특별히 성별을 구분하고자 하는 경우가 아니라면, -man으로 된 단어를 그냥 사용해서는 안 된다. 또한 -man을 단순히 -woman이나 -person으로 대체하는 것 역시 좋은 선택이 아니다. 예컨대 chairman을 chairwoman이나 chairperson으로 바꿔 부를 경우, 오히려 그러한 단어선택을 주목하게 만든다. 이럴 때는 chair라고만 쓰는 것이 좋다. 마찬가지로 경찰도 policeman, policewoman이라고 쓰지 말고 police officer라고 쓴다.

대명사와 젠더: 문법적인 문제

명사의 경우 젠더를 표시하지 않는 방법을 찾는 것은 그리 어려운 일이 아니다. 앞에서 살펴보았듯이, 새로운 명사를 빌려올 수도 있고 만들어낼 수도 있기 때문이다. 하지만 대명사는 다르다. 대명사는 관사(the, a, an)와 접속사(and, but, or)처럼 언어를 만들어내는 구조의 일부분이다. 명사는 사실상 끝없이 이어지는 목록에 새로운 항목을 하나 더 추가하는 것에 불과하기 때문에 언어 자체에 영향을 미치지 않는다. 하지만 대명사는 언어 자체에 영향을 미친다. 그래서 대명사 하나를 변경하거나 더하는 것은 훨씬 어려운 일이며, 대명사를 처리하는 방법 또한 훨씬 어렵다.

예컨대, 영어의 동사는 주어에 따라 형태가 달라진다. 대명사는 그것이 지칭하는 대상과 수가 일치해야 한다. 이 문법은 두 가지 문제를 야기한다.

첫 번째, 문법적으로 단수지만 의미상 복수인 명사들은 (i.e. group, committee, staff, administration) 단수로 취급해야 할까, 복수로 취급해야 할까? 이들이 하나의 집단으로 여겨질 때는 단수로 취급한다.

✔ The committee has met but has not yet made its decision.

위원회가 소집되었지만 아직 결론을 내리지는 못했다.

하지만 집단을 구성하는 사람들이 개별적으로 하는 행동을 묘사할 때는 복수로 취급한다.

✔ The faculty have the memo, but not all of them have read.

교수들 앞에 보고서가 놓여있었지만, 그들 모두 읽은 것은 아니었다.

최근에는 이 명사들은 언제나 복수로 취급하는 경우가 많다. (영국영어에서는 문법적으로 이들 명사를 복수로 취급한다.)

두 번째, 성별을 표시하지 않는 단수 일반명사들은 (i.e. teacher, doctor, student) 남성으로 취급해야 할까, 여성으로 취급해야 할까? 또 문법적으로 단수지만 의미상 복수인 불특정 인물을 일컫는 대명사들은 (i.e. someone, anyone, everyone) 남성으로 취급해야 할까, 여성으로 취급해야 할까? 이러한 곤란한 상황에서 우리는 they를 쓰기도 한다.

Every student knows that to get good grades, they must take their classes seriously. If someone won't do their work, it is very hard for them to succeed.

좋은 점수를 받고자 한다면 수업을 열심히 들어야 한다는 것을 학생이라면 누구나 안다. 자신이 해야 할 일을 하지 않는 사람은, 성공하기 매우 어렵다.

이러한 포괄적인 맥락에서 they를 사용하는 전통은, 적어도 14세기까지 거슬러 올라간다. 하지만 격식을 갖춘 글에서 많은 작가와 독자들, 특히 전통에 집착하는 사람들은 이들 대명사를 단수로 취급하기를 고집한다. 관습에 따르면, 3인칭 단수 여성 대명사(she, her, hers)는 가리키고자 하는 대상이 명백하게 여성일 경우에만 사용하고 나머지 경우에는 무조건 남성 대명사(he, him, his)를 사용해야 한다.

> The mermaid waved her tail.
>
> 인어는 꼬리를 흔들었다. (여기서 인어는 여성임이 틀림없다.)
>
> Every student knows that to get good grades, he must take his classes seriously. If someone won't do his work, it is very hard for him to succeed.

하지만 이러한 규칙을 고수하는 것은 오늘날 사회적으로 문제를 야기할 수 있다. 단순한 글쓰기의 문제가 아니라 글을 쓴 사람에 대한 나쁜 인상을 심어줄 수 있다.

물론 격식을 갖춘 글에서 they를 단수대명사로 쓰는 것이 망설여질 수 있다. they를 쓰지 않고도 he를 대체할 수 있는 방법은 없을까? 있다. 하지만 이 길을 가기 위해서는 더 복잡하면서도 미묘한 문제들을 헤쳐나가야 한다. 어쨌든 우리에게는 아직 선택의 자유가 있다.

대명사와 젠더: 포괄적인 옵션

영어는 (아직은) 성별을 표시하지 않는 3인칭 단수대명사를 보편적으로 받아들이지 않았지만, 성별을 포괄하는 시대적 흐름을 반영하고자 하는 사람들에게 네 가지 해법을 제시한다.

1. 성별이 표시된 대명사를 다른 대명사나 명사로 대체한다

영어에서는 3인칭 단수대명사에만 성별이 표시되기 때문에 3인칭 대명사를 쓰지 않는 방법으로 해결할 수 있다.

남성대명사와 여성대명사를 모두 쓴다

A careful writer will always consider the needs of his readers.

✔ A careful writer will always consider the needs of his or her readers.

사려 깊은 사람은 글을 쓸 때 늘 독자의 욕구를 고려한다.

하지만 대명사가 연달아 나오는 것은 문장을 지저분하게 만든다. 또한 이 해법은 완전히 포괄적이지도 않다. 남성인지 여성인지 분간하기 어려운 사람들도 존재하기 때문이다.

명사를 처음부터 복수형으로 쓴다

A writer should use gender-neutral language if he wants his readers to see him as modern and progressive.

✔ Writers should use gender-neutral language if they wants their readers to see them as modern and progressive.

독자들에게 현대적이고 진보적인 사람이라고 비춰지기를 원한다면, 글을 쓸 때 성중립적인 언어를 사용해야 한다.

하지만 추상적인 대상을 언급할 때 사람들은 일반적으로 3인칭 단수를 사용할 것이라고 기대한다. 이렇게 복수형을 사용하면 의미가 달라질 수 있다.

1인칭 복수 대명사를 사용한다

A writer should use gender-neutral language if he wants his readers to see him as modern and progressive.

✔ We should use gender-neutral language if we wants our readers to see us as modern and progressive.

하지만 we를 쓰면 의미가 모호해질 수 있으며, 또한 지나치게 격식을 차린 문장처럼 보인다.

불특정대명사 one을 사용한다

A writer should use gender-neutral language if he wants to seem modern and progressive.

✔ One should use gender-neutral language if one wants to seem modern and progressive.

one은 we보다 훨씬 딱딱한 느낌을 준다.

명사를 반복한다

If a writer wants to seem modern and progressive, he should use gender-neutral language.

✔ If a writer wants to seem modern and progressive, the writer should use gender-neutral language.

영어의 경우 다행스럽게도 명사에는 성별이 표시되어있지 않다. 따라서 명사를 반복하면 문제가 해결된다. 하지만 명사를 반복해서 쓰는 것은 영어의 오래된 규범에 맞지 않아서 부자연스러운 느낌을 준다.

2. 의미가 바뀌지 않는다면 성별이 표시된 대명사를 생략한다

3인칭 단수대명사를 모두 생략하는 방법으로 해결할 수 있다.

소유격 대명사를 다른 한정사로 대체한다

A writer can impress his reader by using gender-neutral language.

✔ A writer can impress a reader by using gender-neutral language.

✔ A writer can impress each reader by using gender-neutral language.

글을 쓸 때 성중립적인 언어를 사용하면, 독자에게 깊은 인상을 줄 수 있다.

소유격 대명사는 관사, 수사, 지시사 등 명사 앞에서 놓을 수 있는 다른 한정사 determiner를 활용하여 대체한다.

대명사를 생략한다

✔ A writer can impress readers by using gender-neutral language.

복수명사를 쓰면 한정사를 놓을 필요가 없다. 따라서 소유격 대명사도 생략할 수 있다. 물론 소유격 대명사를 모두 생략할 수 있는 것은 아니다. 다음 두 예문은 의미가 다르다.

A passionate writer treasures his books.

열정적인 작가는 자신이 쓴 책을 소중하게 여긴다.

A passionate writer treasures books.

열정적인 작가는 책을 소중하게 여긴다.

3. 문법구조를 바꿔서 성별이 표시된 대명사를 생략한다

성별이 표시된 대명사를 대체하거나 생략할 수 없는 경우, 문장 자체를 뒤집는 작업을 해야 한다. 다음 예문에 등장하는 3인칭 단수대명사를 주어로 쓰지 않을 방법을 찾아보자. (물론 절의 주어를 생략하는 것은 '행위자'를 삭제하는 것이기에 문장의 의미가 불명료해질 수 있다는 것을 명심하라: **레슨2**와 **레슨3** 참조)

A writer should use gender-neutral language if he wants to seem modern and progressive.

If a writer wants to seem modern and progressive, he should use gender-neutral language.

관계사절을 활용하여 문장구조 바꾸기

✔ A writer who wants to seem modern and progressive should use gender-neutral language.

who, whom, whose로 시작하는 관계대명사절로 바꿈으로써 3인칭 단수대명사를 삭제할 수 있다.

동명사구나 명사구를 활용하여 문장구조를 바꾸기

✔ Using gender-neutral language makes a writer seem modern and progressive.

✔ The use of gender-neutral language makes a writer seem modern and progressive.

동사에 ing를 붙여서 만든 동명사를 사용하거나 동사를 명사로 활용하는 명사구를 활용하면 '행위자'를 반복해서 쓸 필요가 없다.

수동태를 활용하여 문장구조 바꾸기

✔ Gender-neutral language should be used if a writer wants to seem modern and progressive.

수동태 문장에서는 행위자를 쓰지 않아도 되기 때문에 3인칭 단수대명사를 쓰지 않아도 된다.

부정사구문을 활용하여 문장구조 바꾸기

✔ To seem modern and progressive, a writer should use gender-neutral language.

부정사구문을 만들 때는 댕글링이 발생하지 않도록 조심하라(365쪽 참조). 이 예문에서 to부정사가 수식하는 대상이 writer이기 때문에 댕글링은 아니지만, 다음과 같은 문장에서는 댕글링이 발생한다.

To seem modern and progressive, gender-neutral language should be used.
이 문장에서 현대적이고 진보적이라고 비춰지고 싶어하는 주체는 writer이지 gender-neutral language가 아니다.

4. 남성대명사와 여성대명사를 교차해서 사용하라

마지막으로 he와 she를 번갈아 사용하는 방법도 있다. 이 책에서 선택한 방법이다. 물론 이러한 해법을 달갑지 않게 여기는 사람들도 있겠지만, 오늘날 점차 보편화되고 있다.

남성도 여성도 아닌 사람들

지금까지 남녀를 모두 포괄하는 방식으로, 또는 성중립적인 방식으로 문제를 해결하는 방법을 설명하였다. 하지만 이러한 해법에는 여전히 문제가 있다. 남성도, 여성도 아닌 사람들, 이 둘 사이에서 구분할 수 없는 사람들은 어떻게 지칭할 것인가? 우리는 영어에 완전히 새로운 대명사 체계를 도입해야 할지도 모른다. 실제로 지난 몇 십 년 동안 다양한 제안이 있어왔지만, 그 어떤 체계도—적어도 지금까지는—영어화자들 사이에 널리 받아들여지지 않았다.

점차 많은 지지를 받고 있는 대안은 they를 3인칭 단수대명사로 사용하는 것이다. 이 대명사는 성별을 표시하지 않을 뿐만 아니라, 남성 여성으로 구분할 수 없는 사람들도 자유롭게 지칭할 수 있다.

✔ Casey informed their teacher that they preferred neither of the traditional third-person singular pronouns.

케이시는 선생님에게 자신이 전통적인 3인칭 단수대명사 중 어느 것도 좋아하지 않는다고 말했다.

2016년 미국방언학회American Dialect Society는 이런 방식으로 사용된 they를

'올해의 단어'로 선정했다. 여전히 많은 스타일가이드들이 격식을 갖춘 맥락에서 불특정한 대상을 지칭하기 위해 they를 사용하는 것에 회의적인 태도를 보이고 있지만, 세상은 점점 변하고 있다. they를 사용하는 것에 대해 문법적 옳고그름을 따지거나 글에 미치는 효과를 따지는 사람들은 계속 줄어들 것이다. 사실 이 문제는 문법적인 측면이라기보다는 윤리적인 측면에서 따져야 할 것이다. **레슨11**에서 다시 살펴본다.

문법의 미래

미래에는 무슨 일이 벌어질까? 알 수 없다. 새로운 대명사 체계가 나타나 대중이 수용하는 어떤 임계점을 넘어서는 데 성공하고, 이로써 영어는 완전히 달라질 수 있다. 물론 언어를 재설계하려는 시도는 성공하기 매우 힘들다. 그렇다고 해도, 언어는 계속 진화할 것이다. 언어는 사용자들의 욕구를 충족하기 위해 끊임없이 변할 수밖에 없다. 새로운 사회적 현실에 맞는 새로운 선택을 제공할 것이다. 하지만 미래가 어찌되든, 우리는 지금 이 시점에도 선택할 수 있다. 바로 이러한 사실로 인해 스타일은 오늘날 글쓰기에서 훨씬 중요한 의미를 갖는다.

SUMMARY

글은 문법적으로 올바르게 써야 한다. 하지만 우리가 글을 쓸 때 지켜야 한다고 생각하는 규칙 중에는 진짜문법에 근거한 규칙도 있고 속설에 의존하여 생겨난 규칙도 있다. 이러한 구분을 하지 않고 모든 규칙을 무작정 지키려고 하다가는 글을 쓰는 과정에서 우리가 선택할 수 있는 범위는 크게 줄어들 수밖에 없다.

글쓰기는 우리 의도에 따라 끊임없이 선택하는 행위다. 장황하고 난해한 글을 쓸 것인지, 명확하고 간결한 글을 쓸 것인지 우리는 선택할 수 있다. which를 that으로 바꾸거나 finalize나 hopefully를 쓰지 않는다고 해서 정확한 글을 쓸 수 있는 것은 아니다. 그런 문제에 연연하다보면 오히려 다음과 같이 모호한 글을 쓰고도 전혀 문제를 의식하지 못할 수 있다.

> Too precise a specification of information processing requirements incurs the risk of overestimation resulting in unused capacity or inefficient use of costly resources or of underestimation leading to ineffectiveness or other inefficiencies.
>
> 지나치게 정밀한 정보처리필수사양은 쓰지 않는 기능이나 비용이 들어가는 리소스의 비효율적 사용으로 귀결되는 과도한 평가 또는 불능이나 비효율로 이어지는 과소평가를 초래한다.

이 글이 전달하고자 하는 내용은 다음과 같이 고쳐 쓸 수 있다.

✔ When you specify too precisely the resources you need to process information, you may overestimate. If you do, you risk having more capacity than you need or using costly resources inefficiently.

정보를 처리하는 데 필요한 리소스를 지나치게 정밀하게 특정하면, 과도한 평가가 발생할 수 있다. 그럴 경우, 필요한 수준보다 더 많은 기능을 보유하거나 비용이 들어가는 리소스를 비효율적으로 낭비할 위험이 있다.

두 예문은 모두 문법적으로 올바르다. 하지만 독자들은 어떤 글을 읽고 싶어할까? 첫 번째 글을 읽고 싶어하는 사람은 없을 것이다.

모든 규칙을 언제나 지켜야 한다고 고집하는 것은 언어의 정체성이 훼손되는 것을 막고자 하는 대의를 따르는 행동이라기보다는, 자신의 스타일을 고수하고자 하는 개인적 선택에 불과하다는 것을 명심하라. 쉬운 말로 직접적으로 말하는 것을 좋아하는 것도 개인적 선택이고, 격식이나 괴팍스러운 '품위'를 가미하여 언어유희를 즐기는 것도 개인적 선택이다. 이러한 선택은 모두 동등한 가치를 지니는 개인적 선택일 뿐이다. 그 어떤 선택도 경멸하고 비난해서는 안 된다.

하지만 그 어떤 선택이든, 다음 장부터 살펴볼 원칙들을 먼저 달성하고 난 다음에 추구해야 한다. 이것은 옳고 그름을 따지는 규칙의 문제가 아니라, 우리가 추구해야 하는 글쓰기의 가장 기본적인 가치이자 원칙의 문제다. 그 가치와 원칙은 바로 명확성과 우아함이다.

세심하게 구분해서 써야 하는 단어들

영어를 모국어로 쓰는 화자들도 글을 쓸 때 자주 혼동해서 사용하는 몇몇 단어들을 여기 소개한다. 눈 밝은 독자들은 글을 쓰는 사람이 이런 단어들을 정확하게 구분해서 사용하는지 눈여겨본다.

aggravate vs annoy

aggravate는 원래 '상황을 악화시키다'라는 뜻이지만, 오늘날 많은 이들이 '화를 북돋다'라는 뜻으로도 사용한다. 하지만 이러한 용법을 여전히 못마땅하게 여기는 사람들이 많으니, 될 수 있으면 구분해서 써라.

✔ Stress and lack of sleep can aggravate the situation.
스트레스와 수면부족은 상황을 더욱 악화시킬 수 있다. (make worse)

✔ What aggravates you most about this country?
이 나라가 당신을 가장 화나게 하는 것은 무엇입니다.
(aggravate someone일 경우 annoy someone으로 바꿔 쓰는 것이 좋다.)

anticipate vs expect

anticipate는 단순히 예상하는 것을 넘어 그에 대해 준비한다는 뜻이다. 이에 반해 expect는 단순히 예상만 할 뿐 그에 대해 준비하지 않는다.

✔ A good speaker is able to anticipate an audience's needs and concerns.
탁월한 연사는 청중의 욕구와 관심을 예상하고 대비할 수 있다.

✔ The talks are expected to continue until tomorrow.

이야기는 내일까지 계속될 것으로 예상된다.

anxious vs eager

anxious는 불편한 감정을 표현하고, eager는 만족스러운 감정을 표현한다.

✔ We are anxious about leaving.

떠나야 하는 것이 마음이 아픕니다.

✔ We are eager to leave.

떠날 수 있어서 너무 좋습니다.

blackmail vs coerce

blackmail은 비밀스러운 정보를 폭로할 수 있다고 협박함으로써 자신의 이득을 취하는 행동인 반면, coerce는 단순히 '강제하다'라는 뜻이다.

✔ He was trying to blackmail me into saying whatever he wanted.

자신이 원하는 것을 말하게끔 나를 협박하려고 했다.

✔ The rebels coerced the villagers into hiding them from the army.

반군들은 마을사람들에게 정부군으로부터 자신들을 숨겨달라고 압박했다.

cohort vs consort

cohort는 친구 지지자 협력자 무리, consort는 배우자를 의미한다.

✔ When Prince Charles married his friend she became his consort; his hangers-on are still his cohort.

찰스왕세자가 친구와 결혼했을 때 그 친구는 consort가 된 것이고, 축하해주러 온 친구들은 여전히 cohort일 뿐이다.

comprise vs compose vs constitute

comprise는 전체가 어떤 부분으로 이루어져있는지 말하는 반면, compose와 constitute는 거꾸로 개별부분들이 어떤 전체를 이루는지 말한다.

✔ The alphabet comprises twenty six letters.

알파벳은 26개 문자로 이루어진다.

✔ The alphabet is composed of twenty six letters.

알파벳은 26개 문자로 이루어져있다.

✔ Twenty six letters constitute the alphabet.

26개 문자가 알파벳을 이룬다.

✖ Twenty six letters comprises the alphabet.

✖ The alphabet is comprised by twenty six letters.

continuous vs continual

continuous는 어떤 상태가 멈추지 않고 계속 이어지는 것을 일컫는 반면, continual은 어떤 일이 멈췄다 시작하는 일을 반복하는 것을 일컫는다.

✔ She continuously interrupted me.

방해하는 행동을 끊지 않고 하여 결국 아무 말도 하지 못했다.

✔ She continually interrupted me.

방해하는 행동을 반복적으로 하여 귀찮게 했지만, 몇 마디는 할 수 있었다.

disinterested vs uninterested

disinterested는 아무런 이해관계가 없어서 '사심이 없다'는 뜻인 반면, uninterested는 관심이 없어서 '알고 싶지 않다'는 뜻이다. (disinterested는 원래 uninterested와 같은 의미로 사용되었으나, 18세기 말 의미가 분화되었다.)

✔ A judge should be disinterested the outcome of a case, but not uninterested it.

판사는 재판결과에 대해 사심이 없어야 하지만, 관심이 없어서는 안 된다.

enormity vs **enormousness**

enormity는 '악랄함,' enormousness는 '거대함'을 의미한다.

✔ It is an enormous disappointment that, even now, the full enormity of his crimes has not been exposed.

그가 저지른 거악이 지금까지도 온전히 드러나지 않았다는 사실은 엄청난 실망을 안겨준다.

flaunt vs **flout**

flaunt는 '눈에 잘 띄게 드러내다, 과시하다'를 뜻하는 반면, flout는 '규칙이나 법을 우습게 여기다'는 뜻이다.

✔ The rich power flaunted openly that they flouted the law.

부유한 권력층은 자신들이 법을 업신여긴다는 것을 공개적으로 과시했다.

fortuitous vs **fortunate**

fortuitous는 어떤 일이 예상치 않게 '우연하게 일어났다'는 뜻이고, fortunate은 '운이 좋게 일어났다'는 뜻이다.

✔ She was extremely fortunate when she fortuitously picked the right number in the lottery.

정말 운이 좋게도, 우연히 뽑은 숫자가 복권에 당첨되었다.

fulsome vs **much**

fulsome은 단순히 많다는 의미가 아니라, '지겹도록 많다'는 부정적 의미다.

✔ Newspapers have been fulsome in their praise of the new president.

신문들은 새로운 대통령에 대해 찬사를 도배하듯 쏟아냈다.

notorious vs **famous**

famous는 단순히 많이 알려져있다는 의미인 반면, notorious는 악행으로 유명하다는 의미다.

✔ Frank Sinatra was a famous singer but a notorious bully.

프랭크 시나트라는 가수로서 유명하지만 약자를 괴롭힌 것으로도 유명하다.

simplistic vs **simple**

simplistic은 실제보다 단순해 보이도록 만든 것을 의미하는데, '너무 단순하게 만들어 형편없다'는 경멸의 감정을 전달한다.

✔ This is not a simple approach, but a simplistic one to the problem.

이건 문제에 대한 단순한 접근법이 아니라 어설픈 접근법이잖아.

이러한 단어들을 구분해서 사용하는 데 관심을 기울이는 사람들이 최근 많이 줄어들기는 했지만, 여전히 많은 독자들이 신경 쓴다. 이러한 단어들을 구분해서 쓸 줄 아느냐 모르느냐 하는 것은, 글을 쓰는 사람에 대한 평가에서 매우 큰 비중을 차지한다. 따라서 이러한 용법을 익히는 데 드는 시간에 비하면 상당히 큰 효과를 얻을 수 있다.

또한 교육받은 사람이라면 당연히 구분해서 쓸 것이라고 기대하는 단어들이 있다. 그중 몇 가지 예를 들면 다음과 같다.

implyㅤ암시하다—infer추론하다
accept수락하다—except제외하다
affect영향을 미치다—effect영향
capital자본—capitol의사당
principal주요한—principle원리
discrete별개의—discreet신중한
proceed나아가다—precede앞서가다

또한 글을 쓸 때 많은 이들이 실수하는 단어 중에 라틴어나 그리스어에서 온 명사의 단수형과 복수형이 있다. 이 단어를 구분해서 쓸 줄 아는지 많은 독자들이 눈여겨본다.

datum—data 데이터
medium— media 미디어
stratum— strata 계층
criterion— criteria 기준
phenomenon— phenomena 현상

PART II

Clarity

It takes less time to learn to write nobly than to learn to write lightly and straightforwardly.

품위있게 쓰는 법은, 가볍고 명확하게 쓰는 법보다 훨씬 쉽게 배울 수 있다.

Friedrich Nietzsche

프리드리히 니체

2

Suit the action to the word,
the word to the action.

행위는 대사에, 대사는 행위에 맞추게.

William Shakespeare

윌리엄 셰익스피어 《햄릿》 3막 2장

Lesson 2

무슨 행동을 하는가?

마음에 드는 글에 대해서 우리는 대개 명확하고, 간결하고, 에두르지 않는다는 말로 묘사하는 반면, 마음에 들지 않는 글에 대해서는 모호하고, 추상적이고, 복잡하고, 어렵고, 에둘러 표현한다는 말로 비판한다. 다음 두 문장도 이러한 말로 구분해보자.

1a The cause of our schools' failure at teaching basic skills is not understanding the influence of cultural background on learning.

학교의 기초적인 소양교육의 실패 원인은 학습에 대한 문화적 배경의 영향을 이해하지 못하는 데 있다.

1b Our schools have failed to teach basic skills because they do not understand how cultural background influences the way a child learns.

학교가 기초적인 소양교육에 실패하는 것은 아이의 학습방식에 문화적 배경이 어떤 영향을 미치는지 이해하지 못하기 때문이다.

대부분 **1a**는 어렵고 복잡한 반면, **1b**는 훨씬 명확하며 간결하다고 말할 것이다. 하지만 이러한 표현들은 문장 속에 담긴 구체적인 특징을 지칭하기보다는 문장이 어떤 '느낌'을 주는지 묘사할 뿐이다. **1a**가 '명확하지 않다'고 말하는 것은 이 문장을 이해하는 데 상당한 시간이 걸린다는 뜻이며, '복잡하다'고 말하는 것은 의미가 응축되어있기 때문에 문장을 읽어나가는 것이 쉽지 않다는 뜻이다.

문제는 문장 '속' 어떤 요소가 그런 느낌을 선사하는지 알아야 한다는 것이다. 그래야만 자신에게는 술술 읽히지만, 독자에게는 쉽게 읽히지 않는 부분이 어디인지, 또 그것을 어떻게 수정해야 하는지 찾아낼 수 있다. 여기서 알 수 있는 기본적인 통찰은 다음과 같다.

일반적으로 독자들이 의미가 명확하다고 느끼는 문장은 이야기를 쉽게 풀어내는 문장이다.

결론적으로, 이야기를 잘 만들어내는 방법을 안다면 어떤 문장이 미흡한지 또 그런 문장을 어떻게 고쳐야 하는지 이해할 수 있다.

레슨2부터 **레슨5**까지 설명을 따라가기 위해서는 전체주어, 단순주어, 동사 같은 용어가 무슨 의미인지 알아야 한다. 문장이나 절은 모두 두 부분으로 나눌 수 있는데, 주어와 술어다. 전체주어는 명사구 또는 주어역할을 하는 한 단위의 정보를 의미한다. 단순주어는 전체주어 중에서 가장 핵심이 되는 명사로, 나머지 항목들이 모두 이 명사를 수식하거나 가리킨다. (흔히 문장의 '주어'라고 할 때는 대개 단순주어를 일컫는다.) 동사는 술어를 이끄는 단어로 주어의 행위를 표현하거나 주어와 뒤에 나오는 정보를 연결해준다. 동사는 주어에 따라 형태가 달라진다. 설명이 부족하다고 여겨진다면, 용어해설을 참고하기 바란다.

스토리텔링: 누가 무엇을 했는가?

다음 문장은 어떤 느낌이 드는가?

2a Once upon a time, as a walk through the woods was taking place on the part of Little Red Riding Hood, the Wolf's jump out from behind a tree occurred, causing her fright.

옛날 옛적에 숲 속을 걷는 일이 빨간망토에게 일어났을 때, 나무 뒤에서 늑대의 갑작스러운 점프가 발생하여 소녀에게 공포를 유발했다.

물론 이렇게 글을 쓰는 사람은 없을 것이다. 우리가 선호하는 문장은 다음과 가까울 것이다.

2b Once upon a time, Little Red Riding Hood was walking through the woods, when the Wolf jumped out from behind a tree and frightened her.

옛날 옛적에 빨간망토가 숲 속을 걷고 있을 때, 나무 뒤에서 늑대가 갑자기 뛰어들어 소녀를 겁에 질리게 했다.

우리는 **2a**보다 **2b**를 더 명확한 문장이라고 생각한다. 그 이유는 무엇일까?

- 주요행위자가 동사의 주어 자리에 온다.
- 동사는 구체적 행위를 표현한다.

명확성 원칙 1: 주요행위자를 주어로 표현한다

2a의 주어를 살펴보자. 전체주어는 밑줄로, 단순주어는 *이탤릭*으로, 이야기의 주요행위자는 음영으로 표시했다.

2a Once upon a time, as a *walk* through the woods was taking place on the part of Little Red Riding Hood, the Wolf's *jump* out from behind a tree occurred, causing her fright.

옛날 옛적에 숲 속을 걷는 일이 빨간망토에게 일어났을 때, 나무 뒤에서 늑대의 갑작스러운 점프가 발생하여 소녀에게 공포를 유발했다.

문장의 단순주어와 주요행위자가 다르다는 것을 알 수 있다. 행위를 묘사하는 추상명사(walk와 jump)가 단순주어 역할을 하고 있다.

전체주어	동사
a *walk* through the woods	was taking place
the Wolf's *jump* out from behind a tree	occurred

동사 occurred의 전체주어 the Wolf's jump out from behind a tree 속에 행위자 the Wolf가 있기는 하지만 여기서 단순주어는 Wolf가 아니라 jump다. Wolf는 jump의 소유격일 뿐이다.

추상명사가 주어로 사용된 **2a**와 달리, **2b**에서는 행위자가 주어와 일치한다.

2b Once upon a time, *Little Red Riding Hood* was walking through the woods, when the *Wolf* jumped out from behind a tree and frightened her.

옛날 옛적에 빨간망토가 숲 속을 걷고 있을 때, 나무 뒤에서 늑대가 갑자기 뛰어들어 소녀를 겁에 질리게 했다.

전체주어	동사
Little Red Riding Hood	was walking
the Wolf	jumped…and frightened

단순주어와 행위자가 일치할 경우에는 전체주어도 짧아진다. 첫 번째 문장에서는 전체주어와 단순주어가 같다. 두 번째 문장에서는 단순주어에 관사 the만 붙어 전체주어가 되었다.

명확성 원칙 2: 주요행위를 동사로 표현한다

이제 **2a**에서 행위와 동사가 어떻게 다른지 살펴보자. 동사는 **굵은 글씨**로, 실제 행위는 음영으로 표시했다.

2a Once upon a time, as a walk through the woods **was taking place** on the part of Little Red Riding Hood, the Wolf's jump out from behind a tree **occurred**, causing her fright.

동사와 실제 행위가 다르다는 것을 알 수 있다. 실제 행위는 추상명사 속에 들어 있으며, 동사(was taking / occurred)의 의미가 매우 포괄적이라는 것을 눈여겨보라. 이에 비해 **2b**의 동사는 구체적 행위를 표시한다.

2b Once upon a time, Little Red Riding Hood **was walking** through the woods, when the Wolf **jumped** out from behind a tree and **frightened** her.

원칙1과 **원칙2**를 함께 적용해보자. **2a**에서는 주요행위자가 주어자리에 오지 않았고, 주요행위가 동사로 표현되지 않았다. 반면 **2b**에서는 주요행위자가 주어와 일치하고 주요행위가 동사로 표현되었다. 이것이 바로 많은 독자들이 **2a**보다 **2b**가 명확하게 읽힌다고 느끼는 이유다.

이러한 원칙을 그림으로 표현할 수 있다. 영어문장에서는 주어가 대부분 동사 앞에 온다.

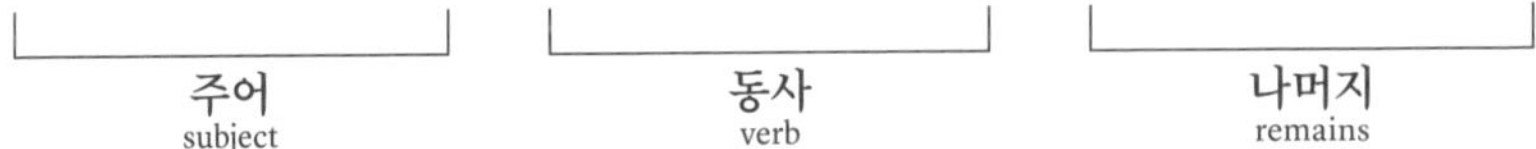

주어와 동사는 문법적으로 고정된 자리라고 생각할 수 있다. 반면 이야기의 행위자와 행위는 사실, 문장 어느 곳에서나 나타날 수 있다. 이야기를 하는 사람 입장에서 행위자와 행위는 어느 곳에든 놓을 수 있는 '이야기 요소'와도 같다.

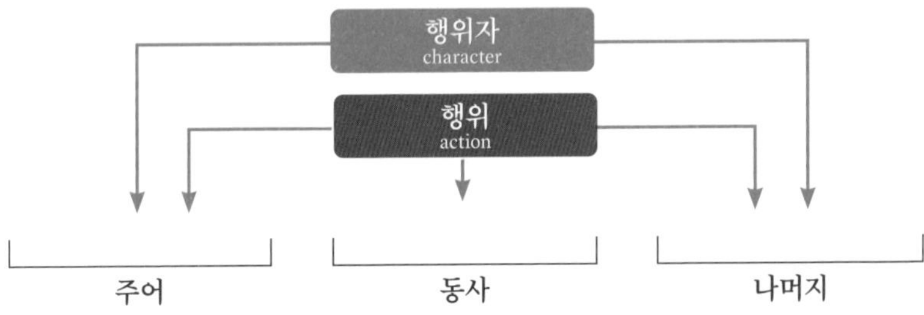

하지만 독자들은 행위자가 주어자리에, 행위가 동사자리에 놓이는 것을 좋아한다. 자신이 쓴 글을 검토할 때, 다음과 같이 행위자와 행위가 엉뚱한 자리에 들어있는 문장이 있는지 눈여겨보라.

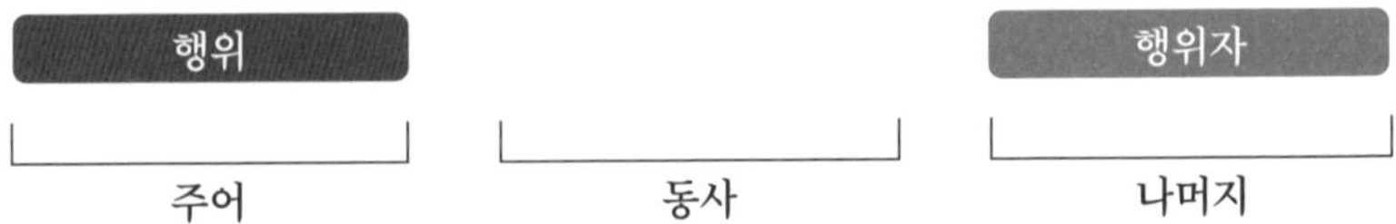

이런 문장을 다음과 같이 수정하라.

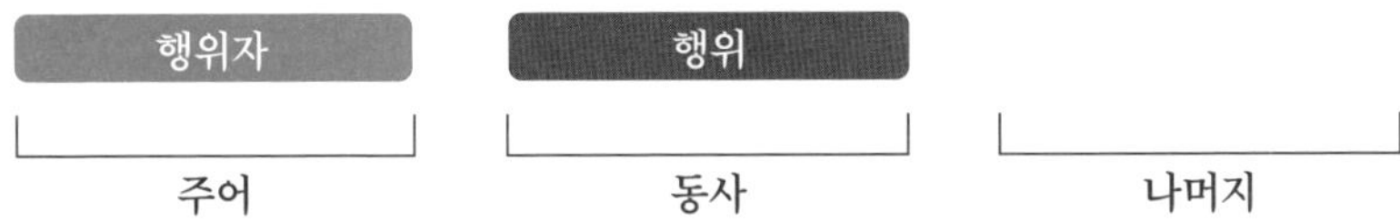

여기서 한 가지 더 명심해야 할 사실은, 독자들은 행위자가 전체주어 속에 '들어있는' 것을 바라는 것이 아니라 문장의 주어, 단순주어로 오기를 바란다는 것이다. 이러한 기대에 어긋나는 문장은 상당한 혼란을 초래하고, 독자는 그 문장을 이해하기 위해서 필요 이상의 고생을 해야 한다.

◎ 핵심포인트

> **2a**가 장황하고 에둘러 말하는 것처럼 보이는 이유는 주요행위자인 '빨간망토'와 '늑대'가 주어로 표시되지 않고, 그들의 행위가 동사로 표시되지 않았기 때문이다. 이에 비해 **2b**가 명확해 보이는 이유는 주요행위자가 주어로, 그들의 행위가 동사로 표시되었기 때문이다. 독자로서 우리가 **2b**를 선호하는 이유다.

스토리텔링과 전문가의 글쓰기

논문, 보고서, 매뉴얼, 칼럼 등 대학이나 기업에서 요구하는 글과 스토리텔링은 차원이 다른 글쓰기처럼 보이지만, 사실은 전혀 그렇지 않다. 어떤 글에서든 문장은 대개 '누가 무엇을 한다'는 것을 진술하는 것이기 때문이다. 다음 두 문장을 비교해보자.

3a Mayoral support for the school consolidation proposal was based on a belief that it could yield significant cost reductions without having an adverse effect on student standardized test performance.

학교통합계획안에 대한 시장의 지지는 학생 표준시험 성적에 역효과를 주지 않으면서 상당한 비용절감을 안겨줄 수 있다는 믿음에 기반한 것이었다.

✔ 3b The mayor supported the proposal to consolidate schools because she believed that it could significantly reduce costs without adversely affecting students' performance on standardized tests.

시장은 학교를 통합하는 계획안을 지지했는데, 학생들의 표준시험 성적에 역효과를 주지 않으면서 비용을 상당히 절감할 수 있기 때문이다.

이 예문도 빨간망토 예문과 마찬가지로 분석할 수 있다. **3a**예문이 어렵게 느껴지는 것은 의미가 응축되어있기 때문이다. 앞에서 본 것처럼 두 가지 이유로 분석할 수 있다.

첫 번째, 행위자가 주어로 등장하지 않는다. 이야기의 행위자는 mayor, proposal, students인데, 주어가 아니다. 전체주어에 행위자 두 개가 들어있기는 하지만, 단순주어가 아니다. 단순주어는 추상명사 support다.

3a Mayoral *support* for the school consolidation proposal was based on a belief that it could yield significant cost reductions without having an adverse effect on student standardized test performance.

두 번째, 실제 행위는 동사로 표현되지 않고 추상명사로 표현된다.

3a Mayoral support for the school consolidation proposal **was based on** a belief that it **could yield** significant cost reductions without **having** an adverse effect on student standardized test performance.

길고 복잡한 전체주어에 비해 주요동사 was based on은 의미 측면에서 매우 빈약하다는 것을 알 수 있다.

전체주어	동사
Mayoral support for the school consolidation proposal	was based on

독자들이 **3b**를 더 명확하다고 느끼는 것은 두 가지 이유 때문이다. 행위자가 주어로 등장하고, 행위가 동사로 표현되기 때문이다.

✔ 3b The *mayor* **supported** the proposal to consolidate schools because *she* **believed** that *it* **could** significantly ***reduce*** costs without adversely **affecting** students' performance on standardized tests.

주어가 모두 짧고, 구체적이고, 명료하다는 것을 눈여겨보라. (proposal을 행위자로 간주하는 이유와 performance를 동사로 바꾸지 않은 이유는 이 챕터의 마지막 섹션에서 설명한다.)

명확성을 평가하는 간단한 테스트

빨간망토 이야기를 활용하여 내가 쓴 문장이 독자들에게 얼마나 명확해 보일지 알아볼 수 있다. 다음 템플릿에 주어와 동사를 넣어보라.

Once upon a time, there was subject, and one day he/she/it verb

옛날 옛적에 _______이/가 있었는데, 하루는_______다.

이야기가 된다면 문장도 명확해 보일 것이다.

2b Once upon a time, there was Little Red Riding Hood, and one day she was walking…

옛날 옛적에 빨간망토가 있었는데, 하루는 걸었다…

3b Once upon a time, there was the mayor, and one day she supported…

옛날 옛적에 시장이 있었는데, 하루는 지지했다…

이 문장들은 자연스럽게 이야기가 된다. 행위자가 주어가 되고 그의 행위가 동사로 온다. 하지만 전혀 이야기가 되지 않는 것처럼 들린다면, 문장이 명확하지 않다는 뜻이다. **2a**와 **3a**의 단순주어와 전체주어를 넣어보자.

2a Once upon a time, there was a walk, and one day it was taking place…

옛날 옛적에 걷기가 있었는데, 하루는 일어났다…

3a Once upon a time, there was support, and one day it was based on…

옛날 옛적에 지지가 있었는데, 하루는 기반했다…

2a Once upon a time, there was a walk through the woods, and one day it was taking place…

옛날 옛적에 숲속을 걷는 일이 있었는데, 하루는 일어났다…

3a Once upon a time, there was mayoral support for the school consolidation proposal, and one day it was based on…

옛날 옛적에 학교통합계획안에 대한 시장의 지지가 있었는데, 하루는 기반했다…

이런 이야기를 듣고 머릿속에 그림을 그릴 수 있는 사람은 없을 것이다. 이 문장들이 명확하지 않다는 뜻이다.

이 레슨에서는 행위와 동사에 대해 자세히 살펴보고, 행위자와 주어에 대해서는 다음 레슨에서 살펴본다.

주요행위를 동사로 표현하라

원칙은 단순하다. **4a**와 **4b**가 행위를 어떻게 표현하고 있는지 살펴보자.

4a Our lack of data **prevented** evaluation of UN actions in **targeting** funds to areas most in need of assistance.

데이터의 부족은 원조의 필요성이 가장 높은 지역에 자금을 중점적으로 지원했느냐 하는 UN의 활동에 대한 평가를 가로막았다.

✔ 4b Because we **lacked** data, we could not **evaluate** whether the UN **had targeted** funds to areas that most **needed** assistance.

데이터가 부족한 탓에, 원조가 가장 필요한 지역에 UN이 자금을 중점적으로 지원했는지 평가할 수 없었다.

4a는 행위가 모두 명사로 표현되어있는 반면, **4b**는 행위가 거의 동사로 표현되어있다. 추상적인 명사가 많이 사용되는 글은 의미가 응축되어 있다는 느낌을 준다. 특히, 동사나 형용사에 -tion, -ment, -ance를 붙여 만든 명사들이 주어자리에 나올 때 글은 더욱 어렵게 느껴진다.

동사나 형용사를 명사로 바꾸는 것을 조금 어려운 말로 '명사화nominalization'라고 한다. nominalization이라는 말 자체도 명사화의 결과인데, nominalize(명사로 만들다)라는 동사에 -tion을 붙여 명사로 만든 것이기 때문이다. 몇 가지 사례를 더 보자.

동사 → 명사	형용사 → 명사
discover → discovery	careless → carelessness
resist → resistance	different → difference
react → reaction	proficient → proficiency

또한 동사에 -ing를 붙여서 명사로 만들 수 있다(동명사).

She flies → her flying　　　We sang → our singing

명사와 동사의 모양이 같은 경우도 있다.

hope → hope　　result → result　　repair → repair

We **request** that you **review** the data.

우리는 데이터를 검토해줄 것을 요구합니다.

Our request is that you **do** a review of the data.

우리의 요구는 데이터의 검토를 수행하는 것입니다.

가끔은 형용사 속에 행위가 숨어있는 경우도 있다.

It is applicable → It **applies**

It is indicative → It **indicates**

I am dubious → I **doubt**

He is deserving → He **deserves**

I do not wish to be argumentative → I do not wish to **argue**

논문, 보고서, 매뉴얼 등 따분한 글들의 가장 큰 특징이 바로 명사화된 단어의 나열이다. 이러한 글은 추상적이고 어렵고 에둘러 말하는 느낌을 준다. 특히 명사화된 단어가 주어 역할을 할 때 더욱 글은 난해하게 느껴진다.

핵심포인트

어릴 적 우리는 주어는 행위자(움직임의 주인)이고 동사는 행위(움직임)라고 배웠다. 대개의 경우, 이것은 사실이다.

주어	동사	목적어
We 행위자	discussed 행위	the problem.

우리는 이 문제를 논의했다

하지만 다음 문장은 의미가 거의 비슷하지만, 그렇지 않다.

주어	동사			
The problem	was	the topic of	our 행위자	discussion. 행위

이 문제는 우리의 논의의 주제였다.

물론 행위자와 행위는 문장 어느 곳에든 둘 수 있으며, 주어와 동사 역시 무엇이 되든 문법적으로는 틀리지 않는다. 하지만 행위자는 주어로, 행위는 동사로 표현할 때 독자는 그 문장을 명확하고 직접적이며 쉽게 읽힌다고 느낀다.

Exercise 1 ▶ Exercise 2 ▶ Exercise 3 ▶

글 고치기: 행위자와 행위를 찾아라

자신이 무엇을 말하고자 하는지, 어떻게 말해야 하는지 확신하지 못할 때 명확하지 않은 글을 쓸 수 있다. 하지만 자신이 쓴 글이 너무 익숙하게 여겨질 때에도 명확하지 않은 글을 쓸 수 있다. 자신이 쓴 글에 대해서 독자들이 어떻게 반응할지 정확하게 판단하기가 어렵기 때문이다. 그럴 때에는 어떻게 해야 할까?

내가 쓴 글은 아무 문제 없는데?

글을 작성하고 난 뒤 읽어보니 내가 보기에도 너무나 잘 썼다. 우쭐한 마음에 친구에게 읽어보라고 줬다. 그런데 전혀 예상치 못한 반응을 보인다.

> **어떻게 이 글을 보고 이상하다고 하지?**
> **어떻게 이 글이 이해되지 않는다고 말하지?**
> **어린아이 동화책 정도만 읽을 줄 알면 누구든 이해할 수 있는 글인데,**
> **글을 읽을 줄 모르는 건가?**
> **아니면 지나치게 까다롭게 따지는 건가? 어쨌든 기분이 좋지 않다.**
> **내가 쓴 글을 읽어본다. 도대체 뭐가 문제라는 말인가?**
> **어디를 어떻게 고쳐야 하는지, 아니 고칠 필요가 있는지조차 모르겠다.**

글을 써본 사람이라면 이런 경험을 해본 적 있을 것이다. 하지만 냉정한 진실은, 독자가 보이는 반응은 대부분 옳다는 것이다. 읽는 사람의 잘못이 아니라 쓰는 사람의 잘못이다. 글 자체에 문제가 있다는 뜻이다.

우리는 남의 글을 읽고 판단하는 데에는 능한 반면, 내 글을 읽고 판단하는 데에는 미숙하다. 자신이 쓴 글을 읽을 때는, 쓰여있는 글자를 읽는 것이 아니라 내가 글을 통해 말하고자 하는 그 '어떤 것'을 읽는다. 다시 말해 글을 읽는 것이 아니라, 내 머릿속에 담겨있는 의미, 독자가 내 글을 읽고 이해해주기를 바라는 의미를 읽는 것이다. 그 의미는 누구보다도 내가 아주 잘 알고 있기 때문에 글 또한 명확해 보일 수밖에 없다. 하지만 글을 읽고 거기에서 의미를 찾아내 이해해야 하는 사람 입장에서는, 글이 모호하거나 조금이라도 잘못되어있다면 이해하기 어렵다.

결국 글을 쓴 사람이나 글을 읽는 사람 모두 잘못된 판단을 한 것이 아니다. 명확성이란 이처럼, 문장의 속성이 아니라 독자가 받는 인상에 따라 결정되는 요인이다. 모든 것은 보는 사람의 눈에 따라 달라진다.

리바이징 절차

내가 쓴 문장을 읽고 내가 내리는 판단이 독자의 판단과 일치하게 하려면, 내가 쓴 글을 좀더 객관적인 관점에서 봐야 한다. 우선, 내가 쓴 글이 익숙해 보이지 않도록 살짝 거리를 두어야 한다. 이때 행위자는 주어에, 행위는 동사에 넣어야 한다는 원칙이 크게 도움이 된다. 무엇보다도, 이 원리를 활용하면 나의 눈에는 명확한 것처럼 보이지만 독자 눈에는 그렇지 않은 문장을 찾아 수정할 수 있다. 글을 고치는 과정은 다음 세 단계를 거쳐 진행된다.

진단 ▶ **분석** ▶ **수정**

❶ 문장 첫머리에 등장하는 7-8 단어에 밑줄을 친다

문장 앞머리에 등장하는 짧은 도입부(4-5 단어)는 제외한다.

<u>The automation of manufacturing, assembly, and shipping process</u> by corporations means the loss of jobs for many blue-collar workers.

기업들의 제조, 조립, 배송 과정 자동화는 많은 블루칼라 노동자에게 일자리의 손실을 의미한다.

❷ 그 다음 두 가지 요소를 살펴본다

- 전체주어와 주어의 핵심(단순주어)을 찾는다(이탤릭으로 표시).

  <u>The *automation* of manufacturing, assembly, and shipping process by corporations</u> means the loss of jobs for many blue-collar workers.

- 전체주어의 동사가 나오기 전까지 몇 개의 단어가 나오는가?

  <u>The automation of manufacturing, assembly, and shipping process by corporations</u> **means** the loss of jobs for many American workers. (10개)

진단 ▶ **분석** ▶ 수정

❸ 주요행위자를 찾는다

살아 움직이는 생명체가 좋다. (자세한 내용은 다음 레슨에서 다룬다.)

The automation of manufacturing, assembly, and shipping process by corporations means the loss of jobs for many blue-collar workers.

❹ 그 행위자가 수행하는 행위를 찾는다

동사에서 파생된 추상적인 명사 속에 들어있을 확률이 높다.

The automation of manufacturing, assembly, and shipping process by corporations means the loss of jobs for many blue-collar workers.

진단 ▶ 분석 ▶ **수정**

❺ 명사화되어있는 행위를 동사로 바꾼다

automation → automate　　　loss → lose

❻ 행위자를 앞서 바꾼 동사의 주어로 만든다

corporations automate　　　blue-collar workers lose

❼ 종속접속사를 활용하여 절을 연결한다

because, if, when, although, why, how, whether, that 등 절의 관계에 어울리는 접속사를 활용한다.

✔ Many blue-collar workers are losing their jobs because corporations are automating their manufacturing, assembly, and shipping processes.

기업들이 제조, 조립, 배송 과정을 자동화하기 때문에 많은 블루칼라 노동자이 일자리를 잃고 있다.

글 고치기: 명사화구문의 5가지 패턴

동사를 명사화할 경우 문장은 흔히 다섯 가지 형태를 띤다. 이러한 패턴을 잘 알아두면 빠르게 명사화구문을 파악하고 수정할 수 있다.

1. 명사화된 단어가 주어로 나오고 그 다음 빈 동사가 나온다

The intention of the committee **is** to audit the records.

위원회의 의도는 회계기록을 감사하는 것이다.

be, seems, has 등 아무런 행위가 담겨있지 않은 동사를 '빈 동사empty verb'라고 한다. 행위를 명사(주어)에 담아버리면 동사에 표시할 행위가 남지 않기 때문에 빈 동사를 써야 한다. 이런 문장은 다음과 같이 고칠 수 있다.

a. 명사화된 행위를 동사로 바꾼다.

intention → intend

b. 찾아낸 동사의 주어가 될 만한 행위자를 찾는다.

The intention of the committee is to audit the records.

c. 행위자를 주어자리에 놓는다.

✔ The committee **intends** to audit the records.

위원회는 회계기록을 감사하고자 한다.

2. 빈 동사 다음에 명사화된 단어가 나온다

The reporter **conducted** an investigation into the matter.

기자는 이 문제에 대해 탐사를 진행했다.

a. 명사화된 행위를 동사로 바꾼다.

investigation → investigate

b. 찾아낸 동사로 빈 동사를 교체한다.

✔ The reporter **investigated** the matter.

기자는 이 문제를 탐사했다.

3. 명사화된 단어가 주어로 나오고 빈 동사 뒤에 또 명사화 단어가 나온다

Our loss in sales **was** a result of their expansion of outlets.

우리의 매출손실은 그들의 직판점 확장의 결과였다.

a. 명사화된 행위를 동사로 바꾼다.

loss → lose　　　　expansion → expand

b. 찾아낸 동사의 주어가 될 만한 행위자를 찾는다.

Our loss in sales was a result of their expansion of outlets.

c. 행위자를 동사의 주어로 놓는다.

our loss →we lose　　　　their expansion → they expand

d. 새로 만든 두 절을 논리적 관계를 고려하여 연결한다.

✔ We **lost** sales because they **expanded** their outlets.

그들이 직판점을 확장하는 바람에 우리는 매출이 줄었다.

4. there is/there are 다음에 명사화된 단어가 나온다

There **is** a need for our further study of this problem.

이 문제에 대한 우리의 더 깊은 연구의 필요가 있다.

a. 명사화된 행위를 동사로 바꾼다.

need → need　　　　study → study

b. 찾아낸 동사의 주어가 될 만한 행위자를 찾는다.

There is no need for our further study of this problem.

c. 행위자를 동사의 주어로 놓는다.

need → we need　　　　our study → we study

✔ We **need** to study this problem further.

우리는 이 문제에 대해 더 깊이 연구해야 한다.

5. 명사화된 단어 두세 개가 전치사로 연결되어있다

We **did** a review of the evolution of the brain.

우리는 뇌의 진화과정에 대한 검토를 했다.

a. 첫 번째 명사화된 단어를 동사로 바꾼다.

review → review

b. 두 번째 명사화된 단어는 그대로 두거나, 동사로 바꾸어 how나 why로 시작하는 절의 동사로 사용한다.

evolution of the brain → how the brain evolved

✓ We **reviewed** the evolution of the brain.

우리는 뇌의 진화과정을 검토했다.

✓ We **reviewed** how the brain **evolved**.

우리는 뇌가 어떻게 진화했는지 검토했다.

글쓰기 팁

복잡한 문장에서는 대개 행위자와 행위가 하나 이상 나온다. 이럴 경우 절이 여러 개 만들어지는데, 절의 논리적 관계를 정확하게 이해한 다음 세 가지 패턴 중 하나를 선택하여 바꿔 써보라.

- 인과—한 절이 다른 절의 이유일 때: X because Y

  because, since, when —때문에, —하니까, —해서

- 조건—한 절이 다른 절에 따라 달라질 때: If X, then Y

  if, provided that, so long as —한다면, —하는 한, —할 때는

- 양보—한 절이 다른 절에 대한 반론을 진술할 때: Although X, Y

  though, although, unless —하지만, —하더라도, —함에도

명사화 구문을 풀면 무엇이 좋아질까?

'주요행위를 동사로 표현한다'는 원칙을 일관되게 지키면, 독자는 여러 혜택을 누릴 수 있다.

1. **훨씬 구체적이 된다**

   추상적이고 개념적인 의미를 구체적이고 일상적인 의미로 바꿔준다. 의미가 손에 잡힐 듯, 직접적으로 이해된다.

   There **was** a directorial decision for program expansion.

   프로그램 확장에 대한 지도부의 결정이 있었다.

   ✔ The director **decided** to **expand** the program.

   지도부는 프로그램을 확장하기로 결정했다.

2. **훨씬 간결해진다**

   명사화된 단어를 쓰면 관사(a, the)나 전치사(of, by, in 등)와 같은 '기능어'들이 따라 나오는데, 동사와 접속사를 쓰면 그런 기능어를 쓸 필요가 없다.

   A revision of the program **will result** in increases in our efficiency in the servicing of clients.

   프로그램의 수정은 고객서비스에 대한 우리의 효율성의 증가라는 결과로 이어질 것이다.

   ✔ If we **revise** the program, we **can serve** clients more efficiently.

   프로그램을 수정하면, 고객에게 더 효율적으로 서비스할 수 있다.

3. **논리가 훨씬 명확해진다**

   명사화된 단어를 사용할 경우, 행위를 of, by, on the part of 같이 의미가 불분명한 전치사/전치사구로 연결해야 한다. 하지만 이것을 동사로 바꾸면 절이 만들어지고 이 절들을 종속접속사를 활용하여 연결해야 하는데, 이로써 개별 명제의 논리적인 관계가 명확하게 드러난다.

Our more effective presentation of our study **resulted** in our success, despite an earlier start by others.

우리 연구에 대한 더 효과적인 프레젠테이션은 다른 팀들의 더 빠른 시작에도 불구하고, 우리의 성공으로 이끌었다.

✔ Although others **started** earlier, we **succeeded** because we **presented** our study more effectively.

다른 팀들이 먼저 시작했음에도, 우리는 연구를 더 효과적으로 프레젠테이션한 덕분에 성공할 수 있었다.

4. 이야기를 훨씬 일관되게 전개할 수 있다

명사화된 단어를 사용하면 행위가 발생순서와는 무관하게 뒤죽박죽 엉키는 경우가 많다. (사건의 발생순서를 숫자로 표시했다.)

Decisions④ in regard to administration⑤ of medication despite inability② of an irrational patient appearing① in a Trauma Center to provide legal consent③ rest with the attending physician alone.

투약집행에⑤ 관한 결정은④ 트라우마센터 내 비이성적인 환자의 등장으로① 인한 법적 동의의③ 불능상황의② 경우, 담당의사의 판단에 전적으로 위임된다.

✔ When a patient appears① in a Trauma Center and behaves② so irrationally that he cannot legally consent③ to treatment, only the attending physician can decide④ whether to medicate⑤ him.

트라우마센터에 나타난① 환자가 비이성적으로 행동하여② 치료에 법적으로 동의할 수 없을③ 때에는, 환자에게 약을 투여할 것인지⑤ 담당의사만 판단할 수 있다④.

Exercise 4 ▶ Exercise 5 ▶ Exercise 6 ▶

명사화 구문이 유용한 경우

지금까지 명사화된 단어를 무조건 동사로 바꾸라고 몰아붙인 덕분에, 명사화된 단어를 절대 쓰면 안 되는 것이라고 생각하는 사람도 있을지 모른다. 하지만 실제로는 명사화된 단어를 전혀 쓰지 않고 글을 쓰는 것은 불가능하다.

그렇다면 명사화된 단어 중에서 어떤 것은 그대로 유지하고 어떤 것은 동사로 고치는 것이 좋은지 가려낼 줄 알아야 한다. 다음과 같은 경우에는 명사화를 그대로 유지하는 것이 좋다.

1. 앞 문장을 포장하는 명사화된 단어가 짧은 주어로 사용되었을 때

✔ These arguments all depend on a single unproven claim.

이러한 논쟁은 모두 입증되지 않은 하나의 주장에 의존한다.

✔ This decision can lead to positive outcomes.

이 결정은 긍정적인 결과로 나타날 수 있다.

이렇게 앞뒤 문장을 연결해주는 명사화된 단어들은 글의 흐름을 원활하게 만들어준다. 이 문제에 대해서는 **레슨4**에서 자세히 살펴볼 것이다.

2. 명사화된 짧은 단어를 풀었을 때 the fact that— 절이 나올 때

The fact that she **admitted** her guilt impressed me.

그녀가 자신의 잘못을 시인했다는 사실은 내게 깊은 인상을 주었다.

✔ Her admission of her guilt impressed me.

자신의 잘못에 대한 그녀의 시인은 내게 깊은 인상을 주었다.

the fact that—(—라는 사실)으로 포장된 절은 의미없이 거추장스럽기만 한 경우가 많다. 이런 절은 명사화를 하는 것이 오히려 낫다. 물론 다음과 같이 고칠 수 있다면 더할 나위없이 좋다.

✔ She **impressed** me when she **admitted** her guilt.

자신의 잘못을 시인했을 때 그녀는 내게 깊은 인상을 주었다.

3. 명사화된 단어가 동사의 대상(목적어)과 동일할 때

I accepted what she **requested**.

나는 그녀가 요청한 것을 받아들였다.

✔ I accepted her request.

나는 그녀의 요청을 받아들였다.

'그녀가 요청한 것'은 결국 '요청'과 같다. 물론 request는 너무 자주 명사로 사용되다 보니 명사화된 추상명사라는 느낌이 들지 않을 수 있다. 그럼에도 가능하다면, 동사로 표현하는 것이 좋다.

Her request for assistance **came** after the deadline.

그녀의 조력 요청은 마감일 이후에 왔다.

✔ She **requested** assistance after the deadline.

그녀는 마감일 이후에 도움을 요청했다.

4. 명사화된 단어가 지극히 익숙한 개념을 담고 있을 때

✔ The debate **focused** on the value of public education.

논쟁은 공교육의 가치에 집중되었다.

✔ All reputable scientists **accept** evolution as a fact.

저명한 과학자들은 모두 진화를 사실로 받아들인다.

✔ Taxation without representation **did** not **spark** the American Revolution.

대표 없는 과세가 미국혁명을 촉발한 것은 아니다.

독자들에게 특히 익숙한 명사화된 단어들이 존재한다. 예컨대, 위 예문에 등장하는 단어들과 더불어 abortion, demand, amendment, election 같은 단어들은 행위자로 간주할 만큼 익숙한 개념들이다. 이러한 단어들은 동사로 고치는 것이 오히려 어색할 수 있다. 따라서 명사화된 단어 중에 동사로 고쳐야 하는 것과 동사로 고치지 않아도 되는 것을 구별할 수 있는 안목을 길러야 한다. (다음 레슨에서 좀더 자세히 다룬다.) 예컨대 다음 문장의 경우, 동사로 고쳐야 한다.

The candidate's refusal **to contest** the results of the election **was** a disappointment to her supporters.

선거의 결과에 이의제기를 하는 것에 대한 후보자의 거부는 지지자들에게 실망이었다.

✔ The candidate **refused to contest** the results of the election, **disappointing** her supporters.

후보자는 선거의 결과에 이의를 제기하는 것을 거부하였고, 이는 지지자들을 실망시켰다.

독자들은 명확한 글, 간결한 글을 읽고 싶어하는 것이지, 조악한 글을 읽고 싶어하는 것이 아니다. 가끔은 문장을 무조건 짧게 써야 한다고 주장하는 사람이 있다. 예컨대 20단어, 심지어 15단어가 넘어가면 안 된다고 주장한다. 하지만 우리가 글을 통해서 전달하고자 하는 가치있는 생각, 숙성된 아이디어를 그렇게 짧은 문장 안에 담는 것은 불가능하다. 심오한 생각을 전달하기 위해서는 문장이 길어질 수밖에 없다. 중요한 것은, 긴 문장이라고 해도 의미를 명확하게 전달하고 쉽게 읽혀야 한다는 것이다. **레슨9**와 **레슨10**에서 그 방법을 자세히 설명한다.

SUMMARY

독자는 행위가 동사로, 행위자는 주어로 표현된 문장을 읽고 싶어한다. 글을 쓰고 고칠 때 이 두 가지 원칙을 꼭 명심하기 바란다.

1. **행위는 동사로 표시한다.**

The intention of the committee is improvement of morale.

위원회의 의도는 분위기를 쇄신하는 것이다.

✔ The committee **intends** to improve morale.

위원회는 분위기를 쇄신하고자 했다.

2. **행위의 주인인 행위자를 동사의 주어로 표시한다.**

주어 안에 들어가는 것을 넘어서 그 자체로 주어가 되어야 한다.

A *decision* by the dean regard to the funding of the program by the college **is** necessary for adequate staff preparation.

대학의 프로그램의 자금조달에 관한 학장에 의한 결정은 적절한 교직원 준비에 필요하다.

✔ The *staff* can **prepare** adequately, only after the *dean* **decides** whether the *college* will **fund** the program.

대학에서 프로그램에 자금을 조달할 것인지 학장이 먼저 결정한 뒤에야 교직원들이 제대로 준비할 수 있다.

명사화 된 단어를 그대로 유지하는 것이 좋은 경우

1. 앞 문장을 포장하는 명사화된 단어가 짧은 주어로 사용되었을 때

✔ These arguments all depend on a single unproven claim.

이 논증은 입증되지 않은 단 하나의 주장에 따라 완전히 달라진다.

2. 명사화된 단어를 풀었을 때 the fact that—이라는 절이 나올 때

The fact that she strenuously objected impressed me.

그녀가 격렬하게 반대한다는 사실은 매우 인상 깊었다.

✔ Her strenuous objections impressed me.

그녀의 격렬한 반대는 매우 인상 깊었다.

3. 명사화된 단어가 동사의 목적어일 때

I do not know what she intends.

나는 그녀가 의도하는 것을 모르겠다.

✔ I do not know her intentions.

나는 그녀의 의도를 모르겠다.

4. 명사화된 단어가 지극히 익숙한 개념을 담고 있을 때

✔ Everyone passed the examination.

모든 사람이 시험에 통과했다.

✔ The petition to put the amendment on the ballot succeeded.

개정안을 무기명 투표에 부치자는 청원이 통과되었다.

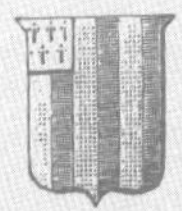

문장을 짧게 쓴다고 글이 쉬워질까?

명확하게 글을 써야 한다는 말을 문장을 짧게 써야 한다는 말로 알아듣는 사람이 많다. 문장을 짧게 쓰면 정말 글이 명확하고 쉬워질까? 다음 글은 학문적 열정이 넘치는 학생이 쓴 것이다.

> After Czar Alexander II's emancipation of Russian serfs in 1861, many freed peasants chose to live on communes for purposes of cooperation in agricultural production as well as for social stability. Despite some communes' attempts at economic and social equalization through the strategy of imposing low economic status on the peasants, which resulted in their reduction to near poverty, a centuries-long history of social distinctions even among serfs prevented social equalization.
>
> 1861년 러시아의 차르 알렉산드르2세의 농노해방 이후, 해방된 많은 소작농들은 농업생산활동의 협동이라는 목적뿐만 아니라 사회적 안정을 위해 코뮨에서 살기로 했다. 몇몇 코뮨은 경제적 사회적 평등화를 시도하기 위해 낮은 경제적 지위를 부과하는 전략을 취함으로써 소작농들의 생활수준은 빈곤선 가까이 추락하였지만 농노 사이에서조차 존재한 사회적 차별화라는 수세기에 걸친 역사는 사회적 평등을 가로막았다.

두 문장으로 이루어진 이 글에는 명사화된 단어들이 무수히 등장한다. 이 학생은 글을 명확하게 써야 한다는 조언에 '감화'를 받고나서 자신의 글을 다음과 같이 고쳤다.

In 1861, Czar Alexander II emancipated the Russian serfs. Many of them chose to live on agricultural communes. There they thought they could cooperate with one another in agricultural production. They could also create a stable social structure. The leaders of some of these communes tried to equalize the peasants economically and socially. As one strategy, they tried to impose on a low economic status. That reduced them to near poverty. However, the communes failed to equalize them socially. This happened because even serfs had made social distinctions among themselves for centuries.

1861년 러시아 차르 알렉산드르2세는 농노를 해방시켰다. 그들 중 많은 이들이 농촌코뮨에서 살기로 했다. 거기서 그들은 농업생산활동에서 서로 협동할 수 있다고 생각했다. 안정적인 사회구조도 만들 수 있었다. 몇몇 코뮨 지도자들은 경제적으로나 사회적으로나 소작농들에게 평등한 지위를 부여하고자 했다. 한 가지 전략은, 낮은 경제적 지위를 부과하는 것이었다. 그로 인해 소작농들의 생활수준이 모두 빈곤에 가까운 상태로 떨어졌다. 하지만 그러한 코뮨의 전략은 소작농들을 사회적으로 평등하게 만드는 데 실패했다. 왜냐하면 농노라고 해도 수세기 동안 그들 내부에 사회적 차별이 존재했기 때문이다.

이 글을 읽어보면 마치 처음 글쓰기를 배우는 초등학생이 쓴 일기 같다는 생각이 든다. 실제로 몇몇 글쓰기 책에서는 문장을 무조건 짧게 (20단어 이내로) 쓰라고 조언한다. 하지만 우리가 귀 기울일 만큼 가치있다고 여기는 생각은 대개 복잡한 것들이다. 초등학생 일기에 나오는 단문으로 모두 담아내는 것은 불가능하다. 글을 제대로 쓰고 싶다면, 복잡한 생각을 충분히 담아낼 수 있을 만큼 길고 복잡한 문장을 독자들이 쉽게 읽어나갈 수 있도록 쓸 줄 알아야 한다(**레슨9**와 **레슨10**에서 자세하게 설명한다). 뒤에서 설명하는 원칙을 적용해 위의 유치한 단문의 나열을 다시 묶어 다음과 같이 고칠 수 있다.

After Russian serfs were emancipated by Czar Alexander II in 1861, many chose to live on agricultural communes, hoping they could cooperate in working the land and establish a stable social structure. At first, some who led the communes tried to equalize the new peasants socially and economically by imposing on everyone a low economic status, a strategy that reduced them to near poverty. But the communes failed to equalize them socially because the serfs had for centuries observed their own social distinctions.

1861년 러시아의 차르 알렉산드르2세가 농노들을 해방시킨 이후, 많은 이들이 협동하여 일하고 안정적인 사회구조를 구축할 수 있으리라는 바람으로 농촌코뮨에 들어가 살기로 했다. 초기 코뮨을 이끌던 몇몇 사람들은 새로운 소작농들에게 사회적으로나 경제적으로나 평등한 지위를 부여하기 위하여, 모든 사람들에게 낮은 경제적 지위를 부과하였다. 빈곤에 가까운 상태로 생활수준을 떨어뜨리는 전략이었다. 하지만 그러한 코뮨의 전략은 소작농들을 평등하게 만드는 데 실패하고 말았는데, 농노들도 수세기 동안 자신들 안에서 사회적 차별을 해왔기 때문이다.

문장들은 길어졌지만 읽어나가는 것이 전혀 어렵지 않다. 무엇보다도 단문으로만 된 두 번째 글보다 내용이 훨씬 명확하게 이해된다는 것을 느낄 수 있을 것이다. 일관되게 주요행위자가 주어로, 행위가 동사로 배치되어있는 것을 눈여겨보라.

Lesson 2

Exercise 1

명사로 전환하기

동사, 형용사, 명사화 표현을 구분해보자. 동사와 형용사는 명사화 표현으로 바꿔보고, 명사화 표현은 동사나 형용사로 바꿔보자. 동사와 명사화 표현의 형태가 같은 경우도 있다는 것을 명심하라. 예컨대 다음 예문에서 윗문장에서는 cause가 동사로 사용된 반면 아랫문장에서는 명사화된 표현으로 사용되었다.

- Heavy rains cause flooding.
- Heavy rains are a cause of flooding.

analysis	thorough
believe	appearance
attempt	decrease
conclusion	improve
evaluate	increase
suggest	accuracy
approach	careful
comparison	emphasize
define	explanation
discuss	description
expression	clear
failure	examine
intelligent	

Exercise 2

명사화 문장을 만들기

Exercise 1에서 제시한 단어를 사용하여 문장을 만들어보자. 예컨대 suggest, discuss, careful을 사용하여 다음과 같은 문장을 만들 수 있다.

I suggest that we discuss the issue carefully.

그런 다음 여기서 사용한 동사나 형용사를 명사화하여 문장을 다시 써보자.

My suggestion is that our discussion of the issue be done with care.

명확한 문장이 어떤 과정을 통해 모호한 문장으로 바뀌는지 이해하면, 처음 보는 문장이라도 그것이 명확한 문장인지 모호한 문장인지 손쉽게 알아볼 수 있다.

Suggested Answer

이 책에서는 모든 문제에 답을 제시하지 않는다. 또한 여기서 제시하는 답은 정답이 아니다. 여기 수록된 답과 자신의 답이 일치하지 않는다고 실망할 필요는 없다. 오히려 여러분들이 찾아낸 답이 훨씬 나은 해법일 수 있다. 연습문제를 통해, 이 책에서 설명하는 원칙을 실제 문장에 적용해보며 고민하고 궁리해보는 기회를 갖기 바란다.

Exercise 3

행위자와 행위 찾기

문장의 주어와 동사, 행위자와 행위를 찾아보자. a는 명확하지 않은 문장이고 b는 개선된 문장이다. 각 문장의 주어와 행위자, 동사와 행위의 관계를 눈여겨보라.

1a. There is opposition among many voters to nuclear power plants based on a belief in their threat to human health.

1b. Many voters oppose nuclear power plants because they believe that such plants threaten human health.

2a. There is a belief among some researchers that consumers' choices at fast food restaurants are healthier because there are postings of nutrition information in menus.

2b. Some researchers believe that consumers are choosing healthier foods at fast food restaurants because they are posting nutrition information in their menus.

3a. Because the student's preparation for the exam was thorough, none of the questions on it were a surprise to her.

3b. Because the student prepared thoroughly for the exam, she was not surprised by any of the questions on it.

4a. Growth in the market for ebooks is driven by a preference of many readers for their convenience and portability.

4b. The market for ebooks has grown because many readers prefer their convenience and portability.

5a. The design of the new roller coasters was more of a struggle for the engineers than had been their expectation.

5b. The engineers struggled more than they expected when designing the new roller coaster.

Exercise 4

누가 무엇을 했는가?

전체주어는 밑줄, 단순주어는 이탤릭, 동사는 볼드, 행위자는 파란색음영, 행위는 회색음영으로 표시했다.

1a. *There* **is** opposition among many voters to nuclear power plants **based** on a belief in their threat to human health.

1b. Many *voters* **oppose** nuclear power plants because *they* **believe** that such *plants* **threaten** human health.

2a. *There* **is** a belief among some researchers that consumers' *choices* at fast food restaurants **are** healthier because *there* **are** postings of nutrition information in menus.

2b. Some *researchers* **believe** that *consumers* **are** choosing healthier foods at fast food restaurants because *they* **are** posting nutrition information in their menus.

3a. Because the student's *preparation* for the exam **was** thorough, *none* of the questions on it **were** a surprise to her.

3b. Because the *student* **prepared** thoroughly for the exam, *she* **was** not surprised by any of the questions on it.

한 쌍의 예문 중 하나는 명확한 문장이다. 행위자는 주어로, 행위는 동사로 표현되어있다. 명확하지 않은 문장은 행위가 명사화 되어있고 행위자가 주어에 있지 않은 경우도 많다. 먼저 문장의 주어에 밑줄을 긋고 동사에 동그라미를 쳐라. 그런 다음 행위자와 행위를 파악하라. 행위자는 파란색 형광펜으로 표시하고 행위는 노란색 형광펜으로 표시하라. 행위자와 행위가 문장에서 어느 위치에 나오는지 유심히 보라.

1a. Most people accept that atmospheric carbon dioxide elevates global temperature.

1b. There has been speculation by educators about the role of the family in improving educational achievement.

2a. Although researchers understand the cause of the common cold, they have failed to develop a vaccine to immunize those most at risk.

2b. Attempts by economists at defining full employment have been met with failure.

3a. The loss of market share to online stores resulted in the closing of many suburban shopping malls.

3b. When educators embrace new-media technology, our schools will teach complex subjects more effectively.

4a. Many professional athletes fail to realize that they are unprepared for life after stardom because their teams protect them from the problems that the rest of us adjust to every day.

4b. Colleges now have an understanding that yearly tuition increases are now impossible because of strong parental resistance to the soaring cost of higher education.

5a. The store's price increases led to frustration among its customers.

5b. When we write concisely, readers understand easily.

6a. Complaints by editorial writers about voter apathy rarely offer suggestions about dispelling it.

6b. Although critics claim that children who watch a lot of television tend to become less able readers, no one has demonstrated that to be true.

7a. We need to discover which populations are most at risk of developing dementia so that we can intervene effectively.

7b. There is a need for an analysis of library use to provide a reliable base for the projection of needed resources.

Exercise 5

명사화 문장 리바이징하기

1a. verb: argue, elevate. nominalization: 없음

1b. verb: has been. nominalization: speculation, improving, achievement.

2a. verb: identified, failed, develop, immunize. nominalization: risk.

2b. verb: met. nominalization: attempts, defining, employment, failure.

3a. verb: resulted in. nominalization: loss, share, disappearance.

3b. verb: discover, use, teach. nominalization: instruction.

4a. verb: fail, realize, are unprepared, protect, adjust. nominalization: life.

4b. verb: have, are. nominalization: understanding, increases, resistance, costs, education.

Excercise 4에서 본 명사화 문장을 명확한 문장으로 바꿔보자. 짝지어진 명확한 문장을 참고하면 쉽게 바꿀 수 있다.
예컨대 예문 5를 활용하여 리바이징하면 다음과 같이 될 것이다.

고쳐야 할 문장 (5a):

The store's price increases led to frustration among its customers.

참고할 문장 (5b):

When we write concisely, readers understand more easily.

참고할 문장처럼 when으로 시작하는 종속절을 사용하여 리바이징하면 된다.

고친 문장:

When the store increased price, its customers are frustrated.

Exercise 6

명사화 문장 리바이징하기

1. Educators have speculated about whether the families can improve educational achievement (help students achieve more).

2. Economists have attempted but failed to define full employment.

3. As suburban shopping malls have lost market share to online stores, many have closed.

4. Colleges understand that they can no longer increase tuition yearly because parents are strongly resisting the soaring cost of higher education.

명사화되어있는 행위를 동사로 바꾸고 행위자는 주어로 놓아 문장을 명확하게 고쳐보자. 행위자는 파란색, 행위는 회색으로 표시되어있다. 행위가 표시되어있지 않은 문제는 직접 찾아서 고쳐라.

1. The developer's hope was for a completion of facility before the end of the year, but the contractor's failure to remain on schedule made that an impossibility.

2. There were predictions by business executives that the economy would experience a quick revival.

3. Attempts at explaining increases in voter participation in this year's elections were made by several candidates.

4. There was no independent business-sector study of the cause of the sudden increase in the trade surplus.

5. Lincoln's hope was for the preservation of the Union without war, but the South's attack on Fort Sumter made war an inevitability.

6. Contradictions among the data require an explanation.

7. The health care industry's inability to exert cost controls could lead to the public's decision that congressional action is needed.

8. There is uncertainty at the CIA about North Korean intentions as to cessation of missile testing.

9. Their performance of the play was marked by enthusiasm but lacked intelligent staging.

10. Attempts were made on the part of the president's aides to assert his immunity from a congressional subpoena.

11. Your analysis of my report omits any data in support of your criticism of my findings.

12. The agreement by the class on the reading list was based on the assumption that there would be tests on only certain selections.

13. An understanding as to the need for controls over drinking on campus was recognized by fraternities.

1. The developers had hoped to complete the facility before the end of the year, but because the contractors failed to remain on schedule, that was impossible.

2. Business executives predicted that the economy would quickly revive.

3. Several candidates attempted to explain why more voters participated in this year's elections.

4. The business sector did not independently study why the trade surplus suddenly increased.

5. Lincoln hoped to preserve the Union without war, but when the South attacked Fort Sumter, war became inevitable.

6. If the data contradict each other, you must explain why.

7. Because the health care industry cannot control costs, the public may decide that Congress must act.

8. The CIA is uncertain whether North Korea intends to cease missile testing.

9. They performed the play enthusiastically, but did not stage intelligently.

Exercise 7

단문을 복문으로 바꾸기

행위자와 행위를 주어와 동사로 바꿔 문장을 고쳐보자. 맨끝에 힌트를 달아두었다.

example

Congress's reduction of the deficit resulted in the decline of interest rates. [because]

✔ Interest rates declined because Congress reduced the deficit.

1. The use of models in teaching prose style does not result in improvements of clarity and directness in student writing. [Although we use...]

2. Any departures by the members from established procedures may cause termination of membership by the Board. [If members...]

3. The successful implementation of a new curriculum depends on the cooperation of faculty with students in setting achievable goals within a reasonable time. [To implement..., ...]

1. Although we use models to teach prose style, students do not write more dearly or directly.

2. If members depart from established procedures, the Board may terminate their membership.

3. To implement a new curriculum successfully, faculty must cooperate with students to set goals that they can achieve within a reasonable time.

Exercise 8

내가 쓴 글을 고쳐보자

자신이 쓴 글 중에서 하나를 뽑아 읽어보자.

읽어가면서, 전체주어에 밑줄을 치고 동사에 동그라미를 쳐라.

이제, 자신이 말하고자 하는 내용이 무엇인지 생각해보라.

주요행위자를 파란형광펜으로 표시하고 주요행위를 노란형광펜으로 표시하라. 특히, 행위가 명사화된 표현 속에 숨어있는지 주의깊게 살펴라.

독자들은 당신이 쓴 글을 명확하다고 생각할까?

행위자가 주어, 행위가 동사에 있지 않다면 고쳐보라. 글이 훨씬 명확해지고 읽기 쉬워지는가?

Exercise 9

내가 쓴 글을 고쳐보자

글을 쓰는 사람은 글을 읽는 사람보다 자신의 글이 명확하다고 생각한다. 자신이 쓴 글 중 하나를 복사하여 주변 사람에게 주고 함께 읽어보라.

읽고나서 글이 얼마나 명확한지 점수를 매겨보라.

1—2—3—4—5—6—7—8—9—10

이해할 수 없다 ← **→ 모든 것이 명확하다**

나의 점수와 다른 사람의 점수를 비교해보라. 그리고 **글고치기** 코너에서 제시하는 절차에 따라 자신의 문장을 분석해보고, 왜 그런 차이가 나는지 설명해보라.

또 글을 리바이징한 다음 다시 명확성점수가 어떻게 달라지는지 실험해보라.

When character is lost,
all is lost.

행위자가 없으면, 아무것도 없는 것이다.

작자 미상

Lesson 3

누구의 소행인가?

독자들은 주요행위가 동사로 표현된 문장을 명확하고 쉽다고 생각한다. 다음 문장들을 비교해보자.

1a The researchers expected that the Institutional Review Board would recommend that they revise the study.

연구자들은 기관감사위원회가 연구를 재검토하라고 권고할 것이라 기대한다.

1b The researchers had an expectation that the Institutional Review Board would make a recommendation that they undertake a revision of the study.

연구자들은 기관감사위원회가 연구 재검토 수행을 하도록 권고를 할 것이라는 기대를 한다.

1c The expectation of the researchers was that the recommendation of the Institutional Review Board would be for a revision of the study.

연구자들의 기대는 기관감사위원회의 권고가 연구 재검토에 관한 것이라는 것이다.

독자들은 대부분 **1b**가 **1a**보다 어렵다고 느낄 것이다. 하지만 **1c**를 읽어보면 **1b**조차 그나마 잘 읽히는 글이라는 것을 깨달을 수 있다. 그 이유는 **1a**와 **1b**

모두 주요행위자가 동사의 주어로 오기 때문이며, 이들 주어가 짧고 구체적이다. 물론 **1b**는 주요행위가 '빈 동사 + 추상명사'로 표현되어있기에 **1a**보다 다소 어렵게 느껴진다.

1a The *researchers* **expected** that the *Institutional Review Board* would **recommend** that *they* **revise** the study.

1b The *researchers* **had** an expectation that the *Institutional Review Board* would **make** a recommendation that *they* **undertake** a revision of the study.

반면 **1c**의 단순주어는 구체적인 행위자가 아닌 추상적인 명사다.

1c The *expectation* of the *researchers* **was** that the *recommendation* of the *Institutional Review Board* would **be** for a revision of the study.

1a와 **1b**에서 볼 수 있는 동사의 차이도 문장을 다르게 만들지만, **1c**처럼 추상적인 단순주어는 훨씬 큰 차이를 만들어낸다. 더 나아가 행위자를 완전히 지워버릴 수도 있다.

1d. There was an expectation that the recommendation would be for a revision of the study.

권고가 연구 재검토에 관한 것이라는 기대가 있다.

기대하는 주체는 누구일까? 권고하는 주체는 누구일까? 재검토하는 주체는 누구일까? 물론 문맥을 통해 추론해낼 수 있겠지만, 문맥조차 모호한 경우에는 잘못된 추론으로 이어질 위험이 있다.

◎ 핵심포인트

> 독자는 행위가 동사로 표현되기를 바란다. 하지만 그보다 더, 행위자가 주어로 표현되기를 바란다. 특별한 이유도 없이 행위자를 주어로 표현하지 않거나, 더 나아가 행위자를 전부 지워버리는 것은 독자들을 혼란에 빠뜨린다. 명확하게 글을 쓰기 위해 행위를 동사로 표현하는 것도 중요하지만, 그보다 우선하는 원칙은 다음과 같다.
> **이야기 속 주요행위자가 가능한 한 동사의 주어로 등장해야 한다.**

글 고치기: 행위자와 행위를 찾아라

어떤 문장이 명확하지 않는다고 느껴질 때는 다음 세 가지 질문을 한다.

- 주어가 주요행위자인가?
- 주어가 주요행위자가 아니라면, 행위자는 어디에서 찾을 수 있는가?
- 행위자를 찾으면, 어떻게 해야 하는가? (또는 하지 말아야 하는가?)

예컨대, 다음 문장은 행위자를 감추고 에둘러 말하는 느낌을 준다.

> In the most instances, governmental intervention in fast-changing industries leads to a predictable distortion of market evolution and interference in new product development.
>
> 거의 모든 경우, 급변하는 산업에 대한 정부의 개입은 보나마나한 시장발전의 왜곡과 신제품 개발 침해로 이어진다.

2장에서 설명한 절차에 따라 이 문장을 고쳐보자.

진단 ▶ 분석 ▶ 수정

❶ 문장 첫머리에 등장하는 7-8 단어에 밑줄을 친다

문장 앞머리에 등장하는 짧은 도입부(4-5 단어)는 제외한다.

In the most instances, governmental intervention in fast-changing industries leads to a predictable distortion of market evolution and interference in new product development.

독자는 밑줄 친 단어 안에서 행위자를 보고 싶어한다. 전체주어 속에 행위자가 들어있는 것으로는 부족하다. 행위자가 단순주어로 할당되어있어야 한다. 이 문장의 단순주어는 invention이다.

진단 ▶ 분석 ▶ 수정

❷ 주요행위자를 찾는다

행위자는 명사화된 단어에 소유격 대명사 형태로 붙어있을 수도 있고, by나 of 같은 전치사의 목적어로 나올 수도 있고, 형용사로 표현되어있을 수도 있고, 아예 드러나있지 않을 수도 있다. 이 문장에서 행위자로 삼을 수 있는 항목을 찾아보라.

In the most instances, governmental intervention in fast-changing industries leads to a predictable distortion of market evolution and interference in new product development.

❸ 그 행위자가 수행하는 행위를 찾는다

행위는 대개 명사화된 단어 속에 형용사나 명사의 형태로 숨어있다.

In the most instances, governmental intervention in fast-changing industries leads to a predictable distortion of market evolution and interference in new product development.

❹ 행위자와 행위를 주어와 동사로 바꾼다.

행위자와 행위를 짝짓기 위해서는 '누가 무엇을 하는가?' 물어보면 쉽게 찾을 수 있다.

governmental intervention	→	government **intervenes**
distortion	→	[government] **distorts**
market evolution	→	markets **evolve**
interference	→	[government] **interferes**
development	→	[markets] **develop**

진단 ▶ 분석 ▶ **수정**

❺ 종속접속사를 활용하여 절을 연결한다

if, although, because, when, how, why 같은 접속사를 사용해 문장이 표현하고자 하는 명제들이 어떻게 연결되는지 표시한다.

✔ In most instances, when government intervenes in fast-changing industries, it predictably distorts how markets evolve and interferes with the development of new products.

거의 모든 경우, 정부가 급변하는 산업에 개입하면, 보나마나 시장이 발전하는 방식을 왜곡하고 새로운 제품의 개발을 침해한다.

분석과정에서 찾아낸 잠재적인 행위자와 행위들을 모두 문장에서 반영하지는 않았다는 것을 눈여겨보라. 예컨대 industries는 주어로 삼지 않았고, development는 명사화된 형태를 그대로 유지했다.

◎ 핵심포인트

복잡한 글을 진단할 때는 가장 먼저 주어를 살펴본다. 주요행위자가 단순주어로 나오지 않는다면, 주요행위자를 찾아야 한다. 행위자는 대개 전치사의 목적어, 소유격 대명사, 형용사 속에 숨어있다. 행위자를 찾으면 그들의 행위가 무엇인지 찾는다. 행위자를 주어로, 그들의 행위를 동사로 놓아 문장을 수정한다. 난해한 글을 읽을 때에도 행위자와 그들의 행위를 중심으로 이야기를 재구성하면 훨씬 쉽게 이해할 수 있다.

글쓰기 팁

형용사 속에 숨어있는 행위자를 찾아내는 일은 좀더 미묘할 수 있다.

Medieval theological debates often **addressed** issues considered trivial by modern philosophical thought.

중세의 신학적 논쟁은 현대의 철학적 사상에서 사소하다고 여겨지는 주제를 자주 다루었다.

✔ Medieval theologians often **debated** issues that modern philosophers **consider** trivial.

중세 신학자들은 현대 철학자들이 사소하게 여기는 주제를 두고 자주 논쟁했다.

숨겨진 행위자 채워 넣기

행위자가 나오지 않는 문장과 마주칠 때 독자들은 가장 큰 곤란을 겪는다.

A decision was made in favor of doing an analysis of the disagreements.

결정은 의견불일치에 대한 분석을 하는 쪽으로 내려졌다.

이 문장은 다양하게 이해될 수 있다. 예를 들자면,

We decided that I should analyze why they disagreed.

그들이 왜 동의하지 않는지 내가 분석해야 한다고 우리는 결정했다.

I decided that you should analyze why he disagreed.

그가 왜 동의하지 않는지 당신이 분석해야 한다고 나는 결정했다.

글을 쓴 사람이야 '누가 무엇을 하는지' 알 수도 있겠지만, 독자는 그렇지 않다. 맥락의 도움을 받지 않으면 이해하기 어렵다.

때로는 일반적인 진술을 하고자 행위자를 일부러 생략하기도 한다.

An understanding of the cause of bipolar disorder requires attention to multiple variables rather than an assumption that the disorder is dependent on a single biological or environmental factor.

양극성 장애의 원인에 대한 이해는 이 장애가 단일한 생물학적 또는 환경적 요인에 의한 것이라는 가정보다는 다양한 변수에 대한 주목이 요구된다.

이 글을 좀더 명확하게 고치고 싶다면, 행위자를 찾아야 한다. 하지만 문장 속에서 행위자를 찾을 수 없기 때문에 우리가 직접 채워 넣어야 한다. 우리? 당신? 또는 일반적인 행위자를 지칭하는 그 무엇이 될 수 있다.

✔ If one/we/you/researchers are to understand what causes bipolar disorder, one/we/you/they should attend to multiple variables rather than assuming that it depends on a single biological or environmental factor.

무엇이 양극성 장애를 유발하는지 이해하고자 한다면, 이 장애가 단일한 생물학적 또는 환경적 요인에 의한 것이라고 가정하기보다는 다양한 변수를 주목해야 한다.

one을 쓰면 딱딱하고 경직된 느낌을 주는 반면, we를 쓰면 의미가 모호해진다. '우리'는 글을 쓴 사람만 가리킨다고 생각할 수 있지만, 독자까지 포함할 수도 있고, 모든 사람을 다 포함할 수도 있다. 독자를 직접적으로 지칭하지 않는다면(이 예문의 경우), you도 적절한 행위자가 되지 못한다.

명사화된 단어나 모호한 대명사를 쓰지 않는 방법을 찾다보면, 결국 수동태의 늪으로 빠져들고 만다. (이 문제는 잠시 뒤 논의한다.)

To understand what causes bipolar disorders, multiple variables should **be attended to**, rather than it **being assumed** that the disorder depends on a single biological or environment factor.

무엇이 양극성 장애를 유발하는지 이해하기 위해서는, 이 장애가 단일한 생물학적 또는 환경적 요인에 의한 것이라고 가정하기보다는 다양한 변수가 주목되어야 한다.

글쓰기 팁

복잡한 문제에 연루된 사람에게 무엇이 문제인지 설명해야 한다면 어떻게 말하겠는가? 그 사람을 앞에 앉혀놓고, 최대한 you를 많이 사용하여 상대방이 이 문제에 깊이 연루되어있다는 사실을 일깨워주는 것이 도리일 것이다.

Taxable intangible property includes financial notes and municipal bonds. A one-time tax of 2% on its value applies to this property.

과세대상 무형자산에는 금융채권과 지방채권이 포함됩니다. 이 자산에는 가치의 2퍼센트에 해당하는 금액에 대한 1회성 세금이 적용됩니다.

✔ You have to pay tax on your intangible property, including your financial notes and municipal bonds. On this property, you pay a one-time tax of 2%.

금융채권과 지방채권 등 무형자산에 대해서도 세금을 납부해야 합니다. 이 자산은 가치의 2퍼센트에 해당하는 금액을 1회성 세금으로 납부하셔야 합니다.

you라는 호칭이 적절하지 않은 경우에는 행위자를 다음과 같이 교체할 수 있다.

✔ Taxpayers have to pay tax on their intangible property, including their financial notes and municipal bonds. They pay...

납세자는 금융채권과 지방채권 등 무형자산에 대한 세금을 납부해야 합니다...

추상명사 행위자

지금까지는 행위자가 반드시 살아 움직이는 사람이어야 하는 것처럼 말했다. 하지만 추상명사나 명사화된 단어가 구체적인 행위를 하고 그 행위를 동사로 표현할 수 있다면 그 명사를 행위자 삼아 이야기를 이끌어갈 수 있다. 예컨대 119쪽 문장은 studies라는 추상명사를 행위자 삼아 풀어나갈 수 있다.

✔ To understand what causes bipolar disorder, studies should attend to multiple variables rather than assuming that it depends on a single biological or environmental factor.

무엇이 양극성 장애를 유발하는지 이해하기 위해 연구는 단일한 생물학적 또는 환경적 요인에 의한 것이라고 가정하기보다는 다양한 변수를 주목해야 한다.

이 문장은 명확할 뿐만 아니라 학술적으로나 전문적으로나 적절하게 수준이 있어 보인다.

모든 조건이 동일하다면, 구체적인 행위자가 이야기를 이끌어나가는 것이 좋다. 하지만 이야기를 좀더 추상적으로 풀어나가는 것이 좋은 경우에는 추상명사, 심지어 명사화 표현을 주요행위자로 삼아도 된다. 다음 네 문장은 모두 똑같은 의미를 전달하지만, 추상화의 수준이 제각각 다르다.

2a You can grow sustainably by gradually expanding retail outlets in underserved areas.

여러분은 서비스가 부족한 지역에 소매점을 점진적으로 확장함으로써 지속적으로 성장할 수 있습니다.

2b The company can grow sustainably by gradually expanding retail outlets in underserved areas.

회사는 서비스가 부족한 지역에 소매점을 점진적으로 확장함으로써 지속적으로 성장할 수 있습니다.

2c Sustainable growth can be achieved through a gradual expansion of retail outlets in underserved areas.

지속적 성장은 서비스가 부족한 지역에 소매점의 점진적 확장을 통해 성취할 수 있습니다.

2d Achievement of sustainable growth is possible through retail outlet expansion in underserved areas.

지속적 성장의 성취는 서비스가 부족한 지역의 소매점 확장을 통해 가능합니다.

2a는 you라는 살아 움직이는 행위자를 주어로 삼아 매우 구체적으로 진술한다. 회사경영진을 앞에 놓고 그들을 직접 가리키면서 말하는 경우에는 이 문장이 가장 적절할 것이다. company가 행위자로 등장하는 **2b**는 다소 추상적인 느낌을 준다. 물론 회사는 사람이 아니지만, 그럼에도 여전히 구체적인 행위자로 볼 수 있다. 어쨌든 you든 company든, 동사 자리에 온 행위는 모두 grow다.

하지만 **2c**에서 행위자가 growth로 바뀐다. 구체적인 명사가 아니라 추상적인 명사다. 이전까지 문장의 동사 역할을 했던 행위가 추상명사로 바뀌어 주어가 되면서 문장을 완성하기 위해 새로운 동사 achieve가 등장한다. 물론 이 문장은 추상적이긴 하지만 맥락에 따라 적절한 선택이 될 수도 있다. 예컨대, 경영진들이 '성장'이라는 목표에 초점을 맞추기를 원하는 경우, 이렇게 말할 수 있다. 반면 **2d**의 단순주어 achievement는 지나칠 정도로 추상적이다. 이 문장이 바람직한 상황은 상상하기 어렵다. 결국 핵심을 정리하면 다음과 같다.

기본적으로 가능한 한 가장 구체적인 행위자를 선택하라. 하지만 상황에 따라 적절한 행위자로 바꿀 수 있다.

추상명사를 행위자로 만드는 방법은 연달아 이어지는 문장과 절의 주어를 만드는 것이다. (4장에서 화제에 대해 이야기하면서 자세하게 설명한다.) 다음은 freedom of speech에 관한 글이다. 익숙한 이 명사구는 사실, 그 자체로 명사화된 두 단어 freedom과 speech로 이루어져있다.

> No human right is more basic than freedom of speech, which ensures individual expression and guarantees the open flow of ideas in society. It arose as a pillar of modern political thought during the late eighteenth century, and in 1948, it was recognized by the United Nations as a universal right. It protects not only unpopular political views but also other forms of controversial expression, including artistic expression. Nevertheless, freedom of speech is not absolute: it is bounded by other rights and principles, including…
>
> 인간이 누려야 할 권리 중에서도 가장 기본적인 권리는 바로 발언의 자유다. 발언의 자유는 개인의 표현을 보장하고, 사회 안에서 다양한 생각이 자유롭게 소통될 수 있도록 보장한다. 발언의 자유는 18세기 말, 현대 정치사상의 기둥으로 떠올랐으며, 1948년 UN에 의해 보편적인 권리로 인정받았다. 발언의 자유는 소수의 정치적 관점만 보호하는 것이 아니라, 다양한 형태의 표현양식, 예술적인 표현을 비롯하여 논란이 있는 표현방식까지도 보호한다. 그럼에도 발언의 자유는 절대적인 권리가 아니다. 다른 권리와 원칙들에 의해 제약을 받는데, 예를 들면…

앞서 본 예문에서 studies가 그러했듯이 freedom of speech 역시 행위자 역할을 한다. (이를 대신하는 which와 it도 마찬가지다.) 이 행위자는 ensures, guarantees, arose, protects 같은 구체적인 행위를 한다. 또한 주어 자리를 유지하기 위해 was recognized와 is bounded와 같은 수동태 동사가 사용되었다.

하지만 추상명사를 행위자로 사용할 때는 조심해야 한다. ‘발언의 자유’처럼 익숙한 추상명사를 행위자 삼아 이야기를 풀어나가는 것은 별다른 문제가 발생하지 않겠지만, 익숙하지 않은 추상명사를 행위자로 사용하는 경우 문제가 발생할 수 있다. 독자들에게 글이 쓸데없이 어렵고 복잡하다는 느낌을 준다.

예컨대 ‘잠재적 의도prospective intention’나 ‘즉자적 의도immediate intention’ 같은 용어를 친숙하게 여기는 독자는 많지 않을 것이다. 더욱이 또다른 추상명사들이 도처에 이들을 에워싸고 있다면, 읽기는 훨씬 힘들어진다. 아래 글을 읽기 위해서는 상당한 노력을 기울여야 할 것이다. (명사화된 표현을 모두 표시했다.)

> The argument is this. The cognitive component of intention exhibits a high degree of complexity. Intention is temporally divisible into two: prospective intention and immediate intention. The cognitive function of prospective intention is the representation of a subject’s similar past actions, his current situation, and his course of future actions. That is, the cognitive component of prospective intention is a plan. The cognitive function of immediate intention is the monitoring and guidance of ongoing bodily movement.
>
> 주장은 이렇다. 의도의 인지적 요인은 높은 수준의 복잡성을 보여준다. 의도는 시간을 기준으로 두 가지로 구분되어질 수 있다. 바로 잠재적 의도와 즉자적 의도다. 잠재적 의도의 인지적 기능은 피실험자의 유사한 과거의 행위, 그의 현재 상황, 그의 미래 행위의 경로의 재현이다. 다시 말해서, 잠재적 의도의 인지적 요인은 계획이다. 즉자적 의도의 인지기능은 지속적인 육체적 움직임의 감시와 유도이다.
>
> Myles Brand, *Intending and Acting: Toward a Naturalized Action Theory* 마일즈 브랜드, 《의도와 행위: 자연스러운 행위이론을 위하여》

이 글에서 독자들이 주목하길 바라는 추상적인 개념은 바로 두 가지 유형의 '의도'일 것이다. 하지만 무수한 추상명사들이 떠다니는 바다 위에서 우리는 길을 잃고 만다. 이 글을 좀더 명확하게 읽히도록 고칠 수 있을까? 많은 추상명사들을 동사로 바꾸고 살아 움직이는 행위자의 관점에서 이야기를 풀어나가면 훨씬 명확해진다. 저자는 I, 사람은 we/us/our로 표시하여 글을 수정해보자. (동사는 굵은 글씨로 표시하였다.)

✔ I **argue** this about intention. It **has** a highly complex cognitive component of two temporal kinds: prospective and immediate. We **use** prospective intention to **represent** how we **have acted** in our past and present and how we will **act** in the future. That is, we **use** the cognitive component of prospective intention to **help** us **plan**. We **use** immediate intention to **monitor** and **guide** our bodies as we **move** them.

나는 의도에 대해 이렇게 주장한다. 의도는 복잡한 인지적 요인을 가지고 있는데 시간을 기준으로 잠재적인 의도와 즉자적인 의도로 구분할 수 있다. 잠재적 의도를 활용하여 우리는 과거에 어떻게 행동했는지 현재에 어떻게 행동하는지 미래에 어떻게 행동할 것인지를 재현한다. 다시 말해서, 잠재적 의도의 인지적 요인을 활용하여 우리는 계획을 세울 수 있는 것이다. 즉자적 의도를 활용하여 우리는 몸을 움직일 때 몸의 움직임을 감시하고 유도한다.

이렇게 고치면 저자가 의도한 것과 다른 글이 될까? 형태가 바뀌면 의미도 바뀐다고 주장하는 사람도 있을 것이다. 이 경우, 물론 저자가 의견을 제시할 수 있겠지만, 두 문단의 의도(의미)가 같은지 다른지 판단할 수 있는 사람은 오직 독자뿐이다. 어떤 글이든 그것이 전달하는 의미는, 독자가 이해할 수 있는 범위를 벗어날 수 없다. 세심하게 글을 잘 읽을 줄 아는 독자가 어려운 문장을 읽고서 이해해낸 의미가 이 문장과 같다면, 같은 것이다.

◎ 핵심포인트

> 독자들은 대부분 살아 움직이는 행위자가 주어로 나오기를 바란다. 하지만 추상적인 개념을 중심으로 글을 써야 하는 경우도 많다. 독자들에게 친숙한 개념이라면 추상적인 개념을 행위자 삼아 이야기를 이끌어가는 주어로 사용해도 전혀 문제가 되지 않는다. 반면, 그 개념이 독자들에게 익숙하지 않다면 조심해야 한다. 특히 명사화된 또다른 단어들로 에워싸지 않도록 하라. 숨어있는 행위자를 끄집어내 최대한 추상명사들을 풀어야 한다.
>
> 숨어있는 행위자가 '보편적인 사람'일 경우, 골치 아픈 문제가 발생한다. 영어에서는 행위자를 구체적으로 표시해야 하기 때문에, 불특정 다수를 행위자로 삼아 진술하는 것이 어렵다. researchers, social critics, one과 같은 단어를 사용해 행위자를 특정해보라. 이러한 행위자가 어색하게 느껴지거나 말이 되지 않는다면, we를 넣어보라.

Exercise 1 ▶

능동태와 수동태: 무엇을 선택할 것인가?

글쓰기에 관한 무수한 조언 중에서 '수동태 대신 능동태로 쓰라'는 조언을 한번쯤은 들어봤을 것이다. 잘못된 조언은 아니지만 예외도 있다.

능동태와 수동태는 다음과 같은 측면에서 다르다.

	주어	동사	목적어
능동태	I 행위자	lost 행위	the money 목적

- 행위의 주체나 원천이 주어 자리에 온다.
- 행위의 대상이나 목적을 직접목적어 자리에 넣을 수 있다

	주어	be+동사	전치사 구문
수동태	The money 목적	was lost 행위	[by me] 행위자

- 행위의 목적이 주어 자리에 온다.
- 행위의 주체나 원천은 by 다음에 나오거나 생략된다.

사실 '능동active'과 '수동passive'이라는 말은 자칫 오해를 불러일으킬 수도 있다. 단순히 두 가지 문법구조를 일컫는 문법용어로만 쓰이는 것이 아니라, 문장이 독자에게 주는 '느낌'을 일컬을 때도 사용되는 말이기 때문이다. 문법적으로 수동태가 아니라고 해도 생기가 없다고 느껴지는 문장을 우리는 '수동적passive'이라고 묘사한다. 다음 두 문장을 비교해보자.

We can manage the problem if we control costs.

비용을 통제할 수 있다면 문제를 관리할 수 있다.

Problem management requires cost control.

문제관리는 원가통제를 요구한다.

문법적으로 두 문장 모두 능동태지만, 두 번째 문장은 수동적인 느낌을 주는데, 그것은 다음과 같은 이유 때문이다.

- 행위가 동사가 아닌 명사화된 단어 속에 들어있다(management와 control).
- 주어(problem management)가 추상명사다.
- 살아 움직이는 행위자가 없다.

이 두 문장에 대한 반응이 왜 이처럼 다른지 이해하려면, 기술적이고 문법적인 의미의 능동태/수동태와, 문장에서 느껴지는 능동성과 수동성을 구별할 줄 알아야 한다. 문법적인 능동태와 수동태에 대해 자세히 살펴보자.

능동태와 수동태를 선택하는 세 가지 기준

어떤 상황에서든 수동태를 쓰면 안 된다고 말하는 사람도 있다. 문장이 더 길어지고, 행위의 주체를 숨길 수 있다는 것이다. 하지만 수동태가 더 나은 선택이 되는 경우도 많다. 수동태와 능동태 중 무엇이 나은 선택인지 망설여질 때는 다음 세 가지 질문에 답을 해보자.

1. 행위의 주체가 누구인지 독자가 알아야 하는가?

어떤 행위를 누가 했는지 모를 때도 있고, 독자들이 행위자에 전혀 관심이 없을 때도 있다. 그럴 때는 수동태를 선택하여 행위자를 밝히지 않는 것이 자연스럽다. 예문을 보자.

✔ The president **was rumored** to have considered resigning.

대통령이 사퇴를 고려한다는 소문이 퍼졌다.

✔ Those who **are found** guilty can **be fined**.

유죄로 밝혀진 자들은 벌금이 부과될 수 있다.

✔ Valuable records should always **be kept** in a safe.

소중한 기록은 늘 금고에 보관되어야 한다.

소문을 퍼트린 사람이 누구인지 모르기에 능동태로 말할 수 없다. 또한 유죄를 밝히는 사람, 벌금을 부과하는 사람, 기록을 안전하게 보관해야 하는 사람이 누구인지 궁금해 하는 사람은 없기 때문에 굳이 밝힐 필요도 없다. 따라서 이들 수동태는 적절한 선택이다. 또한 행위의 주체가 누구인지 알리고 싶지 않을 때, 특히 자신이 행위의 주체라는 사실을 숨기고 싶을 때에도 수동태는 매우 유용한 선택이 된다.

✔ Because corners **were cut**, mistakes **were made**.

귀퉁이가 잘리는 바람에 실수가 발생했습니다.

✔ Since the test **was** not **completed**, the flaw **was uncorrected**.

테스트가 아직 완료되지 않아서, 오류가 수정되지 않았습니다.

의도적으로 행위자를 숨기는 문제에 관해서는 **레슨11**에서 논의한다.

2. 앞 문장에서 다음 문장으로 자연스럽게 이어주는 동사가 무엇인가?

우리는 문장을 앞부분부터 읽어나가기 시작한다. 앞에서 읽은 정보는 새롭게 읽어들일 정보를 이해할 수 있는 맥락이 된다. 하지만 예상하지 못한 정보로 시작되는 문장은 독자를 혼란에 빠뜨릴 수 있다. 예컨대 아래 예문의 두 번째 문장의 주어는 복잡하고 새로운 정보를 담고 있는 반면, 앞 문장에서 읽은 친숙한 정보는 문장 끝에 나온다.

We must decide whether to improve education in the sciences alone or to raise the level of education across the whole curriculum. The weight given to industrial competitiveness as opposed to the value we attach to the liberal arts **will determine** our decision

우리는 과학교육만 개선할 것인지, 전체 교과의 교육수준을 높일 것인지 결정해야 한다. 우리가 인문학에 부여하는 가치와 산업경쟁력에 부여하는 가치의 비중(새로운 정보)이 우리의 선택(친숙한 정보)을 결정할 것이다(능동).

두 번째 문장의 동사 determine은 능동태다. 하지만 이 문장이 수동태로 작성되었다면 훨씬 읽기 쉬웠을 것이다. 수동태로 쓰면 짧고 친숙한 정보 our decision이 문장 앞으로 나오고 복잡하고 새로운 정보가 뒤로 간다. 우리가 좋아하는 배열이다.

✔ We must decide whether to improve education in the sciences alone or raise the level of education across the whole curriculum. Our decision

will be determined by the weight we give to industrial competitiveness as opposed to the value we attach to the liberal arts.

우리는 과학교육만 개선할 것인지, 전체 교과의 교육수준을 높일 것인지 결정해야 한다. 우리의 선택(친숙한 정보)은 우리가 인문학에 부여하는 가치와 산업경쟁력에 부여하는 가치의 비중(새로운 정보)에 따라 결정될 것이다(수동).

구정보와 신정보에 대해서는 다음 레슨에서 자세히 설명한다.

3. 독자에게 더 일관성있고 적절한 관점을 제공하는 동사는 무엇인가?

다음 예문은 2차 세계대전 말 유럽의 상황을 연합군의 관점에서 작성한 보고서 중 일부다. 그러한 관점을 보여주기 위해 글쓴이는 연합군을 주어로 사용하는 능동태를 일관되게 사용한다.

✔ By early 1945, the Allies **had** essentially **defeated** Germany; all that remained was a bloody climax. American, French, British, and Russian forces **had breached** its borders and **were bombing** it around the clock. But they **had** not yet so **devastated** Germany as to **destroy** its ability to resist.

1945년 초, 연합군은 독일을 사실상 제압한(능동) 상태였다. 이제 남은 것은 결정적인 고비뿐이었다. 미국, 프랑스, 영국, 그리고 러시아 군은 국경을 뚫고(능동) 밤낮없이 폭격을 퍼부었다(능동). 하지만 아직은 저항할 능력을 꺾을 만큼 독일을 초토화한(능동) 것은 아니었다.

독일의 관점에서 이 사실을 진술하고자 한다면, 독일을 주어/행위자로 삼아야 할 것이다. 그러면 동사는 모두 수동태가 된다.

✔ By early 1945, Germany **had** essentially **been defeated**; all that remained was a bloody climax. Its borders **had been breached**, and it **was being bombed** around the clock. It **had** not **been** so **devastated**, however, that it could not resist.

1945년 초, 독일은 사실상 제압된(수동) 상태였다. 이제 남은 것은 결정적인 고비뿐이었다. 국경은 뚫렸고(수동), 밤낮없이 폭격을 당했다(수동). 하지만 저항할 수 없을 만큼 완전히 초토화된(수동) 것은 아니었다.

하지만 뚜렷한 이유도 없이 행위자를 이것저것 바꿔가며 글을 쓰면 안 된다.

By early 1945, the Allies **had** essentially **defeated** Germany. Its borders **had been breached**, and they **were bombing** it around the clock. Germany **was** not so **devastated**, however, that the Allies would **meet** with no resistance. Though Germany's population **was demoralized**, the Allies still **attacked** German cities from the air.

1945년 초, 연합군은 독일을 사실상 제압한(능동) 상태였다. 국경은 뚫렸고(수동), 연합군은 밤낮없이 폭격을 퍼부었다(능동). 하지만 독일은 연합군이 저항을 걱정하지(능동) 않아도 될 만큼 초토화된(수동) 것은 아니었다. 독일인들은 사기가 꺾였지만(수동), 그럼에도 연합군은 계속해서 독일의 주요도시를 폭격했다(능동).

선택한 시점을 끝까지 유지하라.

◎ 핵심포인트

수동태를 너무 자주 쓰는 것은 문제가 될 수 있지만, 다음과 같은 맥락에서는 수동태를 사용하는 것이 바람직하다.

- 어떤 행위를 누가 했는지 모를 때, 독자들이 행위자에 전혀 관심이 없을 때, 독자에게 행위자를 알리고 싶지 않을 때.
- 긴 정보 덩어리를 문장 뒤쪽으로 옮기고 싶을 때, 그렇게 해서 짧고 친숙한 정보로 문장을 시작할 수 있을 때.
- 독자들이 특정한 행위자의 관점에서 사건을 바라보기를 원할 때.

Exercise 2 ▶ Exercise 3 ▶ Exercise 4 ▶

1인칭 주어로 객관적 사실을 진술할 수 있을까?

학술논문에서는 1인칭 주어를 쓰면 안 된다는 말을 들어본 적 있을 것이다. I나 we 같은 1인칭 주어를 쓰면 진술의 객관성이 떨어진다는 것이다.

> Based on the writers' verbal intelligence, prior knowledge, and essay scores, their essays **were analyzed** for structure and **evaluated** for richness of concepts. The subjects **were** then **separated** into high- or low-ability groups. Half of each group **was** randomly **assigned** to a treatment group or to a placebo group.
>
> 작성자의 언어적 지능, 사전지식, 논문성적을 바탕으로, 논문은 구조 측면에서 분석되었으며 개념의 풍부함 측면에서 평가되었다. 그런 다음 피실험자들은 상위능력자와 하위능력자로 구분되었다. 각 그룹은 절반씩 임의로 치료집단과 플라시보집단으로 나뉘어졌다.

이 예문의 동사는 모두 수동태로 처리되어있다. 다음과 같이 쓰면 어떨까?

> Based on the writers' verbal intelligence, prior knowledge, and essay scores, **I** **analyzed** their essays for structure and **evaluated** them for richness of concepts. **I** then **separated** into high- or low-ability groups. **I** randomly **assigned** half of each group to a treatment group or to a placebo group.
>
> 작성자의 언어적 지능, 사전지식, 논문성적을 바탕으로, 나는 논문을 구조 측면에서 분석했으며 개념의 풍부함 측면에서 평가하였다. 그런 다음 피실험자들은 상위능력자와 하위능력자로 구분하였다. 각 그룹은 절반씩 임의로 치료집단과 플라시보집단으로 나누었다.

1인칭 행위자를 넣은 문장은 덜 객관적으로 보이는가? 각자 의견은 다를 수 있겠지만, 우리는 그렇게 생각하지 않는다. 물론 많은 논문에서 1인칭 주어를 제거하기 위해 수동태를 선택한다. 특히 자연과학과 사회과학에서는 일반적인 관습이다.

하지만 학술논문에서 이처럼 인간행위자를 드러내지 않는 관습은 비교적 최근에 세워진 전통이라는 사실을 이야기하고 싶다. 예컨대 아이작 뉴턴은 실험과정을 1인칭 화자의 시점으로 멋지게 서술한다.

> I procured a triangular glass prism, to try therewith the *celebrated phenomen*a of colors. And for that purpose, having darkened my laboratory, and made a small hole in my window shade, to let a convenient quantity of the sun's light, I placed my prism at the entrance, that the light might be thereby refracted to the opposite wall. It was at first a very pleasing diversion to view the vivid and intense colors produced thereby.
>
> 나는 삼각 유리 프리즘을 조달하여 그것으로 찬란한 빛의 현상을 실험했다. 이를 위하여 실험실을 어둡게 하고, 창문 가리개에 작은 구멍을 뚫어 햇빛이 적절한 양만큼 들어오도록 했다. 빛이 들어오는 구멍 앞에 프리즘을 놓았고, 그 빛은 반대편 벽에 굴절되어 비쳤다. 처음에는 매우 만족스럽게 분산되었고, 거기서 선명하고 진한 색이 나타났다.
>
> **Sir Isaac Newton**, "New Theory of Light and Colors" (1672) 아이작 뉴턴 "빛과 색에 관한 새로운 이론" (1672)

뉴턴이 오늘날 과학학술지에 기고하기 위해 이 글을 썼다면 아마도 다음과 같이 문장을 시작했을 것이다.

> A triangular glass prism was procured…
>
> 삼각 유리 프리즘은…

하지만 오늘날에도 많은 학자들이 무조건 비인칭 수동태 문장을 고집하는 것은 아니다. 실제로 1인칭 주어가 이끄는 능동태 문장이 사용된 글과 논문을 이따금씩 볼 수 있다. 다음은 유명한 학술지에서 발췌한 글이다.

✔ This paper is concerned with two related problems. Briefly: how can we best handle, in a transformational grammar, (i) Restrictions on…, To illustrate, we may cite..., we shall show...

이 논문은 연관된 두 가지 문제에 관한 것이다. 간단히 말해서: 변형문법 안에서 우리는 어떻게 (i) …에 대한 제약을 가장 잘 다룰 수 있는가…, 설명하기 위해서, 우리는… 인용하며, 우리는… 보여줄 것이다.

P.H. Matthews, "Problems of Selection in Transformational Grammar," *Journal of Linguistics* 매튜스, "변형문법에서 선택의 문제", 《언어학 저널》

✔ The survey assessed approximately fifty political-cultural variables, too many to examine in a single paper. As a first step, we have selected for discussion certain items which involve the cultural requisites for democracy...

이 조사는 대략 50가지에 달하는 정치문화적 변수를 평가하였는데, 이들은 한 논문에서 살펴보기에는 그 수가 너무나 많다. 그래서 우리는 첫 단계로, 민주주의를 위한 문화적 필수요건과 관련한 몇몇 항목들에 대한 논의를 선별하였다.

Andrew J. Nathan and Tianjian Shi, "Cultural Requisites for Democracy in China: Findings from a Survey," *Daedalus* 앤드류 네이던, 텐쟌 시 "중국의 민주주의를 위한 문화적 요건: 설문을 통한 발견" 《다이달로스》

다음은 과학분야의 최고의 학술저널로 여겨지는 《사이언스》에 수록된 논문에서 연속된 문장들의 처음 몇 단어들을 발췌한 것이다.

✔ Since the pituitary-adrenal axis is activated during the acute phase response, we have investigated the potential role... Specifically, we have studied the effects of interleukin-1...

급성기 반응 동안에는 뇌하수체-부신 축이 활성화되기 때문에, 우리는 그 잠재적 역할을 살폈다... 특히 우리는 인터루킨-1의 효과를 연구했다...

M. R. N. J. Woloski, et al. "Corticotropin-Releasing Activity of Monokines," *Science*
월로스키 외, "모노카인의 코티코트로핀 분비활동" 《사이언스》

✔ We examine... We compare... We have used... Each has been weighted... We merely take... They are subject... We use... Efron and Morris describe... We observed... We might find...

우리는… 검토한다. 우리는… 비교한다. 우리는… 사용했다. 각각…. 가중치가 반영되었다. 우리는… 하기만 했다. 그들은… 될 수 있다. 우리는… 사용한다. 에프론과 모리스는… 설명한다. 우리는… 관찰했다. 우리는… 찾아낼 것이다.

John P. Gilbert, Bucknam McPeek, and Frederick Mosteller, "Statistics and Ethics in Surgery and Anesthesia," *Science* **존 길버트, 벅남 맥픽, 프레드릭 모스텔러**, "수술과 마취의 통계와 윤리" 《사이언스》

학술논문에서 1인칭 주어를 무조건 쓰면 안 된다는 말은 사실이 아니다. 물론 학술논문에서 1인칭 주어를 아무 때나 써도 된다는 뜻은 아니다. 일반적으로 1인칭 주어는 '메타디스코스'라고 부르는 곳에서 주로 사용된다.

메타디스코스

앞에서 본 예문을 다시 보자. 132쪽 Based on the writers로 시작하는 첫 번째 예문은 수동태 동사를 사용하는데, 누구나 재현할 수 있는 연구절차를 진술한다. 이것은 이 글에서 이야기하고자 하는 '내용'이다. 반면, 1인칭 주어와 능동태 동사를 사용하는, 유명한 학술지에서 발췌한 마지막 네 글은 저자 자신의 생각을 밝히거나 자신이 쓴 글에 대해 해설한다. 이처럼 전달하고자 하는 목적이 되는 내용을 진술하는 것이 아니라 저자, 독자, 글 자체에 대해서 이야기하는 부분을 **메타디스코스**라고 부른다.(meta는 그리스어로 after 또는 about이라는 의미로 '전달하고자 하는 말discourse'에 대해 이야기하는 말이라는 뜻이다.)

메타디스코스는 어디에서나 나타날 수 있지만, 서론과 결론에서 가장 자주 나타난다. 앞으로 어떻게 이야기를 풀어나갈 것인지, 또 어떤 이야기를 했는지 해설하고 설명해야 하는 부분이기 때문이다. 메타디스코스를 과도하게 사용해서는 안 되겠지만, 자신이 하고자 하는 말을 독자들이 잘 따라올 수 있도록, 또 더 잘 이해할 수 있도록 도와주기 위해서는 메타디스코스가 꼭 필요하다(**레슨8** 참조). 우리가 흔히 볼 수 있는 메타디스코스가 등장하는 사례를 보자.

자신의 생각이나 글에 대해 설명할 때

- In this paper, we will show/explain/argue/claim/deny/suggest/contrast/add/expand/summarize…

  이 글에서 우리는… 입증/설명/논증/주장/부인/제시/대조/추가/확장/요약할 것이다.
- I conclude from these data that… 이러한 데이터에서 내가 얻은 결론은…
- We have argued... 우리는 ...논증했다.

글의 논리와 구성을 쉽게 따라올 수 있도록 알려줄 때

- First,… second,… 첫 번째, 두 번째
- therefore… / however… 따라서/하지만
- Consequently… 결국

- In addition… 게다가
- Most important… 무엇보다도

독자에게 직접 말을 걸 때

- Consider … 생각해보라
- As you recall… 기억하겠지만
- Look at the following… 다음을 보라

글이 어떻게 구성되어있는지 설명할 때

- This paper is divided into three parts… 이 논문은 세 파트로 이루어져있다.
- Our argument proceeds as follows… 우리 논증은 다음과 같이 진행된다.
- We begin by... 우리는 ...로 시작한다.

글의 다른 부분을 가리킬 때

- In the passage above… 앞선 구절에서...
- As demonstrated by Figure 1… 그림1에서 보았듯이…

자신의 관점이나 입장을 표명할 때

- Not unexpectedly… 예상에서 벗어나지 않고…
- We concur that… …라는 점에 대해서는 동의한다.
- It seems unlikely that… …하는 일은 있음직하지 않다.

자신의 주장의 강도를 완화하거나 강화할 때

- usually/perhaps/seems/in some respects 한정사
- very/clearly/certainly 강조사 (**레슨8**에서 자세히 설명한다.)

◎ 핵심포인트

1인칭 주어를 쓰지 않기 위해 수동태를 고집하는 사람도 있다. 하지만 1인칭을 쓰지 않는다고 해서, 저자의 생각이 더 객관적으로 변하는 것은 아니다. 문장에서 행위자를 지운다고 해도, 여전히 그 이면에는 살아 움직이는 사람이 행동하고, 생각하고, 글을 쓴다는 것을 독자들은 알고 있다. 실제로 학술적인 글에서도 저자 고유의 행위를 지칭할 때는 1인칭 주어가 자주 사용된다.

글쓰기 팁

학술논문에서 연구한 내용이나 주제를 진술할 때는 다음과 같은 동사들을 수동태로 사용한다.

examine, observe, measure, record, use...

The subjects were observed/ mesured/ rocorded...

피실험자들은.. 관찰되었다/측정되었다/기록되었다.

이처럼 저자 자신뿐만 아니라 누구든 똑같이 수행할 수 있는 행위를 진술할 때는 1인칭 행위자를 주어로 쓰면 안 된다.

✕ To determine if monkines elicited an adrenal steroidogenic response, I **added** preparations of...

모노카인이 부신의 스테로이드 합성반응을 유도했는지 알아보기 위해 나는...

✓ To determine if monkines elicited an adrenal steroidogenic response, preparations of... **were added**.

모노카인이 부신의 스테로이드 합성반응을 유도했는지 알아보기 위해... 조제물을 첨가했다.

하지만 이렇게 수동태를 사용하면 문법적 오류가 발생하는 경우가 많다. 여기서 determine의 의미상 주어는 preperations가 아니라, I이기 때문이다. 이러한 비문법적인 부정사나 분사구문을 댕글링이라고 한다. (365쪽 참조)

Exercise 5 ▶

명사 + 명사 + 명사

stone wall(돌담), student center(학생회관), space shuttle(우주왕복선)처럼 명사로 또 다른 명사를 수식하는 것은 전혀 이상하지 않다. 이러한 복합명사구는 복잡한 아이디어를 문장으로 진술했을 때보다 훨씬 간결하게 표현할 수 있는 길을 열어준다.

하지만 명사가 지나치게 줄지어 나오면 독자 입장에서 정보를 처리하기가 어려워진다. 따라서 복합명사를 직접 만들어내 쓰는 것은 바람직하지 않다. 명사화된 단어까지 담겨있다면 반드시 수정해야 한다.

> Early childhood thought disorder misdiagnosis often results from unfamiliarity with recent research literature describing such conditions. This paper is a review of seven recent studies in which are findings of particular relevance to pre-adolescent hyperactivity diagnosis and to treatment modalities involving medication maintenance level evaluation procedures.
>
> 초기 아동기 사고 장애 오진은 대개 그러한 증상을 설명하는 최근 연구논문에 익숙하지 않아 발생한다. 이 논문은 사춘기 이전 과잉행동 진단과 약물 보존수준 평가절차를 포함한 치료양상과 특별한 연관이 있는 결과를 발표한 7종의 최근 연구를 검토한 것이다.

복합명사를 푸는 가장 쉬운 방법은 단어를 거꾸로 뒤집어 전치사로 연결하는 것이다.

1 early	2 childhood	3 thought	4 disorder	5 misdiagnosis
5 misdiagnose	4 disordered	3 thought	1 in early	2 childhood

이렇게 푼 것을 기초로 문장을 고치면 다음과 같이 될 것이다.

Physicians misdiagnose[5] disordered[4] thought[3] in young[1] children[2] because they are unfamiliar with recent literature on the subject.

의사들이 어린 아이들의 장애가 있는 사고를 오진하는 이유는 이 주제에 대한 최근 논문에 익숙지 않기 때문이다.

하지만 전문용어가 들어있는 복합명사구는 풀어 쓰면 안 된다.

Physicians misdiagnose[5] thought disorders[3-4] in young[1] children[2] because they are unfamiliar with recent literature on the subject.

의사들이 어린 아이들의 사고장애를 오진하는 이유는 이 주제에 대한 최근 논문에 익숙지 않기 때문이다.

고친 예문에서 알 수 있듯이 복합명사구는 행위자와 행위를 숨기기 위한 목적으로 자주 사용된다.

Exercise 6 ▶ Exercise 7 ▶

주어를 최대한 짧게 만들라

지금까지 계속 강조한 원칙을 다시 한번 정리하면 다음과 같다.

독자들은 전체주어가 긴 복잡한 구로 된 문장보다, 짧고 단순한 구로 된 문장을 좋아한다.

이 원칙은 다음 원칙을 보완해주는 역할을 한다.

행위자를 문장의 단순주어로 세웠다면, 또 그 행위자의 주요한 행위를 문장의 동사로 표현했다면, 전체주어는 짧아질 것이다.

다음 두 문장을 비교해보자.

3a The *centralization* of functions by many retailers over the past several years **has led** to customer objections to more complicated purchasing procedures.

지난 수년간 무수한 소매상들의 의한 기능의 집중화는 점점 복잡해지는 구매절차에 대한 고객들의 반대로 이어졌다.

3b Many *retailers* **have centrsalized** functions over the past several years, leading customers to object to more complicated purchasing procedures.

지난 수년간 많은 소매상들이 기능을 집중화하면서, 고객들은 점점 복잡해지는 구매절차에 반대하게 되었다.

독자들은 대부분 **3a**보다 **3b**를 좋아한다. 그 이유는, **3b**의 단순주어가 행위자 retailers이고 전체주어 또한 두 단어밖에 되지 않기 때문이다. **3a**에서 retailers는 전체주어 속에 있기는 하지만, 전치사구 속에 파묻혀있으며, 단순주어는 명사화된 centralization이 차지하고 있다. 전체주어는 장장 12개 단어에 달한다. 주어가 이렇게 긴 것은 바람직하지 않다. 독자들은 주어가 금방 끝나지 않고 계속 늘어지면 점점 초조해진다. 독자들은 최대한 빨리 동사를 보고 싶어한다. 독자들은 최대한 빨리 동사 너머에 있는 핵심으로 파고들고 싶어한다.

또한 **3a**에서는 단순주어를 읽고 나서 동사를 만나기 위해 10단어를 건너가야 하는 반면, **3b**에서는 단순주어 바로 뒤에 동사가 따라나온다. 주어와 동사 사이에 한두 단어(대개 부사어)가 끼어드는 것은 상관없지만 그 이상 늘어나면 문장은 무겁고 지루하고 복잡하다는 인상을 줄 것이다. 한마디로 정리하자면, 주어는 최대한 짧게 쓰고, 동사는 최대한 주어에 붙여 써라. (**레슨9**에서 이 원칙에 대해서 좀더 깊이 설명한다.)

SUMMARY

독자들은 행위자가 주어이고 행위가 동사일 때 문장이 명확하다고 느낀다.

고정된 구조	주어 subject	동사 verb	나머지 remains
가변적 구조	행위자 character	행위 action	나머지 remains

어쩔 수 없이 명사화한 단어를 주어/주요행위자로 사용한 경우, 다른 명사화 단어는 최대한 쓰지 않는 것이 좋다.

A *nominalization* **is** a replacement of a verb by a noun, often resulting in displacement of characters from subjects.

명사화는 명사에 의한 동사의 대체로, 이는 대개 주어자리에서 행위자의 배제로 이어진다.

✔ When a *nominalization* **replaces** a verb with a noun, *it* often **displaces** characters from subjects.

명사화가 동사를 명사로 대체하는 경우, 이는 대개 주어자리에서 행위자를 배제한다.

행위의 주체가 뻔한 경우에는 수동태를 사용한다.

The *voters* **reelected** the president with 54 percent of vote.

유권자들은 총투표의 54퍼센트로 대통령을 재신임했다.

✔ The *president* **was reelected** with 54 percent of the vote.

대통령은 총투표의 54퍼센트를 얻어 재신임되었다.

긴 주어를 짧은 것으로 바꾸기 위해 수동태를 사용한다.

Research demonstrating the soundness of our reasoning and the need for action supported this decision.

우리 추론의 타당성과 실천의 필요성을 보여주는 연구는 이 결정을 뒷받침한다.

✔ This decision **was supported** by research demonstrating the soundness of our reasoning and the need for action.

이 결정은 우리 추론의 타당함과 실천의 필요성을 보여주는 연구에 의해 뒷받침된다.

앞 문장에서 다음 문장으로 정보가 자연스럽게 연결되도록 배치하기 위해 수동태를 사용한다.

✔ We must decide whether to improve education in the sciences alone or raise the level of education across the whole curriculum. Our decision **will be determined** by the weight we give to industrial competitiveness as opposed to the value we attach to the liberal arts.

우리는 과학교육만 개선할 것인지, 전체 교과의 교육수준을 높일 것인지 결정해야 한다. 우리의 선택(친숙한 정보)은 우리가 인문학에 부여하는 가치와 산업경쟁력에 부여하는 가치의 비중(새로운 정보)에 따라 결정될 것이다(수동).

문단에 속한 문장들의 주어들 사이에 일관성을 만들어내기 위해 수동태를 사용한다.

✔ By early 1945, the Axis nations **had been** essentially defeated; all that remained was a bloody climax. The German borders **had been breached**, and both Germany and Japan **were being bombed** around the clock. Neither country, though, had been so devastated that it could not resist.

1945년 초, 추축국들은 사실상 제압된 상태였다. 이제 남은 것은 결정적인 고비뿐이었다. 독일의 국경은 뚫렸고, 독일과 일본은 밤낮없이 폭격을 당했다. 하지만 어느 나라도 저항할 수 없을 만큼 완전히 초토화된 것은 아니었다.

메타디스코스를 진술하는 문장은 능동태를 사용한다.

The terms of the analysis must **be defined**.

이 분석의 조건은 정의되어야 한다.

✔ We must **define** the terms of the analysis.

우리는 이 분석의 조건을 정의해야 한다.

긴 복합명사구는 될 수 있으면 다시 쓴다.

We discussed the **board**[1] **candidate**[2] **review**[3] **meeting**[4] **schedule**[5].

우리는 이사회 후보 평가 모임 일정에 대해 논의했다.

✔ We discussed the **schedule**[5] of **meetings**[4] to **review**[3] **candidates**[2] for the **board**[1].

우리는 이사회 후보를 평가하기 위한 모임 일정을 논의했다

어떤 집단이든 자기들끼리만 통하는 전문용어가 있다. 전문용어를 쓰는 것은, 구성원으로서 소속감을 느끼며 집단의 가치를 존중한다는 것을 보여주는 행위다. 은행에 입사했다면 은행원처럼 외모를 꾸며야 할 뿐만 아니라, 은행원처럼 생각하고 말하고 글을 쓰는 법을 배워야 한다.

하지만 의욕이 지나쳐, 집단 밖에 있는 보통사람들에게도 전문용어를 사용해 자신이 속한 집단을 과시하고자 하는 사람들이 있다. 이해하기 어려운 용어를 과도하게 남발하며 사람들을 혼란에 빠뜨린다. 이러한 배타성은 시민사회가 존립할 수 있는 토대가 되는 소통과 신뢰를 갉아먹는다. 더욱이 정보와 전문지식이 권력이 되는 현대사회에서 과도한 전문용어의 남용은 결코 바람직하지 않다.

물론 전문용어를 쓰지 않고서는 명확하게 설명할 수 없는 경우도 있을 것이다. 모든 사람을 이해시키고자 하는 것이 아니라, 지적인 일부 독자들을 이해시키는 것이 목적이라고 변명을 하는 경우도 있다. 하지만 그런 경우는 생각만큼 많지 않다. 다음 예문은 사회과학자로서 명망이 높은 탈콧 파슨스의 글에서 발췌한 것이다. 어떤 느낌이 드는지 한번 읽어보자.

> Apart from theoretical conceptualization there would appear to be no method of selecting among the indefinite number of varying kinds of factual observation which can be made about a concrete phenomenon or field so that the various descriptive statements about it articulate into a coherent whole, which constitutes an "adequate," a "determinate" description. Adequacy in description is secured insofar

as determinate and verifiable answers can be given to all the scientifically important questions involved. What questions are important is largely determined by the logical structure of the generalized conceptual scheme which, implicitly or explicitly, is employed.

이론적 개념화 없이는, 구체적인 현상이나 분야에 대해 일어날 수 있는 각양각색의 무한한 사실 관찰 사이에서 관찰에 대한 다양한 묘사적 진술이 일관적인 전체를 드러낼 수 있도록 선택할 수 있는 방법은 없는 것처럼 보인다. 그 진술은 '타당한' 묘사와 '결정적인' 묘사가 된다. 타당한 묘사는 결정적이고 입증가능한 답을 제시할 수 있는 과학적으로 중요한 모든 질문이 개입된 경우에 확보된다. 어떤 질문이 중요한가는 대체로 암시적으로든 노골적으로든 개입된 일반화된 개념화 스킴의 논리적 구조에 의해 결정된다.

Talcott Parsons, *Essays in Sociological Theory.* 탈콧 파슨스 《사회학 이론》

이 글이 무슨 말을 하는지, 교육수준이 높은 일반인들이 알아들을 수 있을까? 좀더 명확하게 다듬어 보자.

When scientists lack a theory, they have no way to select from everything they could say about a subject only that which they can fit into a coherent whole that would be "adequate" or "determinate." Scientists describe something "adequately" only when they can verify answers to questions they think are important, and they decide what questions are important based on their implicit or explicit theories.

과학자들에게 이론이 없다면, 어떤 주제에 대해서 말할 수 있는 모든 것 중에서 일관적인 전체에 끼워 맞출 수 있는 '타당한 것' 또는 '결정적인 것'을 선별해낼 수 있는 방법은 없다. 과학자들은 자신들이 중요하다고 생각하는 질문에 대한 대답을 입증할 수 있을 때에만 어떤 것을 '타당하게' 설명하며, 암묵적이든 노골적이든 자신들의 이론에 기반하여 어떤 질문이 중요한지 결정한다.

한발 더 나아가 다음과 같이 훨씬 간명하게 고칠 수 있다.

> Whatever you describe, you need a theory to fit its parts into a whole. You need a theory to decide even what questions to ask and to verify their answers.
>
> 무엇을 설명하든, 부분을 전체에 끼워 맞추려면 이론이 필요하다. 어떤 질문을 해야 하는지, 그 답을 입증해야 하는지 판단하는 데에도 이론이 필요하다.

물론 뇌를 멍하게 만드는 파스스의 고문을 견디면서 희열을 느끼는 몇몇 열혈독자들은 이렇게 고친 글을 마음에 들어 하지 않을 것이다.

아인슈타인은 이렇게 말했다.

> Everything should be made as simple as possible, but not simpler.
>
> 어떤 것이든 '최대한' 단순하게 만들라. '좀더'가 아니라 최대한.

아인슈타인이 말한 방식대로 우리는 이렇게 말하고 싶다.

> Your writing should be as complex as necessary, but no more.
>
> 글은 필요한 만큼 복잡해야 한다. 그 이상은 쓸데없다.

Lesson 3

Exercise 1

주요행위자 찾기

주요행위자를 찾아서 주어로 놓고 그 행위자의 주요행위를 동사로 놓아 문장을 고쳐보자. 행위자가 문장 속에 나오지 않으면 I, we 등 적절한 행위자를 삽입해야 한다. 처음 네 문제에는 행위자로 삼을 수 있는 단어를 문장 끝에 힌트로 넣었다.

1. Contradictions in the data require an explanation. [we]

2. In recent years, a new recognition of the contributions of African American women to the Civil Rights movement has led to a reassessment of its impact and character. [historians]

3. Having their research taken seriously by professionals in the field was hard work for the students. [students]

4. Resistance has been growing against building mental health facilities in residential areas because of a belief that the few examples of improper management are typical. [residents]

5. A decision about forcibly administering medication in an emergency room setting despite the inability of an irrational patient to provide legal consent is usually an on-scene medical decision.

6. Despite the critical panning of the show's latest season, the love of its loyal fans was not affected.

7. Tracing transitions in a well-written article provides help in efforts at improving coherence in writing.

8. With the decline in network television viewing in favor of cable and rental DVDs, awareness is growing at the networks of a need to revise programming.

9. The performance of the play was marked by enthusiasm, but there was a lack of intelligent staging.

10. The reject of the proposal was a disappointment but not a surprise because our expectation was that a political decision had been made.

1. We must explain the contradictions in the data.

2. In recent years, historians have newly recognized the contributions of African American women to the Civil Rights movement, leading them to reassess its impact and character.

3. It was hard work for student researchers to have their work taken seriously by professionals in the field.

4. Residents resists against building mental health facilities in residential areas because they believe that the few examples of improper management are typical.

5. Medical professionals usually decide on-scale whether to forcibly medicate patients who are unable to legally consent.

6. Although critics panned the show's latest season, loyal fans still loved it.

7. To write more coherently, trace the transitions in a book or well-written article.

8. Networks are aware that they must revise their programming because viewers are watching network TV less and rental DVDs and cable more.

9. The performers were enthusiastic, but the stage lacked intelligent staging.

Exercise 2

능동태-수동태 선택하기

능동태는 수동태로, 수동태는 능동태로 바꿔보자. 원래 문장과 고친 문장 중에서 어떤 문장이 나은가. (첫 두 문장은 능동태는 파란색, 수동태는 회색으로 표시해놓았다.)

1. Independence is gained by those on welfare when skills are learned that the marketplace values.

2. The different planes of the painting are noticed because the artist sets their colors against a background of shades of gray that she lays on in layers that cannot be seen unless the surface is examined closely.

3. In this article, it is argued that even if the Glass-Steagall Act had not been repealed a decade earlier, the 2008 financial crisis would still have occured.

4. Mice are chosen most often when transgenic cancer models are constructed by researchers, but zebrafish and also used.

5. Music critics can divide contemporary jazz into a number of subgenres, among which common features such as complex rhythms, tonal inflections, and improvisation are shared.

6. Although it has been shown that the environmental impact study was flawed, its findings were relied on by the city council when the zoning decision was made.

7. Science education will not be improved to a level sufficient to ensure that today's information and technology industries are supplied with enough skilled workers and researchers until more funding is provided to primary and secondary schools.

8. Benoit Mandelbrot coined the term fractal to describe geometrical shapes in which the shape of the whole is recapitulated at ever smaller scales by the parts.

9. The first part of Bierce's "An Occurrence at Owl Creek Bridge" is presented in a dispassionate way. In the first paragraph, two sentinels are described in detail, but the line, "It did not appear to be the duty of these two men to know what was occurring at the center of the bridge" takes emotion away from them. In paragraph 2, a description is given of the surroundings and spectators, but no feeling is betrayed because the language used is neutral and unemotional. This entire section is presented as devoid of emotion even though it is filled with details.

1. Young people gain independence when they learn skills valued by the marketplace. [이렇게 value를 수동태로 바꾸었을 때 marketplace에 훨씬 강세가 커진다는 것을 알 수 있다.]

2. Researchers most often choose mice when they construct transgenic cancer models, but they also use zebrafish.

3. In this article, I argue that even if Congress had not repealed the Glass-Steagall Act a decade earlier, the 2008 financial crisis would still have occurred.

6. Although we showed that the environmental impact study was flawed, the city council relied on its finding when they made the zoning decision.

9. Bierce presents the first part of "An Occurrence at Owl Creek Bridge" dispassionately. In the first paragraph, he describes two sentinels in detail, but he takes all emotion away from them in the line, "It did not appear to be the duty of these two men to know what was occurring at the center of the bridge." In paragraph 2, he describes the surroundings and spectators, but betrays no feeling because he uses neutral and unemotional language. He presents this entire section as devoid of emotion even though he fills it with details.
[마지막 문장은 여기서 한 번 더 고칠 수 있다. "Even though this section is devoid of emotion, it has many details." 이렇게 고친 문장에서 Bierce/he가 주어로 반복되는 것을 지루하게 느끼는 사람도 있을지 모른다. 하지만 실제독자들은 대부분 주어가 반복되고 있다는 것을 인식하지 못한다. 다시 말하지만, 어떻게 글을 고치는 것이 정답이라고 단정할 수는 없다. 하지만 하나의 의미를 다양하게 표현할 줄 알아야 하고 그 중 어떤 선택이 가장 나은지 음미하고 판단할 줄 알아야 한다. 단순히 "능동태로 써라" 같은 규칙만 외워서 적용하는 것만으로는 절대 좋은 글을 쓸 수 없다.]

Exercise 3

수동태 문장으로 전환하기

주어가 문장 속에서 전혀 중요하지 않거나, 오히려 초점을 흩뜨리는 경우에는 주어를 숨기는 것이 좋다.

주요동사가 능동태로 되어있는 다음 문장들을 수동태로 바꿔보자. 바꾸고 난 다음, 두 문장을 비교해보며 어느 문장이 더 나은지 음미해보라. 개중에는 원래 능동태 문장이 더 나은 경우도 있다.

1. According to the news report, a prosecutor indicated the mayor for violating campaign finance law.

2. In Section IV, I argue that the indigenous peoples engaged in overcultivation of the land leading to its exhaustion as a food-producing area.

3. Our intention in this book is to help readers achieve an understanding not only of the differences in grammar between Arabic and English but also the differences in worldwide as reflected by Arabic vocabulary.

4. We performed the tissue rejection study on the basis of methods developed with our discovery of increases in dermal sloughing as a result of cellular regeneration.

5. To make an evaluation of changes in the flow rate, I made a comparison of the current rate with the original rate on the basis of figures I had compiled with figures that Jordan had collected.

6. According to church records, the church originally installed the organ in the 1870s and then renovated it in the 1950s.

Exercise 4

능동태 문장으로 전환하기

1. According to the news report, the mayor was indicted for violating campaign finance laws.

2. In Section IV, I argue that the indigenous culture overcultivated the land and thereby exhausted it as a food-producing area.

3. This book intends to help readers understand the differences in grammar between Arabic and English and worldview reflected by Arabic vocabulary.

4. The tissue rejection study was performed on the basis of methods developed, because the increases in dermal sloughing as a result of cellular regeneration were discovered

5. To evaluate how the flow rate changed, the current flow rate was compared to the original rate on basis of figures collected by Jordan previously. [수식구 주어와 주절의 주어가 다른 댕글링dangling modifier구문이다. 하지만 이러한 이러한 비문법 구문은 너무 흔하기 때문에 독자들은 크게 개의치 않는다. 문미의 명사화 표현은 기술용어이기 때문에 그다지 문제가 되지 않는다.]

주요동사가 수동태로 되어있는 다음 문장들을 능동태로 바꿔보자. 바꾸고 난 다음, 두 문장을 비교해보며 어느 문장이 더 나은지 음미해보라. 개중에는 원래 수동태 문장이 더 나은 경우도 있다. 정답은 없다. 자신의 선택을 정당화할 수 있는 수사학적 상황을 상상해보자.

1. Your figures were analyzed to determine their accuracy. Results will be announced when it is thought appropriate.

2. The author's impassioned narrative style is abandoned and a cautious treatment of theories of conspiracy is presented. But when the narrative line is picked up again, he invests his prose with the same vigor and force.

3. For many years, federal regulations concerning wiretapping have been enforced. Only recently have looser restrictions been imposed on the circumstances that warrant it.

4. These directives are written in a style of maximum simplicity as a result of an attempt at more effective communication with employees with limited reading skills.

Exercise 5

메타디스코스 작성하기

메타디스코스는 1인칭 주어에 능동태 동사를 사용하는 것이 좋다.

다음 문장들은 주요동사가 수동태로 되어있다. 메타디스코스 역할을 하는 동사들을 능동태로 고쳐보자. (물론 수동태 동사를 쓰는 것이 더 좋은 경우도 있으니 주의하라.)

또한 명사화된 표현을 풀어 읽기 쉬운 문장으로 고쳐보자.

1. We analyzed your figures to determine their accuracy. We will announce the results when we think it appropriate.

2. When the author treats the conspiracy theories, he abandons his impassioned narrative style and adopts a cautious one, but when he picks up the narrative line again, he invests his prose with the same vigor and force.

3. For many years, courts enforced federal regulations concerning the use of wiretaps. Only recently has Department of Justice loosened restrictions on the circumstances that warrant it.

4. We wrote these directives as simply as possible to communicate effectively with employees who do not read well.

1. Success in promoting international tourism is suggested here as the main cause of improvement of the Mexican economy.

2. It is believed that a lack of understanding of the effect of sleep deprivation on cognitive performance is a contribution to the practice of cramming for test.

3. The model has been subjected to extensive statistical analysis.

4. The creation of a database is being considered, but no estimate has been made in regard to the potential of its usefulness.

Exercise 6

복합명사구 풀기

1. We suggest that Mexico's economy has improved because it has successfully promoted international tourism.

2. Some believe that students cram for tests in part because they do not understand how sleep deprivation affects their cognitive performance. [문장 끝에 나오는 명사화표현 두 개는 왜 동사를 바꾸지 않고 그대로 두었을지 생각해보자]

복합명사구와 명사화된 표현을 풀어보자.

1. Diabetic patient blood pressure reduction may be brought about by renal depressor application.

2. The goal of this article is to describe text comprehension processes and recall protocol production.

3. On the basis of these principles, we may now attempt to formulate narrative information extraction rules.

4. This paper is an investigation into information processing behavior involved in computer human cognition simulation.

5. The EPA has published new guidelines for automobile CO emissions testing procedures.

6. The plant safety standards committee discussed recent air quality regulation announcements.

7. The Social Security program is a monthly income floor guarantee based on a lifelong contribution schedule.

Exercise 7

모호한 명사구 찾기

1. Diabetic patients may reduce their blood pressure by applying renal depression.

2. The goal of this article is to describe how readers comprehend text and produce protocols about recall.

3. Based on these principles, we may now attempt to formulate rules for extracting narrative information.

4. This paper investigates how computers process information in games that simulate human cognition.

5. The EPA has published new guidelines for procedures to test automobile CO emissions.

6. The committee on standards for plant safety discussed recent announcements about regulating air quality.

7. The Social Security program guarantees a potential package of benefits based on what individuals contribute to the program over their lifetime.

명사를 여러 개 연달아 붙여 만든 합성명사구는 생각을 몇 개의 단어로 압축하는 데 유용하기 때문에 신문 헤드라인에서 자주 볼 수 있다. 그렇게 만든 헤드라인 중에는 의도치 않게 엉뚱한 의미로 읽히는 경우가 있다. 한 가지 재미있는 예를 보자.

Nuns Forgive Break-In, Assault Suspect

수녀들이 수녀원을 침입한 다음 그들을 폭행한 사람을 용서해주었다는 뜻일까? 또는 수녀들이 침입자를 용서한 다음 폭행했다는 뜻일까?

쉽게 말해, assault를 명사로 해석할 것인가 동사로 해석할 것인가에 따라 의미가 달라진다. 정확한 의미는 문맥을 봐야 알 수 있다. 이처럼 의미가 모호한 기사의 헤드라인을 온라인에서 찾아보자.

Exercise 8

내가 쓴 글을 고쳐보자

자신이 쓴 글 중에서 하나를 읽어가면서, 명사화 표현을 찾아 동그라미를 쳐라.

능동태 동사는 파란 형광펜으로, 수동태 동사는 노란 형광펜으로 표시하라.

명사화 표현과 수동태 동사마다 그러한 선택을 한 이유를 설명해보라. 정당한 이유가 없다면 리바이징하라.

Exercise 9

내가 쓴 글을 고쳐보자

자신이 연구하거나 활동하는 분야의 대표적인 글을 가져다가, 한 페이지 정도를 분석해보자.

- 어떤 종류의 행위자가 주로 등장하는가?
- 동사는 능동태를 사용하는가 수동태를 사용하는가? 비율이 얼마나 되는지 계산해보자.
- 명사화된 표현은 얼마나 사용하는가?
- 메타디스코스는 얼마나 사용되었는가?

이러한 분석을 동료들과 함께 수행하여 자신이 속한 분야에서 쓰는 글의 일반적인 특성을 파악해보자.

이제 자신이 쓴 글을 이러한 특성에 맞춰 리바이징해보자. 어떤 요소를 많이 수정해야 하는가?

If he would inform, he must advance regularly from Things known to things unknown, distinctly without Confusion, and the lower he begins the better.
It is a common Fault in Writers, to allow their Readers too much knowledge:
They begin with that which should be the Middle, and skipping backwards and forwards, 'tis impossible for any one but he who is perfect in the Subject before, to understand their Work, and such an one has no Occasion to read it.

정보를 전달하고자 할 때 이미 알려진 정보에서 알려지지 않은 정보로 차근차근 나아가며 혼란스럽지 않도록 명확하게 진술해야 한다. 쉽고 익숙한 내용으로 시작할수록 좋다. 저자들이 흔히 저지르는 실수는 독자에게 너무 많은 지식을 전달하려는 것이다. 중간에 나와야 할 정보로 글을 시작하기도하고, 앞뒤로 왔다갔다하며 건너뛰기도 한다. 그 주제에 대해 잘 알지 못하는 사람은 글을 이해할 수 없다. 물론 그 주제에 대해 잘 아는 사람은 처음부터 글을 읽지 않을 것이다.

Benjamin Franklin

벤자민 프랭클린

Lesson 4

이야기를 그물망으로 엮어라

지금까지 우리는 행위주를 주어 자리에, 행위를 동사 자리에 놓기만 하면 문장의 명확성을 달성할 수 있을 것처럼 이야기했다. 하지만 좋은 글은 개별 문장의 명확성뿐만 아니라, 그러한 문장들이 서로 '결속되어있다'는 느낌을 주어야 한다. 예컨대 다음 두 단락은 똑같은 내용을 말하고 있지만 느낌은 사뭇 다르다.

1a The safeguard of democracy everywhere—an educated citizenry—is being threatened by college costs that have been rising fast for the last several years. Family incomes are increasing more slowly than tuition, and only children of the wealthiest families will be able to afford a college education if this trend continues. Knowledge and intellectual skills as well as wealth will stratify us at that point, and the presumptions of political access, economic opportunity, and social mobility that ensure the stability of healthy democratic societies will erode.

전세계 민주주의의 보루—교육받은 시민—는 지난 몇 년 사이 급격하게 오른 대학 학비로 위협받고 있다. 가계수입은 대학등록금보다 훨씬 천천히 상승하고 있으며, 이런 추세가 계속되는 한 부유층의 자녀들만 대학교육을 받을 수 있을 것이다. 지식과 지적 기술과 더불어 재력은 그런 시점에서 사람들을 계층적으로 갈라놓을 것이며, 정치적 참여, 경제적 기회, 계층간 이동이 건강한 민주사회의 안정을 보장한다는 믿음은 서서히 무너질 것이다.

✔ 1b In the last several years, college costs have been rising so fast that they are now threatening the safeguard of our democracy everywhere: an educated citizenry. Tuition is increasing faster than family incomes, and if this trend continues, a college education will soon be affordable only by the children of the wealthiest families. At that point, we will be stratified not only by wealth but also by knowledge and intellectual skills, and this stratification will erode the presumptions of political access, economic opportunity, and social mobility that ensure the stability of healthy democratic society.

지난 몇 년 간 대학 학비가 급격하게 올라 이제는 전세계 민주주의 보루—교육받은 시민—를 위협할 지경이 되었다. 학비는 가계수입보다 훨씬 빠르게 치솟고 있으며, 이런 추세가 지속된다면, 대학교육은 머지않아 부유층의 자녀들만 누릴 수 있는 특권이 될 것이다. 그런 시점이 오면 우리는 재력뿐만 아니라 지식과 지적 기술 측면에서도 계층으로 구분될 것이며, 이러한 계층화는 정치적 참여, 경제적 기회, 계층간 이동이 건강한 민주사회의 안정을 보장한다는 믿음을 서서히 무너뜨릴 것이다.

1a는 문장들이 뚝뚝 끊기고, 심지어 어수선한 느낌을 주는 반면, **1b**는 문장들이 더 긴밀하게 연결된 느낌을 준다.

하지만 '뚝뚝 끊기는', '어수선한', '긴밀하게 연결된' 같은 말은 앞에서 이야기한 '명확한'과 마찬가지로 종이에 새겨진 문장 자체의 특성을 가리키는 것이 아니라 그 문장들이 주는 느낌을 묘사한다. **1a**는 글이 쉽게 읽히지 않고 자꾸 막히는 반면, **1b**는 훨씬 자연스럽게 술술 읽히는 이유는 무엇일까? 그러한 느낌은 단어의 '배열' 즉 어순의 두 가지 측면에서 나온다.

- 문장이 끝을 맺고 그 다음 문장으로 넘어가는 방식이 자연스러운가?
  → 표층결속성
- 단락을 구성하는 문장들의 시작부분 사이에 일정한 흐름이 있는가?
  → 심층결속성

이 레슨에서는 표층결속성과 심층결속성에 대해서 설명한다. 다만 심층결속성은 문단 차원에서 설명하기 어려운 좀더 심오한 속성을 고려해야 하는데, 이 부분은 다음 **레슨**에서 좀더 자세히 설명한다.

표층결속성: 문장이 자연스럽게 이어지는 느낌

문장을 하나씩 읽어나갈 때 자연스럽게 넘어가는 듯한 느낌을 준다면, 우리는 이 문장들이 표층적으로 결속되어있다고 말한다. 이러한 느낌은 문장을 시작하고 끝맺는 부분에 등장하는 정보를 어떻게 관리하느냐에 따라 달라진다.

실제로 독자들은 개별문장이 명확하게 읽히는 것 못지않게, 문장이 자연스럽게 이어지는 느낌을 매우 중시한다. 표층적으로 결속된 느낌을 주고자 한다면, 물 흐르듯이 자연스럽게 읽히는 글을 쓰고자 한다면, 개별문장을 쓰는 법만 익혀서는 안 된다. 여러 문장이 잘 어우러지도록 쓸 줄 알아야 한다. 여기서 그 비법을 소개한다.

술술 읽히는 느낌

레슨3에서 몇 쪽을 할애하여 '수동태를 쓰지 마라'는 익숙한 조언과 관련한 이야기를 했다. 이 조언을 무조건 따른다면, 우리는 다음 예문에서 **2a**를 선택해야 할 것이다.

2a The collapse of a dead star into a point perhaps no larger than a marble **creates** a black hole.

죽은 별이 붕괴하여 구슬보다 작은 점으로 수축되어 블랙홀을 생성한다. (능동)

2b A black hole **is created** by the collapse of a dead star into a point perhaps no larger than a marble.

블랙홀은 죽은 별이 붕괴하여 구슬보다 작은 점으로 수축되어 생성된다. (수동)

하지만 글의 맥락에 따라 다른 선택을 할 수 있다. 아래 예문을 보자.

[1]Some astonishing questions about the nature of the universe have been raised by scientists studying black holes in space. [2a]The collapse of a dead star into a point perhaps no larger than a marble **creates** a black hole. [3]So much matter compressed into so little volume changes the fabric of space around it in puzzling ways.

우주의 본질에 관한 몇몇 놀라운 의문이 우주의 블랙홀을 연구하는 과학자들에게서 제기되었다. 죽은 별이 붕괴하여 구슬보다 작은 점으로 수축되어 블랙홀을 생성한다. 상당한 부피의 물질이 그토록 작은 부피로 수축하면 그 주변의 우주공간의 구조는 혼란 속에 빠진다.

[1]Some astonishing questions about the nature of the universe have been raised by scientists studying black holes in space. [2b]A black hole **is created** by the collapse of a dead star into a point perhaps no larger than a marble. [3]So much matter compressed into so little volume changes the fabric of space around it in puzzling ways.

우주의 본질에 관한 몇몇 놀라운 의문이 우주의 블랙홀을 연구하는 과학자들에게서 제기되었다. 블랙홀은 죽은 별이 붕괴하여 구슬보다 작은 점으로 수축되어 생성된다. 상당한 부피의 물질이 그토록 작은 부피로 수축하면 그 주변의 우주공간의 구조는 혼란 속에 빠진다.

능동태 문장 **2a**보다 수동태 문장 **2b**가 훨씬 자연스러운 '흐름'이 느껴질 것이다. 그 이유는 명백하다. **1**번 문장은 문장 끝에서 **2**번 문장의 주요행위자 black holes in space를 소개하면서 끝맺는다. 그런데 **2a**는 collapse of a dead star나 marble 같은 낯선 개념으로 문장을 시작한다. 이 두 정보는 난데없이 튀어나온 듯한 인상을 준다.

[1]Some astonishing questions about the nature of the universe have been raised by scientists studying black holes in space. [2a]The collapse of a dead star into a point perhaps no larger than a marble **creates** a black hole.

하지만 이 문장을 수동태로 바꾸면 문장이 훨씬 자연스럽게 이어지는 느낌을 준다. **2b**에서는 앞 문장 끝에서 소개한 black hole을 그대로 받아 문장을 시작한다.

[1]Some astonishing questions about the nature of the universe have been raised by scientists studying black holes in space. [2b]A black hole **is created** by the collapse of a dead star into a point perhaps no larger than a marble.

또한 수동태를 사용함으로써 **2b** 문장 끝에 나오는 단어들이 3번 문장 첫머리로 자연스럽게 연결된다는 사실을 눈여겨보라.

[1] Some astonishing questions about the nature of the universe have been raised by scientists studying black holes in space. [2b] A black hole **is created** by the collapse of a dead star into a point perhaps no larger than a marble. [3] So much matter compressed into so little volume changes the fabric of space around it in puzzling ways.

핵심포인트

문장의 끝에 등장하는 단어들이 다음 문장의 첫머리에 나타날 정보를 미리 알려줄 때, 두 문장은 표층적으로 결속되어있다고 한다. 이러한 결속성은 독자에게 술술 읽히는 독서경험을 선사한다. 이것이 바로 글에서 수동태가 사용되는 가장 큰 이유다. 앞문장에서 뒷문장으로 술술 읽어나갈 수 있도록 문장을 배열하라.

글 고치기: 독자가 원하는 정보를 제시하라

무엇을 배우든 기존에 알고 있는 정보 위에 새로운 정보를 덧붙여야 하는 법이다. 한 문장 안에서도 독자들은, 익숙한 정보를 먼저 접한 다음에 낯설거나 새로운 정보를 접하고 싶어한다. 정리하면 다음과 같다.

1. **독자에게 익숙한 정보로 문장을 시작하라.**
   독자가 어떤 정보에 익숙해질 수 있는 원천은 두 가지다. 첫 번째 원천은, 앞에서 읽은 문장이다. 독자는 앞 문장에서 나온 단어를 기억한다. 그래서 블랙홀 예문에서 문장1의 끝 부분과 2b의 첫머리, 2b의 끝 부분과 문장3의 첫머리가 결속되어있을 때 훨씬 잘 읽힌 것이다. 두 번째 원천은, 글의 주제에 관한 일반적인 지식, 즉 상식이다. 예컨대 문장4가 다음과 같이 시작한다고 해도 독자들은 놀라지 않을 것이다.

… changes the fabric of space around it in puzzling ways. [4]Astronomers have reported that…

…그 주변의 우주공간의 구조는 혼란 속에 빠진다. 천문학자들에 따르면…

앞선 문장에서 '천문학자'라는 정보는 전혀 나오지 않는다. 하지만 지금 우주에 관한 글을 읽고 있다는 사실을 독자들이 알고 있기 때문에, 천문학자가 등장해도 전혀 놀라지 않는다.

2. **독자가 예측할 수 없는 정보는 문장 끝에 두어라.**

   문장은 어쨌든 독자에게 새로운 정보를 전달하기 위해 쓰는 것이지만, 독자들은 언제나 익숙하고 쉬운 정보를 읽고 난 다음에 새롭고 복잡한 정보를 읽고 싶어한다.

3. **단순한 정보로 문장을 시작하고 복잡한 정보로 문장을 끝내라.**

   앞서 본 두 가지 원칙을 종합한 원칙이다. 단순한 정보는 독자들이 익숙하다고 생각하는 것이고, 복잡한 정보는 독자들이 익숙하지 않다고 생각하는 것이다.

실제로 글을 쓰다 보면 '구정보로 시작해 신정보로 끝내라'는 원칙을 지키는 것이 쉽지 않다는 것을 알 수 있다. 자신의 생각을 글로 담아내는 과정에서 그 모든 정보들이 익숙해져 버리기 때문이다. 그럼에도 자신의 글에서 무엇이 익숙한 정보이고 무엇이 새로운 정보인지 구별하고, 그에 따라 정보를 배치하기 위해 노력해야 한다. 독자는 자신에게 익숙한 정보 위에 새로운 정보를 쌓아나가기를 기대하기 때문이다. 이러한 기대를 자주 저버리면 독자들은 무슨 말을 하는지 이해하지 못한다. (이해했다고 하더라도, 이해하지 못했다고 생각한다.)

글을 쓸 때마다 개별 문장을 명확하게 써야 한다는 원칙과 문장들이 자연스럽게 이어지도록 써야 한다는 원칙 사이에서 균형을 잘 잡아야 한다. 하지만 이 두 가지 원칙을 모두 지키기 어려운 경우에는, 문장 사이에 자연스러운 흐름을 만들어내는 원칙을 우선하라. 다행스럽게도, 행위자를 주어로 삼아야 한다는 원칙과 구정보 다음에 신정보를 놓아야 한다는 원칙은 서로 배척하지 않는다. 주요행위자를 먼저 읽고 나면 독자들은 주요행위자를 친숙한 정보로 인식한다. 따라서 행위자를 주어로 삼는 것은 곧 구정보를 문장 앞부분에 놓는 것과 상통한다.

◎ 핵심포인트

> 지금까지 명확한 글을 쓰기 위한 네 가지 주요 원칙을 살펴보았다. 두 가지 원칙은 개별문장에 관한 것이다.
>
> 1. 주요행위자를 주어로 삼는다.
> 2. 주요행위를 동사로 삼는다.
>
> 두 가지 원칙은 여러 문장들을 나열할 때 자연스러운 흐름을 만들어내는 방식에 대해 설명한다.
>
> 3. 익숙한 정보(구정보)로 문장을 시작하고 낯선 정보(신정보)는 뒤에 둔다.
> 4. 단순한 정보로 문장을 시작하고 복잡한 정보는 뒤에 놓는다.
>
> 이 원칙들은 서로 보완하는 관계에 있지만, 이 원칙을 모두 적용할 수 없는 경우라면, 세 번째, 네 번째 원칙을 우선해야 한다. 개별문장이 다소 명확하게 이해되지 않더라도 일단 술술 읽힌다는 느낌을 들면, 독자들은 좀더 오래 글을 읽어나가며 의미를 이해하기 위해 노력할 것이다.

네 원칙을 하나로 통합하여 설명할 수 있다. 문장을 다듬는 작업은 기본적으로, 친숙하고 단순한 정보에서 새롭고 복잡한 정보로 독자를 이끌어 가기 위한 것이다.

글쓰기 팁

앞선 문장에서 언급한 어떤 항목을 지시하고자 할 때 흔히 this, these, that, those, another, such, second, more 같은 단어를 사용한다. 이러한 지시어들은 최대한 문장 앞부분에 놓아야 자연스러운 흐름을 만들어낸다.

How to calculate credits for classes taken in a community college is another issue that we must consider.

커뮤니티칼리지에서 수료한 수업에서 딴 학점을 어떻게 계산할 것인지 우리가 생각해봐야 할 또다른 이슈다.

✔ Another issue that we must consider is how to calculate credits for classes taken in a community college.

우리가 생각해봐야 할 또다른 이슈는 커뮤니티칼리지에서 수료한 수업에서 딴 학점을 어떻게 계산할 것인가 하는 문제다.

Exercise 1 ▶

심층결속성: 문장들이 하나로 엮여있는 느낌

표층결속을 통해 술술 읽히는 글을 만들어냈다면, 독자들에게 문장들이 서로 연결되어있다는 느낌을 주는 첫 번째 과업을 달성한 것이다. 하지만 독자에게 당신이 유능한 저자라는 인상을 심어주고자 한다면, 글이 '심층적으로' 결속되어있다는 느낌도 주어야 한다. 표층결속성과 심층결속성이 어떻게 다른지 설명하면 다음과 같다.

- 표층결속성cohesion: 개별적인 퍼즐조각을 맞추는 것처럼, 앞뒤 문장이 잘 연결되도록 끼워 맞추는 것. (앞에서 본 블랙홀 예문을 떠올려보라.)
- 심층결속성coherence: 퍼즐조각을 모아 그림을 완성하는 것처럼, 여러 문장들이 모여 하나의 완성된 작품이 되는 것.

심층적으로 결속된 글에서는 문장들이 표층적으로 결속되어있다. 다시 말해 전체적으로 긴밀하게 결속되어있는 글이라면, 개별문장들도 자연스럽게 이어진다. 심층적으로 결속된 글은 개별문장의 합을 넘어선 또다른 의미를 만들어내는데, 이것을 우리는 '화제topic'라고 한다.

문장들이 모여 만들어내는 의미

다음 예문은 앞문장에서 뒷문장으로 막힘없이 이어진다는 점에서 표층적으로 결속되어있다.

> Sayner, Wisconsin, is the snowmobile capital of the world. The buzzing of snowmobile engines fills the air, and their tanklike tracks crisscross the snow. The snow reminds me of Mom's mashed potatoes, covered with furrows I would draw with my fork. Her mashed potatoes usually make me sick—that's why I play with them. I like to make hole in the middle of the potatoes and fill it with melted butter. This behavior has been the subject of long chats between me and my analyst.
>
> 위스콘신 세이너는 세계 스노모빌의 중심이라 할 수 있다. 스노모빌 엔진이 웽웽거리는 소리가 어디서나 들리고, 탱크의 바퀴자국 같은 스노모빌의 궤적이 눈밭에 어지럽게 교차한다. 그 모습을 보면 엄마가 만들어준 으깬 감자가 생각나는데, 어릴 적 나는 포크로 으깬 감자 위에 밭고랑처럼 자국을 내곤 했기 때문이다. 엄마의 으깬 감자는 먹고 싶지 않은 음식이었기 때문에, 그런 장난을 친 것이다. 나는 감자 한 가운데에 굴을 파고 버터를 녹여 집어넣는 것을 좋아했다. 이런 행동은 나와 정신과 주치의 사이에 오간 긴 대화의 주제가 되었다.

개별문장들은 표층적으로 결속되어있지만, 글 전체는 하나의 묶음으로 보기 어렵다. 이 글은 실제로 여섯 명이 한 문장씩 쓴 것으로, 한 사람이 첫 문장을 쓰고, 그 다음부터는 바로 앞 문장만 보고 새로운 문장을 추가했다. 이러한 글을 심층적으로 결속되어있지 않다고 말하는데, 구체적으로 다음 세 가지 특성 때문이다.

1. 문장의 주어들 사이에 연관성이 없다.
2. 문장들이 공통적인 주제나 아이디어를 공유하지 않는다.
3. 글 전체가 무엇에 대해 말하고자 하는지 설명하는 문장이 없다.

두 번째 이유는 **레슨5**에서, 세 번째 이유는 **레슨7**에서 논의할 것이다. 여기서는 첫 번째 이유에 대해 설명한다.

문장의 주어와 화제

지난 500년 동안 영어에서 주어는 다음 두 가지 역할을 한다고 여겨져 왔다.

- 문장에서 진술하는 행위의 '행위자'
- 문장이 이야기하고자 하는 '화제'

하지만 **레슨2**와 **레슨3**에서 보았듯이 주어가 행위자가 아닌 경우가 많다.

The explosion was loud.

폭발은 소리가 컸다. — 행위

Correctness is not writing's highest virtue.

문법적 정확성은 글쓰기에서 가장 고결한 미덕이 아니다. — 속성

It was a dark and stormy night.

어둡고 폭풍이 몰아치는 밤이었다. — 문법적 기능 (주어자리를 채우는 역할)

또한 주어가 아닌 다른 문장성분들이 화제 역할을 수행하는 경우도 많다.

It is impossible for your claim to be proved.

당신의 주장은 입증하기 어렵다. — 주어는 it이지만, 문장의 화제는 전치사 for의 목적어 your claim이다.

In regard to this question, I believe more research is needed.

이 질문에 관해서는 더 많은 연구가 필요하다고 생각한다. — 주어는 I지만, 화제는 전치사 to의 목적어 this question이다.

It is likely that our proposal will be accepted.

우리의 제안은 받아들여질 것 같다. — 주어는 it이지만, 화제는 종속절의 주어 our proposal이다.

Such results no one could have predicted.

그러한 결과는 그 누구도 예상할 수 없었다. — 주어는 no one이지만, 화제는 강조하기 위해 문장의 맨 앞으로 옮겨진 직접목적어 such results이다.

화제와 논평

물론 문장의 화제가 반드시 문법상 주어가 될 필요는 없지만, 명확하고 심층적으로 결속된 글에서는, 화제와 주어가 대부분 일치한다. 화제는 사실, 문법적으로 규명할 수 있는 것이라기보다는 심리적 측면에서 규명할 수 있는 것이다. 다시 말해 화제는 이 문장이 '무엇에 대해서' 이야기하는지 독자들이 이해하거나 기대하는 대상을 말한다. 문장에서 화제를 뺀 나머지 부분은 화제에 대해 진술하는 기능을 수행한다. 그래서 화제topic를 뺀 나머지 부분은 화제에 대한 '논평comment'이라고 부른다.

당연히 독자들은 문장이 시작되자마자 화제가 무엇인지 알고 싶어한다. 그래서 화제는 문장의 주어로 나오지 않더라도 최대한 앞부분에 나와야 한다.

독자들은 글을 읽어가면서 화제들의 연관성에 주목한다. 특히 다음 두 가지 속성을 쉽게 빠르게 파악할 수 있으면, 독자들은 글이 심층적으로 결속되어 있다고 생각한다.

- 개별 문장이나 절의 화제
- 여러 문장의 화제들이 모여 만들어내는 전체적인 개념/아이디어

실제로 글을 이해하는 데 화제가 어떤 역할을 하는지 살펴보자.

> Consistent ideas toward the beginnings of sentences, especially in their subjects, help readers understand what a passage is generally about. A sense of coherence arises when a sequence of topics comprises a narrow set of related ideas. But the context of each sentence is lost by seemingly random shifts of topics. Unfocused, even disorganized paragraphs result when that happens.
>
> 문장을 시작하는 부분에, 특히 주어에 일관된 개념이 등장하면 글이 전반적으로 무엇에 관한 것인지 독자들이 좀더 쉽게 이해할 수 있도록 도와준다. 심층적으로 결속된 느낌은 연속된 화제들이 연관된 개념으로 이루어진 한정된 집합을 구성할 때 발생한다. 하지만 각 문장의 맥락은 화제들이 임의적으로 바뀌는 것처럼 보일 때 사라진다. 초점이 없는, 심지어 구성이 어수선한 글은 그럴 때 나온다.

이 글은 문장들이 뚝뚝 끊기고 초점이 맞지 않으며 구성도 어수선한 느낌을 준다. 문장의 화제가 일관적이지 않고 산만하기 때문이다. 문장의 화제들을 추려보자.

- Consistent ideas toward the beginnings of sentences 문장을 시작하는 부분에
- A sense of coherence 심층적으로 결속된 느낌은
- a sequence of topics 연속된 화제들이

- the context of each sentences 각 문장의 맥락은
- Unfocused, even disorganized paragraphs 초점이 없는, 구성이 어수선한 글은
- that 그

이들 화제들만 놓고 봤을 때 이 글이 무엇에 관해 이야기하고자 하는지 감을 잡기 힘들다. 화제를 일관성있게 선별하여 고친 다음 글과 비교해보자. 화제 역할을 하는 단어들을 표시하였다.

> Readers understand what a passage if generally about when they see consistent ideas toward the beginnings of sentences, especially in their subjects. They feel a passage is coherent when they read a sequence of topics that focuses on a narrow set of related ideas. But when topics seem to shift randomly, readers lose the context of each sentence. When that happens, they feel they are reading paragraphs that are unfocused and even disorganized.
>
> 독자들은 문장을 시작하는 부분에, 특히 주어에 일관된 개념이 등장하는 것을 보고 글이 전반적으로 무엇에 관한 것인지 이해한다. 독자들은 연속된 화제들이 연관된 개념으로 이루어진 한정된 집합에 맞춰져있을 때 글이 심층적으로 결속되어있다고 느낀다. 하지만 화제들이 임의적으로 바뀌는 것처럼 보일 때, 독자들은 각 문장의 맥락을 잃고 만다. 그럴 때 독자들은 초점이 없고 심지어 구성이 어수선한 글을 읽는다고 느낀다.

화제가 문장이나 절의 주어 역할을 하고 있으며, 이들 화제들이 세찬 물줄기처럼 글을 밀고나가는 것을 확인할 수 있다.

> readers—they—they—they—topics—readers—that—they
>
> 여기서 they는 모두 readers를 가리킨다.

글 고치기: 문장의 화제 찾기

명확한 문장을 쓰는 것과 마찬가지로, 자신이 쓴 글을 읽는 것만으로는 독자에게 글의 흐름이 어떻게 느껴질지 예측할 수 없다. 자신이 글에 대해 너무 잘 알기 때문이다. 더욱 객관적인 시각으로 글을 분석해야 한다. 이런 글을 진단하고 수정하는 방법은 다음과 같다.

진단 ▶ 분석 ▶ 수정

- 모든 문장의 첫 7-8 단어에 밑줄을 친다. 그 전에 동사가 나오면 거기서 멈춘다.
- 가능하다면 문장에 속한 절의 첫 5-6 단어에도 밑줄을 친다.

진단 ▶ **분석** ▶ 수정

- 밑줄 친 어구들이 앞선 문장에서 언급한 친숙한 정보를 담고 있는가? 그렇지 않다면, 표층적으로 결속되어있지 않을 확률이 높다는 뜻이다.
- 밑줄 친 어구들을 하나의 연관된 개념으로 묶을 수 있는가? 독자들도 이 어구들을 하나의 개념으로 묶을 수 있다고 느끼겠는가? 그렇지 않다면, 심층적으로 결속되어있지 않을 확률이 높다는 뜻이다.
- 밑줄 친 어구들이 구체적이든 추상적이든 주요행위자들을 가리키는가? 그렇지 않다면 리바이징해야 한다. 앞에서 본 예문에서 밑줄 친 부분을 보자.
- 글에 제목을 단다고 상상해보라. 제목에 넣어야 한다고 여겨지는 중요한 화제가 밑줄 친 어구들 속에 존재하는가?

진단 ▶ 분석 ▶ **수정**

- 문장의 화제를 주어로 놓는다. (바꾸기 어려운 것은 그대로 두어도 된다.)

- 주어/화제를 최대한 문장의 첫머리에 놓는다.
- 그렇게 뽑은 화제들이 맥락에 비추어 볼 때 독자에게 익숙한 것인지 확인한다.

글쓰기 팁

글을 작성하기 전에, 자신이 쓰고자 하는 글의 화제와 행위자들을 먼저 나열해보라. 살아 움직이는 행위자는 물론 중요한 개념들도 모두 적어라. 드래프트를 작성할 때 그 행위자와 개념들을 최대한 문장의 주어로 삼아라. 이들이 드러나지 않는 문장이 있다면, 엉뚱한 것에 대해 진술하고 있을 확률이 높다.

마찬가지로 어려운 글을 읽을 때에도, 앞으로 읽을 문장들의 주요 화제어와 행위자들을 빠르게 훑어보고, 잠시 그것들을 머릿속에 그려보는 시간을 가져라. 그것들이 머릿속에 더 날카롭게 그려질수록, 그 글을 훨씬 쉽게 이해할 수 있을 것이다.

목청 가다듬기

문장을 자연스럽게 시작하는 것은 생각보다 어렵다. 독자들은 주어/화제를 최대한 빨리 파악하고 싶어하지만, 우리는 대개 그것을 방해하는 방향으로 문장을 시작하는 경향이 많다. 이처럼 문장 앞부분을 지저분하게 만드는 것을, 마치 말을 할 때 머뭇거리는 것과 비슷하다고 하여 '목청 가다듬기 throat-clearing'라고 부르기도 한다.

목청 가다듬기는 일반적으로 앞 문장과 연결하기 위한 메타디스코스로 시작하는 경우가 많다. (and, but, therefore etc.)

And therefore...

그런 다음 앞으로 이야기할 내용에 대한 자신의 태도를 표현하기 위한 또 다른 메타디스코스를 덧붙인다. (fortunately, perhaps, allegedly, it is important to note, for the most part, in a manner of speaking, etc.)

And therefore, it is important to note...

그런 다음 시간, 장소, 방법 등을 진술한다.

And therefore, it is important to note that, in urban areas since the 1980s…

이렇게 긴 도입부를 읽고 난 다음에야 우리는 주어/화제를 만날 수 있다.

✔ And therefore, it is important to note that, in urban areas since the 1980s, traffic congestion has steadily increased.

이렇게 시작하는 문장이 몇 번 계속 나올 경우, 독자들은 글을 읽기가 힘들어진다. 개별 문장들이 무엇에 대해 이야기하는지 파악하기 어려울 뿐만 아니라, 전체 글이 말하고자 하는 바를 파악하기 어렵다. 이처럼 주어/화제 앞에 많은 단어들이 늘어서있는 문장을 발견한다면, 앞부분을 최대한 짧게 수정하라.

Since the 1980s, therefore, traffic congestion in urban areas has steadily increased.

글쓰기 팁

글을 작성하기 전, 자신이 무엇에 대해 쓰고자 하는지 명확하게 이름을 붙여라. 이것이 바로 '화제'다. 화제는 구체적이고 익숙한 짧은 표현이어야 한다. 화제는 가능한 한 이야기의 주요행위자 역할을 해야 하며, 문장의 주어로 나와야 한다. 글은 전체적으로 일관성이 있어야 한다. 주어를 다양하게 써야 한다는 생각은 잘못된 관념이다. 문장의 주어들은 글이 전체적으로 무엇에 대해 이야기하는지 독자들에게 알려주는 '화제어'로서 기능을 해야 한다.

Exercise 2 ▶

SUMMARY

레슨2와 **레슨3**에서는 명확한 문장을 만들기 위해서는 이야기의 구조를 문법구조와 일치시켜야 한다고 설명했다. 그리고 **레슨4**에서는 개별문장이 명확해야 할 뿐만 아니라 문장과 문장이 자연스럽게 연결되어야 하며, 전체적으로 하나의 메시지로 결속되어있어야 한다고 설명했다.

글을 쓰다 보면 익숙한 정보와 낯선 정보가 문장의 어느 곳에서든 나올 수 있지만, 독자들은 익숙한 정보가 먼저 나온 다음 새로운 정보가 나오는 것을 좋아한다. 또한 이야기의 화제를 최대한 문장 앞에서 보여주는 것을 좋아한다. 이는 다음 두 가지 원칙을 알려준다.

1. 독자가 이미 아는 정보, 친숙한 정보를 주어로 삼아 문장을 시작하라.

Phytoplankton biomass in a local pond ecosystem was measured over five-years in our research project. An increase in the pond's energy productivity over this period was suggested by our measurements.

한 지역의 연못생태계에 서식하는 식물성 플랑크톤의 총량이 5년 동안 우리 연구프로젝트에서 측정되었다. 이 기간 동안 연못의 에너지생산성의 증가가 우리 측정치에서 보여진다.

✔ Our research project was to measure phytoplankton biomass in a local pond ecosystem over five-years. Our measurements suggest that the pond's energy productivity increased over this period.

우리 연구프로젝트는 한 지역 연못생태계에 서식하는 식물성 플랑크톤의 총량을 5년 동안 측정했다. 우리 측정치는 이 기간 동안 연못의 에너지생산성이 증가했다는 것을 보여준다.

2. 짧은 화제어를 문장 시작부분에 두어라. 화제어끼리 일관성이 있어야 한다.

The contrasting business models of nonprofit and for-profit institutions of higher education are examined in this study. Faculty costs and the use of online technologies in instruction are shown to be treated very differently between the two models. A proposal for blending both models to realize the benefits of each will be developed from this study.

고등교육의 비영리 기관과 영리기관의 대조적인 사업모델이 이 연구에서 살펴볼 주제다. 기관의 교직원 비용과 온라인기술의 활용은 두 모델 사이에서 매우 다르게 다뤄진다는 것이 보여질 것이다. 각각의 효용을 실현하기 위해 두 모델을 융합해야 한다는 제안이 이 연구에서 전개될 것이다.

✔ In this study, we examine the contrasting business models of nonprofit and for-profit institutions of higher education. The two models, we show, differ greatly in how they treat faculty costs and the use of online technologies in instruction. We will develop from this study a proposal for blending both models to realize the benefits of each.

이 연구에서 우리는 고등교육의 비영리 기관과 영리기관의 대조적인 사업모델 살펴본다. 이 두 모델은 기관의 교직원 비용과 온라인기술의 활용을 다루는 방식이 매우 다르다는 것을 보여준다. 우리는 이 연구에서 각각의 효용을 실현하기 위해 두 모델을 융합해야 한다는 제안을 전개해나갈 것이다.

이처럼 문장들이 서로 연결되어있다는 느낌을 주는 텍스트의 특성을 결속성이라고 한다. 결속성은 다음 두 가지로 구분할 수 있다.

- **표층결속성**cohesion**: 개별적인 퍼즐조각을 맞추는 것처럼, 앞뒤 문장이 잘 연결되도록 끼워 맞추는 것.**
- **심층결속성**coherence**: 퍼즐조각을 모아 그림을 완성하는 것처럼, 여러 문장들이 모여 하나의 완성된 작품이 되는 것.**

주어를 다양하게 쓰라고?

'문장을 가급적 다양한 방식으로 시작하라'고 조언하는 사람이 있다면 그는 분명 글을 제대로 쓸 줄 모르는 사람이 분명하다. 이러한 조언이 나온 이유는, 주어/화제어가 반복되면 독자들이 지루해 할 수도 있다는 것이다. 하지만 이것은 불필요한 걱정에 불과하다. 글을 쓴 사람 입장에서는 그러한 반복이 지루하게 느껴질 수도 있겠지만, 독자들은 그것을 거의 알아차리지 못한다. 글을 읽는 사람은 화제보다는 술부에 담겨있는 내용에 집중하기 때문이다. 오히려 독자들은 문장의 시작부분이 반복되는 것을 감사하게 여길 것이다. 그럴수록 문장들이 이야기하고자 하는 핵심내용에 초점을 맞추고, 그것들을 더 빨리 이해할 수 있기 때문이다.

물론 똑같은 주어가 문장의 첫머리에서 계속 반복되어 등장한다면 정말 지루하게 느껴질 수도 있다. 그럴 경우에는 살짝 변화를 주면 된다.

A "moral climate" is created when an objectivized moral standard for treating people is accepted by others. A moral climate results from norms of behavior that are accepted by society whereby if people conform they are socially approved of, or if they don't they are shunned. In this light, a moral climate acts as a reason to refrain from saying or doing things that the community does not support. A moral climate encourages individuals to conform to a moral standard and apply that standard to their own circumstances.

"도덕적 풍토"는 사람들을 대하는 객관화된 도덕적 기준이 다른 사람들에게 수용될 때 만들어진다. 도덕적 풍토는 사회적으로 수용되는 행동규범의 결과로 그 규범을 인정하면 사회적으로 승인받고, 인정하지 않으면 소외당한다. 이런 측면에서 도덕적 풍토는 공동체가 지지하지 않는 말이나 행동을 삼가는 이유가 된다. 도덕적 풍토는 개인들에게 도덕적 기준을 수용하고 또 그 기준을 자신이 처한 상황에 적용하도록 북돋는다.

이처럼 화제를 표시하는 단어들이 계속 반복되는 경우에는, 지시사를 활용하는 것만으로도 충분히 변화를 줄 수 있다.

A "moral climate" is created when an objectivized moral standard for treating people is accepted by others. This climate results from norms of behavior that are accepted by society whereby if people conform they are socially approved of, or if they don't they are shunned. In this light, a it acts as a reason to refrain from saying or doing things that the community does not support. It encourages individuals to conform to a moral standard and apply that standard to their own circumstances.

하지만 명심하라. 화제가 반복되어 발생하는 문제보다 화제를 지나치게 자주 바뀌 발생하는 문제가 훨씬 많다.

Lesson 4

Exercise 1

익숙한 정보로 문장 시작하기

다음 예문들을 익숙한 정보에서 새로운 정보로 나아가도록 고쳐 써보자. (아직 정보구조가 낯선 이들을 위해, 첫 문제는 독자에게 익숙한 정보라고 여겨지는 부분을 음영으로 표시했다.)

1. Two aims—the recovery of the city's economy and the modernization of its public-transportation system—were in the mayor's mind when she assumed his office. The city's decline in unemployment and the increase in sales tax revenue testifies to her success in the first. But continuing traffic problems and bus and subway service delays indicates less success with the second. Nevertheless, the mere promise of future improvements pleased the city's voters.

2. Both of the film's main characters suffer life-changing losses even though it is billed as a comedy. The only draft of a novel the female lead had been writing for five years is destroyed when her laptop crashes, but a more positive outlook on life ultimately results from this experience. In contrast, when a million-dollar lottery ticket is misplaced by her romantic interest, he sinks into depression and cynicism. The film's comic effect is created by the different ways these characters respond to their similar situations.

3. The components of Abco's profitability, particularly growth in emerging markets, will be highlighted in our report to demonstrate its advantages versus competitors. Revenue returns along several dimensions—product type, end-use, distribution channels, etc—will provide a basis for this analysis. Likely growth prospects of Abco's newest product lines will depend most on the development of new distribution channels in Africa and the Middle East, according to our projections. A range of innovative strategies will be needed to support the introduction of new products.

1. When the mayor assumed office, she had in mind two aims: the recovery of the city's economy and the modernization of it's public-transportation system. Her success in the first is demonstrated by the city's decline in unemployment and the increase in sales tax revenue. But her lack of success with the second is indicated by continuing traffic problems and bus and subway service delays. Nevertheless, she pleased the city's voters merely by promising future improvements.

2. Even through the film is billed as a comedy, both of its main characters suffer life-changing losses. When the female lead's laptop crashes, the only draft of a novel she has been writing for five years is destroyed, but this experience ultimately leads her to a more positive outlook on life. In contrast, when her romantic interest misplaces a million-dollar lottery ticket, he sinks into depression and cynicism. The different ways these characters respond to their similar situations creates the film's comic effect.

3. We will highlight the components of Abco's profitability, particularly growth in Asian markets, in our report to demonstrate its advantages versus competitors. This analysis will be based on revenue returns along several dimensions - product type, end-use, distribution channels, etc. According to our projections, we see likely growth prospects of Abco's newest product lines depending mostly upon its ability to develop distribution channels in China. This introduction of new products will require the support of a range of innovative strategies.

Exercise 2

일관성있게 화제 선정하기

각 문장의 화제 사이에 일관성이 느껴지도록 글을 고쳐보자. 먼저 각 문장의 주요행위를 찾고 그 행위자를 찾아라. 찾아낸 행위자로 문장을 시작하여 메시지의 목적을 향해 문장을 끌고 나가라. 마지막으로 각 문장의 화제들 사이에 일관성이 느껴지도록 수정하라. (첫 두 예문에는 화제를 음영으로 표시했다.).

1. Vegetation covers the earth, except for those areas continuously covered with ice or utterly scorched by continual heat. Richly fertilized plains and river valleys are places where plants grow most richly, but also at the edge of perpetual snow in high mountains. The ocean and its edges as well as in and around lakes and swamps are densely vegetated. The cracks of busy city sidewalks have plants in them as well as in seemingly barren cliffs. Before humans existed, the earth was covered with vegetation, and the earth will have vegetation long after evolutionary history swallows us up.

2. Some potential threats exist in the modern mass communications media, though there are many significant advantages. If a powerful minority should happen to control it, public opinion could be manipulated through biased reporting. And while a wide knowledge of public affairs is a great advantage that results from national coverage, divisiveness and factionalism can be accentuated by connecting otherwise isolated, local conflicts into a single larger conflict as a result of showing that conflicts about the same issues are occurring in different places. It will always be true, of course, that human nature produces differences of opinion, but the threat of faction and division may be reinforced when national coverage publicizes uninformed opinions. According to some, education can suppress faction when the true nature of conflicts reaches the public through the media, but history has shown that as much coverage is given to people who encourage conflict as to people who try to remove conflict.

3. Over the past decade, machine learning has emerged as a prominent subfield of computer science. The use of sophisticated mathematical models to allow computers to perform progressively better on their assigned tasks defines this subfield. The older field of artificial intelligence differs from machine learning in that it was focused more on modeling abstract intelligence than on applying adaptive computational methods to concreate and solvable problems. For this reason, businesses of all sorts have expressed great interest in machine learning.

4. The importance of language skills in children's problem-solving ability was stressed by Jones (1985) in his paper on children's thinking. Improvement in nonverbal problem solving was reported to have occurred as a result of improvements in language skills. The use of previously acquired language habits for problem articulation and activation of knowledge previously learned through language are thought to be the cause of better performance. Therefore, systematic practice in the verbal formulation of nonlinguistic problems prior to attempts at their solution might be an avenue for exploration in the enhancement of problem solving in general.

5. Some sort of palace revolt or popular revolution plagued seven of eight reigns of the Romanov line after Peter the Great. In 1722, achievement by merit was made the basis of succession when the principle of heredity was terminated by Peter. This resulted in many tsars' not appointing a successor before dying, including Peter. Ivan VI was less than two months old when appointed by Czarina Anna, but Elizabeth, daughter of Peter the Great, defeated Anna and ascended to the throne in 1741. Succession not dependent upon authority resulted in the boyars' regularly disputing who was to become sovereign. Male primogeniture became the law in 1797 when Paul I codified the law of succession. But conspirators strangled him (one of whom was probably his son, Alexander I).

6. The power to create and communicate a new message to fit a new experience is not a competence animals have in their natural states. Their genetic code limits the number and kind of messages that they can communicate. Information about distance, direction, source, and richness of pollen in flowers constitutes the only information that can be communicated by bees, for example. A limited repertoire of messages delivered in the same way, for generation after generation, is characteristic of animals of the same species,

in all significant respects.

7. Many issues other than science, domestic politics in particular, faced Truman when he was considering the Oppenheimer committee's recommendation to stop the hydrogen bomb project. A Sino-Soviet bloc had been proclaimed by Russia and China, so the Cold War was becoming an issue. Support for Truman's foreign policy was shrinking among Republican leaders in Congress. And the first Russian atom bomb test made the public demand a strong response from him. Truman's conclusion that he could not afford letting the public think that Russia had been allowed to be first in developing the most powerful weapon yet was an inevitable one. The risk in the Oppenheimer recommendation was worth taking according to some historians, but the political issues that Truman had to face were too powerful to ignore.

1. Except for those areas covered with ice or scorched by continual heat, the earth is covered by vegetation. Plants grow most richly in fertilized plains and river valleys, but they also grow at the edge of perpetual snow in high mountains. Dense vegetation grows in the ocean and around its edges as well as in and around lakes and swamps. Plants grow in the cracks of busy city sidewalks as well as on seemingly barren cliffs. Vegetation will cover the earth long after we have been swallowed up by evolutionary history.

2. Though modern mass communication offers many advantages, it also poses many threats. If it were controlled by a powerful minority, it could manipulate public opinion through biased reporting. And while it provides us with a knowledge of public affairs through its national coverage, may accentuate divisiveness and factionalism by connecting otherwise isolated, local conflicts into a single larger conflict when it shows us conflicts about the same issues occurring in different places. It will always be true that human nature produces differences of opinion, but the media may reinforce the threat of faction and division when it publishes uninformed opinion in national coverage. According to some, media can suppress faction through education when it

communicates the true nature of conflicts, but history has shown that the media give as much coverage to people who encourage conflict as to people who try to remove it.

3. Over the past decade, machine learning has emerged as a prominent subfield of computer science. It si defined by the use of sophisticated mathematical models to allow computers to perform progressively better on their assigned tasks. Machine learning differs from the older field of artificial intelligence, which focused more on modeling abstract intelligence than on applying adaptive computational methods to concrete and solvable problems. For this reason, machine learning has seen great interest from businesses of all sorts.

4. In his paper on children's thinking, Jones (1985) stressed the importance of language skills the ability of children to solve problems. He reported that when children improved their language skills, they improved their ability to solve nonverbal problems. Jones thinks that they performed better because they used previously acquired language habits to articulate the problems and activate knowledge learned through language. We might therefore explore whether children could learn to solve problems better if they practiced how to formulate them.

5. After Peter the Great, seven of eight reigns of the Romanov line were plagued by some sort of palace revolt or popular revolution. In 1722, Peter terminated the principle of heredity, and made achievement by merit the basis of succession. This resulted in Peter, and many following tsars, to fail to appoint a successor before dying. Czarina Anna even appointed Ivan VI who was less than two months old ta that time, but Elizabeth, daughter of Peter the great, defeated Anna and ascended to the throne in 1741. Boyars' regularly disputed who was to become sovereign now that succession was not dependent upon authority. In 1797, Paul I codified the law of succession to be based upon male primogeniture, but conspirators strangled him (one of whom was probably his son, Alexander I).

6. Animals are not capable of creating and communicating a new message to fit a new experience in their natural states. Their genetic code limits the number and kind of messages that they can communicate. For example, bees can only communicate information about distance, direction, source,

and richness of pollen in flowers. Animals of the same species are characterized by having a limited repertoire of messages delivered in the same way, for generation after generation in all significant respects.

7. When Truman considered the Oppenheimer committee's recommendation to stop the hydrogen bomb project, he had to consider many issues. Russia and China had just proclaimed a Sino-Soviet bloc, so one issue he had to face was the Cold War. He was also losing support for his foreign policy among Republican leaders in Congress. and when the Russians tested their first atom bomb, the public demanded that he respond strongly. It was inevitable that Truman would conclude could not let the public think he had allowed Russia to be first in developing the most powerful weapon yet. In retrospect, according to some historians, Truman should have risked taking the Oppenheimer recommendation, but he had to face political issues that were too powerful to ignore.

Exercise 3

내가 쓴 글을 고쳐보자

레슨3에서 문장에 주어로 등장하는 행위자/화제를 바꿈으로써 진술의 관점을 바꿀 수 있다고 말했다.

By early 1945, the Allies had essentially defeated Germany…

By early 1945, Germany had essentially been defeated by the Allies…

첫 번째 문장은 연합군의 관점에서 진술하는 반면 두 번째 문장은 독일 관점에서 진술한다.

자신의 글을 가지고 이런 실험을 해보자. 먼저 문장의 주어에 밑줄을 친다. 그 다음 문장마다 행위자/화제를 모두 동그라미친다. 주어로 나오지 않는 것들도 모두 찾는다.

이제 어떤 행위자/화제가 문장의 주어로 많이 나오는지, 비교해보라. (주어로 나오지 않는 행위자/화제는 대개 동사 다음에 나올 것이다.)

이제, 주어로 나오지 않는 행위자/화제를 문장의 주어로 삼아서 글을 고쳐보자.

글의 느낌이 달라지는가? 더 나아가 의미가 달라지지는 않는가?

Exercise 4

내가 쓴 글을 고쳐보자

글을 쓸 때 익숙한 정보를 먼저 쓰고 새로운 정보를 뒤에 쓴다는 원칙을 위반하는 이유는, 대개 자신이 글로 쓰고자 하는 내용을 잘 알고 있기 때문이다. 글을 쓰는 입장에서는 모든 정보가 익숙한 것으로 여겨진다.

이제 내가 쓴 글을 하나 골라 익숙한 정보와 새로운 정보가 제대로 흘러가는지 분석해보자.

다른 사람에게 자신의 글을 주고서 새로운 정보라고 여겨지는 곳에 모두 밑줄을 쳐 달라고 하라.

밑줄로 시작하는 문장이 나온다면 리바이징이 필요하다는 뜻이다.

Exercise 5

내가 쓴 글을 고쳐보자

글로 표현한 아이디어의 관계를 독자들이 쉽게 인지할 수 있도록 도와주기 위해 우리는 접속사를 사용한다. 그 중 몇 가지 예를 들자면 다음과 같은 것들이 있다.

also, furthermore, moreover, another, but, however, although, nevertheless, consequently

하지만 이러한 접속사들을 쓴다고 해서 그 아이디어들 사이에 저절로 관계가 발생하는 것은 아니다. 자신의 아이디어를 문장으로 명확하게 표현하지 못한 상태에서 접속사를 사용하는 경우도 많고, 자신도 잘 이해하지 못하는 것을 진술한 다음에 접속사를 삽입하여 마치 자연스럽게 이어지는 것처럼 위장하는 경우가 많다. (260쪽 예문 참조)

스스로 버겁게 느껴지는 주제에 관해 쓴 글을 골라서 친구에게 주고, 읽어가면서 부적절한 접속사들을 모두 표시해달라고 하라. 논리적으로 관계가 없어 보이는 곳에 마치 관계가 있는 것처럼 연결한 곳을 모두 찾아서 표시해달라고 하라.

이러한 가짜 접속사들로 연결한 곳을 실제 아이디어가 연결되도록 리바이징하라. 물론 이 작업은 단순히 글을 고치는 것만으로는 완수할 수 없다. 자신이 글로 표현하고자 하는 아이디어나 사고 자체도 수정해야 할 수 있다.

5

All's well that ends well.

다 좋으려면 끝이 좋아야 한다.

William Shakespeare

윌리엄 셰익스피어

Lesson 5

메시지의 초점을 맞춰라

몇 가지 주요행위자와 화제를 주어로 삼고 그 행위자의 주요한 행위를 동사로 사용하여 문장을 일관되게 써나가면, 문장의 나머지 부분을 쓰는 것은 어렵지 않다. 그렇게 글을 쓰면 표층적으로나 심층적으로나 결속된 글이 저절로 완성된다. 하지만 문장의 첫머리가 특별히 주목할 만한 가치가 있다면, 문장을 끝맺는 부분도 그에 못지않게 주목할 가치가 있다. 독자는 문장이 어떻게 끝나는지 보고 개별 문장의 명확성과 비중을 판단할 뿐만 아니라, 전체적인 표층결속성과 심층결속성도 판단한다.

난해한 문장 헤쳐나가기: 단순한 정보에서 복잡한 정보로

독자는 문장 첫머리에 등장하는 9-10단어를 읽으면서 문장을 계속 읽어나갈 힘을 구축한다. 여기서 제대로 힘을 쌓으면 그 다음에 복잡한 정보가 나오더라도 쉽게 헤치고 나갈 수 있다. 다음 두 문장을 비교해 보자.

1a A sociometric and actuarial analysis of city population growth over the last six decades to anticipate future changes in social service needs is the subject of this study.

미래의 사회보장제도에 대한 수요변화를 예측하기 위한 지난 60년 동안의 도시 인구증가에 관한 계량사회학적 보험통계분석이 이 연구의 주제다.

✔ 1b This study analyze the growth of the city's population over the last six decades, using sociometric and actuarial methods to anticipate future changes in need for social services.

이 연구는 사회보장제도에 대한 수요가 앞으로 어떻게 변화할지 예측하기 위해, 지난 60년 동안의 도시 인구증가를 계량사회학적 보험통계분석을 활용하여 분석하였다.

1a는 문장을 열자마자 sociometric이라는 뜻 모를 전문용어가 다짜고짜 달려든다. 더욱이 22개나 되는 단어로 이루어진 주어를 정리해야만 그제서야 동사에 도달할 수 있다. 그에 비해 **1b**는 고작 세 단어만에 주어와 동사를 모두 파악할 수 있다. 그 다음 열두 단어를 더 읽고 난 뒤 전문용어가 나온다. 전문용어가 나오는 지점에서 읽는 속도가 떨어질 수 있지만, 이미 문장을 읽어나갈 관성이 충분히 붙은 상태이기 때문에 복잡한 내용이 나와도 문장을 끝까지 읽어나갈 수 있다.

단문은 쉽고 복문은 어려울까?

다음 두 예문에서 어느 쪽이 읽기 쉬운가?

2a Philosopher Hannah Arendt's argument that freedom does not exist as an abstraction apart from concrete human action appears in her book *The Human Condition.*

자유는 구체적인 인간의 행위에서 동떨어진 추상적 관념으로 존재하지 않는다는 철학자 한나 아렌트의 주장은 그녀의 책 《인간의 조건》에 나온다.

✔ 2b In her book *The Human Condition*, philosopher Hannah Arendt argues that freedom does not exist as an abstraction apart from concrete human action.

철학자 한나 아렌트는 자신의 책《인간의 조건》에서 자유는 구체적인 인간의 행위에서 동떨어진 추상적 관념으로 존재하지 않는다고 주장한다.

독자들은 대부분 **2b**가 훨씬 나은 문장이라고 생각한다. 짧은 부사구로 문장을 열고나서 한 단어로 된 주어와 구체적인 동사를 제시한 뒤 종속절로 들어간다. **레슨4**에서 설명한 내용이다.

내용이 어렵다고 글도 어려울까?

글을 어렵게 만드는 또 다른 요인은 어려운 단어, 특히 전문용어다. 다음 두 문단을 비교해 보자.

3a The role of calcium blockers in the control of cardiac irregularity can be seen through an understanding of the role of calcium in the activation of muscle cells. The regulatory proteins such as actin, myosin, tropomyosin and troponin make up the sarcomere, the basic unit of muscle contraction. The energy-producing, or ATPase, protein myosin makes up its thick filament, while actin, tropomyosin, and troponin make up its thin filament. Interaction of myosin and actin triggers muscle contraction.

심장박동의 불균형을 조절하는 칼슘차단제의 역할은 근육세포를 활성화하는 과정에서 칼슘의 역할을 통해 이해할 수 있다. 액틴, 미오신, 트로포미오신, 트로포닌과 같은 조절단백질은 근육수축의 기본단위인 근육원섬유마디를 구성한다. 에너지생성(ATP합성) 단백질 미오신은 굵은 필라멘트를 구성하는 반면, 조절 단백질 액틴, 트로포미오신, 트로포닌은 가는 필라멘트를 구성한다. 미오신과 액틴의 상호작용은 근육의 수축을 촉발한다.

✔ 3b When a muscle contracts, it uses calcium. We must therefore understand how calcium affects muscle cells to understand how cardiac irregularity is controlled by the drugs called calcium blockers. The basic unit of muscle contraction is the sarcomere. It has two filaments, one thin and one thick. Those filaments consist of four proteins that regulate contraction: actin, tropomyosin, and troponin in the thin filament and myosin in the thick one. Muscles contract when the protein actin in the thin filament interacts with myosin, an energy-producing or APTase protein in the thick filament.

근육은 수축할 때, 칼슘을 사용한다. 따라서 칼슘이 근육세포에 어떻게 영향을 미치는지 이해하면 칼슘차단제라는 약물이 심장박동 불균형을 조절하는 기제를 이해할 수 있다. 근육수축의 기본단위는 근육원섬유마디다. 근육원섬유마디는 가는 필라멘트와 굵은 필라멘트로 이루어져있는데, 이들 필라멘트는 근육수축을 조절하는 네 가지 단백질로 구성되어있다. 가는 필라멘트를 구성하는 액틴, 트로포미오신, 트로포닌과 굵은 필라멘트를 구성하는 미오신이다. 가는 필라멘트를 구성하는 단백질 액틴이 굵은 필라멘트를 구성하는 에너지생성(ATP합성) 단백질 미오신과 상호작용할 때 근육이 수축한다.

두 단락 모두 똑같이 난해한 전문용어를 쓰고 있지만, **3b**는 생화학 용어를 전혀 모르는 독자가 봐도 무슨 이야기를 하고 있는지 이해할 수 있다.

두 예문은 두 가지 측면에서 다르다. 첫 번째, **3a**가 암묵적으로 전달하는 (생략된) 정보를 **3b**는 명시적으로 진술한다. 두 번째, 무엇보다도 **3a**는 생소한 전문용어들이 문장 앞부분에 등장하고 그에 비해 익숙한 정보들이 문장 뒷부분에 등장한다. 전문용어를 표시해보자.

- The role of calcium blockers in the control of cardiac irregularity can be seen through an understanding of...

- The regulatory proteins such as actin, myosin, tropomyosin and troponin make up the sarcomere, the basic unit of muscle contraction.
- The energy-producing, or ATPase, protein myosin makes up its thick filament, while actin, tropomyosin, and troponin make up...
- Interaction of myosin and actin triggers muscle contraction.

이에 반해 **3b**는 전문용어가 문장의 후반부에 등장한다.

- …uses calcium.
- …controlled by the drugs called calcium blockers.
- …is the sarcomere.
- …four proteins that regulate contraction: actin, tropomyosin, and troponin in the thin filament and myosin in the thick one.
- …myosin, an energy-producing or ATPase protein, in the thick filament.

구정보를 앞에, 신정보를 뒤에 두는 정보구조의 원리는 전문지식을 갖춘 독자들을 겨냥한 글에서도 빛을 발한다. 세계적인 의학 학술지 《뉴잉글랜드의학저널NEJM: New England Journal of Medicine》에서 발췌한 예문을 보자.

> The incubation of peripheral-blood lymphocytes with a lymphokine, interleukin-2, generates lymphoid cells that can lyse fresh, noncultured, natural-killer-cell-resistant tumor cells but not normal cells. We term these cells lymphokine-activated killer(LAK) cells.
>
> 말초혈액림프구를 림포카인, 인터루킨-2와 함께 배양하면, 정상세포에는 저항성을 띠지 않지만 자연살해세포에 대해서만 저항성을 띠는 신선한 암세포를 분리해낼 수 있는 림프구가 생성된다. 우리는 이 세포를 '림포카인 활성화 살해(LAK) 세포'라고 이름 붙였다.

새롭게 소개하는 전문용어를 문장 맨 끝에 놓기 위해 We term these cells 라고 하는 메타디스코스를 의도적으로 삽입한 것을 볼 수 있다.

◎ 핵심포인트

> 글을 읽는 것을 어렵게 만드는 두 가지 장애물이 있다.
>
> - 길고 복잡한 구와 절
> - 신정보, 특히 낯선 전문용어
>
> 글을 쓰는 사람은 독자들이 이러한 장애물을 잘 넘어설 수 있도록 문장을 구성해야 한다. 그러한 문장구성의 기본원리는 다음과 같다.
>
> 문장의 도입부를 구성하는 구나 절은 최대한 짧게 쓰고, 그 다음에 짧고 구체적인 주어와 행위를 묘사하는 강한 동사를 쓴다.
>
> 이렇게 문장의 첫머리를 구성하면 동사 다음부터는—물론 구성이 잘 되어있다면—몇 줄에 걸쳐 길게 써도 쉽게 읽어나갈 수 있다. (동사 이후 문장구성에 대해서는 레슨9와 레슨10에서 설명한다.) 핵심은, 쉬운 내용에서 복잡한 내용으로 나아가야 한다는 것이다.

어디에 초점을 맞출 것인가?

레슨4에서 문장의 첫머리가 중요하다고 했다. 앞으로 읽어나갈 문장이 무엇에 관한 것인지, 무엇에 대해 말하려는 것인지 알려주는 화제를 보여주는 곳이기 때문이다. 문장의 끝자락 또한 중요하다. 문장이 전달하고자 하는 메시지의 목적이 등장하는 곳이기 때문이다.

다음 문장을 소리 내 읽어보자. 어디에서 가장 힘주어 읽게 되는가?

You can sense that when at the end of a sentence you hear your voice rise and emphasize one syllable more strongly than you do the others.

맨 마지막 단어의 마지막 음절(o-thers)을 다른 음절보다 훨씬 힘주어 읽게 된다는 것을 알 수 있다. 소리 내지 않고 눈으로만 글을 읽을 때도 똑같은 경험을 한다.

이처럼 문장에서 가장 힘주어 읽게 되는 지점을 문장의 **강세자리**stress position라고 한다. 문장의 강세자리를 처리하는 방식에 따라 독자가 글을 읽으면서 느끼는 목소리는 달라진다. 별다른 의미가 없는 단어들로 문장을 마무리하는 경우, 문장이 흐지부지 맥없이 끝나버리는 느낌을 준다.

Climate change could raise sea levels to a point where much of the world's low-lying coastal areas would disappear, according to most atmospheric scientists.

기후변화가 바다수면을 끌어올려 전 세계 해안의 저지대 지역들이 대부분 사라질 것이라고 많은 기상과학자들이 예측한다.

✔ According to most atmospheric scientists, climate change could raise sea levels to a point where much of the world's low-lying coastal areas would disappear.

많은 기상과학자들의 예측에 따르면, 기후변화가 바다수면을 끌어올려 전 세계 해안의 저지대 지역들이 대부분 사라질 것이다.

주어/화제를 통제함으로써 글의 관점을 조절할 수 있었다면, 문장의 끝부분을 통제함으로써 내가 힘주어 말하고자 하는 항목을 강조할 수 있다.

다음 예문은 1990년대 학생수가 줄어드는 상황에 대응하기 위해 대학들이 상업화되어가는 상황을 한탄하는 내용을 담고 있다.

> The university were going to have to pursue students much as businesses pursue customers. They were going to have to treat their prospective students as potential buyers. And they were going to have to treat their existing students as customers too, for students can always switch brands.
>
> 대학들이 학생들을 대하는 방식은 이제 기업들이 고객을 대하는 방식과 거의 차이가 없다. 대학이 장차 학생이 될 아이들을 대하는 방식은 기업이 잠재적인 고객을 대하는 방식과 같다. 더욱이 현재 학교에 다니고 있는 학생들도 고객처럼 대하는데, 학생들은 언제든 브랜드를 갈아탈 수 있기 때문이다.
>
> Mark Edmundson, *Why Teach? In Defense of a Real Education* 마크 에드먼슨 《왜 가르치는가? 진정한 교육을 위하여》

business, customer, buyer, brand 같은 단어들이 모두 문장의 끝, 강세자리에 등장한다. 이 단어들을 다른 곳으로 옮기면 어떻게 될까?

> The university were going to have to act like businesses pursue customers to attract prospective students. And because customers can always switch brands, universities were going to have to take the same approach with their existing students too.
>
> 대학들은 이제 기업들이 고객을 대하듯 장차 학생이 될 아이들을 대한다. 더욱이 고객들은 언제든 브랜드를 갈아탈 수 있기 때문에 대학들은 현재 학교에 다니고 있는 학생들에게도 같은 방식으로 접근한다.

이 글이 무엇을 말하고자 하는지 이해하겠는가? 원래 글처럼 의미가 날카롭게 느껴지지 않는 것을 넘어서, 의미 자체가 모호해지는 것을 알 수 있다.

때로는 강세자리를 바꾸는 것만으로도 의미가 달라지기도 한다. 당신은 다음 두 회사 중 어느 곳에 투자하고 싶은가?

Although the company's sales remain strong, its stock price has slipped.

이 회사의 매출은 여전히 높지만, 주가는 떨어졌다.

Although the company's stock price has slipped, its sales remain strong.

이 회사의 주가는 떨어졌지만, 매출은 여전히 높다.

첫 번째 기업은 문제가 있어보이는 반면, 두 번째 기업은 건실해 보인다.

또다른 예문을 비교해 보자. 이란에 대한 군사적인 억제조치에 대해 설명하는 내용이다. 표면적으로는 객관적인 진술처럼 보이지만 문장이 어떻게 끝맺는지를 유심히 보면 누군가를 비난하고 있다는 것을 알 수 있다.

4a The administration has blurred an issue central to nuclear arms control, the issue of verification. Irresponsible charges, innuendo, and leaks have submerged serious problems with Iranian compliance. The objective, instead, should be not to exploit these concerns in order to further poison our relations, repudiate existing agreements, or, worse still, terminate arms control altogether, but to insist on compliance and clarify questionable behavior.

정부는 핵무기 통제에 초점을 맞춘 핵 검증문제를 모호하게 만들었다. 무책임한 의혹, 빈정거림, 기밀누설로 인해 이란의 핵 합의 준수와 더불어 심각한 문제들이 수면 밑으로 가라앉았다. 목표는 이러한 우려를 활용해 양국관계를 더욱 악화시키거나, 기존 합의를 깨거나, 더 나아가 무기통제노력을 수포로 돌리는 것이 아니라 합의를 준수하고 문제가 되는 행위를 명확하게 밝히도록 주장하는 것이 되어야 한다.

4b The issue of verification—so central to arms control—has been blurred by the administration. Serious problems with Iranian compliance have been submerged in irresponsible charges, innuendo, leaks. The objective, instead, should be to clarify questionable behavior and insist on compliance—not to exploit these concerns in order to further poison our relations, repudiate existing agreements, or, worse still, terminate arms control altogether.

무기통제에 초점을 맞춘 핵 검증문제는 정부 탓에 모호해졌다. 이란의 핵 합의 준수와 더불어 심각한 문제들이 무책임한 의혹, 빈정거림, 기밀누설 속에서 수면 밑으로 가라앉았다. 목표는 문제가 되는 행위를 명확하게 밝히고 합의를 준수하도록 주장하는 것이 되어야지, 이러한 우려를 활용해 양국관계를 더욱 악화시키거나, 기존 합의를 깨거나, 더 나아가 무기통제노력을 수포로 돌리는 것이 되어선 안 된다.

4a는 이란과 해결해야 할 현안으로 문장을 끝맺는 반면, **4b**는 대통령의 실책으로 문장을 끝맺는다. 두 예문 모두 문제의 책임을 표면적으로 진술하지 않는다. 하지만 **4a**는 대통령의 실책이 최대한 부각되지 않도록 노력한 반면, **4b**는 대통령의 실책에 독자들이 더 초점을 맞추도록 유도함으로써 대통령을 비난하고자 하는 의도를 드러낸다.

◎ 핵심포인트

문장의 첫머리에서는 관점을 제시하는 반면, 문장의 마지막 부분에서는 말하고자 하는 핵심을 보여준다. 독자들이 힘주어 읽기를 바라는 단어, 특별히 중요하다고 인지하기를 바라는 단어는 문장 끝에 놓아라. 자연스럽게 강조될 것이다.

글 고치기: 문장 끝에 힘을 주어라

문장 첫머리에 주어와 화제를 제대로 배치하면 강조하고 싶은 단어들은 저절로 문장의 끝부분에 자리 잡게 된다. 정말 그런지 확인하고 싶다면 문장을 소리 내어 읽어보라. 손가락으로 단어 하나하나 짚어가며 읽다가 마지막 서너 단어에 도달했을 때, 힘을 주어 이야기할 때처럼 손가락을 두드리며 읽는다. 두드린 단어들이 문장에서 가장 강조해야 할 내용이 아니라면, 강조하고자 하는 단어들을 찾는다. 그렇게 찾은 단어들을 문장 끝으로 옮긴다. 구체적인 방법을 몇 가지 소개한다.

자리를 바꾸는 세 가지 전략

1. 끝부분을 잘라낸다.

Sociobiologists claim that our genes control our social behavior in the way we act in situations we are in every day.

사회생물학자들의 주장에 따르면 유전자는 우리의 사회적 행동을 일상적인 상황에서 우리가 행동하는 방식으로 통제한다.

강세자리에 온 the way we act in situations we are in every day는 사실상 social behavior를 풀어 쓴 것에 불과하다. behavior에서 문장을 끝내고 나머지는 모두 삭제한다.

✔ Sociobiologists claim that our genes control our social behavior.

사회생물학자들의 주장에 따르면 유전자는 우리의 사회적 행동을 통제한다.

2. 중요하지 않은 개념은 왼쪽으로 옮긴다.

The data offered to prove ESP are weak, for the most part.

ESP를 입증하기 위해 제공된 자료는 빈약한 경우가 많다.

✔ For the most part, the data offered to prove ESP are weak.

대체로, ESP를 입증하기 위해 제공된 자료는 빈약하다.

특히, 메타디스코스로 문장을 끝맺지 말라. 클라이맥스 효과를 망쳐버린다.

Job opportunities in computer programming are getting scarcer, it must be remembered.

컴퓨터 프로그래밍 일자리가 없어지고 있다는 사실을 명심해야 한다.

✔ It must be remembered that job opportunities in computer programming are getting scarcer.

명심해야 할 사실은, 컴퓨터 프로그래밍 일자리가 없어지고 있다는 것이다.

3. 신정보를 오른쪽 옮긴다.

강세를 관리하는 일반적인 방법은 신정보를 문장의 끝으로 옮기는 것이다.

Questions about the ethics of withdrawing intravenous feeding are more difficult [than something just mentioned].

정맥영양공급을 중지하는 것에 대한 윤리적 문제는 [방금 언급했던 것보다] 더 어렵다.

✔ More difficult [than something just mentioned] are questions about the ethics of withdrawing intravenous feeding.

[방금 언급했던 것보다] 더 어려운 것은, 정맥영양공급을 중지하는 것에 대한 윤리적 문제다.

강세자리를 맞추기 위한 여섯 가지 통사론적 장치

신정보를 강세자리로 놓기 위해 문장의 형태를 바꿔야 하는 경우도 있다. 영어에서 활용할 수 있는 여섯 가지 문형을 소개한다.

1. There is/There are 구문

There is/There are로 문장을 시작하는 것을 바람직하지 않다고 말하는 사람도 있지만, 주어를 오른쪽 강세자리로 옮기고자 할 때 유용하게 사용할 수 있다. 두 문장을 비교해 보자.

Several syntactic devices let you manage what words and information get stressed in a sentence.

몇 가지 구문장치들은 문장에서 어떤 단어나 정보가 강세를 받게 할 것인지 통제하는 것을 가능케 해준다.

✔ There are several syntactic devices that let you manage what words and information get stressed in a sentence.

문장에서 어떤 단어나 정보가 강세를 받게 할 것인지 통제할 수 있게 해주는 몇 가지 구문장치들이 있다.

There are 다음에 나오는 several syntactic devices는 문법적으로 주어가 아니지만, 동사 다음에 나오기 때문에 훨씬 큰 강세를 받는다. 실제로 노련한 저자들의 글을 살펴보면, 앞으로 이야기할 새로운 화제나 개념을 처음 소개하는 문장에서 There is/There are 구문을 자연스럽게 활용하는 것을 볼 수 있다.

2. 수동태 구문

영어에서 수동태는 주어와 목적어의 위치를 바꾸는 가장 손쉬운 방법이다. 두 문장을 비교해 보자.

Some claim that our genes **influence** aspects of behavior that we think are learned. Our genes, for example, seem to determine…

어떤 이들은 인간의 유전자가 우리가 학습된 것이라고 생각하는 여러 행동양상에 영향을 미친다고 주장한다. 인간의 유전자는 예컨대… (능동)

✔ Some claim that aspects of behavior that we think are learned **are** in fact **influenced** by our genes. Our genes, for example, seem to determine…

어떤 이들은 우리가 학습된 것이라고 생각하는 여러 행동양상이 실은 유전자의 영향을 받는다고 주장한다. 인간의 유전자는 예컨대… (수동)

3. What 분열문

강세를 주고자 하는 항목을 오른쪽으로 몰아서 훨씬 큰 강세를 주고자 할 때 선택할 수 있는 방법이다.

We need a monetary policy that would end fluctuations in money supply, unemployment, and inflation.

우리는 통화공급, 실업, 인플레이션 불안을 끝낼 수 있는 통화정책이 필요하다.

✔ What we need **is** a monetary policy that would end fluctuations in money supply, unemployment, and inflation.

우리에게 필요한 것은 통화공급, 실업, 인플레이션 불안을 끝낼 수 있는 통화정책이다.

4. It 분열문

주어가 긴 명사절일 경우 주어를 문장의 오른쪽으로 옮기고, 주어를 It으로 바꾼다.

That oil prices would be set by OPEC once seemed inevitable.

OPEC이 유가를 결정하는 것은 한때 당연하다고 여겨졌다.

✔ It once seemed inevitable that oil prices would be set by OPEC.

OPEC이 유가를 결정하는 것은 한때 당연하다고 여겨졌다.

5. Not only X, but (also) Y (as well) 구문

다음 예문에서 but이 문장의 마지막 요소를 얼마나 강조하는지 보라.

We must clarify these issues and develop deeper trust.

우리는 쟁점을 명확하게 하고 더 깊은 신뢰를 쌓아야 한다.

✔ We must not only clarify these issues but also develop deeper trust.

우리는 쟁점을 명확하게 할 뿐만 아니라 더 깊은 신뢰도 쌓아야 한다.

부정요소를 강조해야 할 특별한 목적이 존재하지 않는다면, 긍정요소를 문장 끝에 놓아 강조하는 것이 좋다.

The point is to highlight our success, not to emphasize our failures.

핵심은 우리의 성공을 돋보이게 하려는 것이지, 실패를 강조하는 것이 아니다.

✔ The point is not to emphasize our failures, but to highlight our success.

핵심은 우리의 실패를 강조하는 것이 아니라, 성공을 돋보이게 하려는 것이다.

6. 대명사 치환

앞에서 나온 단어들을 가져다 반복하는 것으로 문장을 끝맺으면 종결부가 밋밋하게 느껴질 수 있다. 다음 문장을 크게 소리 내 읽어보면 문장 끝부분에서 소리가 줄어드는 것을 느낄 수 있을 것이다.

A sentence can end flatly when you repeat a word that you used just a few words before at the end of a sentence, because the voice we hear in our mind's ear drops off at the end. To avoid that kind of flatness, rewrite or use a pronoun instead of repeating the word at the end of sentence.

앞에서 쓴 몇몇 단어들을 가져다 반복하는 것으로 문장을 끝맺으면 종결부가 밋밋하게 느껴질 수 있다. 마음속으로 문장을 읽어보면 소리가 종결부에서 잦아드는 것을 느낄 수 있다. 이러한 밋밋한 느낌을 주고 싶지 않다면, 같은 단어를 반복하지 말고 문장을 다시 쓰거나 대명사를 써서 종결부를 끝낸다.

A sentence will seem to end flatly if at its end you use a word that you used just a few words before, because when you repeat that word, your voice drops. Instead of repeating the noun, use a pronoun. The reader will at least hear emphasis on the word just before it.

앞에서 쓴 몇몇 단어들을 가져다 반복하는 것으로 문장을 끝맺으면 종결부가 밋밋하게 느껴질 수 있다. 바로 앞에서 말한 단어를 반복해서 말할 때는 소리가 잦아들기 때문이다. 반복하는 것으로 문장을 끝낼 수밖에 없다면 대명사를 사용하라. 그렇게 하면 대명사 바로 앞에 오는 단어가 강조되어 들린다.

지금까지 소개한 몇 가지 안 되는 수사적 기교를 활용하여 무수한 작가들은 우아하고 아름다운 글을 만들어낸다. 아름다운 글에 대해서는 **레슨10**에서 설명한다.

글쓰기 팁

강조해야 할 단어가 제대로 강세자리에 놓였는지 확인하는 쉬운 방법이 있다. 문장을 큰 소리로 읽어보는 것이다. 문장 끝에 위치한 몇 단어들을 읽을 때는 손가락으로 테이블을 세게 두드리면서 목소리 톤을 높여 읽는다. 다음 두 예문을 직접 소리 내 읽어보자.

It is sometimes possible to represent a complex idea in a simple sentence, but more often you cannot represent it in that kind of sentence.

단문으로 복잡한 생각을 표현하는 것이 가능할 때도 있지만, 그런 문장으로 표현할 수 없을 때가 더 많다.

✔ It is sometimes possible to represent a complex idea in a simple sentence, but more often you cannot.

단문으로 복잡한 생각을 표현하는 것이 가능할 때도 있지만, 그렇지 않을 때가 더 많다.

전혀 중요하지 않은 단어가 문장 끝에 위치한 첫 번째 문장에서는, 목소리가 잘 올라가지 않고 테이블을 두드리는 것이 어색하게 느껴질 것이다. 반면 두 번째 문장에서는 목소리 톤을 높이고 테이블을 두드리는 것이 매우 자연스럽게 느껴질 것이다.

Exercise 1 ▶ Exercise 2 ▶ Exercise 3 ▶

화제와 강세, 주제와 심층결속

문장의 강세는 또 다른 기능을 수행한다. 바로 글 전체가 심층적으로 결속되어있다는 느낌을 독자들에게 준다. **레슨4**에서 설명했듯이 독자들은 명확한 화제가 문장 첫머리에 짧은 명사구로 등장하기를 기대한다(물론 그러한 명사구는 대개 문장에서 주어 기능을 한다). 이러한 측면을 염두에 두고 다음 글을 읽어보자.

5a Great strides in the early and accurate diagnosis of Alzheimer's disease have been made in recent years. Not too long ago, senility in an older patient who seemed to be losing touch with reality was often confused with Alzheimer's. Genetic clues have become the basis of newer and more reliable tests in the last few years, however. The risk of human tragedy of another kind, though, has resulted from the increasing accuracy of these tests: predictions about susceptibility to Alzheimer's have become possible long before the appearance of any overt symptoms. At the point, an apparently healthy person could be devastated by such an early diagnosis.

알츠하이머의 정확한 조기진단을 실현하기 위한 상당한 기술발전이 최근 일어났다. 얼마 전까지 만해도 고령환자의 현실감각을 잃는 것처럼 보이는 단순한 노쇠현상과 알츠하이머 증상을 구별할 수 없는 상황이었다. 하지만 최근 몇 년 동안 밝혀낸 유전적 단서들이 더 새롭고 믿을 만한 알츠하이머 진단테스트의 토대가 되었다. 그러나 또 다른 종류의 비극이 발생할 위험이 이러한 진단테스트의 정확성이 점점 높아진 결과 나타났다. 알츠하이머에 걸릴 위험에 대한 예측을 명백한 증상이 나타나기 훨씬 이전에 할 수 있게 되었기 때문이다. 그 순간, 누가 보아도 건강한 사람이 초기진단을 받고 나서 엄청난 좌절을 느낄 수 있다.

이 글은 조금만 읽어봐도 초점이 흐트러져있다는 것을 느낄 수 있다. 문장을 이끄는 첫머리들이 우발적일 뿐만 아니라, 시점도 전혀 일관되어있지 않다. 화제를 일관성있게 수정하면 더욱 심층결속성이 높은 글로 바꿀 수 있다.

✔ 5b In recent years, researchers have made great strides in the early and accurate diagnosis of Alzheimer's disease. Not too long ago, when a physician examined an older patient who seemed out of touch with reality, she had to guess whether the person was senile or had Alzheimer's. In the past few years, however, physicians have been able to use new and more reliable tests focusing on genetic clues. But in the accuracy of these new tests lies the risk of another kind of human tragedy: physicians may be able to predict Alzheimer's long before its over appearance, but such an early diagnosis could psychologically devastate an apparently healthy person.

최근 연구자들은 알츠하이머의 정확한 조기진단을 실현하기 위한 상당한 기술발전을 이뤄냈다. 얼마 전까지만 해도 현실감각을 잃는 것처럼 보이는 고령환자를 진찰하면서, 그것이 단순한 노쇠현상인지 알츠하이머인지 명확하게 구분하기 어려웠다. 하지만 최근 몇 년 동안 의사들은 유전적 단서에 초점을 맞춘 더 새롭고 믿을 만한 알츠하이머 진단테스트를 만들어 활용할 수 있게 되었다. 하지만 이러한 진단테스트의 정확성은 또 다른 종류의 비극을 초래할 위험을 안고 있다. 알츠하이머에 걸릴 위험을 증상이 명백하게 나타나기 훨씬 전에 예측할 수 있게 되었는데, 그러한 조기진단은 누가 보아도 건강한 사람에게 엄청난 심리적인 좌절을 안겨줄 수 있기 때문이다.

고쳐 쓴 글은 researcher/physicians와 testing/diagnosis, 두 가지 화제를 중심으로 전개되고 있다는 것을 알 수 있다. 하지만 더 완벽한 심층결속성을 만들어내기 위해서는 한 가지 원칙을 더 고려해야 한다.

첫 문장의 강세자리에 앞으로 등장할 핵심단어들을 배치하여 글의 전체적인 그림을 그릴 수 있도록 하라.

5b의 첫 문장의 강세자리에는 the early and accurate diagnosis of Alzheimer's disease가 놓여있다. 이 구절은 '진단테스트의 발전(긍정적 측면)'만 담아내고 있다. 하지만 이 글을 끝까지 읽어보면 '발전이 초래하는 또 다른 위험'이 전체 이야기의 핵심이라는 것을 알 수 있다. 이러한 이야기의 주제는 문단을 절반 이상 읽고 난 다음에야 발견할 수 있다.

단락의 핵심주제를 첫 문장에서 알 수 있도록 해야 한다. 특히 문장의 끝부분, 즉 강세자리에 핵심주제를 놓아야 독자들은 이 단락이 무엇을 이야기하고자 하는지 쉽게 파악할 수 있다. 독자는 첫 한두 문장을 읽고 그 단락에서 반복적으로 전개해나갈 핵심개념이 무엇인지 판단한다. 첫 문장은 글의 골조를 잡아주는 도입부 역할을 하기 때문에 첫 문장의 강세자리에 등장하는 개념은 글 전체를 파악하는 데 매우 중요하다.

그렇다면 **5b**의 첫 문장은 어떻게 고쳐 써야 할까? 이 글의 핵심은 단순히 '알츠하이머 진단테스트가 발전했다'는 것이 아니라 '조기진단이 새로운 문제를 초래할 수 있다'는 것이다. 독자들이 이러한 개념에 집중할 수 있도록 도와주는 문장으로 고쳐야 한다.

In recent years, researchers have made great strides in the early and accurate diagnosis of Alzheimer's disease, but those diagnoses have raised a new problem about informing those most at risk who show no symptoms of it.

최근 연구자들은 알츠하이머의 정확한 조기진단을 실현하기 위한 상당한 기술발전을 이뤄냈으나, 이러한 진단법은 오히려 전혀 증상이 나타나지 않은 사람들에게 미리 발병을 예고함으로써 새로운 문제를 야기하고 있다.

이처럼 단락 전반에 걸쳐 펼쳐나갈 이야기의 뼈대가 되는 핵심개념을 **주제** theme라고 한다. 이 글의 주제는 크게 세 가지 키워드를 중심으로 전개된다는 것을 알 수 있다. '진단', '새로운 문제', '환자의 증상'이다. 이 키워드들이 글 속에서 어디에 등장하는지 표시해보자. (진단은 파란 음영, 새로운 문제는 회색 음영, 환자의 증상은 밑줄로 표시했다.)

✔ **5c** In recent years, researchers have made great strides in the early and accurate diagnosis of Alzheimer's disease, but those diagnoses have raised a new problem about informing those most at risk who show no symptoms of it. Not too long ago, when a physician examined an older patient who seemed out of touch with reality, she had to guess whether that person had Alzheimer's or was only senile. In the past few years, however, physicians have been able to use new and more reliable tests focusing on genetic clues. But in the accuracy of these new tests lies the risk of another kind of human tragedy: physicians may be able to predict Alzheimer's long before its overt appearance, but such an early diagnosis could psychologically devastate an apparently healthy person.

최근 연구자들은 알츠하이머의 정확한 조기진단을 실현하기 위한 커다란 기술발전에 성공했으나, 이러한 진단법은 오히려 전혀 증상이 나타나지 않은 사람들에게 미리 발병을 예고함으로써 새로운 문제를 야기하고 있다. 얼마 전까지 만해도 현실감각을 잃는 것처럼 보이는 고령 환자를 진찰할 때, 그것이 노쇠현상인지 알츠하이머인지 명확하게 구분하기 어려웠다. 하지만 최근 몇 년 동안 의사들은 유전적 단서에 초점을 맞춘 더 새롭고 믿을 만한 알츠하이머 진단테스트를 만들어 활용할 수 있게 되었다. 하지만 이러한 진단테스트의 정확성은 또 다른 종류의 비극을 초래할 위험을 안고 있다. 알츠하이머에 걸릴 위험을 증상이 명백하게 나타나기 훨씬 이전에 예측할 수 있게 되었는데, 그러한 조기진단은 누가 보아도 건강한 사람에게 엄청난 심리적인 좌절을 안겨줄 수 있기 때문이다.

우선, 세 가지 키워드가 모두 첫 문장의 강세자리에 등장한다는 것을 눈여겨보라. 특히 이 키워드 중에서 주제와 가장 밀접한 키워드라 할 수 있는 '새로운 문제'가 문장의 맨 끝에 등장한다.

이로써 5c는 심층적으로 강하게 결속되어있다는 느낌을 준다. 그러한 느낌을 주는 이유는 다음 세 가지로 정리할 수 있다.

- 문장들의 화제가 researcher/physicians와 testing/diagnosis로 일관되게 유지되고 있다.
- 세 가지 키워드 '진단테스트', '환자의 증상', '새로운 문제'와 연관된 단어들이 글 속에서 계속 이어진다.
- 무엇보다도, 글의 주제를 구성하는 핵심키워드를 첫 문장의 강세자리에서 보여줌으로써 독자들이 이 글이 무엇에 관한 글인지 예측할 수 있게 한다.

이러한 원칙은 상당히 긴 글을 소개하는 단락에도 그대로 작동한다. (한두 문장으로 이루어진 짧은 도입단락이나 전환단락에는 다른 원칙이 적용된다.) 더 나아가 책이나 문서의 첫 부분을 장식하는 도입부에도 이 원칙이 작동한다.

◎ 핵심포인트

단락을 관통하는 개념이 존재할 때 독자는 그 글이 심층적으로 결속되어있다는 느낌을 받는다. 독자들이 그러한 개념을 쉽게 찾을 수 있도록 저자는 다음 두 가지 방식으로 도움을 줄 수 있다.

- 주요행위자를 문장의 화제로 삼아 반복한다. (대개 주어 역할을 한다.)
- 주제는 명사, 동사, 형용사 형태로 단락 전체에 걸쳐 반복한다. (레슨7 참조)

첫 문장의 강세자리에서 주제를 진술하면 독자가 주제를 인지하고 글의 전개방식을 예측할 수 있다.

글쓰기 팁

대여섯 개 이상의 문장으로 이루어진 단락을 찾아서 분석해보자. 단락에서 무엇을 이야기할지 소개하는 문장, 어떻게 이야기를 풀어나갈지 프레임을 짜주는 문장을 찾아서 밑줄을 쳐보라. 그런 문장이 금방 눈에 들어오지 않는다면, 그 단락은 문제가 있는 것이다. 그런 문장을 찾았다면, 문장에서 중요한 단어들을 표시하라. 이 단어들을 이 문단의 제목으로 삼아도 되겠는가? 그렇지 않다면, 독자들은 글을 읽어가면서도 혼란을 느낄 것이다. 레슨7에서 이 문제에 대해 좀더 자세하게 설명한다.

SUMMARY

1. **길고 복잡한 절, 이해하기가 다소 힘든 내용, 낯선 전문용어와 같은 '새로운 정보'는 문장의 뒷부분에 놓는다.**

A determination of involvement of lipid-linked saccharides in the assembly of oligosaccharide chains of ovalbumin *in vivo* was the principal aim of this study. *In vitro* and *in vivo* studies utilizing oviduct membrane preparations and oviduct slices and the antibiotic tunicamycin were undertaken to accomplish this.

지질 결합 사카라이드가 체내에서 알부민의 올리고사카라이드 사슬 형성에 관여하는 방식을 밝히는 것이 이 연구의 주요목표다. 체외는 물론 체내에서, 난관세포막 제제와 난관조직과 항생 튜니카마이신이 이를 위해 활용되었다.

✔ The principal aim of study was to determine how lipid-linked saccharides are involved in the assembly of oligosaccharide chains of ovalbumin *in vivo*. To accomplish this, studies were undertaken *in vitro* and *in vivo*, utilizing antibiotic tunicamycin on preparations of oviduct membrane and on oviduct slices.

이 연구의 주요목표는 지질 결합 사카라이드가 어떻게 체내에서 알부민의 올리고사카라이드 사슬을 형성하는 데 기여하는지 밝히는 것이다. 이를 위해 연구는 체외는 물론 체내에서, 난관세포막 제제와 난관조직 위에서 항생 튜니카마이신을 활용하였다.

2. **독자 마음속에 각인시키고 싶은 단어는 문장의 맨 끝 강세자리에 놓는다.**

The administration has blurred an issue central to nuclear arms control, the issue of verification. Irresponsible charges, innuendo, and leaks have submerged serious problems with Iranian compliance.

정부는 핵무기 통제에 초점을 맞춘 핵 검증문제를 모호하게 만들었다. 무책임한 의혹, 빈정거림, 기밀누설로 인해 이란의 핵 합의 준수와 더불어 심각한 문제들이 수면 밑으로 가라앉았다.

✔ The issue of verification—so central to arms control—has been blurred by the administration. Serious problems with Iranian compliance have been submerged in irresponsible charges, innuendo, leaks.

무기통제에 초점을 맞춘 핵 검증문제는 정부 탓에 모호해졌다. 이란의 핵 합의 준수와 더불어 심각한 문제들이 무책임한 의혹, 빈정거림, 기밀누설 속에서 수면 밑으로 가라앉았다.

3. 첫 문장의 강세자리에서 앞으로 전개해나갈 핵심개념을 소개한다.

✔ In recent years, researchers have made great strides in the early and accurate diagnosis of Alzheimer's disease, but those diagnoses have raised a new problem about informing those most at risk who show no symptoms of it. Not too long ago, when a physician examined an older patient who seemed out of touch with reality, she had to guess whether that person had Alzheimer's or was only senile. In the past few years, however, physicians have been able to use new and more reliable tests focusing on genetic clues. But in the accuracy of these new tests lies the risk of another kind of human tragedy: physicians may be able to predict Alzheimer's long before its overt appearance, but such an early diagnosis could psychologically devastate an apparently healthy person.

번역문은 212쪽 참조

명확한 문장을 만들기 위한 모형

2부에서 우리는 독자들이 명확하다고 느끼는 문장을 만드는 법과 그렇게 만든 문장들을 표층적으로, 심층적으로 연결하는 법에 대해서 설명했다.

레슨2와 **레슨3**에서 우리는 자리가 고정되어있는 문법요소—주어와 동사—와 자리가 고정되어있지 않은 이야기요소—행위자와 행위—를 문장 안에서 어떻게 처리해야 하는지 설명했다. 핵심적인 원칙은, 행위자를 주어로 삼고 행위를 동사로 삼으라는 것이다.

레슨4와 **레슨5**에서는 문장 속에 담겨있는 정보를 어떻게 배치할 것인지 설명했다. 정보요소는 이야기요소와 마찬가지로 문장 속에서 어느 곳에나 놓을 수 있다. 하지만 독자들은 이미 알고 있는 익숙한 정보는 문장의 앞부분에 나오길 기대하고 낯설고 새로운 정보는 문장 뒷부분에 나오길 기대한다. 결국 짧고 단순하고 익숙한 정보는 문장 앞에 놓고 길고 복잡하고 새로운 정보는 문장 뒤에 놓을 때 독자들은 그 정보들을 더 쉽게 이해한다.

반면, 화제와 강세가 오는 자리는 문법요소 못지않게 문장 속에 고정되어있다. 독자들은 문장의 앞부분에 화제가 등장하고, 끝부분에 강세를 줄 수 있는 중요한 정보가 오기를 기대한다. 이러한 자리배치는 심리적인 이유로 인해 거의 변하지 않는다. 독자들이 문장에서 어디를 주목하는지 어디에 초점을 맞추는지를 생각해보면 그 이유를 어렵지 않게 이해할 수 있을 것이다. 화제와 강세를 제대로 통제할 때 독자들은 개별문장들이 모여 만들어내는 글 전체의 의미를 더욱 쉽게 파악한다.

지금까지 찾아낸 원칙들을 종합하면 다음과 같은 그림으로 표현할 수 있다. 문장은 다양한 층위로 구성되어있다.

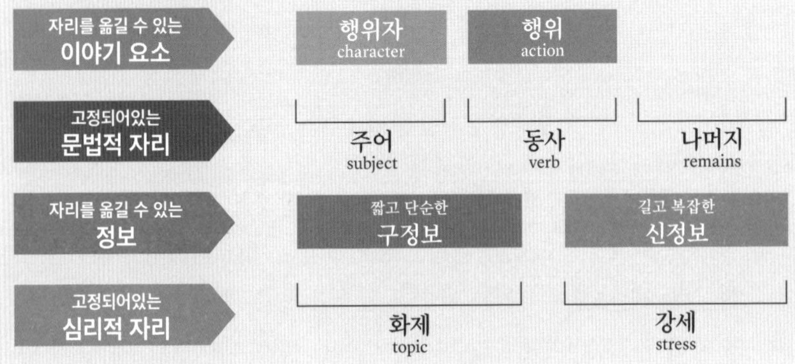

다시 한번, 가장 명확하면서 결속이 잘 되어있는 글을 쓰는 방법을 정리하면 다음과 같다.

독자들이 명확하다고 생각하는 문장을 만들고 싶다면:

- 이야기의 주요행위자를 문장의 주어로 삼는다.
- 주요행위자의 주요한 행위를 문장의 동사로 삼는다.

독자들이 글을 자연스럽게 읽어나가도록 하려면:

- 독자에게 익숙한 정보를 문장 앞에 놓고, 낯설고 새로운 정보를 뒤에 놓는다.
- 짧고 단순한 정보를 문장 앞에서, 길고 복잡한 정보를 뒤에서 제시한다.

독자들에게 어떻게 방향을 잡고 어디에 초점을 맞춰 읽어나가야 하는지 알려주고 싶다면:

- 문장이 시작하면 최대한 빨리 화제 깃발을 꽂아 기준을 잡을 수 있게 한다.
- 강조하고 싶은 정보로 문장을 끝맺음으로써 글이 나아갈 방향을 잡아준다.

Lesson 5

Exercise 1

강세요소로 문장 끝내기

문장에서 강조해야 할 단어를 강세자리에 놓아보자. 첫 세 문제에서는 강조해야 할 것으로 여겨지는 항목을 음영으로 표시해놓았다. 문장의 초점을 수정한 다음, 명사구를 해소하여 문장을 간결하게 만들어보자.

1. Their quarterback's tendency to fumble near the goal line is their biggest weakness as a football team, in my opinion at least.

2. There are limited opportunities for faculty to work with individual students in large colleges and universities.

3. The President's tendency to rewrite the Constitution is the biggest danger to the nation, in my opinion, at least.

4. A new political philosophy that could affect our society well into the twenty-first century may emerge from these studies.

5. The reason for our company's success is that long-term growth and not short-term gains has been our focus, in terms of our approach.

6. The teacher who makes an assignment of a long final term paper at the end of the semester and who then gives only a grade and nothing else such as a critical comment is a common object of complaint among students at the college level.

7. Building suburban housing developments in floodplains has led to the existence of extensive and widespread flooding and economic disaster in parts of our country in recent years, it is now clear.

8. Renting textbooks rather than buying them for basic required courses such as mathematics, foreign languages, and English, whose textbooks do not go through yearly changes, is feasible, however, economically speaking.

9. The intention of the General Data Protection Regulation was to provide privacy protection to citizens of the European Union, but people around the world are also experiencing benefits from the regulation.

Exercise 2

화제로 시작하고 강세로 끝내기

1. In my opinion at least, the football team's biggest weakness is their quarterback's tendency to fumble near the goal line.

2. In large colleges and universities, opportunities for faculty to work with individual students are limited.

3. In my opinion, at least, the Republic is most threatened by the President's tendency to rewrite the Constitution. [강조해야 할 단어는 상황에 따라 달라질 수 있으며, 따라서 다양한 문장이 나올 수 있다.]

5. Our company has succeeded because we have focused not on short-term gains but on long-term growth.

6. College students commonly complain about teachers who assign a long final term paper and then give it a grade but no comments.

적절한 화제를 문장의 앞머리에 놓고 강조할 항목을 강세자리에 놓아, 문단 전체를 고쳐보자.

1. Athens' catastrophic Sicilian Invasion is the most important event in Thucydides' *History of the Peloponnesian War*. Three quarters of the history is devoted to setting up the invasion because of this. Through the step-by-step decline in Athenian society that Thucydides describes, we can see how he chose to anticipate the Sicilian Invasion. The inevitability that we associate with the tragic drama is the basic reason for the need to anticipate the invasion.

2. A combination of environment and political factors caused the rapid decline of the Mayan civilization in the ninth century, most likely. Severe economic distress resulted from rapid population growth and prolonged drought in this period. In addition, the Maya's ability to respond to these circumstances was hindered by constant warfare and a rigid system of monarchic rule. Much of the Maya's territory was almost entirely depopulated within the century.

3. The story of King Lear and his daughters was a popular one during the reign of Queen Elizabeth. At least a dozen available books offered the story to anyone wishing to read it, by the time Elizabeth died. The characters were undeveloped in most of these stories, however, making the story a simple narrative that stated an obvious moral. When he began work on King Lear, perhaps his greatest tragedy, Shakespeare must have had several versions of this story available to him. He turned the characters into credible human beings with complex motives, however, even though they were based on the stock figures of legend.

4. Changes in revenues are as follows. An increase to $56,792 from $32,934, a net increase of approximately 73 percent, was realized July 1-August 31 in the Ohio and Kentucky areas. In the Indiana and Illinois areas there was in the same period a 10 percent increase of $15,370, from $153,281 to $168,651. However, a decrease to $190,580 from $200, 102, or 5 percent, occurred in the Wisconsin and Minnesota regions in almost the same period of time.

5. Whether the date an operation intends to close down might be part of management's "duty to disclose" during contract bargaining is the issue here, it would appear. The minimization of conflict is the central rationale for the duty that management has to bargain in good faith. In order to allow the union to put forth proposals on behalf of its members, companies are obligated to disclose major changes in an operation during bargaining, though the case law is scanty on this matter.

1. Because the most important event in Thucydides' *History of the Peloponnesian War* is Athens' catastrophic Sicilian Invasion, Thucydides devotes three-quarters of his book to setting it up. We can see how anticipates it in how he describes the step-by-step decline in Athenian society, creating the inevitability that we associate with the tragic drama.

2. Mayan civilization most likely declined in the ninth century because of both environmental and political factors. Rapid population growth and prolonged drought in this period led to severe economic distress. In addition, constant warfare and a rigid system of monarchic rule hindered the Maya's ability to respond to these circumstances. Within the century, much of the Maya's territory was almost entirely depopulated.

3. During the reign of Queen Elizabeth, the story of King Lear and his daughters was so popular that by the time she died, readers could find it in at least a dozen books. Most of these stories, however, did not develop their characters and were simple narratives with an obvious moral. Several versions of this story must have been available to Shakespeare when he began work on King Lear, perhaps his greatest tragedy. But while he based his characters on these stock figures of legend, he turned them into credible human beings with complex motives.

4. Revenues changed as follows during July 1-August 31: Ohio and Kentucky, up 73 percent from $32,934 to $56,792; Indiana and Illinois, up 10 percent from $153,281 to $168,651; Wisconsin and Minnesota, down 5 percent from $200,102 to $190,580.
[이런 문장을 고치는 핵심원칙은, 기억하기 힘든 여러 항목들을 일관성있게 나열하는 것이다. 이 경우 독자에게 각인시키고자 하는 (독자의 기억에 남기고자 하는) 정보는 percent다.]

Exercise 3

글을 시작하는 첫 문장 찾기

다음 세 문장 중에서 문단의 첫 문장으로 적합한 것은 무엇일까?

참고로 도입문의 강세자리에는 앞으로 전개할 새로운 개념들이 등장해야 한다. (Russian Rulers는 독자들에게 친숙한 정보로 간주한다.)

1. The next century the situation changed, because disputes over succession to the throne caused some sort of palace revolt or popular revolution in seven out of eight reigns of the Romanov line after Peter the Great.

2. The next century the situation changed, because after Peter the Great seven out of eight reigns of the Romanov line were plagued by turmoil over disputed succession to the throne.

3. Because turmoil over disputed succession to the throne plagued seven out of eight reigns of the Romanov line after Peter the Great, the situation changed in the next century.

이 문장에 다음에 이어질 문단은 다음과 같다.

The problems began in 1722, when Tsar Peter the Great passed a law of succession that terminated the principle of succession by heredity and required the sovereign to appoint a successor when he died. But because many of the tsars, including Peter, died before they named successors, those who aspired to rule had no authority by appointment, and so their succession was often disputed by the boyars, lower-level aristocrats. There was turmoil even when successors were appointed. In 1740, Ivan VI was adopted by Czarina Anna Ivanovna and named as her successor at age two months, but his succession was challenged by Elizabeth, daughter of Peter the Great. In 1741, she defeated Anna and ascended to the throne herself. In 1797 Paul tried to eliminate these disputes by codifying a law: primogeniture in the male line. But turmoil continued. Paul was strangled by conspirators, one of whom was probably his son, Alexander I.

Exercise 4

내가 쓴 글을 고쳐보자

208쪽 글쓰기 팁을 참조하여, 책상을 손가락으로 두드리며 자신이 쓴 글을 큰 소리로 읽어보라.

문장 끝에서 목소리에 힘이 들어가고 두드리는 힘이 세지는가?

문장 끝에 강세가 오는 문장과 엉뚱한 곳에 강세가 오는 문장의 비율은 어느 정도 되는가?

어떤 패턴을 발견할 수 있는가?

엉뚱한 단어에 강세가 들어가는 경우, 전달하고자 하는 의미가 달라지는가?

Answer to Exercise 3

문단을 관통하는 주제는 '왕위 계승의 혼란'이다. 이 문단의 키워드는 succession, dispute, turmoil, to the throne라 할 수 있다. 이러한 핵심단어들이 문장의 강세자리에서 제시되는 문장은 두 번째 문장이다(turmoil over disputed succession to the throne).

Exercise 5

내가 쓴 글을 고쳐보자

자신이 쓴 글 중 한 문단(최소 5 문장 이상으로 이루어진 문단)을 골라서 다른 사람에게 리바이징을 해달라고 부탁해보자.

리바이징은 글 고치기 코너에서 소개하는 3단계 전략을 활용한다.

상대방이 리바이징 과정에서:

내가 필요하다고 생각한 정보를 잘라내버린 것이 있는가?

내가 중요하다고 생각한 정보를 중요하지 않다고 판단한 것이 있는가?

나는 익숙하다고 생각한 정보를 새로운 정보라고 판단한 것이 있는가?

이러한 리바이징을 통해 글이 개선되었다고 생각되는가? 또는 리바이징한 글이 마음에 들지 않는가? 왜 그럴까?

PART III

Clarity of Form

There is a satisfactory boniness about grammar which the flesh of sheer vocabulary requires before it can become vertebrate and walk the earth. But to study it for its own sake, without relating it to function, is utter madness.

어휘로만 이뤄진 살덩어리는 자신에게 딱 맞는 문법이라는 뼈대를 만나, 척추동물이 되었고 땅 위에 걷기 시작했다. 하지만 그 쓰임새를 고려하지 않고 이 동물 자체만 공부하는 것은 미친 짓에 불과하다.

Anthony Burgess

앤소니 버제스

A problem well-put is half solved.

문제를 제대로 정의하면 절반은 해결된 것이다

John Dewey

존 듀이

Lesson 6

글의 프레임 짜기

2**부**에서는 문장 또는 짧은 단락을 작성할 때 적용할 수 있는 원칙들에 대해 살펴보았다. **3부**에서는 글 전체 또는 글의 일부 섹션을 구성할 때 적용할 수 있는 원칙을 살펴본다. **2부**에서 살펴본 원칙들은 분야나 장르를 따지지 않고 보편적으로 적용할 수 있는 것이었던 반면, **3부**에서 살펴볼 원칙들은 논증이나 설명을 하는 글에 주로 적용할 수 있는 것이다. 대학에서 요구하는 글들과 직업적으로 작성해야 하는 글들이 대부분 이러한 범주에 속한다.

물론 학술적 글이든 직업적 글이든 세부적인 장르가 존재한다. 비평, 논문, 보고서, 법률문서, 사업제안서, 신문이나 잡지에 싣기 위한 칼럼까지 제각각 특성이 있고 다른 점이 있을 것이다. 그럼에도 이런 글들은 한 가지 가장 중요한 요건을 충족해야 한다. 독자들이 글을 계속 읽어나갈 수 있도록 잘 이끌어주고 그 의미를 쉽게 이해할 수 있도록 도와주어야 한다는 것이다.

이러한 기능을 수행하는 데 글에서 가장 중요한 역할을 하는 부분이 바로 서론과 결론이다. **레슨6**에서는 서론과 결론을 쓰는 법에 대해서 설명한다. **레슨7**에서는 글을 구성하는 섹션들이 심층적으로 결속되어있으며, 전체적으로 잘 짜여있다는 느낌을 주기 위해선 어떻게 해야 하는지 설명한다. 이 책에서는 학술적인 글에서 가져온 예문들을 주로 사용하지만 여기서 제시하는 원칙과 조언들은 직업적, 전문적 글에도 그대로 적용할 수 있다.

독자를 끌어들이는 서론의 틀 짜기

학술적 맥락이나 직업적 맥락에서 쓰는 글은 일반적으로, 독자들에게 잘 알지 못하는 정보를 제공하거나 독자들을 설득하는 것을 목적으로 할 때가 많다. 이런 경우에는 저자가 독자보다 많은 것을 알고 있기 때문에, 독자가 모호하게 느끼는 부분이나 이해하지 못하는 부분을 놓치기가 쉽다. 그뿐만 아니라, 자신이 말하고자 하는 것에 대해 독자들도 이미 관심을 가지고 있을 것이라고 착각하기 쉽다.

어떤 화제에 깊이 심취하여 그에 관한 글을 닥치는 대로 읽는 사람이 있다고 상상해보자. 심지어 이해하기 힘든 글도 마다하지 않는다. 복잡하게 얽힌 문장을 하나하나 풀어나가며 해독해내고, 이해할 수 없는 공백은 기존의 지식으로 채워 넣고, 논리적인 오류가 있으면 정정해서 읽고, 글의 구조가 엉망이라도 그것을 재구성해 이해한다.

이런 독자만 있다면 글을 쓰는 사람은 별다른 고민을 하지 않아도 될 것이다. 하지만 그토록 절실한 독자는 이제 존재하지 않으며, 그러한 읽기능력을 가진 사람도 찾기 어렵다. 따라서 글을 쓰고자 한다면, 이러한 현실을 염두에 두고 다음 두 가지 노력을 기울여야 한다.

- 글을 읽으면 무엇을 얻을 수 있는지 미리 알려줌으로써, 더 많은 것을 이해한 상태에서 독자가 글을 읽어나갈 수 있도록 도와준다.
- 독자의 흥미를 자극하여 글을 집중하여 읽고 싶게끔 만든다.

내가 관심을 갖는 '화제'에 대해 이야기하면 독자들도 관심을 가질까? 내가 아는 정보를 늘어놓기만 하면 독자들도 관심을 가질까? 아니다. 독자들이 중요하게 여기는 '문제'에 대한 글을 써야 한다. 저자는 독자가 해결하고 싶어하는 문제를 대신 제기하고 그것에 대해 해결책을 제시하는 사람이다.

하지만 내가 제기하고자 하는 문제에 대해 독자들이 전혀 관심이 없거나 심지어 그것을 문제라고 인식하지도 않는다면, 어떻게 해야 할까? 그럴 경우에는 이것이 왜 문제인지, 왜 관심을 가져야 하는지 보여줘야 한다.

이것이 바로 저자가 가장 먼저 넘어야 할 장애물이다. 문제를 제기한다고 해도 독자들은 대부분 '그래서 어쩌라고?'라고 물으며 냉소하거나 관심을 보이지 않는다. 이 질문에 대답할 수 있는 기회는 단 한번, 서론에서 주어진다. 내가 제기하는 문제를 독자들이 자신의 문제라고 인식하게 만들어, 글을 계속 읽고 싶은 동기를 자극해야 한다.

실제 서론을 읽어 보자. 여기서는 서론을 구성하는 원리를 설명하는 것이 목적이기에, 일반적인 서론보다 짧은 서론을 예문으로 사용한다.

1a Recycling—the practice of separating from ordinary trash specific materials that can be made into new products—is so habitual that many people try to recycle things that aren't actually recyclable: plastic bags, paper coffee cups, Styrofoam, greasy pizza boxes, and more. Such "aspirational recycling" is drawing the attention of waste management professionals, policy makers, and environmental advocates alike.

재활용—일반쓰레기에서 새로운 제품을 만드는 데 사용할 수 있는 특정한 재질을 분리하는 행위—이 습관화되면서 많은 사람들이 비닐백, 종이컵, 스티로폼, 기름이 밴 피자박스 등 실제로는 재활용할 수 없는 것들까지 재활용하려고 노력한다. 그러한 '희망재활용'은 쓰레기관리 전문가, 정책입안자, 환경운동가들의 관심을 끌고 있다.

이 글은 화제—'희망재활용'—를 제시하기만 할 뿐 이 문제에 대해 독자가 관심을 가져야 할 이유를 제시하지 않는다. 이 문제에 특별히 관심이 있는 독자가 아니라면 어깨를 으쓱하며 이렇게 물을 것이다.

"그래서 어쩌라고? 사람들이 재활용할 수 없는 것까지 재활용하려고 하는 게 나랑 무슨 상관인데?"

그렇다면 다음 서론과 비교해 보자. '희망재활용'이 왜 우리가 관심을 가져야 하는 문제인지 설명한다.

1b Recycling—the practice of separating from ordinary trash specific materials that can be made into new products—is today an expected and even habitual behavior: to toss an aluminum can in an ordinary trash bin is as unthinkable as it would be to toss it into the street or a neighbor's yard. But many people, out of ignorance or enthusiasm, try to recycle things that aren't actually recyclable: plastic bags, paper coffee cups, Styrofoam, greasy pizza boxes, and more. Such "aspirational recycling" has major environmental consequences. By making waste collected for recycling more difficult or even impossible to process, it can result in whole loads of waste intended for recycling going to the landfill instead. We can address the causes of aspirational recycling through better education and better labeling of recycling bins. Thanks to the educational campaigns of the past, people know they should recycle. Now, we need to build on this success by creating more knowledgeable and discriminating recyclers. To this end, recycling bins should be labeled not just with the familiar triangle of arrows that is recycling's universal symbol, but with specific information about what kinds of things can—and can't—be recycled. Pilot programs in several municipalities show that this simple step can reduce aspirational recycling significantly.

재활용—일반쓰레기에서 새로운 제품을 만드는 데 사용할 수 있는 특정한 재질을 분리하는 행위—은 오늘날 바람직한 행동을 넘어서 습관적인 행동이 되었다. 일반쓰레기통에 알루미늄 캔을 던져 넣는 것은, 그것을 길거리나 남의 집 마당에 버리는 것 못지않게 상상할 수 없는 일이 되었다. 하지만 많은 사람들이 무지로 인해 또는 넘치는 열정으로 인해 비닐백, 종이컵, 스티로폼, 기름이 밴 피자박스 등 실제로는 재활용할 수 없는 것들까지 재활용하려고 노력한다. 그러한 '희망재활용'은 환경에 상당한 문제를 초래한다. 재활용하기 위해 모은 쓰레기를 처리하는 것을 어렵게 하는 것을 넘어 심지어 불가능하게 함으로써 재활용하기 위해 애써 모은 쓰레기들을 모조리 매립해야 하는 상황을 초래할 수 있다. 희망재활용의 원인은 더 나은 교육이나 재활용수거함의 라벨을 개선함으로써 고칠 수 있다. 지난날 교육캠페인 덕분에 사람들은 재활용을 해야 한다는 것을 알았다. 이제 우리는 이러한 성공 위에 더 많은 정보로 무장한, 분별할 줄 아는 재활용 실천가들을 만들어내야 한다. 또한 재활용 수거함에 재활용의 보편적 상징인 화살표로 이루어진 삼각형만 아니라 어떤 것들이 재활용되고 어떤 것이 재활용되지 않는지 구체적인 정보를 담은 기호를 표시해야 한다. 몇몇 지자체에서 실시한 시범사업들은 이러한 단순한 조치가 희망재활용을 상당히 줄일 수 있다는 것을 보여준다.

비록 길이는 짧지만 이 글에는 일반적인 서론에서 볼 수 있는 세 부분이 모두 담겨있다. 이 세 부분은 독자들이 글을 계속 읽어나갈 수 있도록 동기를 부여하는 역할을 한다.

공감대 Shared Context	문제 Problem	해법 핵심 주장 Solution / Main Point / Claim
Recycling… into the street or a neighbor's yard.	But many people… going to the landfill instead.	We can address… aspirational recycling significantly.

공감대 ▶ 문제 ▶ 해법

거의 모든 글이 1b처럼 공감대를 제시하며 시작한다. 이 예문에서는 일반적인 믿음, 관습, 인식을 공감대로 사용한다.

> Recycling—the practice of separating from ordinary trash specific materials that can be made into new products—is today an expected and even habitual behavior: to toss an aluminum can in an ordinary trash bin is as unthinkable as it would be to toss it into the street or a neighbor's yard. But many people...

독자들이 공유하는 역사적 배경도 공감대로 사용할 수 있다.

> In the 1970s, recycling—the practice of separating from ordinary trash specific materials that can be made into new products—was unfamiliar, even strange. Only a few municipalities supported it, and many people found it confusing and inconvenient. As society grew more environmentally conscious, though, recycling went from novelty to norm. But many people...
>
> 1970년대, 재활용—일반쓰레기에서 새로운 제품을 만드는 데 사용할 수 있는 특정한 재질을 분리하는 행위—은 익숙하지 않은, 심지어 기이한 개념이었다. 소수의 지자체만 재활용을 지지했을 뿐, 많은 사람들에게 혼란스럽고 불편한 제도에 불과했다. 하지만 사회적으로 환경에 대한 관심이 커지면서 재활용은 금방 규범으로 자리잡았다. 하지만 많은 사람들이…

또한 독자들이 알고 있거나 경험한 최근 사건을 공감대로 사용할 수 있다.

> Every November 15, thousands of people gather at events across the

> country to celebrate America Recycles Day. The popularity of these events indicates how ordinary the practice of recycling has become. It is now just something that people do as a matter of course. But many people...
>
> 매년 11월 15일이 되면, 미국 재활용의 날을 기념하기 위해 전국에서 수많은 사람들이 모여 행사를 벌인다. 이러한 행사의 인기는 재활용이 얼마나 일상적인 활동이 되었는지 보여준다. 재활용은 이제 사람들 사이에 당연히 해야 하는 일로 자리잡았다. 하지만 많은 사람들이…

이러한 공감대는 독자들이 계속 글을 읽어나갈 동기를 부여하는 기능을 수행한다. 이 문장을 읽는 독자들은 누구나 쉽게 동의할 것이다. 하지만 수많은 글이 맨 첫머리에 공감대를 제시하는 진짜 목적은 단 하나다. 바로, 그것을 곧바로 뒤집기 위한 것이다. 저자가 하고 싶은 말은 다음과 같다.

"당신이 모든 것을 알고 있다고 생각하겠지만, 그렇지 않다."

여기서 '하겠지만'은 공감대를 곧 뒤집겠다는 것을 알려주는 이정표다.

> …to toss it into the street or a neighbor's yard. But many people, out of ignorance or enthusiasm, try to recycle things that aren't actually recyclable…
>
> 길거리나 남의 집 마당에 버리는 것 못지않게 상상할 수 없는 일이 되었다. 하지만 많은 사람들이 무지로 인해 또는 넘치는 열정으로 인해…

다시 말해, 재활용에 아무런 문제가 없다고 안심할 때쯤 '사실은 그렇지 않다'라고 말하며 공감대를 뒤집는 것이다. 독자들에게 약간의 놀라움과 호기심을 선사하여 글을 계속 읽어나갈 동기를 부여한다.

이것이 바로 노련한 작가들이 글을 시작할 때 가장 많이 사용하는 방식이다. 뻔해 보이는 내용으로 글의 첫머리를 장식한 다음 그것을 한정하거나 반박한다. 신문, 잡지, 전문 학술지, 업무보고서 등 무엇이든 펼쳐보라. 무수히 많은 글이 이렇게 시작한다. 위 예문에서는 공감대가 한두 문장으로 끝났지만, 논문의 경우에는 몇 단락으로 길어지기도 한다.

논문에서는 흔히 '문헌연구literature review'라고 하는 부분이 공감대 기능을 한다. 문헌연구에서 제시하는 선행 연구성과들은, 독자들이 이미 알고 있거나 쉽게 동의할 수 있는 내용이다. 물론 문헌연구의 진짜 목적은 그러한 기존 연구의 한계나 오류를 지적하기 위한 것이다.

물론 모든 글이 이러한 방식으로 시작되는 것은 아니다. 가끔은 공감대를 생략하고 다음 단계인 문제제기부터 시작하는 경우도 있다.

공감대 ▶ **문제** ▶ 해법

공감대가 끝나면 '하지만'이나 '그러나' 같은 접속사를 내세운 뒤 독자의 기대를 뒤집고 문제를 제기한다. (특정분야의 제한된 독자들을 대상으로 쓰는 글에서는 공감대를 생략하고 바로 문제제기부터 시작하기도 한다.)

> …to toss it into the street or a neighbor's yard. **But** many people, out of ignorance or enthusiasm, try to recycle things that aren't actually recyclable: plastic bags, paper coffee cups, Styrofoam, greasy pizza boxes, and more. Such "aspirational recycling" has major environmental consequences. By making waste collected for recycling more difficult or even impossible to process, it can result in whole loads of waste intended for recycling going to the landfill instead. We can address the causes of aspirational recycling…

문제의 구조

어떤 것이 문제라고 독자에게 설명하려면, 두 가지 요소를 충족시켜야 한다.

- **불안정조건** destabilizing condition

  오염, 치솟는 등록금, 교통체증 등 잠재적으로 문제를 유발할 수 있는 상황.
- **손실을 유발하는 불편한 결과** cost / intolerable consequence

  불안정조건으로 인해 발생하는 원치 않는 상황.

손실은 독자에게 글을 계속 읽어나갈 동기를 부여한다. 손실이나 불편한 결과를 피하기 위해서 독자는 이 문제를 해결하거나 개선하고 싶어할 것이다. 손실이 쉽게 머릿속에 떠오르지 않는다면, 불안정조건을 진술했을 때 누군가 '그래서 어쩌라고?'라고 되묻는다고 상상해보라. 이 질문에 대한 대답이 바로 손실이다.

But many people, out of ignorance or enthusiasm, try to recycle things that aren't actually recyclable: plastic bags, paper coffee cups, Styrofoam, greasy pizza boxes, and more.

하지만 많은 사람들이 무지나 넘치는 열정으로 인해 비닐백, 종이컵, 스티로폼, 기름이 밴 피자박스 등 실제로는 재활용할 수 없는 것들까지 재활용하려고 노력하고 있어.

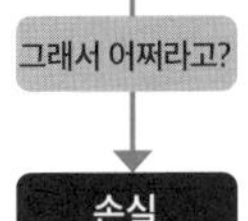

그게 나랑 무슨 상관인데?

Such "aspirational recycling" has major environmental consequences. By making waste collected for recycling more difficult or even impossible to process, it can result in whole loads of waste intended for recycling going to the landfill instead.

그러한 '희망재활용'은 환경에 상당한 문제를 초래하지. 재활용하기 위해 모은 쓰레기를 처리하는 것을 어렵게 하는 것을 넘어 심지어 불가능하게 함으로써 재활용하기 위해 애써 모은 쓰레기들을 모조리 매립해야 하는 상황을 초래할 수 있거든.

이 글에서 제기하는 문제의 불안정조건은 재활용할 수 없는 것까지 재활용하려는 사람들의 행동, 즉 희망재활용이고, 이로 인해 발생하는 손실은 매립하는 쓰레기의 급증이다. 아무런 손실도 유발하지 않는 조건은 문제가 될 수 없다. 따라서 불안정조건과 손실을 모두 읽고 난 다음에야 독자들은 이것을 '문제'라고 수긍할 것이다.

문제의 유형: 실용문제와 개념문제

문제가 독자의 관심을 끄는 방식은 크게 두 가지로 구분할 수 있다. 문제의 유형에 따라서 문제를 진술하는 방식도 달라져야 한다.

- **실용문제** practical problem
  현실에 존재하는 불안정조건을 해결하기 위해 '행동'을 요구하는 문제. 희망재활용을 하려는 사람들의 행동을 어떻게 교정할 것인가?
- **개념문제** conceptual problem
  어떤 사안에 대한 우리의 인식의 오류를 해결하기 위해 '이해의 변화'를 요구하는 문제. 사람들이 희망재활용을 하는 이유는 무엇일까?

학자들은 대개 개념문제를, 학자가 아닌 사람들은 대개 실용문제를 다룬다.

실용문제: 무엇을 해야 하는가?

실용문제는 대개 '암', '실업', '정치무관심' '희망재활용'처럼 단어 한두 개로 이름을 붙일 수 있다. 하지만 이런 이름만으로는 부족하다. 앞에서 설명한 문제의 구조 측면에서 볼 때 이러한 이름들은 불안정조건만 담고 있다는 것을 알 수 있다.

한 가지 주의해야 할 점은, 직관적으로 손실을 유발할 것처럼 보이는 조건만 문제가 되는 것은 아니라는 사실이다. 명백한 손실, 불쾌한 결과를 초래할 수 있는 것이라면 무엇이든 문제의 조건이 된다. 예컨대 복권에 당첨됨으로써 가정과 인간관계가 파국을 맞는 사람들이 많다. 이런 경우, 복권에 당첨되는 것도 실용문제(의 조건)가 될 수 있다. 또한 어떤 문제가 초래하는 손실이 너무 뻔해 보인다고 하더라도, 독자들도 당연히 그것을 문제라고 생각할 것이라고 넘겨짚어선 안 된다. 여기에는 두 가지 이유가 있다.

첫 번째, 글을 쓰는 사람은 독자보다 자신이 이야기하고자 하는 화제에 대해 더 많은 것을 알고 있다. 어떤 조건이나 상황이 손실을 초래한다는 사실을 독자들은 모를 수도 있다. 내가 당연하다고 생각하는 것도 독자들을 위해 자세하게 설명해주어야 한다.

두 번째, 어떤 조건이나 상황이 초래하는 손실은 사람마다 다를 수 있다. '환경파괴'처럼 당연히 문제라고 생각하는 주제에 대해서도 폐기물관리회사의 사업주는 이것을 오히려 매출을 늘릴 수 있는 기회라고 생각할 수 있다. 이런 극단적인 사례가 아니라고 해도, 대다수의 독자들은 그것이 유발하는 손실에 대해 무감각하다.

그래서 어쩌라고? 쓰레기를 버리는 사람들의 습관을 바꾸는 일이 쉬운 줄 알아?
쓰레기를 마구 매립하든 말든 나하고 무슨 상관이야?
쓰레기매립지는 우리 집에서 한참 떨어져있어서 괜찮아.

이런 사람들도 독자로 끌어들이고자 한다면, 불안정조건이 이들에게도 직접적인 손실을 초래한다는 것을 보여줄 수 있어야 한다. 독자에게 초래할 손실을 제대로 설명하지 못하면, 그들도 내가 쓴 글에 관심을 가질 이유가 없다.

개념문제: 어떻게 생각해야 하는가?

개념문제에도 불안정조건과 손실이 있다. 하지만 문제의 구조만 같을 뿐 그 내용은 전혀 다르다. 개념문제의 불안정조건은 우리가 알지 못하거나 이해하지 못하는 것이다. 예컨대 다음과 같은 질문으로 표현할 수 있다.

> 우주의 무게는 얼마일까?
> 머리털은 계속 자라는데 다리털은 왜 계속 자라지 않을까?

이러한 조건들이 초래하는 손실은 고통과 상실과 슬픔으로 느낄 수 있는 구체적인 불행이 아니라, 우리에게 중요한 어떤 것을 이해하지 못함으로써 느끼는 '불편한 결과'다. 따라서 개념문제가 초래하는 손실은 원래 질문보다 '훨씬 중요한 질문에 대답하지 못하는 상황'이다.

Cosmologists don't know how much the universe weighs.

우리는 우주의 무게가 어느 정도인지 알지 못한다. (알아야 한다.)

그게 나랑 무슨 상관인데?

Well, if they knew, they might figure out something more important: Will time and space go on forever, or end, and if they do, when and how?

우주의 무게를 잴 수 있다면 훨씬 중요한 문제, 어느 조건에서, 언제, 어떻게, 시간과 공간은 무한대로 뻗어나가거나 멈추는지 알아낼 수 있다고.

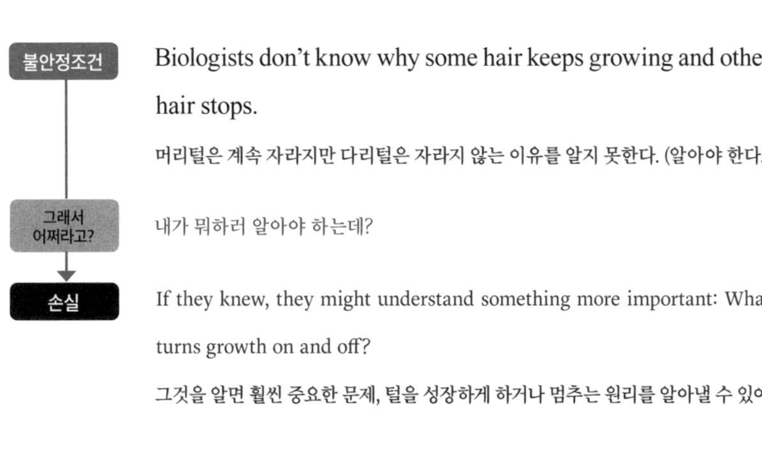

Biologists don't know why some hair keeps growing and other hair stops.

머리털은 계속 자라지만 다리털은 자라지 않는 이유를 알지 못한다. (알아야 한다.)

내가 뭐하러 알아야 하는데?

If they knew, they might understand something more important: What turns growth on and off?

그것을 알면 훨씬 중요한 문제, 털을 성장하게 하거나 멈추는 원리를 알아낼 수 있어.

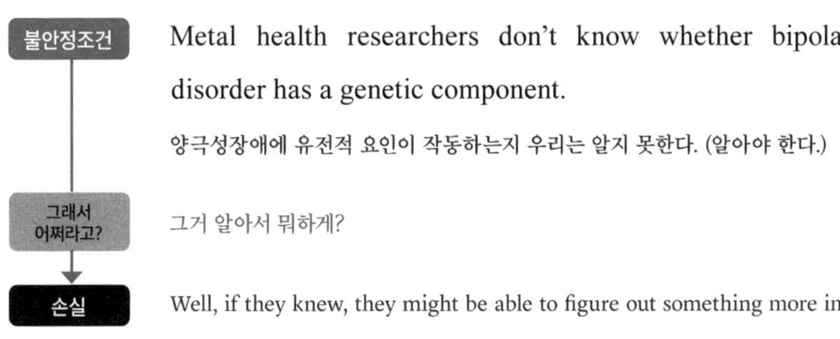

Metal health researchers don't know whether bipolar disorder has a genetic component.

양극성장애에 유전적 요인이 작동하는지 우리는 알지 못한다. (알아야 한다.)

그거 알아서 뭐하게?

Well, if they knew, they might be able to figure out something more important: How can that conditions best be tested for and treated?

그 이유를 안다면 훨씬 중요한 문제, 이러한 증세를 효과적으로 검사하고 치료하는 방법을 알아낼 수 있거든.

마지막 예문의 경우, 불편한 결과에서 던지는 더 큰 질문은 독자에게 어떻게 행동해야 하는지 판단할 수 있는 토대로 사용될 수 있다. 이처럼 문제의 해법을 실용문제의 해법으로 활용할 수 있는 개념문제를 '응용문제applied problem'라고 별도로 분류하기도 한다. 직업적 세계에서 다루는 개념문제는 거의 예외 없이 응용문제라 할 수 있다. 하지만 응용문제는 여전히 개념문제의 일종인데, 그 해법이 행동을 직접 촉구하는 것이 아니라 행동을 할 수 있는 지식을 일깨워주는 것이기 때문이다.

개념문제란 간단히 말해서, 더 크고 중요한 문제를 해결하는 데 중요한 실마리를 제공하는 작은 질문이다. 사소한 질문이 더 큰 질문을 해결하는데 기여한다는 것을 알려줌으로써 독자의 관심을 끌어낼 수 있다.

◎ **핵심포인트**

> 글을 읽는 사람과 마찬가지로 글을 쓰는 사람 역시 자신이 다루고자 하는 문제가 더 큰 문제를 해결하는 데 기여한다는 사실을 인식할 때 더 열의를 느낀다. 하지만 실제로 논문을 써보면, 시간, 자금, 지식, 기술, 지면의 제약으로 인해 더 큰 질문을 충분히 검토하기 어려운 경우가 많다. 자신의 역량 안에서 대답할 수 있는 질문을 찾는 것도 어렵지만, 그 질문의 대답이 이바지하는 더 큰 질문을 찾아내는 것도 매우 어렵다. 더 큰 질문은, 독자는 물론 자기 자신에게도 관심과 열정을 불러일으킬 수 있는 것이어야 한다.

공감대 ▶ 문제 ▶ **해법**

해법은 글의 핵심주장이다. 실용문제와 개념문제는 해법 또한 제각기 다르다. 실용문제의 해법은 구체적인 행동이다. 독자(또는 어떤 사람)의 행동방식을 바꾸도록 촉구한다. 개념문제의 해법은 정보다. 독자(또는 어떤 사람)의 인식을 바꾸도록 촉구한다. 질문에 대한 저자의 해답은 독자들이 더 큰 질문을 이해하는 데 도움을 준다.

실용문제의 해법

실용문제를 해결하기 위해서는 문제를 일으키는 조건을 바꾸기 위해 독자(또는 어떤 사람)에게 어떤 '행동'을 하도록 제안해야 한다.

…recycling going to the landfill instead. We can address the causes of aspirational recycling through better education and better labeling of recycling bins. Thanks to the educational campaigns of the past, people know they should recycle. Now, we need to build on this success by creating more knowledgeable and discriminating recyclers. To this end, recycling bins should be labeled not just with the familiar triangle of arrows that is recycling's universal symbol, but with specific information about what kinds of things can—and can't—be recycled. Pilot programs in several municipalities show that this simple step can reduce aspirational recycling significantly.

...매립해야 하는 상황을 초래할 수 있다.(문제) 희망재활용의 원인은 더 나은 교육이나 재활용 수거함의 라벨을 개선함으로써 고칠 수 있다. 지난날 교육캠페인 덕분에 사람들은 재활용을 해야 한다는 것을 알았다. 이제 우리는 이러한 성공 위에 더 많은 정보로 분별할 줄 아는 재활용 실천가들을 만들어내야 한다. 또한 재활용 수거함에 재활용의 보편적 상징인 화살표로 이루어진 삼각형만 아니라 어떤 것들이 재활용되고 어떤 것이 재활용되지 않는지 구체적인 정보를 담은 기호를 표시해야 한다. 몇몇 지자체에서 실시한 시범사업들은 이러한 단순한 조치가 희망재활용을 상당히 줄일 수 있다는 것을 보여준다. (해법/주장)

개념문제의 해법

개념문제를 해결하기 위해서는 독자가 '이해'하거나 믿게끔 하고 싶은 것을 진술해야 한다.

But we don't know whether getting people to think about recycling, rather than just doing it out of habit, will lead them to stop recycling at all. If we knew that, we could design interventions that promise to curtail aspirational recycling without also discouraging recycling generally. This study reports on our analysis of the efforts of three universities to address aspirational recycling among students through informational emails and better labeling of recycling receptacles. We found that while emails had negligible impact on student behaviors, marking receptacles with detailed graphics showing the types of materials that can be recycled reduced aspirational recycling by almost thirty-five percent.

하지만 사람들이 재활용을 습관적으로 하는 것이 아니라 생각하면서 재활용을 하게 만드는 조치는 사람들에게 재활용을 아예 하지 않게 만들지도 모른다. 이 문제에 대한 해법을 찾는다면, 우리는 전반적인 재활용 비율을 낮추지 않고도 희망재활용을 줄일 수 있는 개입방식을 설계할 수 있을 것이다.(문제) 이 연구에서는 학생들의 희망재활용 비중을 낮추기 위해 세 대학에서 이메일을 통해 정보를 제공하는 방법과 재활용수거함의 라벨을 개선하는 방식을 실험한 결과에 대해서 보고한다. 연구결과, 이메일은 학생들의 행동에 별다른 영향을 주지 못한 반면, 수거함에 부착한 재활용할 수 없는 물건의 유형을 보여주는 좀더 세부적인 그래픽 라벨은 무려 35퍼센트 가까이 희망재활용을 줄이는 효과를 발휘하였다. (해법/주장)

간단히 정리하자면, 실용문제는 세상을 바꾸기 위해 푸는 것이고, 개념문제는 사람들의 생각을 바꾸기 위해 푸는 것이다.

◎ 핵심포인트

글을 많이 써보지 않은 사람들은, 강하게 말하면 자신의 생각도 강하게 밀어붙일 수 있다고 생각한다. 하지만 강한 주장, 해법, 논지는 그 자체만으로 상대방을 설득할 수 없다. 독자들이 관심을 갖는 실용문제나 개념문제에 대한 해법으로 제시하는 주장을 독자들은 가장 의미가 있으며 설득력이 있다고 생각한다.

글읽기 팁

학술논문이나 학술서적을 읽을 때, 서론의 문제진술부분에서 어떤 질문을 던지는지 먼저 확인하고, 그 질문에 대한 해답, 즉 주요주장을 찾아라. 이렇게 질문과 답이 무엇인지 먼저 확인하고 난 다음에 글을 읽어나가면 훨씬 집중하기도 쉽고 이해하기도 쉬워질 것이다. 때로는 질문을 암시적으로 진술하는 경우도 있고, 아예 생략하는 경우도 있다.

서론에서 질문을 찾지 못했다면 결론에서 찾아보라. 결론에서도 질문을 찾지 못한다면, 주요주장을 찾아서 이것은 어떤 질문에 대한 답일지 생각해보라. 질문은 저자가 글을 쓴 이유다. 왜 이런 글을 썼는지 이해하면, 어떤 글이든 훨씬 깊이 이해할 수 있다.

도입부: 서론을 시작하는 또다른 방법

저자들이 서론에서 사용하는 기법이 하나 더 있다. 짧고 인상적인 인용구, 사실, 에피소드를 첫머리에 둠으로써 '독자의 관심을 붙잡는' 것이다. 독자의 관심을 붙잡기 위한 이러한 장치를 '도입부prelude'라고 하는데, 이는 원래 음악에서 사용하는 용어를 빌려온 것이다.

도입부를 활용하면 앞으로 나올 서론의 중심적인 주제를 좀더 생생하게 소개할 수 있다. 물론 자연과학과 사회과학 분야에서는 도입부를 거의 사용하지 않지만, 인문학에서는 자주 사용한다. 또한 일반대중을 대상으로 쓰는 글에서도 많이 사용한다.

재활용 예문에 도입부를 삽입한다면, 다음 세 가지 유형의 도입부를 쓸 수 있다.

1. **인용**

"All the human and animal manure which the world wastes, restored to the land instead of being cast into the water, would suffice to nourish the world."

"세상이 지금도 버리는 인간과 동물의 퇴비를 모두 물에 흘려보내지 말고 땅으로 순환시키면 세상을 풍요롭게 만들 수 있을 것이다."

Victor Hugo, 빅토르 위고, 《레미제라블》

2. **구체적인 에피소드**

Last semester, my English professor ordered pizza to celebrate the last day of class. It seemed a shame to put all those cardboard pizza boxes into the trash, so we put them into the paper recycling bin instead.

지난 학기 영어 종강수업을 기념하여 피자를 주문하였다. 먹고 나서 피자를 담은 종이박스를 모두 쓰레기통에 넣는 것이 부끄럽게 여겨져 우리는 그것들을 재활용 수거함에 넣었다.

3. **놀랄만한 사실**

From 2011 to 2017, the average market value of a ton of recycling dropped from almost $190 to just over $100. This decline was due not only to market forces but also to contamination by nonrecyclable materials.

2011년부터 2017년까지, 재활용을 통해 생산한 물건의 톤당 평균 시장가가 거의 190달러에서 100달러를 겨우 넘는 수준으로 떨어졌다. 이러한 하락은 시장의 변화뿐만 아니라 재활용할 수 없는 물건들에 의한 오염에서 기인한 것이다.

이 세 가지 유형을 모두 합하여 도입부를 작성할 수도 있다.

"All the human and animal manure which the world wastes," observes Victor Hugo in his 1862 novel Les Misérables, "restored to the land instead of being cast into the water, would suffice to nourish the world." Although Hugo was writing in the mid-nineteenth century, he captures the impulse that motivates today's recycling movement. Last semester, for example, my English professor ordered pizza to celebrate the last day of class. It seemed a shame to put all those cardboard pizza boxes into the trash, so we put them into the paper recycling bin instead. Little did we know that we were doing more harm than good. In fact, such instances of "aspirational recycling"—well-intended but misguided attempts to recycle materials that are not recyclable—has contributed to a recent erosion in the value of recycled materials, from an average of almost $190 a ton in 2011 to just over $100 a ton in 2017.

"세상이 지금도 버리는 인간과 동물의 퇴비를 모두 물에 흘려보내지 말고 땅으로 순환시키면 세상을 풍요롭게 만들 수 있을 것이다." 빅토르 위고는 1862년 소설 《레미제라블》에서 말한다. 위고는 이 말을 19세기 중반에 했지만, 그는 오늘날 재활용운동을 자극하는 지점을 잘 포착하였다.(인용) 지난학기 영어 종강수업을 기념하여 피자를 주문하였다. 먹고 나서 피자를 담은 종이박스를 모두 쓰레기통에 넣는 것이 부끄럽게 여겨져 우리는 그것들을 재활용 수거함에 넣었다. 우리는 이 행동이 좋은 결과는커녕 오히려 해로운 결과를 낳는다는 것을 알지 못했다.(에피소드) 실제로 이는 재활용할 수 없는 물건을 재활용하려고 하는 노력으로 의도는 좋지만 나쁜 결과를 초래하는 '희망재활용'의 한 사례라 할 수 있다. 희망재활용은 최근 재활용한 물건의 가치하락에 상당히 기여했는데, 2011년 톤당 190달러에 달하던 가격이 2017년 톤당 100달러를 겨우 넘는 수준으로 떨어졌다.(놀라운 사실)

지금까지 서론에 필요한 요소를 모두 살펴보았다. 서론의 일반적인 구조를 정리하면 다음과 같다.

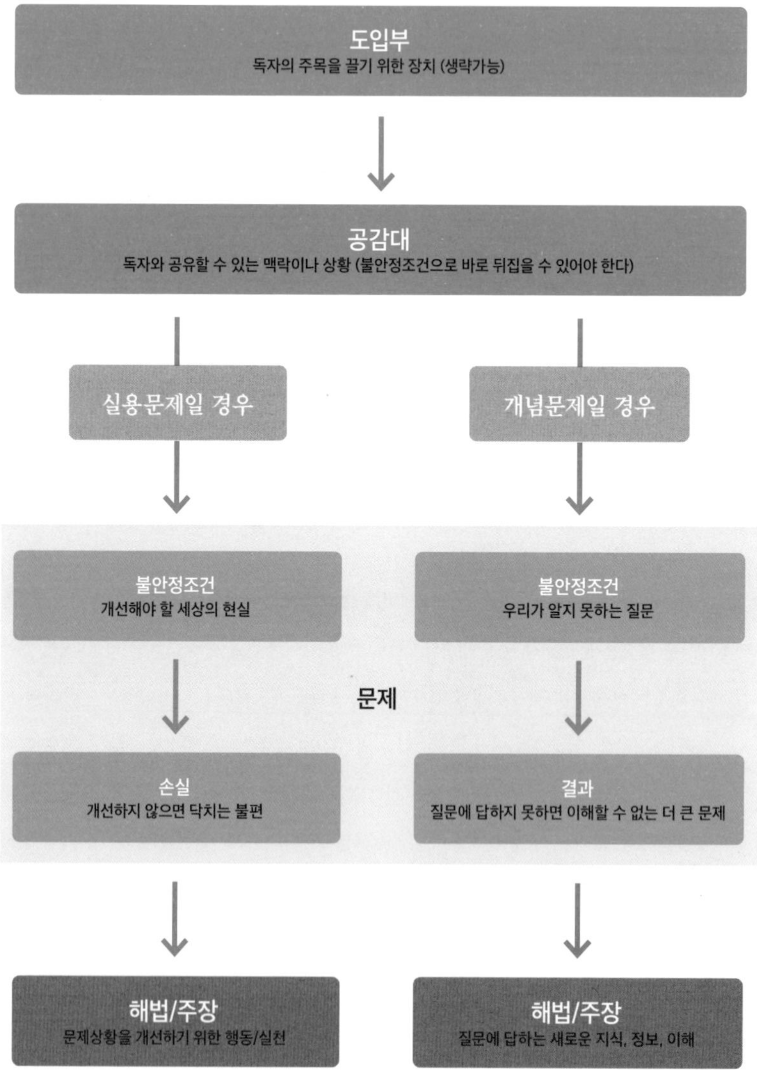

모든 서론이 이러한 구성을 완벽하게 따를 필요는 없다. 특히 도입부를 쓰지 않는 서론도 많다. 상황에 따라서는 다른 부분도 생략하거나 다르게 배치할 수 있다. 흔히 볼 수 있는 네 가지 변주를 소개한다.

- 독자들이 이미 잘 아는 주제를 다루는 경우, 공감대를 생략하고 곧바로 문제부터 진술할 수 있다.
- 독자들이 이미 잘 아는 문제를 다루는 경우, 손실을 먼저 제시한 다음 불안정조건을 제시할 수도 있다.
- 독자들이 손실을 금방 인식할 수 있다고 여겨질 경우, 손실을 생략할 수 있다. 불안정조건만 제시하는 것이다.
- 독자들이 기꺼이 기다려줄 것이라 여겨지는 경우(매우 드문 경우다), 해법/핵심/주장을 생략할 수도 있다. 해법을 결론에서 밝힐 것이라는 약속만 하고 서론을 마무리한다.

물론 이러한 변칙적인 방식으로도 훌륭하게 작성된 서론을 찾을 수 있다. 하지만 충분히 경험이 쌓이기 전에는 기본적인 구성에 따라 서론을 작성하는 것이 가장 안전하다.

글쓰기 팁

이제 어떤 글을 읽든, 공감대-문제-해법으로 진행되는 서론의 패턴이 눈에 들어올 것이다. 신문 사설 세 개를 골라서 다음과 같은 분석을 해보자.

- 공감대가 끝나고 문제를 진술하기 시작하는 부분에 줄을 그어라.
- 문제를 구성하는 두 가지 요소(불안정조건—손실/결론)를 찾아라.
- 개념문제인지 실용문제인지 판단하라.
- 해법에 형광펜을 칠하라.
- 세 사설 사이에 일관성이 있는 패턴이 있는가? 다른 점이 있는가?

글 고치기: 서론 작성하기

서론을 분석하고 평가하고 수정할 때, 다음 질문에 차례대로 대답하라.

1. **실용문제인가? 개념문제인가?**
   자신이 다루고자 하는 문제가 어떤 문제인지 판단하라. 독자가 어떤 것을 행동하기 바라는가? 아니면 어떤 것을 이해하기 바라는가?

2. **단락은 쉽게 구분되어있는가?**
   서론이 끝나는 부분에 선을 그어 표시한다. 쉽게 구분할 수 없다면, 독자들도 당연히 구분하지 못한다. 그럴 경우 독자들은 이 글에서 다루는 문제가 무엇인지, 주장이 무엇인지 파악하지 못할 확률이 높다.

3. **공감대, 문제제기, 해법을 쉽게 구분할 수 있는가?**
   이 세 부분을 서론에서 한 눈에 구분해내기 힘들다면, 독자들은 이 글이 무엇을 말하고자 하는지 파악하는 데 어려움을 겪을 것이다.

4. **공감대를 제대로 뒤집고 있는가?**
   공감대 바로 다음에 나오는 문장은 '하지만'과 같은 역접접속사로 시작하거나, 공감대에 이의를 제기하는 단어가 분명하게 드러나야 한다. 공감대에서 문제제기로 넘어가는 지점에서 명확하게 대비되는 신호가 표시되어 있지 않으면 독자는 이 부분을 놓치고 넘어갈 수 있다.

이제 문제를 불안정조건과 손실로 구분한다.

5. **불안정조건은 문제를 제대로 진술하는가?**

- 실용문제의 불안정조건은 구체적인 손실을 수반해야 한다.
- 개념문제의 불안정조건은 독자가 모르거나 이해하지 못하는 것이어야 한다. 여기서 명심해야 할 점은, 문제를 직접의문문으로 진술하지 말고, '우리가 알지 못하는' 것에 초점을 맞춰 간접진술해야 한다는 것이다.

✕ Why do people try to recycle things they can't?

사람들은 왜 재활용할 수 없는 것을 재활용하려고 할까?

✓ But we do not know why education campaigns aimed at reducing aspirational recycling have generally proven ineffective.

하지만 희망재활용을 줄이기 위한 캠페인이 그다지 효과가 없는 이유를 우리는 알지 못한다.

6. 손실은 '그래서 어쩌라고?'라는 질문에 대한 적절한 대답인가?

- 실용문제의 손실은, 불안정조건을 해결하지 못했을 때 불편을 초래하는 구체적인 결과를 진술해야 한다.
- 개념문제의 불편한 결과는, 이 문제를 해결하지 못했을 때 대답할 수 없는 아직 밝혀지지 않았거나 이해할 수 없는 더 중요한 문제를 진술해야 한다.

7. 해법/주장/핵심진술에서 가장 중요한 단어에 동그라미를 쳐라.

주장을 진술하는 문장에 밑줄을 그어라. 이 문장은 서론의 맨 끝부분에 나와야 하며, 이 문장의 강세자리에 핵심단어들이 나와야 한다. 이 단어들은 본론에서 파고들 핵심주제여야 한다. (**레슨7**에서 자세히 설명한다)

글쓰기 팁

학술적인 글의 서론에서는 문제를 진술하는 데 상당히 공을 들인다. 이렇게 문제를 진술하기 위해서는 자신의 주장뿐만 아니라 독자들이 무엇에 관심을 갖는지도 잘 알아야 한다. 독자의 관심을 끌려면 어떻게 해야 할까? 아이디어를 좀더 구체적으로 떠올릴 수 있는 테스트 질문을 소개한다.

1. 이 글에서 나는 ________에 대해서 쓴다.

빈 칸에 글의 화제를 넣는다. (테니슨 작품 속에 나타난 과학, 우주왕복선 컬럼비아호의 폭발, 남중국해의 영해권 분쟁 등)

2. 내가 많고 많은 화제 중에 이 화제를 고른 이유는 ________이다.

빈 칸에 이 화제를 고른 이유를 넣는다. (이 문장을 끝내 완성하지 못한다면 다른 화제를 찾아야 한다. 화제를 선택한 이유를 스스로도 설명하지 못하면, 어떤 독자도 관심을 갖지 않을 것이다.)

3. 내가 이 글에서 펼치고자 하는 주장은 ________이다.

빈 칸에 주장이나 해법을 넣는다.

4. 내 글에 대해 관심을 갖는 사람은 ________이다.

내 글을 읽을 가상의 독자가 어떤 사람일지 구체적으로 묘사해보자. 어떻게 생겼을까? 어떤 일을 하며 살까? 무엇에 관심을 가질까? 최근 어떤 책을 읽었을까?

마지막으로, 가상의 독자에게 내 글에 왜 관심을 가져야 하는지 설명하는 짧은 편지를 격식을 갖추지 말고 써보자. 편지를 써보면, 문제를 진술할 때 그대로 사용할 수 있는 아이디어나 표현들이 상당히 많이 쏟아져 나올 것이다.

결론을 쓰는 간단한 방법

좋은 서론은 독자에게 흥미를 끌고, 핵심주제를 소개하고, 관심을 끌 만한 문제에 대한 주요 논지와 해법을 진술한다. 서론에서 글의 의도를 분명히 밝히면 독자들은 글을 더 빨리 읽고 더 잘 이해한다.

이에 반해 글의 맨 끝을 장식하는 결론은 다양한 형식을 띨 수 있다. 주장의 요점, 해법의 중요성, 문제와 해법에 대해 더 고민해야 할 함축적 의미 등이 결론에 모두 나와야 한다. 결론은 서론에 비해 훨씬 다양하게 쓸 수 있다. 하지만 급한 경우에는 서론의 구성을 그대로 뒤집어 진술하는 것만으로도 충분할 수 있다. 구체적인 방법은 다음과 같다.

1. 주장을 진술하는 문장으로 결론을 시작한다.

자신의 주장, 해법을 결론의 첫 문장으로 진술(재진술)한다.

The problem of "aspirational recycling" can be effectively addressed through better education and, especially, labelling receptacles, so that it is clear in the moment exactly what can, and what can't, be recycled.

'희망재활용'의 문제는 더 나은 교육과 특히 수거함의 라벨개선을 통해 효과적으로 해결할 수 있다. 무엇을 재활용할 수 있고 무엇을 재활용할 수 없는지 정확하게 구분할 수 있도록 해준다.

2. 손실이나 혜택을 제시함으로써 문제의 중요성을 설명한다.

'그래서 어쩌라고?'라는 질문에 새로운 방식으로 대답함으로써 문제의 중요성을 설명한다. 새로운 대답이 떠오르지 않는다면, 서론에서 제시한 손실을 혜택으로 바꿔 진술해도 된다.

Such measures would protect the environment not only by keeping recycled materials out of landfills but also by making them more valuable, further incentivizing investments in recycling.

그러한 해법은 환경보호로 이어질 것이다. 재활용 쓰레기를 매립하는 사태를 예방할 수 있을 뿐만 아니라, 쓰레기를 더 가치있게 활용하고, 더 많은 투자를 촉발할 수도 있다.

3. 앞으로 풀어야 할 또 다른 질문이나 문제를 진술한다.

아직 밝혀지지 않은 문제나 '이제 뭘 해야 하지?'라는 질문에 대답한다.

Of course, recycling is not the only or even the best way to conserve: reducing consumption outright and reusing rather than disposing of materials whenever possible could have an even bigger impact, but they also demand more commitment. The challenge is to get the public to embrace these actions as they have already embraced recycling.

물론 재활용은 환경을 보호하기 위한 유일한 방법도, 최선의 방법도 아니다. 소비를 근본적으로 줄이고 가능한 한 물건을 버리기보다는 다시 사용하는 것이 훨씬 큰 영향을 미칠 것이다. 하지만 그런 행동은 더 많은 헌신을 요구한다. 문제는, 대중이 이미 재활용을 생활화한 것처럼 이러한 행동도 생활화하게 만들 수 있느냐 하는 것이다.

4. 도입부를 다시 반복하며 마무리한다.

도입부에서 사용한 에피소드, 사실, 인용을 다시 활용하여 글의 맨 마지막을 장식한다. 이러한 장치를 음악에서 '종결부coda'라고 한다. 도입부와 마찬가지로 자연과학과 사회과학 분야에서는 거의 사용하지 않으며, 인문학 논문이나 일반대중을 대상으로 쓰는 글에서만 사용한다.

There are signs that our society is beginning to move in that direction. Online retailers are touting their minimalist packaging, and "right to repair" legislation, which would require manufacturers to make the tools and parts needed to repair their products available to third parties, has now been proposed in seventeen states. The reduce and repair movements are still in their infancies, but so was the recycling movement at that first Earth Day in 1970.

우리 사회가 그런 방향으로 가기 시작했다는 신호는 곳곳에서 볼 수 있다. 온라인소매상들은 포장을 최소화했다는 것을 강조하고 있으며, 제조사에게 제품을 제3자가 누구든 수리할 수 있도록 수리도구와 부품을 의무적으로 제공할 것을 요구하는 '수리할 권리'를 보장하는 법률도 현재 17개 주에 입안되어있다. 줄이고 수리하자는 운동은 아직 걸음마단계에 불과하지만, 1970년 지구의 날에 처음 시작된 재활용운동도 초기에는 마찬가지였다.

결론을 작성하는 방법은 이외에도 많다. 하지만 이보다 좋은 방법이 떠오르지 않는다면, 이것만으로도 충분하다.

서문에서 글을 읽어야 할 목적의식을 부여하지 못하면 독자들은 글을 계속 읽지 않을 것이다. 독자의 관심을 촉발하기 위한 서론의 일반적인 구조는 다음과 같다.

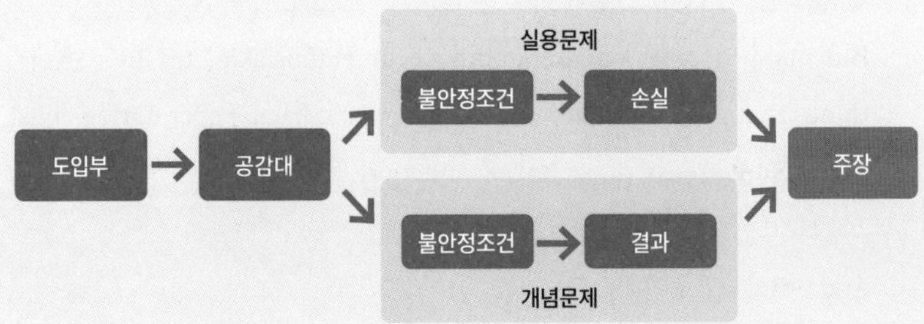

실용문제

실용문제의 핵심은 손실을 명확하게 진술함으로써, 독자들이 '그래서 어쩌라고?'라는 물음을 접고 '그러면 어떻게 해야 하지?'라고 묻게끔 하는 것이다. 물론 이런 궁금증을 이끌어내는 것은 어렵지 않다. 독자의 불편을 초래하는 실용문제의 손실을 제시하면 된다. 실용문제를 소개하는 방법을 살펴보자.

공감대 common ground

서론은 언제나 공감대로 문을 열어야 한다. 공감대는 독자들이 쉽게 동의할 수 있어야 할 뿐만 아니라, 앞으로 전개해나갈 주제로 쉽게 이어나갈 수 있어야 한다.

Recycling—the practice of separating from ordinary trash specific materials that can be made into new products—is today an expected and even habitual behavior: to toss an aluminum can in an ordinary trash bin is as unthinkable as it would be to toss it into the street or a neighbor's yard.

번역은 233쪽 참고.

불안정조건 destabilizing condition

공감대를 제시한 뒤 곧바로 문제가 되는 상황을 진술한다. 불안정조건은 언제나 '하지만' '그러나' '그런데'와 같은 메타디스코스로 시작한다.

But many people, out of ignorance or enthusiasm, try to recycle things that aren't actually recyclable: plastic bags, paper coffee cups, Styrofoam, greasy pizza boxes, and more.

손실 cost

불안정조건을 진술하고 난 다음 이에 대해 독자들이 '그래서 어쩌라고?'라는 질문을 한다고 상상하라. 손실은 이에 대해 대답하는 것이다. 이 문제로 인해 발생하는 피해를 진술한다. 물론 그것이 독자 자신에게 피해가 된다면 더 관심을 가질 것이다. 독자들이 회피하고 싶은 손실을 진술해야 한다.

Such "aspirational recycling" has major environmental consequences. By making waste collected for recycling more difficult or even impossible to process, it can result in whole loads of waste intended for recycling going to the landfill instead.

해법 solution

문제를 해결할 수 있는 해법을 제시한다. 이것이 글의 결론이 된다. 실용문제의 해법은 손실을 해소하거나 완화할 수 있는 '실천방안'이 되어야 한다.

We can address the causes of aspirational recycling through better education and better labeling of recycling bins. Thanks to the educational campaigns of the past, people know they should recycle. Now, we need to build on this success by creating more knowledgeable and discriminating recyclers. To this end, recycling bins should be labeled not just with the familiar triangle of arrows that is recycling's universal symbol, but with specific information about what kinds of things can—and can't—be recycled. Pilot programs in several municipalities show that this simple step can reduce aspirational recycling significantly.

개념문제

개념문제는 실용문제보다 서론의 프레임을 잡기가 어렵다. 무엇보다도, 답을 구할 만한 가치가 있는 문제를 찾아야 한다. 예컨대 "링컨 대통령이 게티즈버그에서 연설할 때 무슨 색 양말을 신었을까?"라는 질문은 그 어떤 중요한 것을 이해하는 데 도움을 주지 못한다. 하지만 "링컨 대통령은 게티즈버그 연설문을 어떻게 작성했을까?"라는 질문은 훨씬 중요한 질문, 이를테면 창조적인 글을 쓰는 과정을 좀더 깊이 이해하는 데 도움이 될 수 있다. 개념문제를 소개하는 방법을 살펴보자.

공감대 common ground

서론은 언제나 공감대로 문을 열어야 한다. 공감대는 독자들이 쉽게 동의할 수 있어야 할 뿐만 아니라, 앞으로 전개해나갈 주제로 쉽게 이어나갈 수 있어야 한다.

Recycling—the practice of separating from ordinary trash specific materials that can be made into new products—is today an expected and even habitual behavior. In fact, that habit is so engrained that many people, out of ignorance or enthusiasm, try to recycle things that aren't actually recyclable: plastic bags, paper coffee cups, Styrofoam, greasy pizza boxes, and more.

재활용—일반쓰레기에서 새로운 제품을 만드는 데 사용할 수 있는 특정한 재질을 분리하는 행위—은 오늘날 바람직한 행동을 넘어서 습관적인 행동이 되었다. 실제로 이러한 습관은 우리 생활 속에 깊이 파고들어, 많은 사람들이 무지로 인해 또는 넘치는 열정으로 인해 비닐백, 종이컵, 스티로폼, 기름이 밴 피자박스 등 실제로는 재활용할 수 없는 것들까지 재활용하려고 하는 상황에 이르렀다.

불안정조건 destabilizing condition

공감대를 제시한 뒤 곧바로 문제가 되는 상황을 진술한다. 불안정조건은 언제나 '하지만' '그러나' '그런데'와 같은 메타디스코스로 시작한다. 개념문제의 불안정조건은 아직 밝혀지지 않았거나 제대로 이해되지 못한 것이다.

But we don't know whether getting people to think about recycling, rather than just doing it out of habit, will lead them to stop recycling at all.

번역은 244쪽 참고.

불편한 결과 intolerable consequence

불안정조건을 진술하고 난 다음 이에 대해 독자들이 '그래서 어쩌라고?'라는 질문을 한다고 상상하고 대답한다. 이 문제를 풀지 못하면 알아내거나 이해할 수 없는 더 크거나 중요한 문제를 진술하는 것이다.

If we knew that, we could design interventions that promise to curtail aspirational recycling without also discouraging recycling generally.

핵심진술 main point

해답을 간략하게 진술함으로써 결론을 제시한다. 이러한 결론이 바로 앞에서 제시한 더 큰 문제의 해답을 찾는 데 기여한다는 것을 자연스럽게 드러낸다.

This study reports on our analysis of the efforts of three universities to address aspirational recycling among students through informational emails and better labeling of recycling receptacles. We found that while emails had negligible impact on student behaviors, marking receptacles with detailed graphics showing the types of materials that can be recycled reduced aspirational recycling by almost thirty-five percent.

억지로 연결한 글

가끔은 심층적으로 전혀 결속되어있지 않은 문장들을 '그러므로', '따라서', '하지만' 등과 같은 접속사를 넣어 마치 자연스럽게 결속되어있는 것처럼 꾸민 글을 볼 수 있다.

Because the press is the major medium of interaction between ordinary people and political figures, how it portrays them influences their popularity. Therefore, the press should report on politicians objectively. Both reporters and politicians are human, however, and subject to error and favoritism. Also, people act differently in public than they do in private. Hence, to understand a person, even a politician, it is important to know the whole person, including that person's upbringing and education. Indeed, from the correspondence with his family, we can learn much about Justin Trudeau, Cnanda's prime minister.

언론은 보통사람들과 정치인 사이의 상호작용을 중계하는 주요한 매체이기 때문에, 언론이 그들을 어떻게 보여주느냐 하는 것은 정치인들의 인기에 영향을 미친다. 따라서 언론은 정치인들에 대해 객관적으로 보도해야 한다. 하지만 기자와 정치인 모두 인간이기에, 실수를 할 수 있고 호불호가 있을 것이다. 또한 사람들은 사적인 자리에서 행동하는 것과 공적인 자리에서 행동하는 것이 다르다. 이로써 한 사람을 이해하기 위해서는, 더욱이 정치인이라면, 성장과정과 학력 같은 것을 비롯하여 그 사람 전체를 알 수 있어야 한다. 실제로 가족과 주고받은 편지를 통해 우리는 캐나다의 총리 쥐스탱 트뤼도에 대해 알 수 있다.

이 글은 다양한 접속사를 활용하여 문장들을 촘촘하게 꿰매어 놓았다. 여기 사용된 접속사를 대충 세어봐도 10개 가까이 된다.

- Because
- Therefore
- and
- Both... and
- however
- Also
- Hence
- even
- Indeed

하지만 이 글은 170쪽에서 본 예문처럼 글의 주제가 무엇인지 파악하기가 어렵다. 심층결속성이 없는 문장들을 이렇게 촘촘히 연결한다고해서 심층결속성이 저절로 생겨나는 것은 아니다.

실제로 글을 제대로 쓸 줄 아는 사람들은 접속사를 많이 쓰지 않는다. 중요한 것은 접속사가 아니라, 문장 속 명제들의 논리적 흐름이다. 특히 and, also, moreover, another와 같은 단어는 그저 한 마디 더 덧붙인다는 뜻이기 때문에 웬만해서는 쓸 필요가 없다. 물론 방금 한 말을 한정하거나 뒤집을 때는 but, however를 써야 하고, 추론을 마무리할 때는 therefore, consequently같은 단어를 쓸 수 있다. 하지만 이런 접속사는 한 페이지에 손가락에 꼽을 정도로 최대한 적게 쓰는 것이 좋다. 문장 자체가 논리적이고 일관성이 있게 배열되어있으면 접속사는 거추장스러운 장식에 불과하다.

Exercise 1

내가 쓴 글을 고쳐보자

최근 작성한 글 또는 지금 작성하고 있는 글을 가지고 서론을 분석해보자.

- 먼저 문제와 해법 사이에 선을 그어라.
- 불안정조건과 손실을 구분해서 표시하라.
- 문제가 개념문제인지 실용문제인지 구분하라.

그 다음 개념문제는 실용문제로 바꾸고 실용문제는 개념문제로 바꿔서 다시 써보자.

무엇을 바꿔야 하는가?

어떤 문제를 바꿔서 쓰는 것이 더 쉬운가?

Exercise 2

내가 쓴 글을 고쳐보자

자신이 속한 분야의 글 세 개를 골라 250쪽 글 고치기 질문을 활용하여 서론을 분석해보자.

1. 문제는 개념문제인가 실용문제인가?
2. 서론이 끝나는 부분에 줄을 그어라.
3. 서론을 공감대-문제-해법/주장 세 부분으로 구분하라. 세 부분이 모두 나오는가? 순서가 뒤바뀌어있지는 않은가?
4. 공감대를 뒤집는 단어에 동그라미를 쳐라. (대개 하지만, 그러나 같은 접속사로 표시된다.)
5. 문제의 두 가지 요소(불안정조건—손실/결과)를 찾아보라.
6. 손실은 "그래서 어쩌라고?"라는 질문에 답하는가?
7. 해법/주장/결론에 밑줄을 그어라.

세 글 속에 공통된 패턴이 있는가?

249쪽 글쓰기팁에서 분석한 신문사설과 어떤 차이가 있는가?

이제 자신이 쓴 글의 서론을 위의 틀에 맞춰 분석해보자.

One of the most difficult things is the first paragraph. I have spent many months on a first paragraph, and once I get it, the rest just comes out very easily. In the first paragraph you solve most of the problems with your book. The theme is defined, the style, the tone.

글을 쓸 때 가장 어려운 부분은 첫 단락이다. 첫 단락을 쓰는데 심지어 여러 달이 걸리기도 한다. 첫 단락만 완성하면 나머지는 아주 쉽게 쓸 수 있다. 첫 단락에서 주제, 문체, 어조, 이 모든 문제를 결정해야 한다.

Gabriel Garcia Marquez

가브리엘 가르시아 마르케스

Lesson 7

섹션의 프레임 짜기

레슨6에서 설명한 서론 쓰는 법은 다음과 같은 기능을 달성하기 위한 것이었다.

- 독자가 관심을 가질 수 있도록 문제를 진술함으로써 글을 계속 읽어나갈 동기를 제공한다.
- 앞으로 이야기할 핵심내용과 주요 개념을 진술함으로써 이후 전개해나갈 글의 프레임을 짠다.

레슨6에서는 첫 번째 기능에 초점을 맞춰 설명했다면, **레슨7**에서는 두 번째 기능에 초점을 맞춰 설명한다. 글의 프레임은 문서전체에서, 다양한 섹션에서 심지어 문단에서 어떻게 적용될까? (여기서 섹션은 글의 전개과정에서 구분할 수 있는 문단보다 큰 단위를 일컫는 말로 사용한다.)

가끔은 말하고자 하는 핵심주장을 앞에서 미리 알려주면 독자들이 글을 더 이상 읽지 않을 것이라고 생각하는 사람도 있다. 하지만 이것은 대부분 착각이다. 서론을 다 읽고 난 뒤에도 이 글이 무엇을 주장하려고 하는지 알 수 없을 경우, 독자들은 글을 읽기 위해서 필요 이상의 노력을 쏟아야 한다. 이미 익숙한 내용을 담고 있는 글도 읽기가 어려워진다. 무슨 이야기를 하려는지 먼저 이야기하고 그것을 뒷받침하고 설득하기 위해 글을 어떻게 전개해나갈 것인지, 글의 프레임을 서론에서 파악할 수 있도록 도와주면 독자들은 글을 훨씬 쉽게 읽어나간다.

물론 글을 읽는 행위 자체에서 즐거움을 느끼고자 하는 독자, 또는 저자의 생각이나 상상에 따라 어디로 갈지 알 수 없는 글이나 꼬여있는 글을 그저 좇아가며 읽고자 하는 독자에게는 정교한 서론이 오히려 글을 읽는 데 방해가 될 것이다. 예컨대 에밀리 디킨슨의 시를 보자. 시는 이렇게 시작된다.

I like to see it lap the Miles—	나는 보고 싶다. 그것이 먼 길을 찰싹대며
And lick the Valleys up—	골짜기를 핥고
And stop to feed itself at Tanks—	멈춰서 탱크를 두둑이 채우고
And then—prodigious step	그런 다음 천둥같은 걸음을 내딛고
Around a Pile of Mountains—	첩첩산중을 돌아
And supercilious peer	거만한 시선으로 내려다보며
In Shanties—by the sides of Roads—	길가의 판잣집들을 지나
And then a Quarry pare	그런 다음 채석장을 깎아지른다

디킨슨은 이 시에 제목을 붙이지 않았다. 이 시는 과연 무엇에 대해 이야기하는 것 같아 보이는가?

그녀가 죽은 다음 출간된 시집에는, 이 시에 The Railway Train기차라는 제목이 붙어있었다(당신이 떠올린 이 시의 화제와 같은가?) 하지만 이런 제목을 붙이는 작업은 과연 바람직한 행동이었을까? 시를 읽는 경험을 망가뜨리지는 않았을까? 시를 읽으며 이 시가 무엇에 관한 것일지 여유를 가지고 궁리하며 찾아내는 즐거움을 빼앗지는 않았을까?

하지만 우리가 즐거움을 위해 읽는 글이 아니라 알아야 하는 어떤 것을 이해하기 위해 읽는 글이라면, 이렇게 시작부터 불확실성으로 휘감아 놓는 것은 심각한 장애가 된다. 우리는 글을 읽을 때 글에서 말하는 내용을 우리가 이미 알고 있는 지식과 통합할 수 있도록 도와주는 신호를 찾는다. 사색하면서 찾는 것을 넘어, 읽어가면서 찾을 수 있어야 한다. 이러한 신호를 정교하게 배치하여 글을 쉽게 읽어나갈 수 있도록 독자들을 이끌어주어야 한다. 이 레슨에서는 그 방법을 설명한다.

앞으로 무슨 이야기를 할지 예측할 수 있도록 하라

'명확성'과 마찬가지로 '심층결속성'도 구체적인 기호에서 찾아낼 수 있는 특성이 아니다. 심층결속성coherence은 글을 읽으면서 느끼는 감각을 토대로 독자 스스로 만들어내는 경험이다.

레슨4에서는 짧은 문단 안에서 심층결속성을 높여 독자들이 일관된 흐름을 쉽게 찾을 수 있도록 도와주는 방법을 설명했다. 하지만 글을 제대로 읽어나가기 위해서는 글 전체를 관통하는 심층결속성도 매우 중요한 역할을 한다. 이러한 심층결속성을 독자가 쉽게 파악할 수 있도록 도와주기 위해선 어떻게 해야 할까?

그것은 바로, 앞에서 설명한 원칙을 응용하는 것이다. 다시 말해 어떠한 단위의 섹션이든, 섹션에서 진술할 핵심적인 내용과 주제를 섹션 맨 앞에서 간략하게 소개함으로써 읽어갈 내용을 충분히 예측하고 정리할 수 있도록 도와주는 것이다. 그런 다음, 본론에서 핵심과 주제를 풀어나가며 설명하고 뒷받침한다.

글 전체의 심층결속성을 독자들이 느낄 수 있도록 도와주고자 한다면 다음 세 가지 원칙을 따라야 한다.

글 전체가 꽉 짜여있다는 느낌을 주려면—

1. 독자들은 어디서 서론이 끝나고 본론이 시작하는지, 어디서 하나의 섹션이 끝나고 다음 섹션이 시작하는지 알고 싶어한다. 섹션을 시작하는 첫머리에는 섹션의 핵심주제를 담은 제목을 달아준다(아래 5번 참조). 관례적으로 제목을 달지 않는 분야의 글을 쓴다면, 마지막 수정작업에서 제목을 지우면 된다.
2. 독자들은 서론의 마지막부분에서 글 전체의 핵심주장, 또는 글에서 이야기하고자 하는 문제의 해법을 찾는다. 서론의 마지막부분에서 글 전반에 걸쳐 주제를 어떤 방식으로 전개해나갈 것인지 이야기해야 한다. 주장을 서론에서 숨기고 결론에 가서 드러내야 할 타당한 이유가 있다면, 서론 마지막부분에서는 글에서 이야기할 핵심주제를 진술하면서 주장은 뒤에서 밝힐 것이라고 분명히 진술한다.
3. 독자들은 본론이 시작되면 서론 마지막부분에서 밝힌 주제가 어떤 개념으로 등장하는지 눈여겨본다. 이러한 개념을 활용하여 독자들은 글 전체를 하나의 메시지로 이해하고 정리한다. 따라서 그러한 개념을 자주 반복하여 전체적인 구성을 인지할 수 있도록 도와주어야 한다.

섹션이 꽉 짜여있다는 느낌을 주려면—

1. 독자들은 어떤 섹션이든, 그 섹션에서 다룰 전반적인 내용을 소개하는 단락으로 시작하기를 기대한다.
2. 독자들은 소개단락의 맨 마지막 문장에서, 섹션에서 이야기할 핵심적인 내용이나 그 섹션에서 선보일 개념을 구체적으로 진술할 것이라고 기대한다.
3. 독자들은 본론이 시작되면 소개단락 마지막 문장에서 진술한 핵심주제와 연관되는 개념을 찾는다. 이러한 개념을 활용하여 독자들은 그 섹션을 하나의 메시지로 이해하고 정리한다. 따라서 그러한 개념을 자주 반복하여 전체적인 구성을 인지할 수 있도록 도와주어야 한다.

글읽기 팁

난해한 문서를 읽어야 할 때 이 세 가지 원칙을 활용하면 크게 도움이 된다.

1. 서론에서 문제를 진술하는 부분을 찾아 '질문'에 밑줄을 긋고, 그것에 대한 '대답(글의 주장)'을 찾아 밑줄을 그어라(레슨6 참조). 이 글이 무엇에 대해 뭐라고 대답하는 글인지 알 수 있다.
2. 섹션마다 서론에 해당하는 소개문단을 찾아 그 섹션에서 이야기하고자 하는 핵심적인 내용이나 개념을 찾아 밑줄을 그어라. 섹션을 소개하는 글이 없다면, 섹션을 끝맺는 문단에서 찾을 수 있을 것이다.
3. 밑줄을 그은 부분만 쭉 읽어나가며 전반적인 글의 구조를 파악한 다음, 본격적으로 글을 처음부터 읽어나간다. 글의 전체구조를 파악한 상태로 글을 읽으면, 훨씬 잘 이해되고 오래 기억할 수 있다.

지면의 제약으로 인해 이 책에서는 글 전체는 물론, 긴 섹션을 예로 들지는 못한다. 그 대신 글 전체까지 확대해서 적용할 수 있는 구조를 문단 수준에서 보여줄 것이다. 예문을 읽어보자.

1a In this study, we analyze essays by thirty sixth-grade students to determine how well eight weeks of instruction could teach them to distinguish fact from opinion. Because that ability is an important aspect of making sound arguments of any kind, it was a main focus of the instruction students received throughout the study. In an essay written before instruction began, the students failed almost completely to distinguish fact from opinion. In an essay after four weeks of instruction, the students visibly attempted to distinguish fact from opinion, but did so inconsistently. In three more essays, they distinguished fact from opinion more consistently but never achieved the predicted level of performance. In a final essay written six months after instruction ended, they did no better than they did in their pre-instruction essays. We thus conclude that short-term training to distinguish fact from opinion has no consistent or long-term effect.

이 연구에서 우리는 초등학교 6학년생 30명이 작성한 글을 분석함으로써, 이들을 대상으로 사실과 의견을 구분하는 8주 교육이 얼마나 효과가 있는지 알아본다. 사실과 의견을 구별할 줄 아는 능력은 종류를 막론하고 타당한 논증을 세우는 데 매우 중요한 요소이기 때문에, 이 연구가 진행되는 동안 이 능력을 높이는 데 초점을 맞춰 교육을 실시하였다. 교육을 시작하기 전에 쓴 글에서 학생들은 사실과 의견을 거의 구분하지 못했다. 교육이 4주 동안 진행된 뒤 쓴 글에서는 사실과 의견을 구분하기 위한 노력이 눈에 띄기는 했지만, 일관적이지 않았다. 이후 글을 세 개 더 썼는데, 여기서는 사실과 의견을 구분하는 노력의 일관성이 다소 높아지기는 했지만, 기대한 수준에 미치지 못했다. 교육이 끝나고 6개월 뒤 쓴 마지막 글에서는 교육을 시작하기 전 쓴 글과 비교할 때 나아진 점을 발견할 수 없었다. 결론적으로 말하자면, 사실과 의견을 구별하는 단기교육은 영속적인 또는 장기적인 효과를 발휘하지 못 했다.

맨 첫 문장에서 글의 화제를 밝히고 두 번째 문장에서 몇 가지 유용한 정보를 제공한다. 하지만 이 두 문장에 글의 핵심적인 개념은 등장하지 않는다. 이 글에서 중요한 키워드는 다음과 같다.

- inconsistently 일관적이지 않은, 영속적이지 않은
- never achieved 수준에 미치지 못하다
- no better than 나아진 점이 없다

글 전체의 핵심을 파악하고 글의 뼈대를 짜는 데 중요한 역할을 하는 이들 개념을 섹션도입부에서 보여주지 않은 결과, 이 글의 핵심주장, 즉 교육이

장기적으로 효과가 없다는 것을 끝까지 읽기 전까지는 전혀 예상할 수 없다. 그러한 까닭에 글이 전반적으로 횡설수설하는 느낌을 준다. 끝까지 읽고 난 뒤에야 이 글이 이야기하고자 하는 주장을 겨우 깨달은 독자는 앞에서 읽은 내용을 반추하여 다시 정리해야 한다. 필요 이상의 수고를 요구한다.

다음 예문과 비교해 보자.

1b In this study, we analyze essays by thirty sixth-grade students to determine how well eight weeks of instruction could teach them to distinguish fact from opinion. They did so successfully during the instruction period, but the effect was inconsistent and less than predicted, and six months after instruction ended, the instruction had no measurable impact. In an essay written before instruction began, the students failed almost completely to distinguish fact from opinion. In an essay after four weeks of instruction, the students visibly attempted to distinguish fact from opinion, but did so inconsistently. In three more essays, they distinguished fact from opinion more consistently but never achieved the predicted level of performance. In a final essay written six months after instruction ended, they did no better than they did in their pre-instruction essays. We thus conclude that short-term training to distinguish fact from opinion has no consistent or long-term effect.

이 연구에서 우리는 초등학교 6학년생 30명이 작성한 글을 분석함으로써, 이들을 대상으로 사실과 의견을 구분하는 8주 교육이 얼마나 효과가 있는지 알아본다. 교육기간 동안 학생들은 잘해냈지만, 그 효과는 영속적이지 않았으며, 교육이 끝나고 6개월 뒤에는 그 효과가 완전히 사라졌다. 교육을 시작하기 전에 쓴 글에서 학생들은 사실과 의견을 거의 구분하지 못했다. 교육이 4주 동안 진행된 뒤 쓴 글에서는 사실과 의견을 구분하기 위한 노력이 눈에 띄기는 했지만, 일관적이지 않았다. 이후 글을 세 개 더 썼는데, 여기서는 사실과 의견을 구분하는 노력의 일관성이 다소 높아지기는 했지만, 기대한 수준에 미치지 못했다. 교육이 끝나고 6개월 뒤 쓴 마지막 글에서는 교육을 시작하기 전 쓴 글과 비교할 때 나아진 점을 발견할 수 없었다. 결론적으로 말하자면, 사실과 의견을 구별하는 단기교육은 영속적인 또는 장기적인 효과를 발휘하지 못 했다.

1b의 두 번째 문장은 1a의 두 번째 문장이 하지 못한 두 가지 기능을 한다.

- 전체 문단의 핵심을 진술한다. 이런 문장을 문단의 '핵심문장point sentence' 또는 '화제문topic sentence'이라고 한다.
- 이 문단에서 이야기할 핵심용어들을 보여준다. 이후 읽어나갈 글에서 어디에 초점을 맞춰 읽어야 하는지 알려준다.

They did so successfully during the instruction period, but the effect was inconsistent and less than predicted, and six months after instruction ended, the instruction had no measurable impact.

앞으로 논의할 내용을 미리 알려주는 이 문장 덕분에 이 문단은 훨씬 심층적으로 결속되어있는 느낌을 주며 이해하기도 훨씬 쉬워졌다.

두 개의 글이 있다고 해보자. 첫 번째 글은 글의 핵심이나 주요개념을 도입부가 아닌 글의 끝부분에서 보여준다(1a). 두 번째 글은 글의 핵심을 도입부에서 보여준다(1b). 어느 글이 읽고 이해하기 쉬울까? 당연히 두 번째 글일 것이다. 한 마디로 정리하면 다음과 같다.

짧은 도입부의 맨 끝에 핵심문장을 배치하라.

길고 복잡한 내용이 시작되기 전, 독자들이 읽어야 하는 마지막 문장은 바로 '핵심문장'이 되어야 한다.

- 문단에서는 도입부가 한 문장으로 끝날 때도 있다. 그런 경우, 첫 문장은 본론이 시작되기 전 독자가 읽는 마지막 문장이 된다. 도입부가 두 문장으로 이루어졌다면(1b) 두 번째 문장이 본론이 시작되기 전 마지막 문장이 된다. 어쨌든 문단의 핵심메시지는 본론이 시작되기 전 마지막 문장에 담겨야 한다.
- 섹션에서는 도입부가 한두 문단으로 이루어질 수 있다. 책에서는 도입부가 하나의 섹션으로 이루어질 수도 있다. 어느 경우든, 길이와 무관하게 핵심문장은 도입부의 맨 끝에 와야 한다. 긴 글에서도 핵심메시지는 어쨌든 길고 복잡한 내용이 시작되기 전 독자들이 읽어야 하는 마지막 문장에 담겨야 한다.

다시 말하지만, 핵심메시지를 도입부에서 노출하면 결론을 먼저 안 독자들이 글을 읽지 않을 수 있다고 걱정하지 마라. 그렇게 독자들을 속여야만 하는 글이라면 그다지 읽을 만한 가치가 없는 글일 확률이 높다. 글에서 제기하는 문제가 흥미롭다면 독자는 그것을 어떻게 풀어나갈지 궁금해 하며 따라오기 마련이다.

◎ 핵심포인트

> 독자들이 심층적으로 잘 결속되어있다고 생각하는 글을 쓰려면 문단이든 섹션이든 글 전체든 쉽고 짧은 도입부로 시작하라. 도입부 맨 끝에는 글의 핵심메시지와 이후 본론에서 다룰 핵심개념이 담겨있는 문장을 놓는다. 이러한 '핵심문장'은 글의 윤곽, 즉 논리적 구조를 알려준다. 핵심문장을 독자들이 인지하지 못하고 넘어간다면, 독자들은 글이 심층적으로 결속되어있지 않다고 생각한다.

Exercise 1 ▶

심층결속을 높여주는 두 가지 비결

지금까지 설명했듯이 도입부에서 글이 어떻게 전개되어나갈지 프레임을 보여주고 핵심메시지가 무엇인지 알려주면, 독자들은 글을 쉽고 빠르게 읽어나갈 것이다. 하지만 글이 심층적으로 결속되어있다는 느낌을 더 강하게 주고 싶다면, 독자들이 글을 읽으면서 언제든 다음 두 가지 질문에 답할 수 있어야 한다.

- 이 부분은 핵심메시지와 어떻게 연관되어있는가?
- 어떤 순서로 논의가 진행되는가?

하나씩 살펴보자.

이 부분은 핵심메시지와 어떻게 연관되어있는가?

> In this study, we analyze essays by thirty sixth-grade students to determine the effectiveness of training in distinguishing fact from opinion. In an essay written before training, the students failed almost completely to distinguish fact and opinion. These essays were also badly organized in several ways. In first two essays after training began, the students visibly attempted to distinguish fact from opinion but did so inconsistently. They also produced fewer spelling and punctuation errors. In essays four through seven, they distinguished fact from opinion more consistently, but in their final essay, written six months after completion of instruction, they did no better than they did in their first essay. Their last essay was significantly longer than their

first one, however. Their training thus had some effect on their writing during the training period, but it was inconsistent and transient.

이 연구에서 우리는 초등학교 6학년생 30명이 작성한 글을 분석함으로써, 사실과 의견을 구분하는 교육의 효과를 살펴보고자 한다. 교육을 시작하기 전에 쓴 글에서 학생들은 사실과 의견을 거의 구분하지 못했다. 이 글들은 여러모로 짜임새가 부족했다. 교육을 시작한 뒤 제출한 첫 두 개의 글에서 학생들은 사실과 의견을 구분하려고 노력했으나 일관적이지 않았다. 이전에 비해 맞춤법과 구두점 오류도 줄어들었다. 학생들이 쓴 4번째에서 7번째 글에서는 사실과 의견을 더욱 일관성있게 구분했지만, 교육이 끝난 뒤 6개월 후 작성한 마지막 글은 첫 번째 글에 비해 나아진 것이 없었다. 하지만 마지막 글은 첫 번째 글에 비해 상당히 길었다. 따라서 이러한 교육의 효과는 교육은 진행하는 동안에만 어느 정도 효과가 있었을 뿐 일관적이지 않고 일시적이었다.

이 글에서 organization, spelling, length에 대해 이야기하는 문장은 과연 어떤 역할을 할까? 이 문장들이 이 글의 핵심메시지와 어떤 관계가 있는지 파악하기 힘들다. 이런 글을 읽을 때 독자는 글이 심층적으로 결속되어있지 않다고 판단할 확률이 높다.

심층결속성은 추상적인 개념이기 때문에 단순한 규칙으로 제시하기는 어렵다. 하지만 심층결속성을 높이는 데 가장 중요한 역할을 하는 요소는 설명할 수 있다. 다음과 같은 요소를 진술하는 문장들은 핵심메시지와 연관성이 매우 높다.

- 배경 또는 맥락
- 섹션이나 글 전체의 핵심메시지
- 핵심메시지를 뒷받침하는 이유
- 이유를 뒷받침하는 근거, 사실, 데이터
- 추론이나 접근법에 대한 설명
- 다른 관점이나 반론 고려

어떤 순서로 논의가 진행되는가?

독자들은 지금 읽고 있는 부분이 핵심메시지와 어떻게 연관되어있는지 알고 싶어할 뿐만 아니라, 글이 어떤 방식으로 전개되는지도 알고 싶어한다. 독자들이 쉽게 예측할 수 있는 자연스러운 전개방식으로는 다음 세 가지 기준이 있다.

1. **시간** chronology

   이야기의 흐름이나 원인-결과처럼 먼저 일어난 일부터 (또는 맨 나중에 일어난 일부터) 차례대로 진술하는 구성. 가장 간단한 구성방식이다. first우선, then그런 다음, finally마지막으로처럼 시간을 표시하는 부사나, as a result 그 결과, because of that그로 인해처럼 인과관계를 표시하는 부사가 자주 등장한다. 앞에서 본 예문의 전개방식이다.

2. **등위** coordination

   하나의 지붕을 여러 기둥이 나란히 떠받치는 것처럼 여러 섹션이 동등한 가치를 지니는 구성. There are three reasons why…에는 세 가지 이유가 있다와 같은 표현이 이러한 구성을 알려준다. 동등한 내용이라고 하더라도 그것이 등장하는 순서에는 중요성, 복잡성 등 독자가 쉽게 추론할 수 있는 기준이 있어야 하며, 개별항목을 시작하는 부분에는 first첫 번째, second두 번째, also또한, another 또다른, more important무엇보다도, in addition게다가 같은 어구로 깃발을 세워 표시한다. 지금 이 섹션의 구성방식이다.

3. **논리** logic

   개별사례를 보여준 다음 그것을 일반화하거나 (또는 일반화에서 개별사례로), 전제를 제시한 다음 거기서 결론을 이끌어내거나 (또는 결론에서 전제로), 주장을 제시한 다음 이에 반박하는 내용을 제시하는 구성. 가장 복잡한 구성방식이다. for example예컨대, on the other hand한편, it follows that… 이에 따라 같은 표현이 자주 등장한다.

글쓰기 팁

> 대부분 글들이 시간순으로 이야기를 풀어나가는 것은, 이러한 순서가 가장 쉽게 이해되기 때문이다. 일단 드래프팅을 할 때는 머릿속에서 떠오르는 순서대로 글을 전개해나간 다음, 드래프팅을 하고 나서 그러한 순서가 적절한지 판단하라. 순서를 바꿔야 한다면 리바이징 단계에서 바꾼다. 핵심은 나한테 익숙한 순서가 아니라 독자들이 이해하는 데 가장 도움이 되는 순서를 찾는 것이다.

탄탄한 문단 설계하기

분야에 따라서 문단을 나누는 방식도 달라진다. 신문기사에서는 한 문장으로 된 문단도 자주 볼 수 있다. 책에서는 문단이 좀더 길다. 학술지에 실리는 글이나 논문에서는 한 문단이 반 페이지를 넘어가는 경우가 흔하다. 긴 문단을 쓸 때, 심층적으로 결속되어있도록 구성하려면 다음 원칙을 따라야 한다.

- 문단을 여는 첫 한두 문장은 앞으로 다룰 내용의 골자framework를 쉽게 파악할 수 있도록 간단하게 소개하는 역할을 해야 한다(길이도 짧아야 한다).
- 문단의 핵심메시지를 도입부의 맨 마지막 문장으로 진술한다(이것이 '핵심문장' 또는 '화제문'이다). 도입부가 한 문장이라면, 바로 그 문장에 핵심메시지가 담겨야 한다.
- 화제문의 강세자리에는 앞으로 나올 핵심 키워드가 제시되어야 한다.

이러한 원칙은 간단해 보이지만, 모든 문단을 이처럼 깔끔하게 구성하기는 쉽지 않다. 화제를 전환하기 위한 문단이나 본론에서 비켜난 주제에 대해 이야기하는 짧은 문단은, 이러한 원칙을 적용하지 않아도 이해하는 데 크게 어려움이 없다. 하지만 예닐곱 개가 넘는 문장으로 이루어진 중요한 문단이 이러한 형식을 따르지 않는 경우, 글을 읽어나가는 일이 어려워질 수 있다. 문단의 핵심메시지를 소개하는 문장이 문단 첫 부분이 아닌 엉뚱한 곳에서 나오거나, 키워드가 여기저기 흩어져 나오면 안 된다.

핵심문장이 문단의 도입부에 나올 때와 분산되어있을 때, 어떤 차이가 있는지 비교해보자.

2a The team obtained exact sequences of fossils—new lines of antelopes, giraffes, and elephants developing out of old and appearing in younger strata, then dying out as they were replaced by others in still later strata. The most specific sequences they reconstructed were several lines of pigs that had been common at the site and had developed rapidly. The team produced family trees that dated types of pigs so accurately that when they found pigs next to fossils of questionable age, they could use the pigs to date the fossils. By mapping every fossil precisely, the team was able to recreate exactly how and when the animals in a whole ecosystem evolved.

연구팀은 화석의 정확한 계보를 확보했다. 오래된 지층에서 발굴한 화석에서 진화한 영양, 기린, 코끼리과의 새로운 종들이 이후 지층에 나타났다가, 그보다 이후 형성된 지층에서는 다른 종으로 대체되어 사라져가는 것을 확인한 것이다. 그들이 재구성한 가장 구체적인 연대기록은 그 지역에 급속도로 퍼져나간 돼지과의 몇몇 종의 계보였다. 연구팀은 돼지과 동물의 정확한 연대표를 만들어냈고, 연대를 추정하기 힘든 화석이 발견될 경우 가까운 곳에서 발굴해낸 돼지 화석을 활용하여 연대를 유추해냈다. 모든 화석의 연대를 정밀하게 찾아냄으로써, 연구팀은 전체 생태계의 동물들이 언제 어떻게 진화했는지 정확하게 밝혀낼 수 있었다.

2b By precisely mapping every fossil they found, the team was able to recreate exactly how and when the animals in a whole ecosystem evolved. They charted new lines of antelopes, giraffes, and elephants developing out of old and appearing in younger strata, then dying out as they were replaced by others in still later strata. The most exact sequences they reconstructed were several lines of pigs that had been common at the site and had developed rapidly. The team produced family trees that dated types of pigs so accurately that when they found pigs next to fossils of questionable age, they could use the pigs to date the fossils.

연구팀은 발굴된 화석의 정밀한 연대표를 만들어냄으로써, 전체 생태계의 동물들이 언제 어떻게 진화했는지 정확하게 밝혀냈다. 연구팀은 오래된 지층에서 발굴한 화석에서 진화한 영양, 기린, 코끼리과의 새로운 종들이 이후 지층에 나타났다가, 그보다 이후 형성된 지층에서는 다른 종으로 대체되어 사라져가는 것을 기록했다. 그들이 재구성한 가장 구체적인 연대기록은 그 지역에 급속도로 퍼져나간 돼지과의 몇몇 종의 계보였다. 연구팀은 돼지과 동물의 정확한 연대표를 만들어냈고, 연대를 추정하기 힘든 화석이 발견될 경우 가까운 곳에서 발굴해낸 돼지 화석을 활용하여 연대를 유추해냈다.

2a는 핵심문장을 문단의 맨 끝에 배치한 반면, **2b**는 핵심문장을 첫 문장으로 배치했다. **2b**가 더 쉽게 이해된다는 느낌을 받을 것이다.

물론 전체 글 속에서 이 문단을 읽을 때는—화석연구자들과 그들의 작업에 관한 내용을 이야기한다는 것을 맥락으로 알고 있기 때문에—**2a**도 이해하는 데 그다지 어렵지는 않을 것이다. 결론적으로 말하자면, 글 전체, 또는 섹션을 구성할 때 프레임을 잘 짜 놓으면, 몇몇 문단이 완벽하지 않더라도 독자들은 별다른 어려움 없이 읽어나갈 수 있다. 하지만 이러한 전체적인 프레임이 엉성하거나 제대로 설계되어있지 않으면, 개별문단을 아무리 완벽하게 작성한다고 해도 독자는 길을 잃은 느낌을 받을 것이다.

심층결속성을 높이기 위한 도입부 작성의 원칙

명확성의 기본원칙은 개별문장뿐만 아니라, 문단, 섹션, 글 전체에도 그대로 적용된다.

도입부에서 앞으로 전개할 이야기의 프레임을 짧고 간단하게 소개하라.

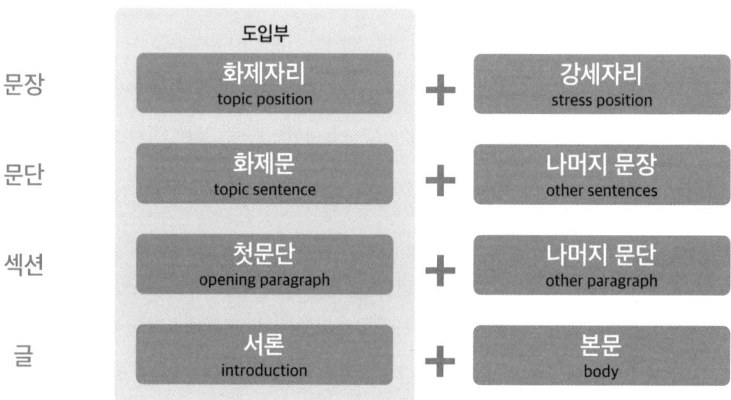

이후 등장할 길고 복잡한 내용이 어떻게 전개되는지 쉽게 이해할 수 있도록 도입부에서 도와주는 경우, 독자들은 그 글이 명확하고 심층적으로 결속되어있다고 생각한다.

문장

단문에서 쉽고 짧은 도입부는 주어/화제다.

3a Resistance in Nevada against its use as a waste disposal site has been heated.

쓰레기하치장으로 활용되는 것에 대한 네바다의 반대가 거세지고 있다.

✔ 3b Nevada has heatedly resisted its use as a waste disposal site.

네바다는 쓰레기하치장으로 사용되는 것에 거세게 반대한다.

복문에서 쉽고 짧은 도입부는 문장의 화제를 표현하는 주절이다.

4a Greater knowledge of pre-Columbian civilizations and the effect of European colonization destroying their societies by inflicting on them devastating diseases has led to a historical reassessment of Columbus' role in world history.

콜럼버스 이전 시대의 문명과, 끔찍한 질병을 확산시켜 그들의 문명을 파괴한 유럽의 식민지배의 효과에 대한 더 많은 지식은 세계역사에서 콜럼버스의 역할에 대한 재평가로 이어지고 있다.

✔ 4b Historians are reassessing Columbus' role in world history because they know about pre-Columbian civilizations and how European colonization destroyed their societies by inflicting on them devastating diseases.

역사가들은 세계역사에서 콜럼버스의 역할을 새롭게 평가하고 있는데, 이는 콜럼버스 이전 시대의 문명과 끔찍한 질병을 확산시킴으로써 그들의 문명을 파괴한 유럽의 식민지배 과정이 밝혀졌기 때문이다.

4a의 화제는 동사 뒤쪽에 숨겨져있는 반면, **4b**는 문장을 시작하자마자 나오는 주절이 화제를 이야기한다. 주절이 곧 이 문장의 주장이며, 그 뒤에 따라 나오는 길고 복잡한 종속절은 주장을 뒷받침하는 이유 역할을 한다.

문단

문단에서 쉽고 짧은 도입부는 문단 전체의 핵심메시지와 키워드를 소개하는 첫 한두 문장이다. (271쪽 예문을 그대로 가져왔다.)

1a In this study, we analyze essays by thirty sixth-grade students to determine how well eight weeks of instruction could teach them to distinguish fact from opinion. Because that ability is an important aspect of making sound arguments of any kind, it was a main focus of the instruction students received throughout the study. In an essay written before instruction began, the students failed almost completely to distinguish fact from opinion. In an essay after four weeks of instruction, the students visibly attempted to distinguish fact from opinion, but did so inconsistently. In three more essays, they distinguished fact from opinion more consistently but never achieved the predicted level of performance. In a final essay written six months after instruction ended, they did no better than they did in their pre-instruction essays. We thus conclude that short-term training to distinguish fact from opinion has no consistent or long-term effect.

✓ 1b In this study, we analyze essays by thirty sixth-grade students to determine how well eight weeks of instruction could teach them to distinguish fact from opinion. They did so successfully during the instruction period, but the effect was inconsistent and less than predicted, and six months after instruction ended, the instruction had no measurable impact. In an essay written before instruction began, the students failed almost completely to distinguish fact from opinion. In an essay after four weeks of instruction, the students visibly attempted to distinguish fact from opinion, but did so inconsistently. In three more essays, they distinguished fact from opinion more consistently but never achieved the predicted level of performance. In a final essay written six months after instruction ended, they did no better than they did in their pre-instruction essays. We thus conclude that short-term training to distinguish fact from opinion has no consistent or long-term effect.

1a는 명확하게 구분할 수 있는 도입부가 없으며, 문단의 키워드를 보여주지도 않는다. 반면 **1b**는 문단의 핵심메시지를 진술하고 키워드를 보여주는 도입부가 선명하게 드러난다.

섹션

섹션에서 쉽고 짧은 도입부는 대개 첫 문단이다. 섹션이 길다면, 도입부도 그에 따라 늘어날 수 있다. 그런 경우에도, 도입부의 마지막 문장에서 섹션의 핵심메시지와 앞으로 펼쳐질 키워드를 제시한다. 지면의 제약으로 이 책에서는 여러 문단으로 구성된 글에서 이러한 원칙이 어떻게 적용되는지 보여줄 수 없지만, 쉽게 상상할 수 있을 것이다.

글 전체

글 전체에서 도입부는 문단 여러 개일 수 있다. 몇 페이지에 달할 수도 있다. 하지만 어쨌든 도입부는 나머지부분에 비하면 매우 짧기 마련이며, 그 끝에서 핵심메시지와 키워드를 소개한다.

글쓰기 팁

드래프팅과 리바이징을 한 다음, 도입부를 점검하는 시간을 남겨놓아라. 먼저, 전체 글의 도입부인 서론이 제대로 구성되어있는지 점검한다. 그 다음, 주요섹션들의 도입부를 점검한다. 그 다음, 작은 섹션들의 시작부분을 점검한다. 그 다음, 문단의 첫 한두 문장을 점검한다. 마지막으로, 문장의 화제자리를 점검한다. 이렇게 첫 머리를 잘 정리하면 나머지부분은 자연스럽게 정리될 확률이 높다.

글쓰기 템플릿의 효용

지금까지 설명한 패턴에 맞춰 글을 쓰면, 창조성을 억압하고 독자를 지루하게 만들 것이라고 우려하는 사람도 있다. 글을 읽으면서 독자들 스스로 감정의 변화를 살피게 만드는 문학적 에세이를 쓴다면, 구불구불한 생각의 흐름을 따라 끝까지 인내하며 읽어줄 진득한 독자를 위해 글을 쓴다면, 그러한 우려는 타당하다. 그러한 독자들을 위해 글을 쓴다면, 그렇게 쓰면 된다. 여기서 제시하는 조언에 굳이 얽매일 필요 없다.

하지만 대다수 독자들이 글을 읽는 목적은 미학적 즐거움을 얻는 것이 아니라 필요한 정보를 빠르게 습득하는 것이다. 그러한 독서의 목적을 달성할 수 있도록 도와주고자 한다면 지금까지 설명한 명확성과 심층결속성의 원칙을 지켜야 한다.

물론 이렇게 글을 쓰는 것은, 압박처럼 느껴질 수도 있다. 어떻게 글을 써야 하는지, 계속 의식하고 참고해야 하는 사람 입장에서는 더더욱 그렇게 느껴질 것이다. 하지만 읽고, 이해하고, 알아야 할 것을 모두 기억할 시간이 부족한 독자들, 어쨌든 글의 형식에 주목하기보다는 내용을 이해하는 데 관심이 있는 독자들 입장에서 다시 생각해보라. 지금까지 설명한 글쓰기 원칙은 글을 쓰는 사람에게도 글을 읽는 사람에게도 큰 도움을 줄 것이다.

SUMMARY

문단, 섹션, 챕터는 물론 문서 전체의 프레임을 일관성있게 짤 줄 알아야 한다. 전체 프레임을 짜는 방법은 다음과 같다. (진단은 **굵은 글씨**, 새로운 문제는 회색 음영, 환자의 증상은 파란 음영으로 표시했다.)

> Researchers have made strides in the **early and accurate diagnosis** of Alzheimer's disease, but those **diagnoses** have raised a new problem about **informing** those most at risk before they show any symptoms of it.
>
> 연구자들은 알츠하이머의 정확한 조기진단을 실현하기 위한 기술발전에 성공했으나, 이러한 진단법은 전혀 증상이 나타나지 않은 사람들에게 미리 발병을 예고함으로써 새로운 인간적인 문제를 야기하고 있다.(핵심문장)

- 어떤 섹션이든 섹션 전체를 소개하는, 상대적으로 짧은 도입부로 시작한다.
- 도입부의 마지막 문장은 그 섹션의 주제를 진술하는 핵심문장이 되어야 한다.
- 핵심문장의 강세자리는 그 섹션에 등장하는 키워드를 소개하는 기능을 수행해야 한다.

> Not too long ago, when physicians examined an older patient who seemed out of touch with reality, they had to **guess** whether that person had Alzheimer's or was only senile. In the past few years, however, they have been able to use **new and more reliable tests** focusing on genetic clues. But in **the accuracy of these new tests** lies the risk of another kind of human tragedy: physicians may be able

to **predict** Alzheimer's long before its overt appearance, but such an <u>**early diagnosis**</u> could psychologically devastate an apparently healthy person.

얼마 전까지 만해도 현실감각을 잃는 것처럼 보이는 고령환자를 진찰할 때, 그것이 노쇠현상인지 알츠하이머인지 명확하게 구분하기 어려웠다. 하지만 최근 몇 년 동안 의사들은 유전적 단서에 초점을 맞춘 더 새롭고 믿을 만한 알츠하이머 진단테스트를 만들어 활용할 수 있게 되었다. 하지만 이러한 진단테스트의 정확성은 또 다른 종류의 비극을 초래할 위험을 안고 있다. 알츠하이머에 걸릴 위험을 증상이 명백하게 나타나기 훨씬 이전에 예측할 수 있게 되었는데, 그러한 조기진단은 누가 보아도 건강한 사람에게 엄청난 심리적인 좌절을 안겨줄 수 있기 때문이다.

- 짧은 도입부에 뒤따라 나오는 긴 문단에서도 화제는 일관성있게 선택되어야 한다. (밑줄로 표시했다.)
- 키워드는 섹션 전체에 반복적으로 등장하여야 하며 문장의 강세자리, 특히 섹션 후반부에 집중 배치되어야 한다.
- 모든 문장은 구정보로 시작하여 신정보로 끝나야 한다.
- 문장, 문단, 섹션 등 모든 메시지의 단위는 독자들이 차근차근 이해해나갈 수 있도록 배치되어야 한다.
- 모든 문장이 글의 전체주장과 밀접하게 연관되어있어야 한다.

한 집단에 속하는 구성원임을 입증하는 증표로 전문용어가 중요한 기능을 한다고 앞에서 이야기했지만, 그보다 더 확실한 증표는 서로 말하지 않고도 공유하는 지식이다. 전문용어는 눈에 띄기 때문에 그나마 쉽게 배울 수 있지만, 무언의 정보는 존재 자체가 눈에 잘 띄지 않기 때문에 습득하는 데 상당한 시간이 걸린다.

다음은 뛰어난 성적으로 로스쿨에 들어간 학생이 처음 쓴 글이다.

> It is my opinion that the ruling of the lower court concerning the case of Haslem v. Lockwood should be upheld, thereby denying the appeal of the plaintiff. The main point supporting my point of view on this case concerns the tenet of our court system which holds that in order to win his case, the plaintiff must prove that he was somehow wronged by the defendant. The burden of proof rests on the plaintiff. He must show enough evidence to convince the court that he is in the right.
>
> 하슬렘-록우드 소송에 관한 하급법원의 판결은 인정되어야 하며, 따라서 원고의 항소는 기각되어야 한다는 것이 나의 의견이다. 이 소송에 대한 나의 관점을 뒷받침하는 핵심은, 소송에서 이기기 위해 원고가 피고에게서 어떻게든 부당한 취급을 받았다는 것을 입증해야 한다고 규정한 우리 법조체계의 교리에 관한 것이다. 증명의 부담은 원고에게 있다. 원고는 자신이 옳다는 것을 입증할 수 있는 충분한 증거를 법원에 보여줘야 한다.

이 글을 받아본 로스쿨 교수는 첫 콤마 이후 등장하는 문장 전체가 쓸모없다고 판단했다. 법원이 판결을 인정한다면 항소는 기각될 것이고, 원고가 소송에서 이긴다는 것은 곧 피고에게서 부당한 취급을 받았다는 것을 입증했다는 뜻이며, 증명의 부담은 당연히 원고에게 있다. 원고가 법원에 증거를 제출해야 하는 것은 두말할 필요도 없는 사실이다.

하지만 법학분야에 처음 발을 들여놓은 이 학생은 법률전문가 집단에게는 너무나 뻔한 지식이 낯설기만 한 외부자일 수밖에 없다. 이 모든 것을 세세하게 써야 할 것 같은 느낌을 받는다. 또한 익숙하지 않는 분야에 대한 글을 쓸 때는 자신의 생각을 진술하는 메타디스코스가 많이 등장한다. 익숙한 문제에 대해서는 어떻게 그런 생각을 하게 되었는지 이야기해야 한다고 느끼지 않는다. 하지만 낯설고 경험이 부족한 문제에 대해서는 자신이 무슨 생각을 하고 행동을 했는지 이야기해야 한다는 압박을 느낀다.

실제로 이 글이 자신의 생각을 그대로 나열한 것이라는 사실은, 메타디스코스와 머릿속에 떠올린 생각을 표시해보면 명확하게 알 수 있다.

> It is my opinion that the ruling of the lower court concerning the case of Haslem v. Lockwood should be upheld, thereby denying the appeal of the plaintiff. The main point supporting my point of view on this case concerns the tenet of our court system which holds that in order to win his case, the plaintiff must prove that he was somehow wronged by the defendant. The burden of proof rests on the plaintiff. He must show enough evidence to convince the court that he is in the right.

메타디스코스와 뻔한 내용을 지우고 나면 문장 하나만 남는다.

> *Haslem* should be affirmed, because plaintiff failed his burden of proof.

Lesson 7

Exercise 1

쉬운 글과 어려운 글

이미 출간된 글의 한 토막을 골라 268쪽에서 제시하는 원칙을 적용하여 분석해보자.

먼저 글의 전체적인 느낌을 파악해보자.

1. 전체적으로 글이 잘 짜여있다는 느낌을 주는가?
2. 글에서 말하고자 하는 핵심을 쉽게 파악할 수 있는가?

이제 세 가지 원칙을 적용하여 분석해보자.

1. 도입부가 어디서 끝나는지 명확하게 구분할 수 있는가? 줄을 그어 표시하라.
2. 도입부에서 글의 핵심을 명확하게 진술하는가? 그렇다면 그 핵심진술에 밑줄을 그어라. 그렇지 않다면, 핵심진술이 나오는 곳을 찾아서 밑줄을 그어라.
3. 도입부에서 글의 주제가 되는 키워드를 제시하는가? 그렇다면 키워드에 동그라미를 쳐라. 그렇지 않다면 본문에서 키워드를 찾아 표시하라.

이 원칙에서 벗어난다면 고쳐 써보자. 훨씬 이해하기 쉬운 글이 될 것이다. 반대로, 이 원칙이 잘 지켜지고 있다면, 원칙을 거꾸로 적용하여 고쳐 써보자. 원래 글에 비해 얼마나 이해하기 어려운 글이 되는지 알 수 있을 것이다.

Exercise 2

내가 쓴 글을 고쳐보자

"짧고 단순한 도입부로, 뒤에 따라 나오는 더 길고 복잡한 부분의 프레임을 잡아줘야 한다."

이러한 명확한 글쓰기의 기본원칙은 문장, 문단, 섹션, 글 전체 어느 수준에서나 적용된다.

자신이 쓴 글에 이 원칙을 적용하여 하나씩 고쳐보자. 도입부가 끝나는 곳에 줄을 긋고 키워드가 도입부에 제시되는지 동그라미를 쳐보라. 도입부가 그러한 역할을 하지 못한다면 리바이징하라.

Exercise 3

내가 쓴 글을 고쳐보자

글이 어떻게 구성되어있는지 독자들이 쉽게 이해할 수 있는 글은, 글이 잘 짜여있다는 느낌을 준다.

하지만 초고를 쓸 때는 독자의 눈으로 글을 구성하기보다는 자신에게 편하게 구성하는 경우가 많다. 글을 쓸 때 가장 기본적으로 선택하는 구성은 시간순이나 사건순으로 나열하는 것이다. 자신의 생각을 글로 쓸 때는 떠오르는 순서대로 나열하는 것이 가장 편하기 때문이다.

하지만 독자들이 듣고 싶어하는 것은 이야기의 흐름이 아니라 말하고자 하는 핵심이다

따라서 초고를 쓰고 나서 머릿속 생각의 흐름을 글로 그대로 나열하지는 않았는지 눈여겨보라. 독자는 저자가 어떤 사고과정을 통해 그런 생각을 떠올렸는지 관심이 없다. 그렇게 생각을 해서 얻어낸 결과를 보고 싶어할 뿐이다

그래서 심층결속성을 고려하여 글을 리바이징할 때는 구성 자체를 바꿔야 할 수도 있다.

독자의 시선에서 글의 구성을 바꾸고자 할 때, 다른 사람의 도움을 받을 수 있는 간단한 방법을 소개한다.

1. 자신이 쓴 글을 읽어가면서 주요 키워드를 카드에 하나씩 쓴다.
2. 카드를 뒤섞어 다른 사람에게 주고 키워드를 적절해 보이는 순서대로 나열해달라고 부탁한다.
3. 자신의 글과 독자가 제시한 키워드의 순서를 비교한다.

글의 구성을 어떻게 바꿔야 하는지 힌트를 얻을 수 있을 것이다.

PART IV

Grace

In literature the ambition of the novice is to acquire the literary language;
the struggle of the adept is to get rid of it.

문학세계에서 신출내기의 야망은 문학적 언어를 획득하는 것이지만, 일가를 이룬 이들의 고뇌는 그것을 떨쳐버리는 것이다..

George Bernard Shaw

조지 버나드 쇼

The ability to simplify means to eliminate the unnecessary so that the necessary may speak.

단순하게 만드는 능력은 불필요한 것을 제거함으로써 필요한 것이 말할 수 있는 기회를 주는 것이다.

Hans Hofmann

한스 호프만

Lesson 8

간결함의 미덕

행위자는 주어로, 행위는 동사로 표현할 때 글은 훨씬 명확해진다. 적절한 행위자를 '화제자리'에 두고 적절한 핵심단어를 '강세자리'에 둘 때, 글은 훨씬 명확해진다. 세심하게 다듬은 서론으로 독자의 호기심을 자극하고 이후 나올 글의 뼈대를 잡아줄 때, 글은 훨씬 명확해진다. 이 모든 작업이 글의 심층결속성을 높여준다. 하지만 이러한 원칙을 다 적용한다고 글이 우아해지는 것은 아니다. 다음 예문을 보자.

> In my personal opinion, it is necessary that we should not ignore the opportunity to think over each and every suggestion offered.
>
> 내 개인적인 의견이지만, 제시된 각각의 모든 제안에 대해 일일이 생각해볼 기회를 놓치지 말아야 할 것이다.

행위자를 주어로 삼고, 행위를 동사로 삼았지만 불필요한 단어가 너무 많다.

- opinion이란 개인적일 수밖에 없는 것이기에 personal이란 말은 필요없다.
- 이 진술은 그 자체로 '의견'이기 때문에 in my opinion이라는 표현은 필요없다.

- not ignore the opportunity to think over라는 긴 구절은 consider라는 한 단어로 충분히 표현할 수 있다.
- each and every는 같은 말을 반복하는 것이다.
- suggestion은 기본적으로 '제시된 의견'이라는 뜻이기 때문에 offered라는 말은 불필요한 중복이다.

군더더기를 모두 쳐내면 어떻게 될까?

✔ We should consider each suggestion.

우리는 모든 제안을 숙고해야 한다.

아름다운 문장이라고 할 수는 없지만, 의미가 꽉 들어 차있는 힘있는 문장이다. 이러한 문장의 미덕을 우리는 '간결성'이라고 한다. (좋은 문장은 간결성뿐만 아니라 셰이프와 엘레강스도 갖춰야 한다. **레슨 9**와 **레슨10**에서 설명한다.)

글 고치기: 불필요한 단어 잘라내기

앞에서 본 문장을 수정할 때 적용된 원칙은 다음 여섯 가지로 정리할 수 있다.

1. 의미 없는 단어를 지운다.
2. 의미가 중복되는 단어를 지운다.
3. 다른 단어 속에 의미가 담겨 있는 단어를 지운다.
4. 구를 단어로 대체한다.
5. 부정을 긍정으로 바꾼다.
6. 불필요한 형용사와 부사를 지운다.

이 원칙을 실제 글을 고칠 때 적용하는 것은 말처럼 쉽지 않다. 문장을 하나하나 살피며 여기저기 잘라내고 압축하는 일은 상당히 고된 노동이다. 그럼에도 이 여섯 가지 원칙은 더 나은 결과물을 만들어내는 데 중요한 지침이 될 것이다. 하나씩 살펴보자.

1. 의미 없는 단어를 지운다

말문을 열 때 목청을 가다듬으며 무의식적으로 내는 소리처럼 글에서도 특별한 의미 없이 습관적으로 쓰는 단어들이 있다.

kind of 일종의	actually 사실	particular 특정한
really 정말로	generally 일반적으로	various 다양한
virtually 사실상	individual 개별적인	basically 기본적으로
certain 어떤	given 주어진	practically 실제로

Productivity actually depends on certain factors that basically involve psychology more than any particular technology.

사실 생산성은 어느 특정한 기술보다 기본적으로 심리와 연관된 어떤 요인에 의해 달라진다.

✔ Productivity depends on psychology more than on technology.

생산성은 기술보다 심리에 좌우된다.

2. 의미가 겹치는 단어를 지운다

영어가 발전하기 시작한 초기에서, 토착단어를 쓰면서 그 뜻에 해당하는 프랑스어나 라틴어를 함께 짝지어 쓰는 관습이 있었다. 당시에는 외래어가 교양을 뽐내는 수단이었기 때문이다. 이러한 관습은 오늘날에도 많은 흔적으로 남아 있는데, 중복에 불과하다. 지금도 자주 볼 수 있는 표현으로 다음과 같은 것들이 있다.

full and complete	hope and trust	any and all
true and accurate	each and every	basic and fundamental
hope and desire	first and foremost	various and sundry

3. 다른 단어 속에 의미가 담겨있는 단어는 지운다

의미가 중복되는 경우는 많지만, 다양한 형태로 나타나기 때문에 쉽게 파악하기 어렵다.

수식어 중복: 수식어의 의미가 피수식어의 의미 속에 있는 경우

Do not try to predict **future** events that will **completely** revolutionize society, because **past** history shows that it is the **final** outcome of minor events that **unexpectedly** surprises us more.

사회를 완전히 변혁할 미래의 사건을 예측하려 하지 마라. 과거의 역사가 증명하듯이 우리를 예상치 못하게 더 놀라게 하는 것은 사소한 사건들의 최종 결과이기 때문이다.

✔ Do not try to predict revolutionary events, because history shows that the outcome of minor events surprises us more.

혁명적인 사건을 예측하려 하지 마라. 역사가 증명하듯이 우리를 더 놀라게 하는 것은 사소한 사건들의 결과이기 때문이다.

다음은 흔히 볼 수 있는 수식어 중복 사례다.

terrible tragedy 비참한 비극	various different 다양하게 다른
free gift 공짜 선물	future plans 미래 계획
each individual 개별적 개체	consensus of opinion 의견 합의
final outcome 최종 결과	true facts 진짜 사실
basic fundamentals 기초적 토대	

범주 중복: 단어 속에 내포되어있는 범주를 명시한 경우

During that period **of time**, the membrane **area** became pink **in color** and shiny **in appearance**.

그 시간의 시기 동안, 세포막 영역은 외양에선 윤기를 띠며 색깔은 분홍빛으로 변했다.

✔ During that period, the membrane became pink and shiny.

그 시기 동안, 세포막은 윤기를 띠며 분홍빛으로 변했다.

이러한 수정과정에서 형용사를 부사로 바꿔야 할 때도 있다.

The holes must be aligned **in an** accurate **manner**.

구멍은 정확한 방식으로 정렬되어야 한다.

✔ The holes must be aligned accurately.

구멍은 정확하게 정렬되어야 한다.

형용사를 명사로 바꿔야 할 때도 있다.

The country manages the educational **system** and public recreational **activities**.

국가는 교육체계와 공공의 휴식활동을 관리한다.

✔ The country manages education and public recreation.

국가는 교육과 공공의 휴식을 관리한다.

다음은 흔히 볼 수 있는 범주 중복 사례다.

large **in size** 크기가 큰

round **in shape** 모양이 둥근

honest **in character** 품성이 정직한

unusual **in nature** 천성이 유별한

of a strange **type** 이상한 유형의
area of mathematics 수학과목에서
of a bright **color** 밝은 색깔로
at an early **time** 이른 시간에
in a confused **state** 혼란스러운 상황에서

의미 함축: 다른 단어 속에 들어있는 의미를 또다시 진술하는 경우

Imagine someone **trying to** learn the rules **for playing the game** of chess.

누군가 체스게임을 두기 위한 규칙을 배우려 한다고 상상해 보라.

- learn에는 trying이라는 의미가 들어있다.
- playing the game에는 rule이라는 의미가 들어있다.
- chess는 game이다.

의미 함축은 꼼꼼히 따져보지 않으면 찾아내기 쉽지 않다. 이 문장은 다음과 같이 간략하게 줄일 수 있다.

✔ Imagine learning the rules of chess.

체스 규칙을 배운다고 상상해 보라.

4. 구를 단어로 대체한다.

중복되는 단어를 찾아내 고치는 일은 특히 까다롭다. 어휘력이 풍부해야 하고, 그것을 활용하는 감각도 좋아야 하기 때문이다.

As you carefully go over what you have written to improve wording and catch errors of spelling and punctuation, the thing to do before anything else is to see whether you can use sequences of subjects and verbs instead of the same ideas expressed in nouns.

표현을 개선하고 맞춤법과 구두점 오류를 찾아내기 위해 자신이 써 놓은 글을 주의 깊게 다시 읽어나갈 때, 그 무엇보다도 먼저 해야 할 일은 명사로 표현된 아이디어를 주어와 동사의 나열을 활용하여 대체할 수 있는지 살피는 것이다.

이 문장은 다음과 같이 바꿀 수 있다.

✔ As you edit, first replace nominalizations with clauses.

글을 고칠 때, 맨 먼저 명사구를 절로 교체하라.

여기서 나는 다섯 개의 명사구를 다섯 개의 단어로 압축했다.

- carefully go over what you have written to improve wording and catch errors of spelling and punctuation → edit
- the thing to do before anything else → first
- use X instead of Y → replace
- sequences of subjects and verbs → clauses
- the same ideas expressed in nouns → nominalizations

어떤 경우에 구를 단어로 바꾸는 것이 좋은지, 더 나아가 어떤 단어로 바꿔야 하는지 판단할 수 있는 특별한 원칙은 없다. 다만 여기서 말해줄 수 있는 것은, 구를 단어로 바꿀 수 있는 상황은 생각보다 많기 때문에 늘 고칠 수 있는지 의심해야 한다는 것이다. 자주 사용하는 구 중에 단어로 쉽게 바꿀 수 있는 것을 몇 개 소개한다. 명사화된 표현을 동사로 풀어 쓰는 것을 눈여겨보라.

We must explain the reason for the delay in the meeting.

모임의 지체 이유에 대해 설명해야 한다.

✔ We must explain why the meeting is delayed.

모임이 왜 지체되었는지 설명해야 한다.

Despite the fact that the data were checked, errors occurred.

데이터를 점검했다는 사실에도 불구하고, 오류가 발생했다.

✔ Even though the data were checked, errors occurred.

데이터를 점검했음에도 오류가 발생했다.

In the event that you finish early, contact this office.

일찍 끝나는 경우에는, 사무실로 연락하시오.

✔ If you finish early, contact this office.

일찍 끝나면, 사무실로 연락하시오.

In a situation where a class closes, you may petition to get in.

수강신청이 마감된 상황에는, 수강 청원제도를 활용할 수 있다.

✔ When a class closes, you may petition to get in.

수강신청이 마감되었을 때, 수강 청원제도를 활용할 수 있다.

I want to say a few words concerning the matter of money.

돈 문제에 관련해 몇 마디 하겠습니다.

✔ I want to say a few words about the money.

돈에 대해 몇 마디 하겠습니다.

There is a need for more careful inspection of all welds.

모든 용접부위에 대한 더욱 세심한 점검이 요구된다.

✔ You must inspect all welds more carefully.

모든 용접부위를 더 세심하게 점검해야 한다.

We are in a position to make you an offer.

우리는 당신에게 제안을 할 만한 위치에 있습니다.

✔ We can make you an offer.

우리는 당신에게 제안할 수 있습니다.

It is possible that nothing will come of this.

여기서 아무것도 안 나오는 것도 가능하다.

✔ Nothing may come of this.

여기서 아무것도 안 나올 수 있다.

Prior to the end of the training, apply for your license.

교육 종료 이전에, 자격증을 신청하세요.

✔ Before training ends, apply for your license.

교육이 끝나기 전, 자격증을 신청하세요.

We have noted a decrease/increase in the number of errors.

오류 횟수의 증가/감소가 눈에 띄었다.

✔ We have noted fewer/more errors.

더 많은/더 적은 오류가 눈에 띄었다.

5. 부정을 긍정으로 바꾼다

메시지를 부정적인 형태로 표현하면 단어수가 늘어난다. 예컨대 same같은은 not different다르지 않은라고 써야 한다. 또한 독자들은 의미를 파악하기 위해 머릿속에서 복잡한 계산을 해야 한다. 의미상 차이가 없는 두 문장을 비교해보자.

Do not write in the negative.	vs	Write in the affirmative.
부정문으로 쓰지 마라.		긍정문으로 써라.

부정문보다 긍정문이 훨씬 의미가 명확하게 느껴진다. 부정형은 될 수 있으면 긍정형으로 고쳐 써라.

- not careful 세심하지 않은 → careless 부주의한
- not many 많지 않은 → few 적은
- not the same 같지 않은 → different 다른
- not often 흔치 않은 → rarely 드문
- not allow 허용하지 않다 → prevent 금지하다
- not stop 멈추지 않다 → continue 지속하다
- not notice 알아채지 못하다 → overlook 간과하다
- not include 포함하지 않다 → omit 빼다

물론 메시지를 강조하기 위해 선택한 부정문까지 긍정문으로 바꿀 필요는 없다. (지금 이 문장이 바로 그러한 예다. 긍정문으로 바꾼다면—예컨대 '메시지를 강조하기 위해 선택한 부정문은 그대로 두어라'라고 쓰면—주목도가 떨어진다.)
동사, 전치사, 접속사에도 부정의 의미가 숨어있는 경우가 있다.

동사 preclude 배제하다, prevent 금지하다, lack 부족하다, fail 실패하다, doubt 의심하다, reject 거부하다, bar 막다 deny 부인하다, refuse 거절하다, exclude 제외하다, contradict 반박하다, prohibit 방해하다, avoid 피하다

전치사 without, against, lacking, but for, except

접속사 unless, except when

이런 단어에 not을 붙이면, 독자들을 혼란에 빠뜨릴 수 있다.

Benefits will not be denied except when you have failed to submit applications without documentation.

서류 미비로 지원서를 제출하지 못한 경우 외에는 혜택이 거부되지 않을 것입니다.

✔ You will receive benefits only if you submit your documents.

서류를 제출한 사람만 혜택을 받을 수 있습니다.

✔ To receive benefits, submit your documents.

혜택을 받으려면, 서류를 제출하세요.

명시적으로나 함축적으로나 부정의 의미가 담긴 단어들을 수동태와 명사화 구문과 함께 사용하면 독자들을 혼돈의 나락으로 빠뜨릴 수 있다.

There should be **no** submission of payments **without** notification of this office, **unless** the payment does **not** exceed $ 100.

지불액이 100달러를 초과하지 않는 경우가 아니라면, 사무실에 고지 없이 지불의 제출은 필요하지 않습니다.

이런 문장을 고치고자 한다면, 먼저 명사화된 표현들을 동사로 바꾼다.

Do **not** submit payments if you have **not** notified this office, **unless** you are paying **less** than $100.

100달러 미만을 지불하는 경우가 아니라면, 사무실에 알리지 않고 지불하지 마세요.

이제 긍정문으로 바꿔보자.

✔ If you pay more than $100, notify this office first.

100달러 이상 지불해야 한다면, 사무실에 먼저 알려주세요.

6. 불필요한 형용사와 부사를 지운다

글을 쓰다 보면, 불필요한 형용사와 부사를 덧붙이고 싶은 유혹을 강렬하게 느낄 때가 있다. 이러한 유혹을 뿌리지는 효과적인 방법을 제시하자면, 먼저 부사와 명사를 수식하는 형용사를 모조리 지운 다음에 독자가 글을 이해하는 데 꼭 필요한 형용사/부사만 되살리는 것이다. 다음 예문에서 삭제하는 것이 좋은 형용사/부사를 음영으로 표시했다.

At the heart of the argument culture is our habit of seeing issues and ideas as absolute and irreconcilable principles continually at war. To move beyond this static and limiting view, we can remember the Chinese approach to yin and yang. They are two principles, yes, but they are conceived not as irreconcilable polar opposites but as elements that coexist and should be brought into balance as much as possible. As sociolinguist Suzanne Wong Scollon notes, "Yin is always present in and changing into yang and vice versa." How can we translate this abstract idea into daily practice?

논증문화의 핵심에는 이슈와 의견들을 끝없이 교전중인 절대적이고 화해할 수 없는 원칙으로 바라보는 우리의 습성이 있다. 이러한 정적이고 제한적인 관점을 넘어서기 위해, 중국의 음양론을 참고할 수 있다. 말 그대로 여기에는 두 개의 원칙이 존재한다. 하지만 음과 양은 화해할 수 없는 양극단의 대립요소가 아니라 공존하는 요소로 여겨지며 가능한 한 균형을 찾는다. 사회언어학자 수잔 왕 스콜른은 "음은 항상 양 속에 있고, 또 양으로 변한다. 양도 마찬가지다"라고 말했다. 이 추상적인 아이디어를 어떻게 일상적인 행동에 적용할 수 있을까?

Deborah Tannen, The Argument Culture: Stopping America's War of Words 데보라 태넌 《논증문화: 미국에서 벌어지는 말들의 전쟁을 멈춰라》

Exercise 1 ▶ Exercise 2 ▶ Exercise 3 ▶

지나친 배려는 오히려 실례일 뿐

레슨3에서 설명하였듯이 메타디스코스는 다음 세 가지 정보를 알려준다.

- 글쓴이의 의도

  to sum up요약하자면, candidly솔직히 말해서, I believe 내 생각에는

- 독서의 방향제시

  note that 명심하라, consider now 한번 생각해보자, as you see 앞서 보았듯이

- 글의 구조

  first 우선, second 두 번째, finally 결국, therefore 그에 따라, however 하지만

어떤 글에서든 메타디스코스는 필요하겠지만, 너무 많이 쓰면 이야기하고자 하는 메시지가 파묻힐 수 있다.

The last point I would like to make is that in regard to work habits of millennials, it is important to keep in mind that they are characterized by their expectation of collaboration.

밀레니얼 세대의 노동습관에 대해 마지막으로 지적하고 싶은 점은, 협업에 대한 기대로 특징지어진다는 것을 반드시 명심해야 한다는 것이다.

34개 단어로 된 이 문장에서 전달하고자 하는 메시지를 진술하는 단어는 8개밖에 되지 않는다.

> work habits of millennials… characterized…
> expectation of collaboration.

나머지 단어는 모두 메타디스코스라 할 수 있다. 불필요한 메타디스코스를 가지치기하면 느슨한 문장이 팽팽해진다.

> The work habits of millennials are characterized by their expectation of collaboration.
> 밀레니얼 세대의 노동습관은, 협업에 대한 기대로 특징지어진다.

문장의 뜻이 훨씬 잘 드러난다. 하지만 행위자와 행위를 주어와 동사로 삼으면 더 명확해진다.

✔ Millennials expect to collaborate when they work.
밀레니얼 세대는 일을 할 때 협업하기를 기대한다.

메타디스코스를 쓰는 방식은 분야에 따라 다르지만 다음 두 가지 유형은 쓰지 않는 것이 좋다.

1. **자신의 생각을 객관적인 정보인 것처럼 진술하는 메타디스코스**
   누군가에 의해 밝혀진 사실이라는 것을 드러내기 위해 observed관측되다, noticed주목된다, noted밝혀지다 같은 말을 사용하는 경우가 많은데, 그럴 필요 없다. 사실만 진술하라.

High divorce rates have been observed to occur in areas that have been determined to have low population density.

인구밀도가 낮은 것으로 파악된 지역에서 높은 이혼율이 나타나는 것으로 관측되었다.

✔ High divorce rates occur in areas with low population density.

인구밀도가 낮은 지역에서 높은 이혼율이 나타난다.

2. 화제를 소개하는 메타디스코스

음영으로 표시한 구절은 '지금 이 문장이 무엇에 대해 말하는지' 알려주겠다고 말한다.

This section introduced another problem, that of noise pollution. The first thing to say about it is that noise pollution exists not only……

이 섹션에서는 또 다른 문제, 소음공해를 소개했다. 이에 대해 가장 먼저 말할 수 있는 것은…

이런 메타디스코스는 적게 쓸수록 독자들이 화제를 훨씬 쉽게 파악한다.

✔ Another problem is noise pollution. First, it exists not only……

또 다른 문제는 소음공해다. 우선, 소음공해는…

화제, 대개 앞에서 언급한 화제에 독자의 관심을 모으기 위해 메타디스코스를 사용하기도 한다.

In regard to a vigorous style, the most important feature is a short, concrete subject followed by a forceful verb.

힘있는 문체에 있어, 가장 중요한 특징은 짧고 구체적인 주어 다음 강한 동사가 나오는 것이다.

So far as China's industrial development is concerned, it has long surpassed that of Japan.

중국의 산업발전에 관한 한, 이미 오래 전 일본을 추월했다.

하지만 이런 메타디스코스로 문장을 시작하는 것보다 화제를 주어 자리에 놓는 것이 훨씬 효과적이다.

✔ The most important feature of a vigorous style is a short, concrete subject followed by a forceful verb.

힘있는 문체의 가장 중요한 특징은 짧고 구체적인 주어 다음 강한 동사가 나오는 것이다.

✔ China has long surpassed Japan's industrial development.

중국은 이미 오래 전 일본의 산업발전을 추월했다.

신중함과 확고함 사이에서 외줄타기

메타디스코스는 자신의 주장에 대해 얼마나 확신하고 있는지 보여주기 위한 수단으로 사용되기도 한다. 확신의 범위를 제한하기 위해 사용하는 메타디스코스를 한정어qualifier/hedge라고 하고, 확신을 더 힘을 주어 전달하기 위해 사용하는 메타디스코스를 강조어intensifier라고 한다. 한정어와 강조어를 지나치게 많이 쓰면 글이 장황해질 수 있지만, 적절하게 사용하여 신중한 태도와 확고한 태도 사이에서 균형을 잘 잡고 있다는 인상을 주면 독자의 신뢰는 더 높아진다.

한정어

자주 쓰이는 한정어로는 다음과 같은 것들이 있다.

부사 usually 대개, often자주, sometimes 때로는, almost 거의, virtually 사실상, possibly 아마도, allegedly 알려진 바에 따르면, arguably 주장에 따르면, perhaps 어쩌면, apparently 듣자하니, in some ways 어쨌든, to a certain extent 어느 정도, somewhat 다소, in some/certain respects 어떤/특별한 측면에서

형용사 most 대다수, many 많은, some 어떤, a certain number of 몇몇

동사 may —할지 모른다, might —을 것 같다, can —할 수 있다, could —인듯하다, seem —것으로 여겨진다, tend —하는 경향이 있다, appear —처럼 보인다, suggest —라고 제시하다, indicate 드러내다

한정어를 지나치게 사용하면 무언가 숨기는 듯한 인상을 줄 수 있다.

There seems to be some evidence to suggest that certain differences between Japanese and Western rhetoric could derive from historical influences possibly traceable to what might be called Japan's cultural isolation and Europe's history of cross-cultural contacts.

일본 수사학과 서구 수사학의 어떤 차이점은 아마도 소위 일본의 문화적 고립과 유럽의 다문화적 교류까지 거슬러 올라가는 역사적인 배경에서 비롯되었을 수 있다고 제시하는 몇몇 증거가 있는 것으로 여겨진다.

반대로, 어떠한 한정어도 쓰지 않고 자신의 생각을 단언한다면 엄청난 역사적 근거를 가지고 있는 사람이거나 무지한 사람일 것이다.

This evidence proves that Japanese and Western rhetoric differ because of Japan's cultural isolation and Europe's history of cross-cultural contacts.

이 증거는 일본 수사학과 서구의 수사학이 일본의 문화적 고립과 유럽의 다문화적 교류의 역사의 차이에서 기인한다는 것을 입증한다.

학술적인 글에서는 대개 다음과 같은 형태로 주장을 진술하는 경우가 많다.

✔ This evidence suggests that aspects of Japanese and Western rhetoric differ because of Japan's relative cultural isolation and Europe's history of cross-cultural contacts.

이 증거는 일본 수사학과 서구의 수사학의 어떤 측면이 일본의 상대적인 문화적 고립과 유럽의 다문화적 교류의 역사의 차이에서 기인한다는 것을 제시한다.

suggest와 indicate 같은 동사는 주장에 대해 100퍼센트 확신하지는 못하더라도 공개적으로 주장할 수 있을 만큼 확신할 때 사용한다.

✔ The evidence indicates that some of these questions remain unresolved.

증거는 이러한 의문들 몇 가지가 아직 해소되지 않았다는 것을 보여준다.

✔ These data suggest that further studies are necessary.

이러한 데이터는 더 많은 연구가 필요하다는 것을 알려준다.

물론, 자신의 주장을 확신하는 과학자도 한정어를 사용한다. 다음 글은 유전공학 역사에서 획기적인 발견이라 할 수 있는 DNA의 이중나선구조를 규명하는 논문의 서론이다. 단정적으로 진술해도 아무 문제가 없을 만큼 연구결과가 분명했음에도, 저자들은 매우 조심스러운 전략을 선택한다. (1인칭 대명사 we를 쓰고 있는 것을 눈여겨보라.)

We wish to suggest a structure for the salt of deoxyribose nucleic acid (D.N.A.) … A structure for nucleic acid has already been proposed by Pauling and Corey… In our opinion, this structure is unsatisfactory for two reasons: ① We believe that the material which gives the X-ray diagrams is the salt, not the free acid…. ② Some of the van der Waals distances appear to be too small.

우리는 디옥시리보핵산(DNA) 염鹽의 한 구조를 제시하고자 한다… 핵산의 한 구조는 이미 폴링과 코리가 제시했다… 우리 견해로는, 이 구조는 다음 두 가지 이유에서 만족스럽지 못하다: ① 우리는 엑스레이 사진에 나타나는 물질이 유리산이 아니라 염이라고 생각하며… ②몇몇 반데르발스 거리는 너무 작은 듯 보인다. (We wish to suggest the structure가 아닌 것을 눈여겨보라)

J. D. Watson and F. H. C. Crick, "Molecular Structure of Nucleic Acids" 제임스 왓슨과 프랜시스 크릭 "핵산의 분자구조"

글쓰기 팁

311쪽에서 사용한 한정어를 눈여겨보라.

✔ In most academic writing, we more often state claims closer to this:

학술적인 글에서는 대개 다음과 같은 형태로 주장을 진술하는 경우가 많다.

아무리 명확한 진술일지라도 적절한 수준의 한정어를 사용할 줄 알아야 한다. 다음과 같이 한정어를 모두 빼고 진술하면 안 된다.

In academic writing, we state claims like this:

학술적인 글에서는 다음과 같이 주장을 진술한다.

강조어

자주 쓰이는 강조어로는 다음과 같은 것들이 있다.

부사 very 매우, pretty 꽤, quite 상당히, rather 오히려, clearly 명확하게, obviously 분명하게, undoubtedly 의심할 여지없이, certainly 틀림없이, of course 물론, indeed 정말로, inevitably 필연적으로, invariably 예외없이, always 항상

형용사 key 핵심적인, central 중요한, crucial 결정적인, basic 기본적인, fundamental 근본적인, major 중대한, principal 주요한, essential 본질적인

동사 show 보여주다, prove 입증하다, establish 확립하다, as you/we/everyone knows/can see 익히 알 수 있듯이, it is clear/obvious that 명백하다

하지만 가장 흔히 사용되는 강조기법은, 한정어를 하나도 쓰지 않는 것이다.

Americans believe that the federal government is intrusive and authoritarian.

미국인들은 연방정부가 강압적이며 권위주의적이라고 생각한다.

강조어를 하나도 쓰지 않았음에도 의미가 매우 강하게 느껴진다. 일반적으로는 다음과 같이 한정어를 적절하게 사용해 진술해야 하기 때문이다

✔ Many Americans believe that the federal government is often intrusive and increasingly authoritarian.

연방정부가 강압적인 모습을 자주 보이며 권위주의적이 되어간다고 많은 사람들이 생각한다.

앞에서 본 DNA논문에서 한정어를 모두 빼면 어떻게 될까? 글은 훨씬 간결해지겠지만 훨씬 공격적인 주장으로 탈바꿈한다. 실제로 비교해보자. 비교하고자 하는 목적에 맞게 동사 두 개는 단정적인 표현으로 고쳤다. 하지만 글의 공격성은 교체된 동사보다는 한정어가 없는 데에서 나온다.

We ~~wish to suggest a~~ state here the structure for the salt of deoxyribose nucleic acid (D.N.A.) … A structure for nucleic acid has already been proposed by Pauling and Corey… ~~In our opinion~~, This structure is unsatisfactory for two reasons: ① ~~We believe that~~ The material which gives the X-ray diagrams is the salt, not the free acid…. ② ~~Some of~~ The van der Waals distances ~~appear to be~~ are too small.

우리는 디옥시리보핵산(DNA) ~~염鹽의 한 구조를 재시하고자 한다~~ 염구조를 진술한다 (a structure를 the structure로 바꾼 것을 눈여겨보라)… 핵산의 한 구조는 이미 폴링과 코리가 제시했다… ~~우리 견해로는,~~ 이 구조는 다음 두 가지 이유에서 만족스럽지 못하다: ① ~~우리는~~ 엑스레이 사진에 나타나는 물질~~이~~은 유리산이 아니라 염이~~라고 생각하며~~다… ② ~~몇몇~~ 반데르발스 거리는 너무 작~~은 듯 보인~~다.

확고한 신념을 가진 사람이라도 강조어보다는 한정어를 훨씬 많이 사용한다. 지나치게 단정적인 사람으로 보이는 것은 득보다 실이 많기 때문이다.

> For a century now, all liberals have argued against any censorship of art, and every court has found their arguments so completely persuasive that not a person any longer remembers how they were countered. As a result, today, censorship is totally a thing of the past.
>
> 지금까지 100년 동안 자유주의자들은 누구나 예술에 대한 어떠한 검열에도 반대해왔으며, 모든 법원은 이러한 의견을 어떻게 반박할 수 있었는지 어느 누구도 더 이상 기억하지 못할 만큼 이 주장을 완벽하게 타당한 것으로 받아들인다. 결국, 오늘날 검열은 온전히 과거의 유물로 남았을 뿐이다.

물론 이렇게 공격적으로 주장을 진술하는 것이 훨씬 설득력이 있다고 생각하는 사람도 있겠지만, 전혀 그렇지 않다. 절제된 목소리로 진술하는 주장을 독자들은 오히려 설득력 있다고 여긴다.

> For about a century now, many liberals have argued against censorship of art, and most courts have found their arguments persuasive enough that few people may remember exactly how they were countered. As a result, today, censorship is virtually a thing of the past.
>
> 지금까지 대략 100년 동안, 자유주의자들은 대부분 예술에 대한 검열에 반대해왔으며, 대다수 법원은 이러한 의견을 어떻게 반박할 수 있었는지 정확하게 기억할 수 있는 사람을 찾아보기 힘들 만큼 이 주장을 타당한 것으로 받아들인다. 결국, 오늘날 검열은 사실상 과거의 유물로 남았다.

한정어를 많이 쓰면 주장이 약해지고 장황해지는 것은 아닐까? 그럴 수도 있다. 하지만 불도저처럼 무작정 밀어붙이는 글보다는 낫다. 합리적인 반론, 그에 걸맞은 타당한 반론의 여지를 남겨두는 것은 민주적인 시민의 기본 소양이다.

글쓰기 팁

obviously명백하게, undoubtedly의심할 여지없이, it is clear that분명한 사실은, there is no question that당연한 일이지만 같은 말로 시작하는 문장을 보면 독자들은 오히려 그것이 분명하거나 당연하지 않다는 의심을 한다. 우리가 대화 중에 '정말/진짜'라고 강조하는 것은 대개 그것이 '정말/진짜'가 아니기 때문이다.

핵심포인트

글을 쓰다 보면 메타디스코스를 쓸 수밖에 없다. first첫 번째, second두 번째, therefore그에 따라, on the other hand한편과 같이 글의 진행방향을 알려주는 이정표 역할을 하는 메타디스코스 못지않게, perhaps아마도, seems—여겨지다, could—수 있다처럼 확신의 정도를 제한하는 메타디스코스는 꼭 필요하다. 물론 지나치게 쓰면 안 된다.

Exercise 4 ▶ Exercise 5 ▶

간결함과 퉁명스러움 사이에서

간결하게 글을 써야 한다고 지금껏 주장했지만 이제는 한 걸음 물러서고자 한다. 사람들은 필요없는 살이 출렁거리는 것도 싫어하지만 뼈대만 앙상하게 남아있는 것도 싫어한다. 다음 예문은 스트렁크와 화이트의 《문체의 요소The Elements of Style》 3판에서 발췌한 것이다.

> Revising is part of writing. Few writers are so expert that they can produce what they are after on the first try. Quite often you will discover, on examining the completed work, that there are

serious flaws in the arrangement of the material, calling for transpositions. When that is the case, a word processor can save you time and labor as you rearrange the manuscript. You can select material on the screen and move it to a more appropriate spot, or, if you cannot find the right spot, you can move the material to the end of the manuscript until you decide whether to delete it. Some writers find that working with a printed copy of the manuscript helps them to visualize the process of changes; others prefer to revise entirely on screen. Above all, do not be afraid to experiment with what you have written. Save both the original and the revised versions; you can always use the computer to restore the manuscript to its original condition, should that course seem best. Remember, it is no sign of weakness or defeat that your manuscript ends up in need of major surgery. This is a common occurrence in all writing, and among the best writers.(205단어)

고쳐쓰기는 글쓰기의 일부다. 처음 써낸 원고를 그대로 출간할 수 있을 만큼 글을 잘 쓰는 사람은 없다. 완성된 원고를 꼼꼼히 읽어보면 내용을 이리저리 재배치해야 하는 심각한 오류가 있다는 사실이 발견되는 일은 매우 흔하다. 그런 경우에는, 워드프로세서가 원고를 재배치하는 시간과 노력을 줄여줄 수 있다. 화면에서 문장들을 선택해 더 적절한 곳으로 옮기거나, 적절한 곳을 찾지 못한다면 원고 맨 끝으로 옮겨 놓고 나중에 그것을 삭제할 것인지 말 것인지 판단한다. 종이에 출력한 원고로 작업하는 것이 수정과정을 시각화하는 데 도움이 된다고 생각하는 사람도 있고, 또 오로지 화면으로만 수정하는 것을 선호하는 사람도 있다. 무엇보다도, 자신이 쓴 것을 실험하는 것을 두려워하지 마라. 고친 원고와 원래 초고를 모두 저장해 두어라. 컴퓨터를 사용하는 것이 최선의 작업방법으로 여겨진다면, 언제든 원고를 원래 상태로 복원할 수 있다. 명심하라. 당신의 원고에 대수술이 필요하다는 것은 어떠한 약점이나 결점이 있다는 뜻이 아니다. 이것은 어떤 글쓰기에서나, 가장 뛰어난 작가들 사이에서도 흔한 일이다. (136 어절)

얼핏 보기에도 중복되는 요소들이 많이 눈에 띈다. 한 번 지워보자.

> Revising is part of writing. Few writers ~~are so expert that they can~~ produce what they are after on the first try. ~~Quite~~ often you will discover, ~~on examining the completed work, that there are serious~~ flaws in the arrangement of the material, ~~calling for transpositions~~. When that is the case, a word processor can save you time and labor as you rearrange the manuscript. You can ~~select material on the screen and~~ move it to a more appropriate spot, or, if you cannot find the right spot, you can move the material to the end of the manuscript until you decide whether to delete it. Some writers find that working with a printed ~~copy of the~~ manuscript helps them to visualize the process of changes; others prefer to revise ~~entirely~~ on screen. Above all, ~~do not be afraid to~~ experiment ~~with what you have written~~. Save both the original and the revised versions; you can always ~~use the computer to~~ restore the manuscript to its original condition, ~~should that course seem best~~. ~~Remember~~, it is no sign of weakness or defeat that your manuscript ~~ends up in~~ need[s] of ~~major~~ surgery. This is ~~a~~ common ~~occurrence~~ in all writing, and among the best writers.
>
> (149 단어)
>
> 고쳐쓰기는 글쓰기의 일부다. 처음 써낸 원고를 그대로 출간할 수 있~~을 만큼 글을 잘 쓰~~는 사람은 없다. ~~완성된 원고를 꼼꼼히 읽어보면~~ 내용을 ~~이리저리~~ 재배치해야 하는 ~~심각한~~ 오류가 ~~있다는 사실이~~ 발견되는 것은 ~~매우~~ 흔하다. 그런 경우에는, 워드프로세서가 원고를 재배치하는 시간~~과 노력~~을 줄여줄 수 있다. ~~화면에서 문장들을 선택해~~ 더 적절한 곳으로 옮기거나, 적절한 곳을 찾지 못한다면 원고 맨 끝으로 옮겨 놓고 나중에 그것을 삭제할 것인지 말 것인지 판단한다. ~~종이에~~ 출력한 원고로 작업하는 것이 수정과정을 시각화하는 데 도움이

된다고 생각하는 사람도 있고, 또 ~~오로지~~ 화면으로만 수정하는 것을 선호하는 사람도 있다. 무엇보다도, ~~자신이 쓴 것을~~ 실험하~~는 것을 두려워하지 마~~라. 고친 원고와 원래 초고를 모두 저장해 두어라. 컴퓨터를 사용하~~는 것이 최선의 작업방법으로 여겨진다~~면, 언제든 원고를 원래 상태로 복원할 수 있다. ~~명심하라. 당신의~~ 원고에 ~~대수~~술이 필요하다는 것은 어떠한 약점이나 결점이 있다는 뜻이 아니다. ~~이것은~~ 어떤 글쓰기에서나, 가장 뛰어난 작가들 사이에서도 흔한 일이다.(103어절)

몇몇 단어들은 좀더 간결하게 바꿔 쓸 수 있다.

Revising is part of writing. ~~Few~~ *, because few* writers ~~produce what they are after~~ *write perfect first draft.* ~~on the first try.~~ ~~Often you will discover~~ *If you use a word processor and find* flaws in ~~the~~ *your* arrangement ~~of the material. When that is the case, a word processor can save time as you rearrange the manuscript. You~~ *, you* can move ~~it~~ *material* to a more appropriate spot, or, if you cannot find ~~the right spot~~ *one*, you can move the material to the end ~~of the manuscript~~ until you decide whether to delete it. Some writers find ~~that working with~~ a printed manuscript helps them visualize ~~the process of~~ changes; others ~~prefer to~~ revise on screen. Above all, experiment. Save ~~both~~ the original ~~and the revised~~ versions; you can always ~~restore the manuscript to its original condition~~ *go back to it*. It is no sign of weakness ~~or defeat~~ that your manuscript needs surgery. This is common in all writing, and among the best writers. (104단어)

고쳐쓰기는 글쓰기의 일부다. 처음 ~~써낸 원고를 그대로 출간할 수 있는~~ 사람은 없다. ~~내용을~~
부터 완벽하게 글을 써내는

~~재배치해야 하는 오류가 발견되는 것은 흔하다. 그런 경우에는, 워드프로세서가~~ ~~원고를 재배~~
워드프로세서를 사용한다면 글의 배치에서

~~치하는 시간을~~ 줄여줄 수 있다. 더 적절한 곳으로 옮기거나, 적절한 곳을 찾지 못한다면 ~~원고~~

맨 끝으로 옮겨 놓고 나중에 그것을 삭제할 것인지 말 것인지 판단한다. 출력한 원고~~로 작업하~~
가

~~는 것이~~ 수정과정을 시각화하는 데 도움이 된다고 생각하는 사람도 있고, 또 화면으로만 수정

하는 ~~것을 선호하~~는 사람도 있다. 무엇보다도, 실험하라. ~~고친 원고와~~ 원래 원고를 ~~모두~~ 저장해

두어라. ~~컴퓨터를 사용하면~~ 언제든 원고를 ~~원래 상태~~로 복원할 수 있다. 원고에 수술이 필요하

다는 것은 어떠한 약점~~이나 결점~~이 있다는 뜻이 아니다. 어떤 글쓰기에서나, 가장 뛰어난 작가

들 사이에서도 흔한 일이다. (80어절)
오류를 쉽게 찾아낼

원래 글의 절반으로 줄어들었다. 이 글을 뼈대만 남기고 살을 발라내면 또 다시 절반으로 줄일 수 있다.

~~Revising is part of writing~~, because few writers write perfect first
Most writers revise

drafts. If you ~~use a word processor and find flaws in your arrange-~~
work on a computer,

~~ment~~, you can ~~move material to a more appropriate spot, or, if you~~
rearrange the parts by moving them around.

~~cannot find one, you can move the material to the end until you~~

~~decide whether to delete it. Some writers find a printed manuscript~~

~~helps them visualize changes; others revise on screen. Above all,~~

~~experiment~~. Save the original ~~versions~~; you can always go back to it.
If you

~~It is no sign of weakness that~~ your manuscript needs surgery. ~~This is~~
Even great writers revise, so if *, it signals*

~~common in all writing, and among the best writers.~~ (52단어)
no weakness.

~~고쳐쓰기는 글쓰기의 일부다.~~ 처음부터 완벽하게 글을 써내는 사람은 없다. ~~워드프로세서를~~
컴퓨터로 작업한다면
~~사용한다면 글의 배치에서 오류를 쉽게 찾아낼 수 있다. 더 적절한 곳으로 옮기거나, 적절한 곳~~
글의 위치를 바꿔가며 재배치할 수 있다.
~~을 찾지 못한다면 맨 끝으로 옮겨 놓고 나중에 그것을 삭제할 것인지 말 것인지 판단한다. 출~~
~~력한 원고가 수정과정을 시각화하는 데 도움이 된다고 생각하는 사람도 있고, 또 화면으로만~~
~~수정하는 사람도 있다. 무엇보다도, 실험하라.~~ ~~원래 원고를~~ 저장해 ~~두어라.~~ 언제든 원고를 복원
원본을 두면
할 수 있다. 원고에 수술이 필요하다는 것은 어떠한 약점이 있다는 뜻이 아니다. ~~어떤 글쓰기~~
~~에서나, 가장 뛰어난 작가들 사이에서도 흔한 일이다.~~ (38어절)
대부분 작가들은 글을 고친다.

원래 글에서 4분의 1로 줄었다. 원래 글의 수다스러운 매력은 모두 날아가버렸다. 아마도 이렇게 고친 글을 좋아할 독자는 많지 않을 것이다.

간결성을 추구하며 글을 다듬을 때, 어느 선을 넘어서는 순간 독자들은 그것이 적절하기보다는 거칠고 퉁명스럽다고 느낄 수 있다. 물론 그 선이 어디인지는 알려줄 수 없다. 자신의 글에 대한 독자들의 느낌에 귀 기울이는 수밖에 없다. 내가 쓴 글을 읽으면서 사람들은 어떤 생각을 할까? 글을 읽는 사람의 경험은 글을 쓰는 사람의 느낌과 다르다는 것을 명심하라.

SUMMARY

간결하게 쓴다고 우아한 문장이 나오는 것은 아니지만, 문장의 형태를 제대로 확인하기 위해서는 먼저 죽은 나뭇가지를 걷어내야 한다.

1. 의미 없는 단어들

Some polling sites reported various problems of a technical nature, but these did not really affect the election's actual result.

몇몇 투표소에서 기술적 측면의 여러 가지 문제를 보고했지만, 이 문제는 선거의 실제결과에 아무런 영향도 미치지 않았다.

✔ Some polling sites reported technical problems, but these did not affect the election's result.

몇몇 투표소에서 기술적 문제를 보고했지만, 이 문제는 선거결과에 영향을 미치지 않았다.

2. 의미가 겹치는 단어쌍

If and when we can define our final aims and goals, each and every member of our group will be ready and willing to offer aid and assistance.

최종목표와 계획을 정할 수 있을 때라면, 우리 그룹의 모든 개개인들은 도움과 원조를 기꺼이 제공할 준비가 되어있다.

✔ If we define our goals, we will all be ready to help.

목표만 정하면, 우리는 모두 도울 준비가 되어있다.

3. 수식어 중복

In the business world of today, official governmental red tape seriously destroys initiative among individual businesses.

오늘날 기업세계에서, 공식적인 정부의 관료주의는 개별기업들의 혁신을 심각하게 파괴한다.

✔ Government red tape destroys business initiative.

정부의 관료주의는 기업의 혁신을 파괴한다.

4. 범주 중복

In the area of education, tight financial conditions are forcing school boards to cut nonessential expenses.

교육부문에서, 학교이사회들은 여유가 없는 예산조건으로 인해 꼭 필요하지 않은 비용은 삭감해야만 하는 상황에 처했다.

✔ Tight finances are forcing school boards to cut nonessentials.

학교이사회들은 여유가 없는 예산으로 인해 꼭 필요하지 않은 비용은 삭감해야만 하는 상황에 처했다.

5. 명백한 함축

Energy used to power industries and homes will in years to come cost more money.

산업용이나 가정용으로 전기를 공급하는 데 사용되는 에너지는 머지않아 더 많은 돈을 내야만 쓸 수 있게 될 것이다.

✔ Energy will eventually cost more.

에너지사용료는 결국 더 오를 것이다.

6. 단어로 대체할 수 있는 구

A sail-powered craft that has turned on its side or completely over must remain buoyant enough so that it will bear the weight of those individuals who were aboard.

옆으로 기울었거나 완전히 거꾸로 뒤집어진 항속 능력이 있는 선체는 거기에 승선한 개개인들의 무게를 감당할 수 있을 만큼 부유하는 상태로 유지되어야 한다.

✔ A capsized sailboat must support those on it.

전복된 배는 거기 승선한 사람들의 무게를 떠받칠 수 있어야 한다.

7. 부정의 부정의 부정

There is no reason not to believe that engineering malfunctions in nuclear energy systems cannot be anticipated.

핵에너지 시스템에서 기계적 오작동을 예상할 수 없다고 믿지 않을 어떠한 이유도 없다.

✔ Malfunctions in nuclear energy systems will surprise us.

핵에너지 시스템의 오작동은 우리가 예상할 수 없다.

8. 과도한 메타디스코스 사용

It is almost certainly the case that totalitarian systems cannot allow a society to have what we would define as stable social relationships.

전체주의 시스템이 우리가 안정적인 사회적 관계라고 여기는 것을 누릴 수 있는 여유를 사회에 주지 않는다는 주장은 거의 틀림없는 사실이다.

✔ Totalitarianism prevents stable social relationships.

전체주의는 안정적인 사회적 관계를 맺지 못하도록 한다.

9. 한정과 강조

얼마나 한정하고, 얼마나 강조하는 것이 좋은지는 한 마디로 규정할 수 없다. 저울질을 하면서 신중함과 확고함 사이에서 적절한 수준을 찾아야 한다. 독자의 입장에서 신뢰할 수 있는 균형은 어디일까 고민하며 감각을 단련시켜나가야 한다.

지나친 단정

In my research, I prove that people with a gun in their home use it to kill themselves or a family member instead of to protect themselves from an intruder.

나는 연구에서 총기를 보유한 사람들이 침입자로부터 가족을 보호하기보다 자기 자신이나 가족을 죽이기 위해 총을 사용한다는 것을 입증한다.

지나친 한정

Some of my recent research seems to imply that there may be a risk that certain people with a gun in their homes could be more prone to use it to kill themselves or a family member than to protect themselves from possible intruders.

나의 최근 몇몇 연구는 총기를 보유한 몇몇 사람들이 혹시 있을지 모르는 침입자로부터 가족을 보호하기보다 자기 자신이나 가족을 죽이기 위해 총을 사용하기가 훨씬 쉬울 수 있다는 위험이 존재할 수 있다는 것을 암시하는 듯 보인다.

적절한 균형

My research indicates that people with a gun in their homes are more likely to use it to kill themselves or a family member than they are to protect themselves from an intruder.

나의 연구는 총기를 보유한 사람들이 침입자로부터 가족을 보호하기보다 자기 자신이나 가족을 죽이기 위해 총을 사용할 확률이 높다는 것을 알려준다.

Exercise 1

문장 가지치기

중복되는 요소들을 쳐내 간결하게 다듬어보자.

1. Critics cannot avoid employing complex and abstract technical terms if they are to successfully analyze literary texts and discuss them in a meaningful way.

2. Most likely, a majority of all patients who appear at a public medical clinical facility do not expect special medical attention or treatment, because their particular health problems and concerns are often not major and for the most part can usually be adequately treated without much time, effort, and attention.

3. In regard to desirable employment in teaching jobs, prospects for those engaged in graduate-school-level studies are at best not certain.

4. Most likely, a majority of all patients who appear at a public medical clinical facility do not expect special medical attention or treatment, because their particular health problems and concerns are often not major and for the most part can usually be adequately treated without much time, effort, and attention.

5. Scientific research generally depends on fully accurate data if it is to offer theories that will allow us to predict the future in a plausible way.

6. Notwithstanding the fact that all legal restrictions on the use of firearms are the subject of heated debate and argument, it is necessary that the general public not stop carrying on discussions pro and con in regard to them.

Exercise 2

부정보다 긍정

1. Critics must use complex and abstract terms to analyze literary texts meaningfully.

2. Most patients who go to a public clinic do not expect special treatment, because their health problems are minor and can be easily treated.

3. Graduate students face an uncertain future at best in finding good teaching jobs.

4. Most patients who go to a public clinic do not expect special treatment, because their health problems are minor and can be easily treated.

부정을 긍정으로 바꾸고 문장을 개선해보자.

1. There is no possibility in regard to a reduction in the size of the federal deficit if reductions in federal spending are not introduced.

2. So long as taxpayers do not engage in widespread refusal to pay taxes, the government will have no difficulty in paying its debts.

3. Not until a resolution between Catholics and Protestants in regard to the authority of papal supremacy is reached will there be a start to a reconciliation between these two Christian religions.

4. No one should be prevented from participating in cost-sharing educational programs without a full hearing into the reasons for his or her not being accepted.

5. Do not discontinue medication unless symptoms of dizziness and nausea are not present for six hours.

6. If we do not want to find ourselves unprepared for the future, public education cannot continue to go unsupported.

1. We can reduce the federal deficit only if we reduce federal spending.

2. So long as most taxpayers pay their taxes, the government will easily repay its debts.

3. Catholics and Protestants will reconcile only when they agree on the Pope's authority.

4. A person may be rejected from a cost-sharing educational program only if that person receives a full hearing into why she was rejected. □□ An agency may reject a person from participating in cost-sharing educational programs only when that agency provides a full hearing into why it rejected it.

Exercise 3

광고문 쓰기

다음 두 예문은 무료구독 이벤트를 광고하는 문구다.

You will not be charged our first monthly fee unless you don't cancel within the first thirty days.

To avoid being charged your first monthly fee, cancel your membership before your free trial ends.

어떤 문장이 훨씬 명확하게 느껴지는가?

광고주 입장에서 광고문구를 써야 한다면, 어떤 문장을 선택할 것인가? 왜 그런 선택을 했는가?

Exercise 4

용건만 간단히

불필요한 메타디스코스와 중복된 표현들을 지워 문장을 간결하게 고쳐보자.

1. But on the other hand, we can perhaps point out that there may always be TV programming to appeal to our most prurient and, therefore, lowest interests.

2. Depending on the particular position that one takes on this question, the educational system has taken on a degree of importance that may be equal to or perhaps even exceed the family as a major source of transmission of social values.

3. Turning now to the next question, there is in regard to wilderness area preservation activities one basic principle when attempting to formulate a way of approaching decisions about unspoiled areas to be set aside as not open to development for commercial exploitation.

4. In this particular section, I intend to discuss my position about the possible need to dispense with the standard approach to plea bargaining. I believe this for two reasons. The first reason is that there is the possibility of letting hardened criminals avoid receiving their just punishment. The second reason is the following: plea bargaining seems to encourage a growing lack of respect for the judicial system.

5. It is my belief that regard to terrestrial-type snakes, an assumption can be made that there are probably none in unmapped areas of the world surpassing the size of those we already have knowledge of.

Exercise 5

흥미로운 주장 찾기

다음 예문들이 독자의 흥미를 끌만한 주장을 담고 있는지 살펴보자. 먼저 메타디스코스를 지우고 남은 것만으로 문장을 다시 써보자. 그렇게 완성된 문장이 주장으로서 적절한지 판단해보자.

example

In this study, I examine the history of Congressional legislation regarding the protection of children in the workplace.

먼저, 메타디스코스를 지운다.

the history of Congressional legislation regarding the protection of children in the workplace.

남은 것으로 문장을 만든다.

✔ Congress has legislated the protection of children in the workplace.

이렇게 만들어낸 문장이 주장으로서 힘이 있어 보이는가? 일터에서 아이들을 보호하는 법안을 의회가 제정했다는 것이 독자의 흥미를 끌까?

너무도 당연한 것이어서 주장으로 적절해 보이지 않는다.

1. On the other hand, some TV programming will always appeal to our most prurient interests.

2. Schools transmit more social values than do families.

3. One principle governs how to preserve the wilderness from exploitation.

1. This essay will survey research in schemata theory as applied to the pedagogy of mathematical problem solving.

2. The methodological differences between English and American histories of the War of 1812 resulting in radically differing interpretations of the cause of the conflict are the topic of this study.

3. We will consider scientific thinking and its historical roots in connection with the influence of Egypt on Greek thought.

4. The relationship between birth order and academic success will be explored.

1. Recent research has applied schemata theory to the pedagogy of solving mathematical problems.
[내겐 따분한 이야기처럼 들린다. 물론 안 그런 사람도 있겠지만.]

2. Because of their methodological differences, American and British historians have interpreted what caused the War of 1812 in radically different ways.
[솔깃한 주장이다.]

3. Egyptian and Greek thought influenced scientific thinking.
[너무 진부한 이야기다.]

4. Birth order relates to academic success.
[흥미롭다.]

Exercise 6

내가 쓴 글을 고쳐보자

316쪽에서 《문체의 요소》의 한 토막을 고쳐 쓴 것처럼 이미 출간된 글의 한 토막을 골라서 고쳐 써보자. 200단어 정도 되는 글이라면:

1. 먼저 150 단어 정도로 줄여보라.
2. 그 다음 100단어로 줄여보라.
3. 그 다음 50단어로 줄여보라.

고친 글마다 좋아진 것과 나빠진 것은 무엇인가? 내가 쓴 글을 가지고도 똑같이 고쳐보자.

Exercise 7

내가 쓴 글을 고쳐보자

어떤 글을 쓰든 메타디스코스는 필요하지만 너무 많이 쓰면 자신이 전달하고자 하는 아이디어가 파묻힐 수 있다.

자신이 쓴 글을 다른 사람에게 주고, 읽어가면서 메타디스코스를 모두 표시해달라고 하라. 그런 다음 독자와 함께 다음과 같은 질문을 하고 답해보라.

- 어떤 메타디스코스가 유용하고 어떤 메타디스코스는 불필요한가?
- 메타디스코스가 없는 곳에 메타디스코스를 삽입하면 좋은 곳이 있는가?

필요하다면 리바이징하라.

A long complicated sentence should force itself upon you, make you know yourself knowing it.

길고 복잡한 문장은 그 자체로 압도적이어서,
그것을 나 스스로 알고 있다고 인식하게 만든다.

Gertrude Stein

거트루드 스타인

Lesson 9

문장의 균형 잡기

간결하면서 명확한 문장을 쓸 수 있다면 많은 것을 달성할 수 있다. 하지만 단어를 20개 이상 사용하고도 명확한 문장을 쓰지 못하는 사람은, 짧은 종소리만 작곡할 줄 아는 작곡가와 다르지 않다. 긴 문장을 쓰지 말라고 조언하는 사람도 있지만, 짧은 문장만으로는 복잡한 개념을 전달할 수 없다. 길면서도 명확한 문장을 쓸 줄 알아야 한다.

> In addition to the continual disagreements between Democrats and Republicans on the issues of the day, an explanation of why they so deeply distrust one another must include the divergent values and principles that give them their motivation, the support that arises from their distinct constituencies, and an acceleration of the history of conflict between them.
>
> 오늘날 현안에 대한 민주당 지지자와 공화당 지지자 사이의 지속적인 의견차이에 덧붙여 그들이 서로 깊이 불신하는 이유에 대한 설명은, 그들에게 동기를 부여하는 완전히 다른 가치와 원칙, 구별되는 유권자층에게서 얻는 지지, 그들 사이의 갈등의 역사의 가속을 살펴봐야 한다.

메시지를 전달하기 위해 이 단어들이 모두 필요하다고 해도(물론 그렇지 않

다) 문장을 좀더 정교하게 다듬을 수 있다. 문장을 수정할 때는 먼저 추상적인 표현 속에서 행위자를 찾아 주어로, 행위를 찾아 동사로 바꾸고 문장을 자른다.

> We want to explain why Democrats and Republicans have come to so deeply distrust one another. One reason is their continual disagreements on the issues of the day. We must also consider the divergent values and principles that motivate them, the distinct constituencies that support them, and the accelerating history of conflict between them.
>
> 우리는 민주당 지지자와 공화당 지지자들이 서로 깊이 불신하는 이유를 설명하고자 한다. 우선 한 가지 이유는 오늘날 현안에 대해 그들이 지속적으로 의견차이를 보이는 것이다. 또한 그들에게 동기를 부여하는 완전히 다른 가치와 원칙, 그들을 지지하는 구별되는 유권자층, 그들 사이의 갈등을 촉진한 역사도 고려해야 한다.

하지만 이 글은 문장 사이의 연결이 자연스럽지 않아 보인다. 문장들을 연결해주면 훨씬 나아진다.

✔ To explain why Democrats and Republicans have come to so deeply distrust one another, we must consider not only their continual disagreements on the issues of the day but also the divergent values and principles that motivate them, the distinct constituencies that support them, and the accelerating history of conflict between them.

민주당 지지자와 공화당 지지자들이 서로 깊이 불신하는 이유를 설명하고자 한다면, 오늘날 현안에 대한 그들의 지속적인 의견차이뿐만 아니라, 그들에게 동기를 부여하는 완전히 다른 가치와 원칙, 그들을 지지하는 구별되는 유권자층, 그들 사이의 갈등을 촉진한 역사도 고려해야 한다.

이 예문은 52개나 되는 단어로 되어있지만 전혀 난잡하지도, 어렵지도 않다. (원래 예문보다 4단어 짧을 뿐이다.) 문장이 길다고 해서 지저분해지는 것은 아니다. 긴 복문을 쓰면서도 명확하고 정돈된 문장을 쓸 줄 알아야 한다.

기본원리: 도입부에서 핵심요점을 드러내라

다음 두 문장을 비교해 보자.

High-deductible health plans and Health Saving Accounts into which workers and their employers make tax-deductible deposits result in workers taking more responsibility for their health care.

고액공제건강보험과 건강저축계좌를 만들어 노동자와 고용주가 세금공제를 받을 수 있도록 하면 결과적으로 노동자의 의료보험 부담이 커진다.

✔ Workers take more responsibility for their health care when they adopt high-deductible insurance plans and Health Saving Accounts into which they and their employers deposit tax-deductible contributions.

노동자의 의료보험 부담이 커지는 것은 고액공제건강보험과 건강저축계좌를 만들어 노동자와 고용주가 세금공제를 받을 수 있도록 하기 때문이다.

더듬더듬 읽어나가야 하는 첫 번째 문장과 달리, 두 번째 문장은 훨씬 쉽게 읽힌다. 명확한 글쓰기의 기본원리를 따르고 있기 때문이다. 즉, 길고 추상적인 주어가 아니라 독자에게 익숙한 짧고 구체적인 주어로 시작하고, 곧바로 구체적인 행위를 진술하는 동사가 따라 나온다(Workers take).

하지만 두 번째 문장이 잘 읽히는 데에는 또다른 이유가 있다. 첫 번째 문장에서는 20개가 넘는 단어를 읽고 난 뒤에야 문장의 핵심에 도달하기 때문에, 이 지점에 도달하기 전까지는 앞에서 읽은 내용을 어떻게 해석해야 하는지 알 수 없다.

High-deductible health plans and Health Saving Accounts into which workers and their employers make tax-deductible deposits result in workers taking more responsibility for their health care.

독자들은 이 지점에 도달한 다음, 앞에서 읽은 내용을 정리하기 위해 앞으로 다시 돌아가 읽어야만 한다. 반면, 두 번째 문장은 문장의 핵심을 먼저 보여주고 이에 대한 세부적인 진술을 덧붙인다.

✔ Workers take more responsibility for their health care when they adopt high-deductible insurance plans and Health Saving Accounts into which they and their employers deposit tax-deductible contributions.

문장의 핵심이 먼저 나오면, 뒤에 나올 19개 단어가 무엇에 관한 것인지 '읽지 않고도' 쉽게 예측할 수 있다.

이것은 우리가 글을 읽을 때 작동하는 가장 일반적인 원칙이다. 문장의 도입부가 짧고 직접적이며, 뒤따라 나올 복잡한 정보를 어떻게 해석해야 하는지 프레임을 짜주는 역할을 할 때 우리는 아무리 복잡한 구문이라도 쉽게 이해할 수 있다. 지금까지는 이 원칙이 주어와 동사 차원에서 어떻게 작동하는지 설명했지만, 이 원칙은 긴 문장의 '논리적' 요소에도 작동하고, 화제자리와 강세자리에 어떤 정보가 들어가야 하는지 판단할 때도 작동한다.

예컨대 핵심이 늘어지거나 뒤로 밀려나있는 난해한 문장과 마주쳤을 때, 화제부터 찾아야 한다. 화제는 복잡한 개념을 이해할 수 있는 맥락을 제공한다. 화제를 문장 앞부분으로 끄집어내고 어려운 내용을 뒤에 놓아 논리적으로 추론해나갈 수 있게끔 만들면 훨씬 쉬워진다. 이처럼 난해한 글은, 머릿속에서 문장을 편집하면서 읽어나가야 한다.

쉬운 정보 다음에 복잡한 정보를 배치하는 원칙은 더 높은 차원에서도 똑같이 적용된다.

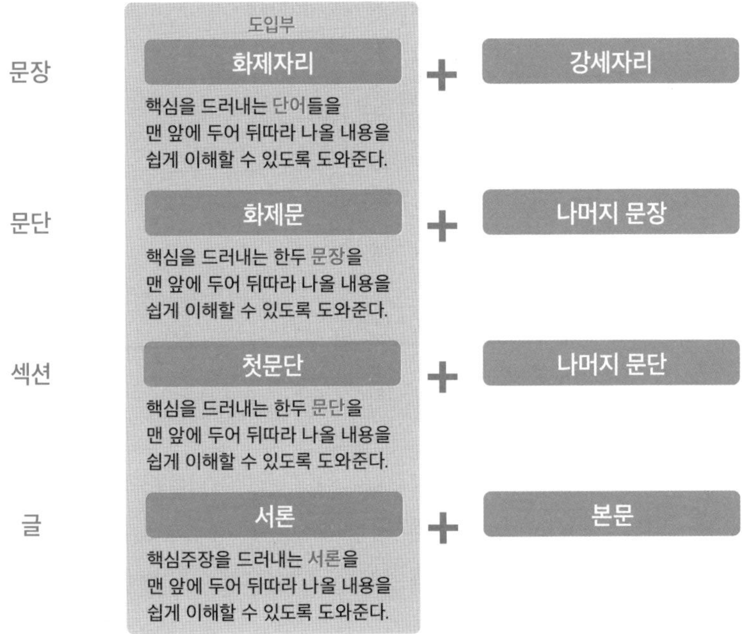

문장, 문단, 섹션, 글 전체, 예외는 없다. 앞부분에서 뒤따라 나올 내용을 얼마나 빠르고 간결하게 이해할 수 있도록 도와주느냐에 따라 독자의 이해도는 크게 달라진다.

글 고치기: 도입부가 너무 무거운 문장

독자들은 문장이 시작되면 빨리 핵심을 파악하고 싶어한다. 하지만 때로는 아무리 읽어도 핵심이 나오지 않는 긴 문장도 있다.

> Since most undergraduate students change their major fields of study at least once during their college careers, many more than once, first-year students who are not certain about the majors they want to pursue should not load up their schedules to meet requirements for a particular program.
>
> 대다수 학부생들이 재학 중 적어도 한 번, 많은 이들이 두 번 이상 자신의 전공분야를 바꾼다는 점에서, 자신이 무엇을 공부하고자 하는지 확신하지 못하는 1학년 학생들은 특정한 프로그램에서 요구하는 필수과목으로 시간표를 채워서는 안 된다.

이 문장의 경우 35개 단어를 읽고 난 뒤에야 주절의 동사(should not load up)에 도달할 수 있다. 앞에서 터득한 원칙 두 가지를 적용해보자.

원칙 1: 주어를 최대한 빠르게 보여준다.

문장 첫머리에 긴 도입부가 등장하는 경우, 도입부를 읽는 동안 주절의 주어와 동사가 나올 때까지 지금 읽고 있는 정보를 어떻게 해석할 것인지 보류해야 한다. 단기기억에 부하가 걸리는 만큼 문장을 이해하는 것은 어려워진다.

다음 예문을 비교해 보자. **1a**에서는 17개 단어를 읽고 난 다음에 주절의 주어와 동사가 나오는 반면, **1b**에서는 문장이 시작하자마자 주어와 동사가 나온다.

1a Since most undergraduate students change their major fields of study at least once during their college careers, first-year students who are not certain about their program of studies they want to pursue should not load up their schedules to meet requirements for a particular program.

대다수 학부생들이 재학 중 적어도 한 번 이상 자신의 전공분야를 바꾼다는 점에서, 자신이 무엇을 공부하고자 하는지 확신하지 못하는1학년 학생들은 특정한 프로그램에서 요구하는 필수과목으로 시간표를 채워서는 안 된다.

✔1b First-year students should not load up their schedules with requirements for a particular program if they are not certain about the program of studies they want to pursue, because most change their major fields at least once during their college careers.

자신이 무엇을 공부하고자 하는지 확신하지 못하는 1학년 학생들은 특정한 프로그램에서 요구하는 필수과목으로 시간표를 채워서는 안 된다. 대다수 학부생들이 재학 중 적어도 한 번 이상 자신의 전공분야를 바꾸기 때문이다.

도입절이 너무 긴 경우, 도입절을 문장 끝으로 보낸다. 위치가 적절하지 않다면 문장을 분리한다. 물론 if, since, when, although로 시작하는 절이 주절 앞에 오는 경우가 많다. 이러한 종속절로 문장을 시작할 수밖에 없는 경우라 하더라도 최대한 짧게 만든다.

예외

작가들 중에는 주절의 종결효과를 극대화하기 위해, 의도적으로 여러 개의 종속절로 도입부를 구성하여 주절을 최대한 뒤로 보류하는 문장을 쓰기도 한다. 이런 문장을 '피리어딕 스타일periodic style' 또는 '서스펜디드 스타일suspended style' 이라고 한다.

When a society spends more on its pets than it does on its homeless, when it rewards those who hit a ball the farthest more highly than those who care most deeply for its neediest, when it takes more interest in the juvenile behavior of its richest children than in the deficient education of its poorest, it has lost its moral center.

노숙자보다 애완동물에 더 많은 비용을 쏟을 때, 가장 절실한 사람들을 곁에서 돌보는 사람들보다 더 멀리 더 높이 홈런을 날리는 이들에게 더 큰 보상을 할 때, 극빈층의 교육결핍보다 부유층 청소년들의 유치한 행동에 더 관심이 쏠릴 때, 사회는 도덕의 뿌리를 잃고 만다.

너무 자주 사용해서는 안 되겠지만, 이러한 문장은 드라마틱한 효과를 발휘한다. 특히 마지막 절의 마지막 단어(moral center)에 문장의 초점이 실리면서 짜릿한 감흥을 자아낸다. 이러한 문장구성에 대해서는 **레슨10**에서 자세히 설명한다.

원칙 2: 동사와 목적어에 최대한 빠르게 도달한다.

독자는 주어 다음에 동사와 목적어가 빨리 나오기를 기대한다. 따라서

- 길고 추상적인 주어는 될 수 있으면 쓰지 않는다.
- 주어와 동사 사이에 구나 절을 삽입하지 않는다.
- 동사와 목적어 사이에 구나 절을 삽입하지 않는다.

하나씩 살펴보자.

1. 길고 추상적인 주어는 쓰지 않는다

먼저 전체 주어에 밑줄을 긋는다. 명사화된 표현을 포함하는 (7-8개 단어가 넘는) 긴 주어가 있다면, 명사화된 행위를 동사로 바꾸고 그 주어를 찾는다.

The company's understanding of the drivers of its profitability in the Asian market for small electronics helped it pursue opportunities in Africa.

이 회사의 아시아 소형 가전제품 시장에서의 수익성 동인 파악은 아프리카 시장개척에 도움이 되었다.

✔ The company was able to pursue opportunities in Africa because it understood what drove profitability in the Asian market for small electronics.

이 회사가 아프리카 시장을 개척할 수 있었던 것은 아시아 소형 가전제품 시장에서 수익을 낸 이유를 알고 있었기 때문이다.

긴 관계절이 들어가 주어가 길어질 때는 어떻게 할까?

A company that focuses on hiring the best personnel and then trains them not just for the work they are hired to do but for higher-level jobs is likely to earn the loyalty of its employees.

최고의 인재를 채용하는 데 집중하고, 그렇게 채용한 사람들을 눈앞의 업무뿐만 아니라 더 높은 수준의 업무를 수행할 수 있도록 훈련시키는 회사는 직원들의 충성을 얻을 확률이 높다.

우선 관계절을 when이나 if로 시작하는 종속절 도입부로 바꾼다.

When a company focuses on hiring the best personnel and then trains them not just for the work they are hired to do but for higher-level jobs, it is likely to earn the loyalty of its employees.

최고의 인재를 채용하는 데 집중하고, 그렇게 채용한 사람들을 눈앞의 업무뿐만 아니라 더 높은 수준의 업무를 수행할 수 있도록 훈련시킨다면 회사는 직원들의 충성을 얻을 확률이 높다.

하지만 도입부가 이렇게 길 경우, 문장 끝으로 보내는 것이 좋다. 특히 (1) 주절이 짧고 문장의 핵심을 담고 있는 경우, (2) 주절보다 도입절에 새롭고 복잡한 정보가 있는 경우, 도입절을 주절 뒤로 보낸다.

✔ A company is likely to earn the loyalty of its employees when it focuses on hiring the best personnel and then trains them not just for the work they are hired to do but for higher-level jobs.

회사가 직원들의 충성을 얻고자 한다면 최고의 인재를 채용하는 데 집중하고, 그렇게 채용한 사람들을 눈앞의 업무뿐만 아니라 더 높은 수준의 업무를 수행할 수 있도록 훈련시켜야 한다.

이 문장의 경우, 더 나은 방법은 문장을 분리하는 것이다.

✔ Some companies focus on hiring the best personnel and then train them not just for the work they are hired to do but for higher-level jobs. Such companies are likely to earn the loyalty of their employees.

몇몇 회사들은 최고의 인재를 채용하는 데 집중하고, 그렇게 채용한 사람들을 눈앞의 업무뿐만 아니라 더 높은 수준의 업무를 수행할 수 있도록 훈련시킨다. 그런 회사는 직원들의 충성을 얻을 확률이 높다.

2. 주어와 동사 사이에 구나 절을 삽입하지 않는다

주어와 동사 사이에 방해물이 끼어드는 경우 독자들은 좌절한다.

Some scientists, because they write in a style that is impersonal and abstract, do not easily communicate with lay people.

몇몇 과학자들은, 행위자를 숨기고 추상적인 방식으로 글을 쓰기 때문에, 일반인들과 쉽게 소통하지 못한다.

주어 다음에 because 절이 끼어듦으로써 동사 do not easily communicate가 나올 때까지 독자들은 심리적인 호흡을 멈춰야 한다. because 절은 문장 앞이나 뒤로 보내야 한다. 어디로 보낼지는 그 앞과 뒤에 무엇이 오는지 고려해 결정한다.

✔ Since some scientists write in a style that is impersonal and abstract, they do not easily communicate with lay people. This lack of communication damages...

몇몇 과학자들은 행위자를 숨기고 추상적인 방식으로 글을 쓰기 때문에, 일반인들과 쉽게 소통하지 못한다. 소통의 부재는…

✔ Some scientists do not easily communicate with lay people because they write in a style that is impersonal and abstract. It is a kind of style filled with passive and...

몇몇 과학자들이 일반인들과 쉽게 소통하지 못하는 이유는 행위자를 숨기고 추상적인 방식으로 글을 쓰기 때문이다. 이러한 글쓰기 관습은 무수한 수동태의 사용과…

종속절을 앞으로 보냈을 때 because를 since로 바꾼 것에 주목하라. 짧은 단어나 구가 삽입된 경우는 크게 신경쓰지 않아도 된다.

✔ Some scientists deliberately write in a style that is impersonal and objective.

몇몇 과학자들은 의도적으로 행위자를 숨기고 객관적인 방식으로 글을 쓴다.

3. 동사와 목적어 사이에 삽입구나 절을 쓰지 않는다

동사 뒤에 목적어가 빨리 나오는 것이 좋지만, 다음 문장은 그렇지 못하다.

We must develop, if we are to become competitive with other companies in our region, a core of knowledge regarding the state of the art in effective industrial organizations. Such organizations provide…

우리는 효율적인 기업조직의 최신기술에 관한 핵심지식을, 우리 지역의 다른 회사들 못지않게 경쟁력을 갖추고자 한다면, 쌓아야 한다.

앞에서와 마찬가지로 삽입된 절은 문장 앞이나 뒤로 보낸다.

✔ If we are to become competitive with other companies in our region, we must develop a core of knowledge regarding the state of the art in effective industrial organizations. Such organizations provide...

우리 지역의 다른 회사들 못지않게 경쟁력을 갖추고자 한다면, 효율적인 기업조직을 만드는 최신기술에 관한 핵심지식을 쌓아야 한다. 그러한 조직은…

✔ We must develop a core of knowledge regarding the state of the art in effective industrial organizations if we are to become competitive with other companies in our region. Increasing competition...

효율적인 기업조직을 만드는 최신기술에 관한 핵심지식을 쌓아야 우리 지역의 다른 회사들 못지않게 경쟁력을 갖출 수 있다. 점점 치열해지는 경쟁은…

4. 예외

긴 목적어 뒤에 짧은 전치사구가 나올 경우, 전치사구를 동사와 목적어 사이에 놓는 것이 좋다.

In a long sentence, put the newest and most important information that you want your reader to remember at its end.

긴 문장에서, 독자가 기억해주길 바라는 가장 새롭고 중요한 정보를 문장 끝에 놓아라.

✔ In a long sentence, put at its end the newest and most important information that you want your reader to remember.

긴 문장에서, 문장 끝에 독자가 기억해주길 바라는 가장 새롭고 중요한 정보를 놓아라.

핵심포인트

> 주절의 주어를 빨리 보여준 다음, 동사와 목적어 또한 빨리 보여주는 문장을 독자는 가장 쉽게 읽는다. 절이나 구로 된 긴 도입부, 긴 주어, 주어와 동사 사이 또는 동사와 목적어 사이에 끼어드는 긴 구나 절은 될 수 있으면 쓰지 말라.

Exercise 1 ▶ Exercise 2 ▶ Exercise 3 ▶

글 고치기: 끝없이 늘어지는 문장

문장의 핵심이 먼저 나오면 뒤따라 나오는 내용이 아무리 산만해도 쉽게 읽어나갈 수 있다. 하지만 문장이 끝도 없이 이어진다면 이야기는 달라진다.

No scientific advance is more exciting than genetic engineering, which is a new way of manipulating the elemental structural units of life itself, which are the genes and chromosomes that tell our cells how to reproduce to become the parts that constitute our bodies.

유전공학은 과학기술의 발전을 통틀어 가장 흥미진진한 분야로(핵심) 우리 몸을 구성하는 기관이 되도록 재생하는 방법을 우리 세포에게 알려주는 유전자와 염색체, 즉 생명체의 기본 구성단위를 조작하는 새로운 방법이다(설명).

이 문장을 정리하면 다음과 같다.

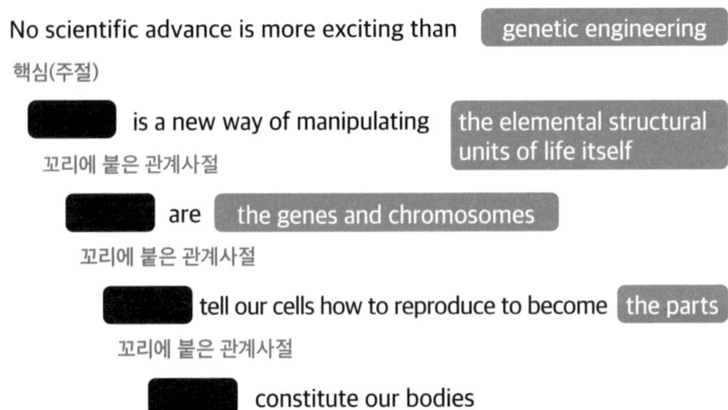

다른 사람에게 이 문장을 큰 소리로 읽어 달라고 하면 문제를 더 쉽게 알 수 있다. 더듬더듬 읽거나, 어떤 단어에서 자연스럽게 넘어가지 못하거나, 문장을 읽다가 숨이 차는 부분이 있다면, 독자들도 마찬가지일 것이다. 이런 문장을 수정하는 방법은 네 가지가 있다.

1. 삭제하기

who/that/which + is/was를 삭제하여 관계절을 동격구로 바꾼다.

✔ Of the many area of science important to our future, few are more promising than genetic engineering, ~~which is~~ a new way of manipulating the elemental structural units of life itself, ~~which are~~ the genes and chromosomes that tell our cells how to reproduce to become the parts that constitute our bodies.

우리 미래에 중요한 역할을 할 과학 중에 가장 유망한 분야는 유전공학으로, 생명체의 기본 구성단위, 다시 말해 우리 몸 속 세포에게 우리 몸을 구성하는 기관이 되도록 재생방법을 알려주는 유전자와 염색체를 조작하는 새로운 방법을 제시한다.

관계사를 삭제하고 남은 동사를 ~ing 형태로 고쳐야 할 때도 있다.

The day is coming when we will all have numbers that will identify our financial transactions so that the IRS can monitor all activities that involve economic exchange.

✔ The day is coming when we will all have numbers identifying our financial transactions so that the IRS can monitor all activities involving economic exchange.

경제적 교류가 포함된 모든 활동을 IRS가 감시할 수 있도록 우리 금융거래를 식별하는 번호를 우리 모두 갖게 될 날이 오고 있다.

2. 종속절을 문장으로 독립시키기

✔ Many areas of science are important to our future, but few are more promising than genetic engineering. It is a new way of manipulating the elemental structural units of life itself, the genes and chromosomes that tell our cells how to reproduce to become the parts that constitute our bodies.

우리 미래에 중요한 역할을 할 과학 중에 유전공학보다 유망한 분야는 없을 것이다. 유전공학은 생명체의 기본 구성단위, 다시 말해 우리 몸 속 세포에게 우리 몸을 구성하는 기관이 되도록 재생방법을 알려주는 유전자와 염색체를 조작하는 새로운 방법을 제시한다.

3. 절을 수식구로 바꾸기

문장을 길게 쓰면서도 산만해지지 않게 만들 수 있다. 바로 관계절을 반복수식구, 요약수식구, 자유수식구로 바꾸는 것이다. 생소한 용어처럼 들리겠지만, 누구나 글을 읽으면서 무수히 접해보았을 형태의 수식어들이다. 그 용법을 반드시 숙지해야 한다.

1. **반복수식구** resumptive modifiers

다음 두 예문은 관계절과 반복수식구가 어떻게 다른지 보여준다.

Since mature writers often use resumptive modifiers to extend a line of thought, we need a word to name what I have not done in this sentence, which I could have ended at that comma but extended to show you a relative clause attached to a noun.

능숙한 작가들은 생각의 흐름을 늘어놓기 위해 반복수식구를 자주 사용하는데, 내가 이 문장에 하지 않은 것—쉼표에서 문장을 끝낼 수 있었지만 명사에 붙인 관계절을 보여주기 위해 늘인 것—을 일컬을 이름이 필요하다.

✔ Since mature writers often use resumptive modifiers to extend a line of thought, we need a word to name what I have not done in this sentence, a sentence that I could have ended at that comma but extended to show you how resumptive modifiers work.

능숙한 작가들은 생각의 흐름을 늘어놓기 위해 반복수식구를 자주 사용하는데, 내가 이 문장에 하지 않은 것을 일컬을 이름이 필요하다. 쉼표에서 문장을 끝내지 않고 반복수식구가 어떻게 작동하는지 보여주기 위해 늘인 문장을 뭐라고 불러야 할까?

이처럼 수식을 붙이고자 하는 절의 핵심명사를 찾은 다음 절 바로 뒤에 쉼표를 찍고, 핵심명사(여기서는 sentence)를 한번 반복하여 쓰고 that으로 시작하는 제한적 관계사절을 쓰는 것을 반복수식구라고 한다.

반복수식구는 명사뿐만 아니라 형용사나 동사로도 만들 수 있다. 이런 경우에는 that절을 쓰지 않고 절을 그대로 이어가면 된다.

✔ It was American writers who found a voice that was both true and lyrical, true to the rhythms of the working man's speech and lyrical in its celebration of his labor.

사실적이면서도 서정적인 목소리를 낸 것은 미국 작가들이었는데, 노동자들이 하는 말 속 운율을 사실적으로 담아내면서도 그들의 노동을 축복하는 면에서는 서정적이었다.

✔ All who value independence should resist the trivialization of government regulation, resist its obsession with administrative tidiness and compulsion to arrange things not for our convenience but for theirs.

독립성을 중시하는 사람이라면 정부규제를 사소하게 바라보는 태도에 저항해야 한다. 우리의 편의가 아니라 자신들의 편의를 위해 모든 것을 처리하려고 하는 관료적 편의와 강박에 대한 집착에 저항해야 한다.

one that으로 시작하는 반복수식구도 가끔 볼 수 있다. 여기서 one은 앞선 절의 키워드를 대체하는 명사 역할을 한다.

✔ I now address a problem we have wholly ignored, one that has plagued societies that sell their natural resources to benefit a few today rather than using them to develop new resources that benefit everyone tomorrow.

우리가 지금껏 전혀 신경 쓰지 않았던 문제에 대해서 나는 지금 고민하고 있다. 천연자원을 미래의 후손들에게 도움이 되는 새로운 자원 개발에 사용하기보다는 당장의 소수에게 혜택을 주기 위해 팔아버리도록 사회를 병들게 만든 문제다. (one=problem)

2. 요약수식구 summative modifiers

다음 두 예문은 관계절과 요약수식구가 어떻게 다른지 보여준다. 첫 번째 문장에서 which가 매달려있는 느낌에 주목하라.

Economic changes have reduced Russian population growth to less than zero, which will have serious social implications.

경제적인 변화로 인해 러시아의 인구증가율이 0퍼센트 밑으로 떨어졌는데, 이는 심각한 사회적 의미를 갖는다.

✔ Economic changes have reduced Russian population growth to less than zero, a demographic event that will have serious social implications.

경제적인 변화로 인해 러시아의 인구증가율이 0퍼센트 밑으로 떨어졌는데, 이는 심각한 사회적 의미를 갖는 인구통계학적 사건이다.

키워드를 반복하는 반복수식구와 달리 요약수식구는 앞에서 말한 내용을 요약하는 명사를 쓴 다음 that으로 시작하는 제한적 관계사절을 쓴다.

Economic changes have reduced Russian population growth to less than zero, a demographic event that will have serious social implications.

요약수식구와 반복수식구는 모두 문법적으로 완전한 문장 끝에 쉼표를 찍고 붙이는 것이기 때문에, 문장이 끝나는 듯하다가 다시 새롭게 시작하는 느낌을 준다.

3. 자유수식구 free modifiers

핵심단어를 반복하는 반복수식구와 앞의 내용을 요약하는 요약수식구와 달리 자유수식구는 가장 가까운 동사의 주어에 대한 정보를 덧붙여준다.

✔ Free modifiers resemble resumptive and summative modifiers, letting you extend the line of a sentence while avoiding a train of ungainly phrases and clauses.

자유수식구는 반복수식구와 요약수식구와 비슷하게, 구와 절의 어색한 나열을 피하면서도 문장을 길게 늘일 수 있도록 해준다.

이 예문에서 letting의 주어는 가장 가까운 동사 resemble의 주어 free modifiers다. 자유수식구는 물론 과거분사로 시작할 수도 있다.

✔ Leonardo da Vinci was a man of powerful intellect, driven by an insatiable curiosity and haunted by a vision of artistic perfection.

[Leonardo was driven by... and hauted by...]

레오나르도 다빈치는 뛰어난 지능을 가진 사람이었다. 끝없는 호기심에 이끌렸으며 예술적으로 완벽할 수 있다는 비전에 사로잡혀있었다.

현재분사, 과거분사뿐만 아니라 형용사로 시작할 수도 있다.

✔ On a chilly November night in 2008, Barack Obama gave a rousing speech in Grant Park in Chicago, aware that he was about to become the first black president of the United State. [Obama was aware that...]

2008년 11월 차가운 밤, 버락 오바마가 시키고 그랜드파크에서 격정적인 연설을 했을 때, 그는 자신이 이제 곧 미국의 첫 번째 흑인 대통령이 될 것이라는 것을 알고 있었다.

이 수식구를 '자유수식구'라고 부르는 것은 다른 수식구와 달리 문장 앞에도 붙일 수 있기 때문이다.

✔ Driven by an insatiable curiosity and haunted by a vision of artistic perfection, Leonardo da Vinci was...

끝없는 호기심에 이끌렸고 예술적으로 완벽할 수 있다는 비전에 사로잡혀있던, 다빈치는...

✔ Aware that he was about to become the first black president of the United State, Barack Obama gave…

자신이 이제 곧 미국의 첫 번째 흑인 대통령이 될 것이라는 것을 알고 있었던 버락 오바마는…

◎ 핵심포인트

긴 문장을 써야 할 경우, 구나 절을 닥치는 대로 연결해서는 안 된다. 특히 관계절 뒤에 또 다른 관계절을 연달아 붙이는 것은 바람직하지 않다. 반복수식구, 요약수식구, 자유수식구를 이용해 문장을 늘이는 연습을 하라.

4. 절을 등위구문으로 바꾸기

등위연결은 우아한 형식의 문장을 만들어내는 토대가 되는 기술이라 할 수 있다. 등위를 짜는 것은 수식을 짜는 것보다 어렵긴 하지만, 잘 짜인 등위구문은 독자에게 높은 만족감을 준다. 다음 두 예문을 비교해보자.

The aspiring artist may find that even a minor, unfinished work which was botched may be an instructive model for how things should be done, while for the amateur spectator, such works are the daily fare which may provide good, honest nourishment, which can lead to an appreciation of deeper pleasures that are also more refined.

야심찬 예술가는 비주류의, 망한 미완성 작품에서도 어떤 식으로 작업해야 하는지 배울 수 있는 모델로 삼고자 하는 반면, 아마추어 관객에게 그런 작품은 더 정제된 깊은 환희를 음미할 수 있도록 이끌어줄 수 있는 몸에 좋고 정직한 자양분을 제공하는 일상적인 음식이다.

✔ For the aspiring artist, the minor, the unfinished, or even the botched work, may be a more instructive model for how things should—and should not be done. For the amateur spectator, such works are the daily fare which may provide good, honest nourishment—and which can lead to an appreciation of more refined, or deeper pleasures.

야심찬 예술가에게 비주류의, 미완성의, 심지어 망한 작품은 작업을 어떻게 해야 하는지, 하지 말아야 하는지 가르쳐주는 유익한 모델이 될 수 있다. 아마추어 관객에게 그런 작품은 몸에 좋고 정직한 자양분을 제공하는, 또 더 정제되고 깊은 환희를 음미할 수 있도록 이끌어주는 일상적인 음식이다.

Eva Hoffman, "Minor Art Offers Special Pleasures 에바 호프먼, "비주류 예술이 주는 특별한 즐거움"

첫 번째 예문은 산만한 문장의 예를 보여주기 위해 원래 문장(두 번째 예문)을 관계절을 연달아 붙인 형태로 고친 것이다.

The aspiring artist may find that even a minor, unfinished work
which was botched may be an instructive model for
how things should be done,
while for the amateur spectator, such works are the daily fare
which may provide good, honest nourishment,
which can lead to an appreciation of deeper pleasures
that are also more refined.

호프먼의 문장을 분석해보면 다양한 등위연결을 활용하여 아름다운 형태를 갖추고 있다는것을 알 수 있다.

For the aspiring artist,

the minor, the unfinished, *or* even the botched	work may be an instructive model for how things	should— *and* should not	be done.

For the amateur spectator, such works are

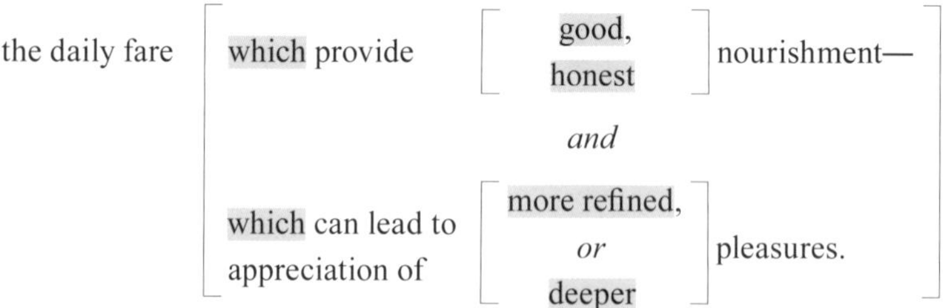

특히, 두 번째 문장은 등위구문을 어느 수준까지 정교하게 짤 수 있는지 보여준다.

등위구문을 만드는 기본원칙: 짧은 것 다음에 긴 것

앞에서도 계속 반복했던 '앞은 짧고 단순하게, 뒤는 길고 복잡하게'라는 원칙은 등위구문을 짜는 데에도 그대로 적용된다. 단순한 것을 이야기하는 데에는 몇 단어만 있으면 되기에 짧을 수밖에 없고, 복잡한 것을 이야기하려면 많은 단어가 필요하니 길어질 수밖에 없다. 잘 짜인 등위구문 역시 일반적으로 짧은 항목으로 시작하여 긴 항목으로 넘어간다. 다음 문장을 소리 내어 읽어보라.

> We should devote a few final words to a matter that reaches beyond the techniques of research to the connections between those subjective values that reflect our deepest ethical choices and objective research.
>
> 마지막으로, 객관적 탐구와 우리의 가장 깊은 윤리적 선택을 반영하는 주관적 가치 사이의 연관성에 대한 연구기법을 넘어선 문제에 대해서 잠깐 이야기해야 한다.

이 문장을 읽어보면 objective research에서 문장이 갑작스럽게 끝나버리는 듯한 느낌이 든다. 구조를 보면 다음과 같다.

between [those subjective values that reflect our deepest ethical choices
and
objective research.]

'짧은 것에서 긴 것으로' 원칙을 적용하기 위해 먼저 등위항목의 위치를 바꾼다. 그 다음 두 번째 항목에 병렬구조를 덧붙여 더 길게 만든다. 고친 문장을 큰소리로 읽어 보라.

✔ We should devote a few final words to a matter that reaches beyond the techniques of research to the connections between objective research and those subjective values that reflect our deepest ethical choices and strongest intellectual commitments.

마지막으로, 우리의 가장 깊은 윤리적 선택과 가장 강렬한 지적 헌신을 반영하는 주관적 가치와 객관적 탐구 사이의 연관성에 대한 연구기법을 넘어선 문제에 대해서 잠깐 이야기해야 한다

그 구조를 보면 다음과 같다.

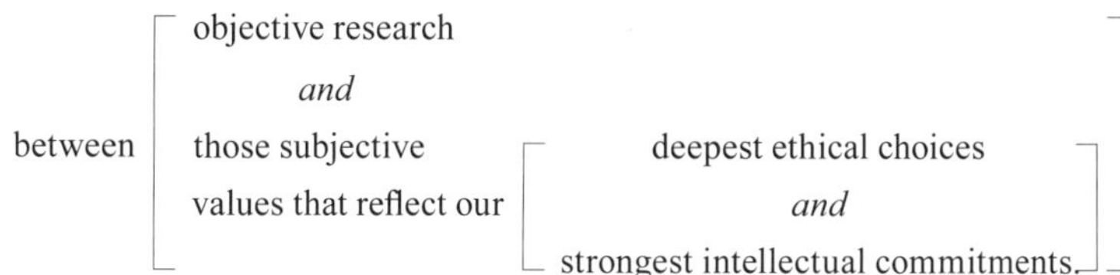

우아한 문장의 특징은 긴 글에서 드러난다. 몇 줄이 넘어가는 긴 문장에서 이처럼 공을 들여 균형을 맞춘 등위연결을 목격할 때 우리는 아름다움을 느낀다. 문장의 아름다움에 대해서는 **레슨10**에서 자세히 설명한다.

핵심포인트

문장이 길더라도 등위연결을 사용하면 구나 절을 연달아 매다는 것보다 훨씬 우아한 문장을 만들 수 있다. 대등한 항목을 연결할 때는, 짧고 간결한 것을 먼저 놓고 길고 복잡한 것을 뒤에 놓는다.

글쓰기 팁

both X and Y, not only X but Y, (n)either X (n)or Y 같은 상관접속사를 사용하여 등위연결에 초점을 가미할 수 있다. 다음 두 예문을 소리 내 읽어보자.

✔ The world's tallest building, the Burj Khalifa in Dubai, is an engineering marvel and a construction of stunning beauty.

세계에서 가장 높은 건물인 두바이의 버즈칼리파는 경이로운 공학적 성취이자 눈부시게 아름다운 미학적 성취다.

✔ The world's tallest building, the Burj Khalifa in Dubai, is not only an engineering marvel but also a construction of stunning beauty.

세계에서 가장 높은 건물인 두바이의 버즈칼리파는 경이로운 공학적 성취일 뿐만 아니라 눈부시게 아름다운 미학적 성취다.

상관접속사를 쓸 때는 병렬되는 항목의 문법성분을 통일해야 한다.

When you punctuate carefully, you **both** help readers understand a complex sentence more easily **and** you enhance your own image as a good writer.

이처럼 both 다음에는 동사가 나오고 and 다음에는 주어가 나오면, 독자는 and를 독립된 일반접속사라고 오해할 수 있다. 두 항목의 문법적 성분을 통일하여 혼동하지 않도록 해야 한다.

✔ When you punctuate carefully, you **both** help readers understand a complex sentence more easily **and** enhance your own image as a good writer.

> 신중하게 구두점을 찍는 것은, 독자들에게 복잡한 문장을 더 쉽게 이해할 수 있도록 도와줄 뿐만 아니라 자신이 좋은 작가라는 이미지를 강화해준다.

◎ 글쓰기의 기본원칙

짧은 것을 먼저 놓고 긴 것을 뒤에 놓는 것은 이 책을 관통하는 글쓰기의 원칙이다.

- **주어-동사**: 앞에 나오는 짧은 요소는 뒤이어 나오는 길고 복잡한 내용의 맥락을 제공한다.
- **구정보-신정보**: 구정보는 대부분 객관적으로나 '심리적으로나' 신정보보다 짧다.
- **긴 문장의 논리적 요소의 배치**: 문장의 핵심을 보여주는 짧은 요소를 화제자리에 놓고, 그것을 부연하거나 뒷받침하는 길고 복잡한 정보를 강세자리에 놓는다.
- **등위연결의 균형**: 짧은 요소를 먼저 놓고 긴 요소를 뒤에 놓는다.

Exercise 2 ▶

문장이 길어질 때 발생할 수 있는 문제들

문장구조를 아무리 잘 짠다고 해도, 문장이 길어지면 문제가 발생할 수 있다.

문법적으로 결함이 있는 등위연결

등위연결은 기본적으로 절과 절, 전치사구와 전치사구 같이 문장성분이 같은 항목을 연결하는 것이다. 문장성분이 다른 항목을 연결할 경우, 균형이 맞지 않는 병렬구조는 독자들을 혼란에 빠뜨릴 수 있다.

The committee recommends [revising the curriculum to recognize trends in local employment *and* that the division be reorganized to reflect the new curriculum.]

지역의 고용흐름을 반영하여 커리큘럼을 수정하고 새로운 커리큘럼을 반영하는 부서 재편을 위원회는 권고한다

이 문장은 다음과 같이 수정할 수 있다.

✔ ...recommends [that the curriculum be revised to recognize... *and* that the division be reorganized to reflect...]

지역의 고용흐름을 반영한 커리큘럼 수정과 새로운 커리큘럼을 반영한 부서 재편을...

✔ ...recommends [revising the curriculum to recognize... *and* reorganizing the division to reflect...]

...반영하여 커리큘럼을 수정하고 새로운 커리큘럼을 반영하도록 부서를 재편하라고...

하지만 병렬구조를 갖추지 못한 등위연결이 훨씬 바람직한 경우도 있다. 예컨대 명사구와 how 절을 등위연결하는 경우도 있다.

✔ We will attempt to delineate [the problems of education in developing nations *and* how coordinated efforts can address them in economical ways.]

개발도상국의 교육문제와 공동의 노력이 이 문제를 경제적인 방식으로 해결하는 방법에 대해서 기술하고자 한다.

부사와 전치사구를 등위연결하기도 한다.

✔ The proposal appears to have been written [quickly, carefully, *and* with the help of many.]

이 제안서는 빠르게 신중하게 많은 사람의 도움을 받아 쓰여진 것으로 보인다.

독자들은 이와 같은 등위연결을 이상하게 생각하지 않는다.

의미적으로 결함이 있는 등위구문

등위항목은 문법적으로만 동등할 뿐만 아니라 개념적으로도 동등할 때 제대로 등위연결이 된 느낌을 준다. and만 넣으면 다 등위연결이 만들어진다고 생각해서는 안 된다.

Grade inflation is a problem at many universities, and it leads to a devaluation of good grades earned by hard work and will not be solved simply by grading harder.

성적 인플레이션은 많은 대학에서 문제가 되고, 열심히 공부하여 얻은 좋은 성적의 가치를 떨어뜨리며, 또 성적을 까다롭게 준다고 해서 해결되는 것은 아니다.

여기서 사용된 and는 주장 간의 관계를 오히려 모호하게 만든다.

✔ Grade inflation is a problem at many universities, because it devalues good grades that were earned by hard work, but will not be solved simply by grading harder.

성적 인플레이션이 많은 대학에서 문제가 되는 것은 열심히 공부하여 얻은 좋은 성적의 가치를 떨어뜨리기 때문이지만, 성적을 까다롭게 준다고 해서 해결되는 것은 아니다.

안타까운 사실은, 등위항목들이 개념적으로 동등한지 동등하지 않은지 구별할 수 있는 특별한 방법은 없다는 것이다. 주의 깊게 따져보며 가늠하는 수밖에 없다. 예컨대 야구에서 공을 잘 치려면 '날아오는 공을 끝까지 보면서 정확하게 배트에 맞추라'고 조언하지만, 그것을 구체적으로 어떻게 해야 하는지 설명하기는 어려운 것과 같다.

모호한 연결

등위연결이 너무 길어지면 글을 읽다가 연결구조를 잃어버릴 수도 있고 대명사가 지칭하는 것이 무엇인지 놓칠 수도 있다.

> Teachers should remember that students are vulnerable and uncertain about those everyday ego-bruising moments that adults ignore and that they do not understand that one day they will become as confident and as secure as the adults that bruise them.
>
> 교사는 어른들이 자신도 모르게 일상적으로 자존심을 상하게 만드는 순간 학생들이 쉽게 상처받고 불안해하며 언젠가는 자신들에게 상처를 주는 어른들처럼 자신도 자신감과 심리적 안정을 갖게 된다는 것을 이해하지 못한다는 것을 기억해야 한다.

이 문장에서 우리는 음영으로 표시한 항목을 어디에 연결해서 이해해야 하는지 잠시 망설이게 된다. 이런 문장을 수정할 때는 먼저, 첫 번째 등위항목을 짧게 만들어 두 번째 등위항목의 시작지점을 최대한 앞으로 당긴다.

✔ Teachers should remember that students are vulnerable to ego-bruising moments that adults ignore and that they do not understand that one day...

교사는 어른들이 자신도 모르게 자존심을 상하게 하는 순간 학생들이 쉽게 상처받으며 언젠가는 자신들에게 상처를 주는 어른들처럼 자신도 자신감과 심리적 안정을 갖게 된다는 것을 이해하지 못한다는 것을 기억해야 한다.

등위항목이 시작된다는 신호가 될 수 있는 단어를 반복해주면 더욱 좋다.
(이것이 바로 앞에서 설명한 '반복수식구'다.)

✔ Teachers should try to remember that students are vulnerable to ego-bruising moments that adults ignore, to remember that they do not understand that...

교사는 어른들이 자신도 모르게 자존심을 상하게 하는 순간 학생들이 쉽게 상처받는다는 사실을 기억해야 하고, 언젠가는 자신들에게 상처를 주는 어른들처럼 자신도 자신감과 심리적 안정을 갖게 된다는 것을 이해하지 못한다는 사실을 기억해야 한다.

또는 대명사의 지칭대상이 모호해질 수 있는 경우, 명사를 반복해준다.

✔ Teachers should try to remember that students are vulnerable to ego-bruising moments that adults ignore and that students do not understand that...

교사는 어른들이 자신도 모르게 자존심을 상하게 하는 순간 학생들이 쉽게 상처받는다는 사실과 언젠가는 자신들에게 상처를 주는 어른들처럼 자신도 자신감과 심리적 안정을 갖게 된다는 것을 학생들이 이해하지 못한다는 사실을 기억해야 한다.

모호한 수식

수식의 대상이 명확하지 않아 의미가 모호해지는 경우가 많다.

Overtaxing oneself physical activity too frequently results in injury.

자주 신체활동으로 몸을 혹사할 경우 부상을 입을 수 있다.

여기서 too frequently는 무엇을 수식할까? 부사의 위치를 옮겨 의미를 명확하게 만들라.

✔ Overtaxing oneself too frequently physical activity results in injury.

신체활동으로 자주 몸을 혹사할 경우 부상을 입을 수 있다.

✔ Overtaxing oneself in physical activity results too frequently in injury.

신체활동으로 몸을 혹사할 경우 자주 부상을 입을 수 있다.

수식어가 절 끝에 위치하면 가까이 있는 구는 물론 멀리 있는 구까지 모두 수식할 수 있어 그 의미가 모호해질 수 있다.

Scientists have learned that their observations are as subjective as those in any other field in recent years.

최근 과학분야의 연구가 다른 분야만큼 주관적이라는 것을 과학자들도 깨닫고 있다.

수식대상이 최대한 헷갈리지 않도록 자리를 옮긴다.

✔ In recent years, scientists have learned that...

최근 과학자들도 과학분야의 연구가 다른 분야만큼 주관적이라는 것을 깨닫고 있다.

✔ Scientists have learned that in recent years their...

과학분야의 최근 연구가 다른 분야만큼 주관적이라는 것을 과학자들도 깨닫고 있다.

댕글링

긴 문장을 쓰다 보면 수식절의 생략된 주어와 주절의 주어가 어긋나는 경우가 발생한다.

Running through the airport to avoid missing the flight, the phone she had purchased only a week before fell out of her jacket pocket and shattered on the cement floor.

화물을 놓치지 않기 위해 공항을 질주하다가, 불과 일주일 전 산 핸드폰이 재킷주머니에서 떨어져 시멘트바닥에 부딪히며 부서졌다.

여기서 '질주한' 주체는 사람이겠지만, 주절의 주어는 '핸드폰'이다.(running의 주체는 phone을 수식하는 절 속에 들어있는 she다.) 수식구의 생략된 주어가 주절의 주어와 같지 않으면 문법적으로 틀린 것이다. 이러한 문법오류는 글을 쓰는 과정에서 하도 자주 발생하여 특별히 이름까지 얻었는데, '댕글링 dangling modifier'이라고 한다. ('현수수식구'라고도 한다.) 댕글링을 해결하기 위해서는 생략된 주어를 드러내면 된다.

✔ As she running through the airport to avoid missing the flight, the phone she had purchased only a week before fell out of her jacket pocket and shattered on the cement floor.

더 좋은 방법은 수식구의 생략된 주어를 주절의 주어로 만드는 것이다.

✔ Running through the airport to avoid missing the flight, she let the phone she had purchased only a week before fell out of her jacket pocket and shattered on the cement floor.

또 다른 예문을 보자.

> To overcome chronic poverty and lagging economic development in sub-Saharan Africa, a commitment to health and education is necessary for there to be progress in raising standards of living.
>
> 사하라사막 이남 아프리카의 만성적인 빈곤과 낮은 경제발전을 극복하기 위해서는, 그 지역의 생활수준을 높이기 위한 보건과 교육에 대한 헌신이 요구된다.

✔ If developed countries are to overcome chronic poverty and lagging economic development in sub-Saharan Africa, a commitment to health and education is necessary...

✔ To overcome chronic poverty and lagging economic development in sub-Saharan Africa, developed countries must commit themselves to...

SUMMARY

문장에 일관성있는 형태를 부여하는 원칙은 다음과 같다.

1. 주어를 최대한 빨리 보여준 뒤, 동사와 목적어가 연달아 나와야 한다.

1. 주어 앞에 너무 긴 도입구나 도입절을 쓰지 마라

Since most undergraduate students change their major fields of study at least once during their college careers, many more than once, first-year students who are not certain about the program of studies they want to pursue should not load up their schedules to meet requirements for a particular program.

대다수 학부생들이 학업 도중 한 번 이상 자신의 전공분야를 바꾸기 때문에, 자신이 추구할 학업계획이 확실치 않은 1학년 학생은 특정 학과에서 요구하는 필수과목으로 시간표를 채워서는 안 된다.

너무 긴 도입절은 독립절로 만든다.

✔ Most undergraduate students change their major fields at least once during their college careers, so first-year students should not load up their schedules with requirements for a particular program if they are not certain about the program of studies they want to pursue.

학부생들은 대부분 학업 도중 적어도 한 번은 자신의 전공분야를 바꾼다. 따라서 1학년 학생은 자신이 추구할 학업계획이 확실치 않다면, 특정 학과에서 요구하는 필수과목으로 시간표를 채우면 안 된다.

2. 주어를 너무 길게 쓰지 마라

A company that focuses on hiring the best personnel and then trains them not just for the work they are hired to do but for higher-level jobs is likely to earn loyalty of its employees.

최고의 인재를 채용하는 데 집중하고, 그렇게 채용한 사람들을 눈앞의 업무뿐만 아니라 더 높은 수준의 업무를 수행할 수 있도록 훈련시키는 회사는 직원들의 충성을 얻을 확률이 높다.

긴 주어는 도입부 역할을 하는 종속절로 고친다.

✔ When a company focuses on hiring the best personnel and then trains them not just for the work they are hired to do but for higher-level jobs later, it is likely to earn the loyalty of its employees.

최고의 인재를 채용하는 데 집중하고, 그렇게 채용한 사람들을 눈앞의 업무뿐만 아니라 더 높은 수준의 업무를 수행할 수 있도록 훈련시킨다면 회사는 직원들의 충성을 얻을 확률이 높다.

이렇게 만든 도입절이 너무 길 경우, 문장 오른쪽으로 옮긴다.

A company is likely to earn the loyalty of its employees when it focuses on hiring the best personnel...

아니면, 새로운 문장으로 독립시킨다.

✔ Some companies focus on hiring the best personnel and then train them not just for the work they are hired to do but for higher-level jobs later. Such companies are likely to earn the loyalty of their employees.

몇몇 회사들은 최고의 인재를 채용하는 데 집중하고, 그렇게 채용한 사람들을 눈앞의 업무뿐만 아니라 더 높은 수준의 업무를 수행할 수 있도록 훈련시킨다. 그런 회사는 직원들의 충성을 얻을 확률이 높다.

3. 주어와 동사, 동사와 목적어 사이에 구나 절을 삽입하지 마라

Some scientists, because they write in a style that is impersonal and abstract, do not easily communicate with laypeople.

몇몇 과학자들은, 행위자를 숨기고 추상적인 방식으로 글을 쓰기 때문에, 일반인들과 쉽게 소통하지 못한다.

삽입된 항목을 문장 왼쪽이나 오른쪽 끝으로 옮겨라. 어느 쪽으로 옮길지는 다음 이어지는 문장과 연관성을 따져서 판단한다.

✔ Since some scientists write in a style that is impersonal and abstract, they do not easily communicate with laypeople. This lack of communication damages...

행위자를 숨기고 추상적인 방식으로 글을 쓰기 때문에 몇몇 과학자들은 일반인들과 쉽게 소통하지 못한다. 이러한 소통의 부재는…

✔ Some scientists do not easily communicate with laypeople because they write in a style that is impersonal and abstract. It is a kind of style filled with passives...

몇몇 과학자들이 일반인들과 쉽게 소통하지 못하는 이유는 행위자를 숨기고 추상적인 방식으로 글을 쓰기 때문이다. 이러한 글쓰기 관습은 수동태의 빈번한 사용과…

2. 앞으로 펼칠 핵심주장을 담은 짧은 주절로 문장을 시작하라.

A new sales initiative that has created a close integration between the garden and home products departments has made significant improvements to the customer services that Acme offers.

원예용품과 가정용품 부문 사이에 긴밀한 통합을 만들어내는 새로운 세일즈캠페인은 애크미가 제공하는 고객서비스에 상당한 개선을 일궈냈다.

✔ Acme has significantly improved its customer services with a new sales initiative that closely integrates the garden and home products departments.

애크미는 원예용품과 가정용품 부문을 긴밀하게 통합하는 새로운 세일즈캠페인으로 고객서비스를 크게 개선하였다.

3. 주절 뒤에 종속절을 연달아 매달지 마라.

1. 관계절을 분사구문이나 동격구로 바꾸거나, 별도 문장으로 분리하라

Of the many areas of science that are important to our future, few are more promising than genetic engineering, which a new way of manipulating the elemental structural units of life itself, which are the genes and chromosomes that tell our cells how to reproduce to become the parts that constitute our bodies.

우리 미래에 중요한 과학의 많은 분야 중에서, 가장 유망한 분야는 유전공학으로, 생명체의 기본 구성단위를 조작하는 새로운 방법인데, 그 구성단위란 우리 몸을 구성하는 기관이 되도록 우리 세포에게 재생방법을 알려주는 유전자와 염색체다.

✔ Of the many areas of science ~~that are~~ important to our future, few are more promising than genetic engineering, ~~which is~~ a new way of manipulating the elemental structural units of life itself, ~~which are~~ the genes and chromosomes that tell our cells how to reproduce to become the parts ~~that~~ constituting our bodies.

✔ Many areas of science are important to our future, but few are more promising than genetic engineering. It is a new way of manipulating the elemental structural units of life itself, which are the genes and chromosomes that tell our cells how to reproduce to become the parts that constitute our bodies.

과학의 많은 분야가 우리 미래에 중요하지만, 가장 유망한 분야는 유전공학이다. 유전공학은 생명체의 기본 구성단위를 조작하는 새로운 방법인데, 그 구성단위란 우리 몸을 구성하는 기관이 되도록 우리 세포에게 재생방법을 알려주는 유전자와 염색체다.

2. 문장을 늘이고 싶을 때는 반복수식구, 요약수식구, 자유수식구를 활용하라

반복수식구 resumptive modifier

✔ When we discovered the earth was not the center of the universe, it changed our understanding of who we are, an understanding changed again by Darwin, again by Freud, and again by Einstein.

지구가 우주의 중심이 아니라는 것을 깨달았을 때, 이러한 깨달음은 우리가 누구인가 하는 이해를 바꾸었다. 이는 다시 다윈에 의해, 프로이트에 의해, 아인슈타인에 의해 다시 바뀌었다.

요약수식구 summative modifier

✔ American productivity has risen to new heights, an achievement that only a decade ago was considered an impossible dream.

미국의 생산성은 새로운 기록을 달성했다. 이러한 성취는 10년 전만 해도 불가능한 꿈으로 간주되었던 것이다.

자유수식구 free modifier

✔ Global warming will become a central political issue of the twenty-first century, raising questions whose answers will affect the standard of living in every Western nation.

지구온난화는 21세기의 주요한 정치적 이슈가 될 것이다. 이는 누구의 대답이 서구국가들의 삶의 기준에 영향을 미칠 것인가 하는 질문을 하게 만든다.

3. 병렬되는 항목은 문법적으로나 의미적으로나 대등해야 한다

Besides the fact that no civilization has experienced such rapid alterations in their spiritual and mental lives, the material conditions of their daily existence have changed greatly too.

어떠한 문명도 영적, 정신적 삶에서 그토록 빠른 변화를 경험하지 못했다는 사실에 더불어, 일상적 존재의 물질적 조건도 엄청나게 바뀌었다.

✔ No civilization has experienced such rapid alterations in their spiritual and mental lives and in the material conditions of daily existence.

어떠한 문명도 영적, 정신적 삶에서, 또 일상적 존재의 물질적 조건에서 그토록 빠른 변화를 경험하지 못했다.

마지막 조언: 복잡하고 긴 글을 명확하게 쓰려면 구두점 사용법을 알아야 한다. **부록**을 참고하라.

모방으로 배우는 글쓰기

아름다운 등위구문 쓰고 싶다면, 탁월한 글들을 모방해서 써보는 것이 가장 좋은 훈련방법이다. 이 책에서 소개하는 다양한 예문들을 모방해보자. 예컨대 에바 호프만의 글을 모방해서 글을 써보자.

For the serious student, the library sometimes provides a chance

to be alone *and* to think through problems that may be	too complex *or* too painful	to think about in a	noisy *and* crowded	dormitory.

For the serious student, the library sometimes provides a chance to be alone and to think through problems that may be too complex or too painful to think about in a noisy and crowded dormitory.

진지한 학생에게 도서관은 가끔 혼자 있을 수 있는 기회를 제공하고, 소란스럽고 북적거리는 기숙사에서 생각하기에는 너무 복잡하거나 너무 고통스러운 문제를 찬찬히 생각해 볼 수 있는 기회를 제공한다.

유명한 연설문이나 자주 인용되는 문장에서 본보기로 삼을 수 있는 다양한 글을 찾을 수 있다.

Exercise 1

도입부가 너무 길어

다음 예문들은 긴 도입부로 문장이 시작한다. 문장의 시작부분을 간결하게 수정해보자

1. Successful marriages, although they can vary in many ways, almost always exhibit among their many other positive attributes a strong foundation of trust between spouses.

2. "Reality" television, because it has an appeal to our fascination with real-life conflict because of our voyeuristic impulses, is about the most popular kind of show that people watch on television.

3. Insistence that there is no proof by scientific means of a causal link between tobacco consumption and various disease entities such as cardiac heart diseases and malignant growth, despite the fact that there is a strong statistical correlation between smoking behavior and such diseases, is no longer the officially stated position of cigarette companies.

4. The continued and unabated emission of carbon dioxide gas into the atmosphere, unless there is a marked reduction, will eventually result in serious changes in the climate of the world as we know it today.

5. The construction of the Interstate Highway System, owing to the fact that Congress, on the occasion when it originally voted funds for it, did not anticipate the rising cost of inflation, ran into serious financial problems.

Answers

1. Successful marriages vary, but trust between spouses is almost always among their positive attributes.

2. "Reality" television is the most popular shows on television because it appeals to our voyeuristic impulses.

3. Cigarette companies no longer claim that smoking does not cause heart disease and cancer.

4. If carbon monoxide continues to be emitted, world climate will change.

5. When Congress funded the Interstate Highway System, it did not anticipate inflation, and so the system has run into financial problems.

Exercise 2

주어가 너무 길어

장황한 주어를 간결하게 수정해보자.

1. Explaining why Shakespeare decided to have Lady Macbeth die off stage rather than letting the audience see her die has to do with understanding the audience's reactions to Macbeth's death.

2. An agreement by the film industry and by television producers on limiting characters using cigarettes, even if carried out, would do little to discourage young people from smoking.

3. A student's right to have access to his or her own records, including medical records, academic reports, and confidential comments by advisers, will generally take precedence over an institution's desire to keep records private, except when limitations of those rights under specified circumstances are agreed to by students during registration.

4. Islamic advances in geometry, trigonometry, and algebra, as well as pioneering developments in decimal notation and irrational numbers, must be acknowledged in any complete account of the history of mathematics.

1. To explain why Shakespeare had Lady Macbeth die off-stage, we must understand how the audience reacted to Macbeth's death.

2. Young people will not be discouraged from smoking just because the film and TV industries agree not to show characters smoking.

3. A student's right to access his or her records generally takes precedence over an institution's desire to keep those records private, unless the student agrees to limits on those rights during registration.

Exercise 3

삽입구 정리하기

다음 예문들은 구나 절이 문장에 삽입되어 문장이 전체적으로 산만하다. 문장을 간결하게 수정해보자.

1. While grade inflation has been a subject of debate by teachers and administrators and even in newspapers, employers looking for people with high levels of technical and analytical skills have not had difficulty identifying desirable candidates.

2. Although one way to prevent piracy of software is for criminal justice systems of the countries involved to move cases faster through their systems and for stiffer penalties to be imposed, no improvement in the level of expertise of judges who hear these cases is expected any time in the immediate future.

3. Since school officials responsible for setting policy about school security have said that local principals may require students to pass through metal detectors before entering a school building, the need to educate parents and students about the seriousness of bringing onto school property anything that looks like a weapon must be made a part of the total package of school security.

4. Since workfare has not yet been shown to be a successful alternative to welfare because evidence showing its ability to provide meaningful employment for welfare recipients is not yet available, those who argue that all the states should make a full-scale commitment to workfare are premature in their recommendations.

5. If the music industry ignores the problem of how a rating system applied to offensive lyrics could be applied to music broadcast over FM and AM radio, then even if it were willing to discuss a system that could be used in the sale of music in retail stores, the likelihood of any significant improvement in its image with the public is nil.

6. Even though the use of e-cigarettes, commonly known as vaping, is undoubtedly less harmful than smoking conventional cigarettes, the fact that teenagers and even children are deliberately targeted by e-cigarette manufactures suggests that the development of sensible regulations for the industry must be made a legislative priority.

1. Employers have had no difficulty identifying skilled employees, even though teachers, administrators, and even newspapers continue to debate grade inflation.

2. We could prevent piracy of software if the justice systems of the countries moved cases faster through their courts and imposed stiffer penalties. But we cannot expect any immediate improvement in the level of expertise of judges who hear these cases.

3. Parents and students need to understand how serious it is to bring to school anything that looks like a weapon, because principals may require students to pass through metal detectors before entering a school building.

4. Proponents of workfare have not yet shown it is a successful alternative to welfare because they have not shown evidence that can provide meaningful and regular employment for welfare recipients. Therefore, it is premature to recommend that all the states should fully commit themselves to it.

5. The music industry has ignored the problem of how to apply a rating system to offensive lyrics broadcast over FM and AM radio. Until it does, stations are unlikely to improve their public image, even if they were willing to discuss such a system.

Exercise 4

나도 수식구를 쓸 수 있다

반복수식구, 요약수식구, 자유수식구를 만들어보자. 먼저 중복되는 표현이나 명사구 등을 먼저 정리한 다음, 수식구를 달아야 한다. 처음 5문장에서는 힌트를 제공한다. 음영으로 표시한 단어를 사용해 반복수식구를 만들고 [괄호] 속에 있는 단어를 사용해 요약수식구를 만들라.

example

Within ten years we could meet our energy needs with solar power. [a possibility]

Resumptive modifier 반복수식구

Within ten years, we could meet our energy needs with solar power, needs that will soar as our population grows.

Summative modifier 요약수식구

Within ten years, we could meet our energy needs with solar power, a possibility that few anticipated ten years ago.

Free modifier 자유수식구

Within ten years, we could meet our energy needs with solar power, reducing carbon emission dramatically.

1. Many different school systems are making a return back to traditional education in the basics. [a change]

2. The reasons for the cause of aging are a puzzle that has perplexed humanity for millennia. [a mystery]

3. The successful accomplishment of test-tube fertilization of embryos has raised many issues of an ethical nature that continue to trouble both scientists and laypeople. [an event]

4. Within the period of the last few years or so, automobile manufacturers have been trying to meet new and more stringent-type quality control requirements. [a challenge]

5. The majority of young people in the world of today cannot even begin to have an understanding of the insecurity that a large number of older people had experienced during the period of the Great Depression. [a failure]

6. In the period known to scholars and historians as the Renaissance, increases in affluence and stability in the area of political affairs had the consequence of allowing streams of thought of different kinds to merge and flow together.

1.

R: Many school systems are returning to the basics, basics that have been the foundation of education for centuries.

S: …to the basics, a change that is long overdue.

F: …to the basics, trying to stem an ever rising drop-out rate.

2.

R: For millennia, why we age been a puzzle, a puzzle that only now can be answer with any certainty.

S: …a puzzle, a mystery that we can answer either biologically or spiritually.

F: …a puzzle, hoping that one day we might stop our inevitable decline into infirmity and death.

3.

R: Both scientists and laypeople have been troubled by the ethical issues of test-tube fertilization, issues that require the most delicate balancing between religion and medical hope.

S: …fertilization, an event that has changed the way we think about what it means to be human.

F: …fertilization, finding in them inevitable conflicts between self-interest and religious values.

6.

R: In the Renaissance, greater affluence and political stability allowed streams of thought to merge, streams that originated in ancient Greece, in the Middle East, and in Europe itself.

S: …to merge, a historical development that both undermined the dominance of religious authority over knowledge and laid the groundwork for everything that we know about the world.

F: …to merge, bringing together knowledge and modes of thought that resulted in a new vision of humankind's potential.

Exercise 5

내가 쓴 글을 고쳐보자

340쪽에서 설명하듯이 문장의 도입부를 구성하는 가장 확실한 방법은 다음 두 가지다.

Rule of Thumb 1
주어를 최대한 빨리 보여준다.

Rule of Thumb 2
동사와 목적어에 최대한 빠르게 도달한다.

자신이 쓴 글을 읽어가면서 문장마다 처음 등장하는 7-8단어에 밑줄을 쳐라. 밑줄 친 부분에 주어와 동사가 나오지 않는다면 리바이징하라.

Exercise 6

내가 쓴 글을 고쳐보자

글을 쓰는 사람은 자신이 무엇에 대해서 쓰는지 잘 알기 때문에 자신의 나쁜 습관을 파악하기가 어렵다. 이럴 때 독자의 도움을 받을 수 있다.

자신이 쓴 글을 다른 사람에게 주고 읽어나가면서 명확하지 않거나 이해하기 어려운 곳에 밑줄을 그어 달라고 하라.

그런 다음, 이해가 되지 않는 이유가 무엇인지 다음 질문에 대답하면서 분석해보라. 독자와 함께 문제를 분석하면 좋다.

- 문장에서 주어와 동사가 너무 뒤에 나오지 않는가?
- 주어가 너무 길지 않는가?
- 주어와 동사 사이, 동사와 목적어 사이에 삽입구나 삽입절이 끼어있지 않는가?
- 문장의 경우 키워드, 문단의 경우 핵심문장이 너무 뒤에 나오지 않는가?
- 종속절에 종속절에 종속절을 연달아 매달지 않았는가?

독자가 밑줄을 그은 이유를 명확하게 파악하기 어려운 경우에도, 일단 독자의 직관을 존중하는 것이 현명하다. 원인을 최대한 파악한 다음 리바이징해보라.

10

Read over your compositions, and wherever you meet with a passage which you think is particularly fine, strike it out.

자신이 쓴 글을 읽어보라. 특별히 잘 썼다고 생각되는 문장을 만날 때마다 그것을 쳐내라.

Samuel Johnson

새뮤얼 존슨

Lesson 10

아름다운 문장이 주는 희열

명확하고 간결하고 결속되어있는 글을 쓸 수 있다면 많은 것을 달성할 수 있다. 물론 독자들은 대부분 격식을 갖춘 표현으로 에둘러 쓴 글보다는 직설적이고 명확한 글을 좋아하지만, 지나치게 단순한 글은 건조할 수도, 심지어 지루할 수도 있다. 소금을 뿌리지 않은 감자 요리도 나름대로 미덕이 있겠지만, 그런 음식은 그다지 기억에 남지 않는다. 그에 반해 섬광처럼 빛나는 우아한 문장은 우리 마음에 깊은 인상을 남긴다. 그런 문장을 만날 때마다 우리는 묘한 희열을 느낀다.

우아한 문장을 쓰는 비법 같은 것은 없다. 하지만 생각을 우아하고 명료한 방식으로 빚어내는 데 도움이 되는 몇 가지 방법은 알려줄 수 있다. 물론 이것을 안다고 해서 금방 우아한 글을 써낼 수 있는 것은 아니다. 음식에 어떤 재료가 들어가는지 안다고 해서 최고의 셰프가 만들어내는 요리를 누구나 만들 수 없는 것과 마찬가지다. 훌륭한 요리처럼 우아한 글은 규칙으로 재단할 수 있는 영역이 아니라, 섬세한 감각, 재능, 기교가 빛을 발하는 영역에 속한다. 하지만 감각과 재능도 교육과 훈련을 통해 어느 정도는 계발할 수 있으며, 기교 역시 어느 수준까지는 배울 수 있다.

아름다움의 원천: 균형과 대칭

문장을 우아하게 만드는 가장 기본적인 요소는 균형과 대칭이다. 문장을 이루는 요소들이 소리, 리듬, 구조, 의미 측면에서 서로 호응하면서 조화를 이루는 것이다. 탁월한 저자는 문장의 어느 부분에서나 균형을 만들어낼 줄 안다. 그 중에서 가장 기본이 되는 균형은 바로 등위연결이다.

등위연결로 균형 잡기 coordinate balance

다음은 신문사설에서 발췌한 글이다. 사설은 미국 리틀야구대회에서 우승한 시카고의 리틀야구단 재키로빈슨웨스트Jackie Robinson West의 챔피언 타이틀을 박탈하기로 한 리틀리그의 결정을 비난한다. (재키로빈슨웨스트는 전원 흑인으로만 이루어진 어린이야구팀으로 주목을 받았지만, 시카고에 거주하지 않는 아이들까지 선수로 기용하여 리틀리그의 규정을 위반했다는 사실이 밝혀졌다.)

> Its 11- and 12-year-old players, some from struggling neighborhoods, not only cheered a city challenged by violence but charmed the country with their stellar play and outstanding sportsmanship.
>
> 빈민촌에서 힘겹게 살아가는 아이들도 포함되어있는 11살 12살 선수들은, 폭력에 위협받는 도시에 활기를 불어넣었을 뿐만 아니라 훌륭한 플레이와 뛰어난 스포츠맨십으로 미국 전역을 매료시켰다.
>
> Editorial Board, Washington Post 《워싱턴포스트》 사설

이 문장에 등장하는 두 개의 동사가 어떻게 균형을 이루는지 살펴보자 (등위항목의 균형은 별색 괄호로 표시했다.)

Its 11- and 12-year-old players, some from struggling neighborhoods,

not only	cheered a city	challenged by violence	
but	charmed the country	with their	stellar play *and* outstanding sportsmanship.

- 동사 charmed는 앞에 등장한 동사 cheered와 호응하는 동시에 의미를 확장한다. 또한 이 두 동사는 첫 소리를 반복하여 운율을 맞춘다.
- 두 번째 직접목적어 country는 첫 번째 직접목적어 city와 대비를 이룬다. 이들 명사 앞에 관사를 a와 the로 다르게 붙임으로써 대비효과를 더 강화한다.
- city를 수식하는 분사구문 challenged by violence는 country를 수식하는 전치사구 with their stellar play and outstanding sportsmanship과 대비를 이룬다. 이들은 문법적인 성분이 다른 항목이기 때문에 등위연결항목이 아니다. 이것을 등위연결을 하려면 but charmed a country inspired by stellar paly and… 라고 써야 했을 것이다.
- 전치사구에서는 도시의 violence 대 국가적인 play와 sportsmanship이 대비를 이룬다. 또한 아래 전치사구는 복합목적어를 활용해 문장의 길이를 늘인다. 복합목적어는 또한 그 자체로 두운을 맞춘 명사구 두 개를 등위연결하고 있다. (동사구를 바꿔서 읽어보면 차이를 느낄 수 있을 것이다. not only charmed… but cheered…)

또 다른 예문을 보자.

> The national unity of a free people depends upon a sufficiently even balance of political power to make it impracticable for the administration to be arbitrary and for the opposition to be revolutionary and irreconcilable. Where that balance no longer exists, democracy perishes. For unless all the citizens of a state are forced by circum-

stances to compromise, unless they feel that they can affect policy but that no one can wholly dominate it, unless by habit and necessity they have to give and take, freedom cannot be maintained.

자유로운 시민들의 국가적 통합은, 행정부는 독단으로 일을 처리할 수 없고 이에 반대하는 세력 역시 혁명적인 변화만 내세우며 비타협적으로 반대만 할 수 없는 정치권력의 상당한 균형 위에서 만들어진다. 이러한 균형이 깨지는 순간 민주주의는 멸망한다. 국가의 시민들이 어느 누구든 타협할 수밖에 없는 상황에 처하지 않는다면, 어느 누구든 정책에 영향은 미칠 수 있어도 홀로 독점할 수 없다는 것을 깨닫지 못한다면, 어느 누구든 관습적으로든 필요에 의해서든 주고받지 않아도 상관없는 특권을 누린다면, 자유는 결코 유지될 수 없기 때문이다.

Walter Lippmann 월터 립만

첫 번째 문장이 어떻게 균형을 이루고 있는지 자세히 살펴보자.

The national unity of a free people depends upon a sufficiently even balance of political power to make it impracticable

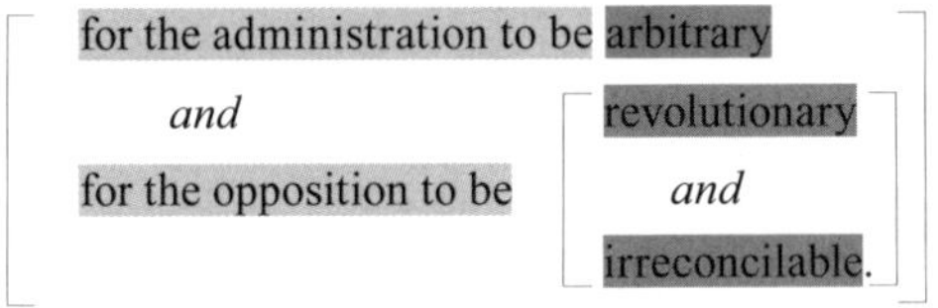

화제(파란 음영)와 강세(회색 음영)가 의미 측면에서는 물론 소리 측면에서도 균형을 이루고 있는 것을 볼 수 있다.

두 번째 문장은 아주 짧은데, 이것이 바로 이 문단의 핵심문장이다. 이 짧은 문장에서도, 등위연결은 아니지만 균형을 찾을 수 있다.

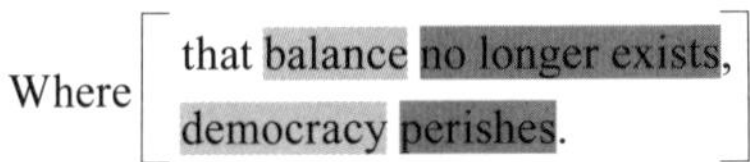

세 번째 문장에서도 다양한 소리와 의미들이 균형을 이루며 정교하고 아름다운 구조를 만들어낸다.

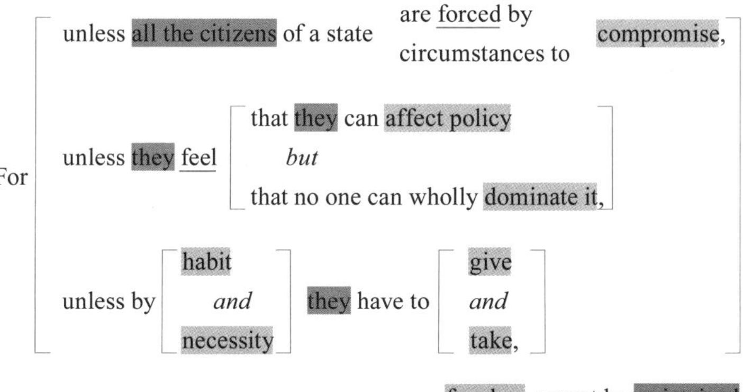

- citizens가 절마다 화제/주어로 반복된다(all the citizens, they, they, they). 특히 첫 번째 절이 수동태로 처리된 것을 눈여겨보라. 능동태로 표현했다면 주어 자리에 올 수 없다.
- force와 feel은 소리와 의미 측면에서 호응하며, affect policy와 dominate it은 의미 측면에서 대칭을 이룬다.
- 마지막 unless절에서는 화제자리에 등장하는 habit과 necessity, 강세자리에 등장하는 give와 take가 의미 측면에서 대칭을 이룬다.
- unless 절 속에서 강세자리에 오는 항목끼리도(compromise, affect, dominate, give and take) 의미 측면에서 호응한다.
- 구문의 결론에 해당하는 주절은 매우 짧다. 이는 바로 앞에서 진술한 짧은 문장(Where that balance no longer exists, democracy perishes.)을 다시 떠올리게 만든다(메아리). 종속절과 주절로 되어있는 이들 문장은 의미 측면에서나 구조 측면에서나 서로 균형을 맞추고 있다.

balance	no longer exists
democracy	perishes
freedom	cannot be maintained

이 글은 글 전체가 어순, 소리, 의미 측면에서 구와 구, 절과 절이 균형을 이루며 정교한 건축적 대칭미를 보여준다. 이 글을 절에 또다른 절, 그 절에 또 다른 절을 더덕더덕 붙이는 방식으로 썼다면 어땠을까?

> The national unity of a free people depends upon a sufficiently even balance of political power to make impracticable for an administration to be arbitrary against a revolutionary opposition that is irreconcilably opposed to it. Where that balance no longer exists, democracy perishes, because unless all the citizens of a state are habitually forced by necessary circumstances to compromise in a way that lets them affect policy with no one dominating it, freedom cannot be maintained.
>
> 자유로운 시민들의 국가적 통합은, 비타협적으로 반대만 일삼는 혁명적인 반대파에 맞서 행정부가 독단적으로 일을 처리하는 일을 처리하지 못하게 막는 정치권력의 상당한 균형 위에서 만들어진다. 이러한 균형이 깨지는 순간 민주주의는 멸망하는데, 국가의 시민들이 누구도 독점할 수 없는 정책에 영향을 미치는 방식으로 타협할 수밖에 없는 상황에 관습적으로 몰리지 않는다면, 자유는 결코 유지될 수 없기 때문이다.

원문에 비해 얼마나 읽기 힘들고 이해하기도 어려운지 누구나 느낄 수 있을 것이다. 이처럼 글의 차이를 느낄 줄 아는 사람들은, 우아한 글에서 깊은 인상과 감명을 받을 것이다.

등위항목이 아닌 요소 균형 잡기 nonacoordinate balance

앞 예문에서도 보았듯이 문법적으로 등위연결이 아니어도 균형구조를 만들 수 있다. 다음 예문은 주어와 목적어가 균형을 이룬다.

Scientists whose research creates revolutionary views of the universe
invariably confuse
those of us who construct reality from our common-sense experience of it.

우주에 대한 혁명적인 시각을 제시하는 연구를 하는 과학자들은 우주에 대한 상식적인 경험에서 실재를 구축하는 우리들을 끊임없이 충격에 빠뜨린다.

다음 예문은 주어를 형성하는 관계사절의 술부와 문장 전체의 술부가 균형을 이룬다.

A government that is unwilling to listen to the moderate hopes of its citizenry
must eventually answer to the harsh justice of its revolutionaries.

온건한 시민들의 소망에 귀 기울이기를 기피하는 정부는 결국 혁명파의 가혹한 심판에 답해야 할 것이다.

다음 예문은 직접목적어와 전치사의 목적어가 균형을 이룬다.

Those of us concerned with our school systems will not sacrifice
the intellectual growth *of* our innocent children
to
the social engineering *of* incompetent bureaucrats.

교육제도에 관심있는 사람들이라면 무고한 아이들의 지적 발달을 무능한 관료들의 사회공학에 희생시키지 않을 것이다.

다음 예문은 좀더 복잡한 균형을 이룬다.

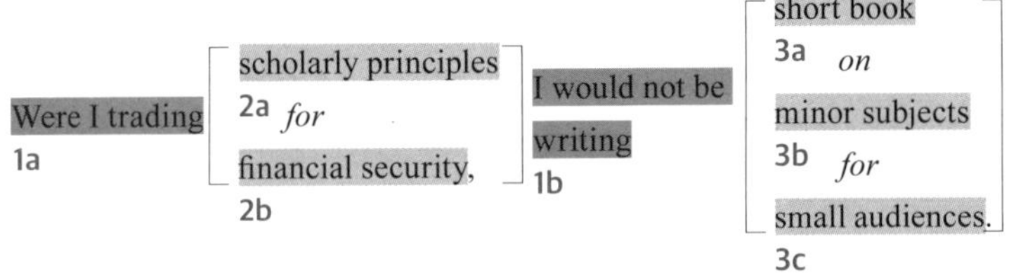

내가 학문적 원칙을 재정적 보장과 맞바꿨다면, 소수의 독자를 위한 주변적 주제에 관한 짧은 책은 쓰지 않았을 것이다.

- 종속절 **1a**와 주절 **1b**가 균형을 이룬다.
- 종속절의 목적어 **2a**와 전치사구의 목적어 **2b**가 균형을 이룬다.
- 주절의 목적어 **3a**와 전치사구 목적어 **3b**, **3c**가 균형을 이룬다. 세 형용사 short, minor, small 역시 의미상 균형을 이룬다.
- 균형을 이루는 항목들이 뒤로 갈수록 길어지면서, 문장의 리듬도 살아난다. **1a**보다 **1b**가 길고, **2a**보다 **2b**가 길다. **3a-3b-3c** 순으로 길다. 종속절보다 주절이 길다. 소리 내 읽어보라.

이렇게 균형을 맞추는 작업은 단순히 문장을 꾸미는 효과만 발휘하는 것이 아니다. 우리 생각을 더 깊고 정교하게 만들어준다. 예컨대 다음과 같은 문장을 썼다고 가정해보자.

In his earliest years, Picasso was a master draftsman of the traditional human form.

어린 시절 피카소는 전통적인 방식으로 인체를 묘사하는 기법에 통달했다.

이 문장에 균형미를 가미하여 아름다운 리듬을 만들어내고자 한다면 다음과 같이 써야 할 것이다.

> In his earliest years, Picasso was **not only** a master draftsman of the traditional human form, **but also**...
>
> 어린 시절 피카소는 전통적인 방식으로 인체를 묘사하는 기법에 통달했을 뿐 아니라…

이렇게 문장을 쓰려면 피카소가 또 어떤 사람이었는지 고민해야 한다. 아름다운 문장의 프레임을 만들어 내기 위해 머릿속에 있던 생각을 단순히 표현하는 것을 넘어서, 새로운 정보를 찾아내고 궁리해야 한다.

핵심포인트

> 우아한 글의 가장 두드러지는 특징은 균형을 이루는 문장구조다. 문장의 다양한 항목들을 and, or, nor, but, yet 등을 활용해 등위연결을 하여 균형을 쉽게 만들 수 있으며, 더 나아가 등위관계가 아닌 구나 절로도 균형을 만들 수 있다. 물론 이런 구문을 과도하게 남용하면 지나친 기교처럼 보일 수도 있겠지만, 신중하게 적절하게 사용하면 글의 핵심을 강조할 수도 있고, 민감하고 세련된 독자들에게 추론과정과 결론을 인상 깊게 각인시킬 수 있다.

Exercise 1 ▶

깊은 여운을 남기는 클라이맥스 만들기

문장을 시작하는 방식은 명확성을 결정하고, 문장을 끝맺는 방식은 리듬과 우아함을 결정한다. 문장을 힘있게 끝맺어 독자에게 특별한 인상을 주고자 할 때, 다음 다섯 가지 기법을 활용할 수 있다.

1. 무거운 단어 weighty words

문장이 끝을 향해 치달을 때 우리는 강세자리에 올 만한 단어가 나오기를 기대한다. 문법적으로나 의미적으로 가볍게 느껴지는 단어로 문장이 끝나버리면, 김이 빠지는 느낌을 준다. 문장을 전치사로 끝내지 말라는 조언을 흔히 들을 수 있는데, 문장이 전치사로 끝나버리면 말을 하다가 마는 듯 느껴지기 때문이다. 문장의 리듬은 뒤로 갈수록 세차게 몰아쳐야 한다. 두 예문을 비교해보자.

A study of intellectual differences among ethnicities is a project that only the most politically naive psychologist would be willing to give support to.

✔ A study of intellectual differences among ethnicities is a project that only the most politically naive psychologist would be willing to support.

민족 사이의 지적 차이에 관한 연구는 정치적 감수성이 전혀 없는 심리학자나 지지하는 프로젝트에 불과하다.

무거운 항목이 문장의 주어로 나오면 독서가 힘들어지겠지만, 문장 끝에 나오면 독자에게 극적인 충격을 가하며 클라이맥스 효과를 만들어낸다. 우선 영어의 품사 중에서 가장 가볍게 느껴지는 항목부터 가장 무겁게 느껴지는 항목 순으로 나열해보자.

영어에서 가장 무거운 항목은 명사화된 표현이다. 특히 이런 항목 두 개가 등위연결로 균형을 이루고 있을 때 극적인 효과는 더욱 커진다. 윈스턴 처칠의 유명한 연설 '가장 찬란했던 시간'의 한 구절을 보자.

...until in God's good time, the New World,

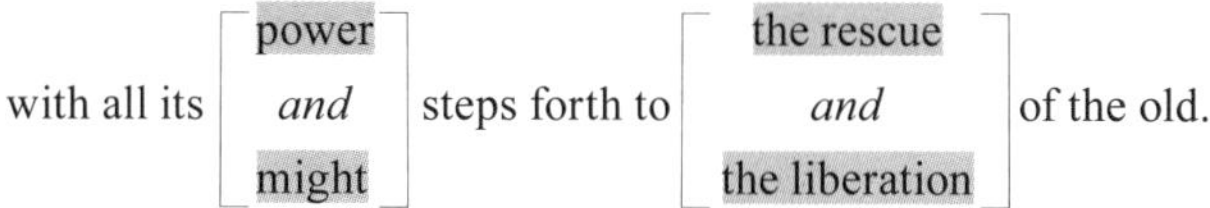

마침내 하느님의 때가 되어 신세계가 전심과 전력을 다해 구세계의 구출과 해방을 위해 전진할 것이다.

명사들이 병렬구조로 균형을 이루면서 클라이맥스를 만들어낸다. 아마도 이 부분을 다음과 같이 단순하게 끝맺었다면 시시했을 것이다.

...until the New World rescues and liberates us.

2. of +무거운 단어 of + weighty words

of 뒤에 명사를 놓는 것이 정말 효과가 있을까 의심하는 사람도 있을 것이다. 앞에서 본 처칠의 문장이 어떻게 끝내는지 보라. 가벼운 전치사 of 다음에 전치사보다 가벼운 관사 a/the를 놓아 문장의 리듬을 더 빠르게 만들고 그 다음 곧바로 단음절 단어 old로 클라이맥스 효과를 터트린다.

...the rescue and the liberation of the old.

이는 글 쓰는 사람이 의도적으로 만들어내는 우아함이다. 다음 예문은 에드워드 기번의 《로마제국쇠망사》의 첫 대목이다.

✔ In the second century of the Christian era, the Empire of Rome comprehended the fairest part ***of*** the earth, and the most civilized portion ***of*** mankind. The frontiers of that extensive monarchy were guarded ***by*** ancient renown and disciplined valour. The gentle but powerful influence of laws and manners had gradually cemented the union ***of*** the provinces. Their peaceful inhabitants enjoyed and abused the advantages ***of*** wealth and luxury. The image of a free constitution was preserved with decent reverence. The Roman senate appeared to possess the sovereign authority, and devolved on the emperors all the executive powers ***of*** government.

예수 탄생 후 두 번째 세기에 로마제국은 지구에서 가장 넓은 영역과 인류에서 가장 문명화된 사람들을 장악했다. 이 광대한 제국의 변방은 고대의 명성과 훈련된 용맹함으로 지켜졌다. 온건하지만 강력한 법률과 풍습의 영향력은 서서히 속주들의 연합을 결속해나갔다. 제국의 평화로운 거주민들은 부와 사치의 특권을 누리고 남용했다. 자유로운 헌정체제라는 인상은 격에 맞는 권위를 유지했다. 로마 원로원은 여전히 최고의 권력을 가지고 있는 것처럼 보였지만 정부의 모든 집행권은 황제에게 위임했다.

이 글을 다음과 같이 썼다면 단조로운 인상을 주었을 것이다.

In the second century AD, the Roman Empire comprehended the earth's fairest, most civilized part. Ancient renown and disciplined valour guarded its extensive frontiers. The gentle but powerful influence of laws and manners had gradually unified the provinces. Their peaceful inhabitants enjoyed and abused luxurious wealth while decently preserving what seemed to be a free constitution. Appearing to possess sovereign authority, the Roman senate devolved on the emperors all executive governmental powers.

서기 2세기, 로마제국은 가장 넓은 영토, 가장 문명화된 지역을 장악했다. 고대의 명성과 훈련된 용맹함은 광대한 변방을 지켰다. 온건하지만 강력한 법률과 풍습의 영향력은 서서히 속주들을 통합했다. 제국의 평화로운 거주민들은 자유로운 헌정체제처럼 보이는 것에 격에 맞는 권위를 유지하면서 사치스러운 부를 누리고 남용했다. 로마 원로원은 최고 권력을 가지고 있는 듯 보였지만 모든 집행권한을 황제에게 위임했다.

글쓰기 팁

《로마제국쇠망사》의 영어판 제목은 다음과 같다.

✔ History of the Decline and Fall of the Roman Empire

역시 'of+무거운 단어'로 끝맺는다는 것을 눈여겨보라. 다음과 같이 썼다면, 제목에서 힘을 느낄 수 없다.

History of the Roman Empire's Decline and Fall

다음에 살펴볼 《역사에서 문체》의 영어 제목도 같은 구조로 되어있다.

Historical Style

✔ Style in History

3. 핵심단어 메아리 echoing salience

문장 끝에서 강세를 받는 단어나 구가 앞에서 나온 단어나 구와 소리가 비슷하거나 의미가 호응할 때 독자들은 더욱 강한 인상을 받는다. 피터 게이의 《역사에서 문체》에서 발췌한 문장이다.

✔ I have written these essays to anatomize this familiar yet really strange being, style the centaur; the book may be read as an extended critical commentary on Buffon's famous saying that the style is the man.

이 익숙하지만 정말 이상한 존재, 스타일 더 켄타우로스를 해부하기 위해 나는 이 글을 썼다. 이 책은 '스타일은 사람이다'라는 뷔퐁의 유명한 말에 대한 심화된 논평으로 읽어도 좋다.

강세자리에 오는 단어가 앞 문장의 강세자리에 온 단어와 비슷하게 소리 날

때, 이러한 호응은 훨씬 도드라진다.

✔ Apart from a few mechanical tricks of rhetoric, manner is indissolubly linked to matter; style shapes, and in turn is shaped by, substance.
몇몇 기계적인 수사적 기교와는 달리, 형상은 질료에서 분리해낼 수 없다. 스타일은 형상을 빚고, 스타일은 거꾸로 질료에 의해 빚어진다.

✔ It seems frivolous, almost inappropriate, to be stylish about style.
스타일에 대해 스타일리쉬한 것은 경솔해 보이거나, 부적절해 보인다.

위 문장에서는 중요한 단어를 의미 측면에서는 물론 소리 측면에서도 비슷한 단어를 반복하여 강한 인상을 준다.

- manner—matter
- style—substance
- shapes—shaped by
- stylish—style

4. 카이아즈무스 chiasmus

카아아즈무스는 '엇갈려 놓다'는 뜻의 그리스어에서 유래한 라틴어다. 카이아즈무스는 균형을 이루는 두 항목이 서로 대칭을 이룬다. 예문을 통해 설명하면 쉽다. 다음은 등위연결된 병렬구문이다.

✔ A concise style can improve *both* [our own[1a] thinking[1b] *and* our readers'[2a] understanding.[2b]]

간결한 스타일은 자신의 생각과 독자의 이해를 향상시킬 수 있다.

여기서 앞부분과 뒷부분을 거울에 비춘 것처럼 배열을 바꿔주면 좀더 특별한 효과를 줄 수 있다. 간단히 말해서 **ab:ab**를 **ab:ba**로 바꾸는 것이다. 이것이 바로 카이아즈무스다.

✔ A concise style can improve *not only* [our own thinking (1a 1b) *but* the understanding of our readers. (2b 2a)]

간결한 스타일은 자신의 생각뿐만 아니라 독자의 이해도 향상시킬 수 있다.

다음 예문은 좀더 복잡하다. 처음 두 요소는 병렬이지만 마지막 세 요소는 배열이 엇갈려 **abcde:abedc** 모양을 만들어낸다.

You	reveal	your own	highest rhetorical	skill
a	b	c	d	e
	by the way			
you	respect	the beliefs	most deeply held	by your reader.
a	b	e	d	c

독자들이 가장 깊이 품고 있는 신념을 존중하는 방식으로 자신의 가장 뛰어난 수사학적인 기교를 구사한다.

5. 유예 suspension

마지막 기법은, 앞에서 제시한 원칙을 거꾸로 활용한다. **레슨9**에서 우리는 글의 핵심(화제)을 문장 앞부분에서 최대한 빠르게 보여주어야 한다고 이야기했다. 하지만 남들보다 튀는 우아함을 추구하고자 하는 사람들은 이 원칙을 뒤집어, 구나 절을 나란히 등위연결하여 문장의 앞부분을 최대한 길게 끈다. 이처럼 문장의 강세자리를 뒤쪽으로 계속 보류하면 문장에 서스펜스와 클라이맥스 효과를 줄 수 있다.

If [journalists] held themselves as responsible for the rise of public cynicism as they hold "venal" politicians and the "selfish" public: if they considered that the license they have to criticize and defame comes with an implied responsibility to serve the public—if they did an or any of these things, they would make journalism more useful, public life stronger, and themselves far more worthy of esteem.

'부패한' 정치인과 '이기적인' 대중이라는 프레임 즐겨 사용하듯이 기자들 스스로 대중의 냉소가 확산되는 것에 자신의 책임이 있다고 생각한다면, 비판하고 비방할 수 있는 권리가 대중을 위해 복무하는 암묵적인 책임과 함께 딸려 온다고 생각한다면, 기자들이 정말 조금이라도 그렇게 생각했다면, 그들은 저널리즘을 더 유익하게, 공공의 삶을 더 건강하게, 그들 자신을 훨씬 존중받을 만한 역할로 만들었을 것이다.

James Fallows, Breaking the News: How the Media Undermine American Democracy 제임스 팰로우스, 《뉴스 파괴하기: 미디어는 미국 민주주의를 어떻게 훼손하는가》

if 절 세 개가 나란히 병렬연결되어있는 긴 도입부를 지난 다음에야 주절이 등장한다. 주절 역시 세 항목의 등위연결로 끝난다. 맨 마지막 항목이 가장 길 뿐만 아니라 'of+무거운 단어(명사화된 표현)'로 문장을 끝냄으로써 더더욱 강조효과를 높여주는 것을 눈여겨보라.

긴 도입부	주절	
If + 20 단어: if + 20 단어— if + 8 단어,	they would make journalism	more useful, public life stronger, *and* themselves far more worthy ***of*** esteem.

하지만 이처럼 클라이맥스를 유예하는 기법은 자주 사용할 경우 효과가 크게 줄어든다는 것을 명심하라. 팰로우스의 예문은 책의 마지막 문장으로 사용된 것이다. 유예는 적게 사용할수록 강렬한 인상을 준다.

핵심포인트

문장의 끝에 특별한 효과를 주는 기법을 활용하여, 강렬한 인상과 여운을 주는 우아한 문장을 쓸 수 있다.

1. 무거운 단어: 문장의 끝을 무겁게 한다. 두 단어를 등위연결하면 더 강렬하다.
2. of + 무거운 명사: 전치사구로 끝맺어 클라이맥스를 만들어낸다.
3. 메아리: 앞서 등장한 단어와 호응하며 메아리치는 효과를 준다.
4. 카이아즈무스: 앞의 항목들의 순서와 엇갈리게 배열한다.
5. 유예: 긴 도입절을 나열하여 주절을 궁금하게 만든다.

Exercise 2 ▶

문장의 미학

클라이맥스를 만들어내는 다양한 기법들이 한 문장 속에 모두 구사되어있다면, 이러한 문장구성은 저자가 의도적으로 만들어낸 것임에 틀림없다. 이러한 글은 그 속에 담긴 의미만 전달하기 위한 것이 아니라, 독자에게 특별한 효과를 주고자 세심하게 설계한 것이다. 다음 예문을 보자.

> Far from being locked inside our own skins, inside the "dungeons" of ourselves, we are now able to recognize that our minds belong, quite naturally, to a collective "mind," a mind in which we share everything that is mental, most obviously language itself, and that the old boundary of the skin is not boundary at all but a membrane connecting the inner and outer experience of existence. Our intelligence, our wit, our cleverness, our unique personalities—all are

simultaneously "our own" possessions and the world's.

우리 마음은 피부 속에, 내면의 '깊은 지하' 속에 갇혀있는 것이 아니라, 지극히 자연스럽게 어떤 집단적 '마음속', 대부분 언어 자체라 할 수 있는 정신적인 모든 것에 분산되어있는 마음속에 있다는 것을 이제 알 수 있다. 그리고 피부라는 오래된 경계는 경계가 아니라 존재 안의 경험과 존재 밖의 경험을 연결해주는 막에 불과하다는 것을 이제 알 수 있다. 우리의 지능, 재치, 영민함, 독특한 개성, 이 모든 것은 '우리 자신의' 것이기도 하지만 세계의 것이기도 하다.

Joyce Carol Oates, "New Heaven and New Earth" 조이스 캐롤 오츠, "새 하늘과 새 땅"

이 문장을 분석해보자.

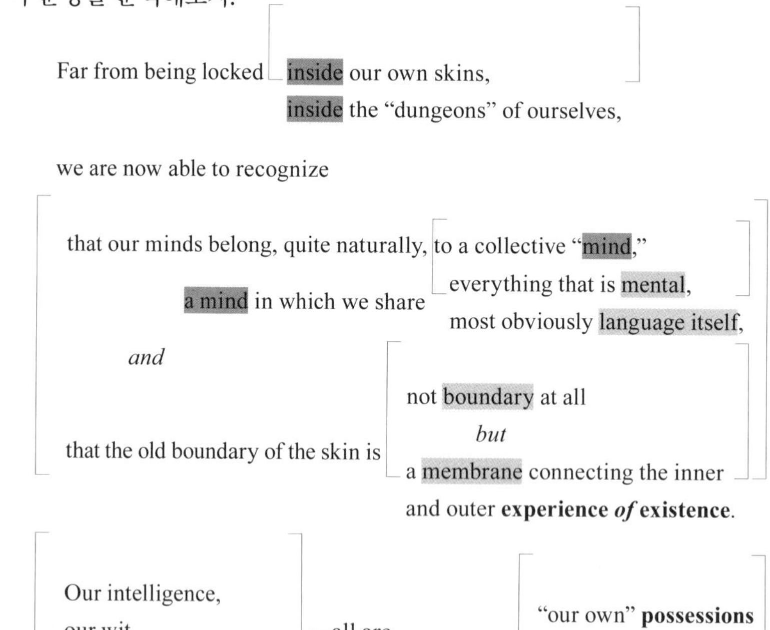

Our intelligence,
our wit,
our cleverness,
our unique personalities
—all are
simultaneously
"our own" **possessions**
and
the world's.

등위연결이 균형있게 짜여있는 것을 알 수 있다. 또한 반복수식구도 두 군데 발견된다.

> Far from being locked inside our own skins,
> inside the "dungeons" of ourselves,
>
> our minds belong, quite naturally, to a collective "mind,"
> a mind in which we share everything that is...

또한 두 문장 모두 무거운 단어로 끝맺음으로써 클라이맥스를 만들어낸다.

> ...the inner and outer experience ***of*** existence
> ..."our own" possessions ***and*** the world's

앞문장은 of+무거운 단어로 끝맺을 뿐만 아니라 of로 연결한 두 단어 모두 명사화된 무거운 단어다. 뒷문장은 and로 두 단어를 등위연결하였는데, 이것 역시 'of+무거운 단어'와 같은 효과를 발휘한다.

또 다른 예문을 보자. 프레드릭 잭슨 터너가 쓴 《미국역사의 프런티어 The Frontier in American History》의 마지막 문장이다.

> This then is the heritage of the pioneer experience—a passionate belief that a democracy was possible which should leave the individual a part to play in a society and not make him a cog in a machine operated from above; which trusted in the common man, in his tolerance, in his ability to adjust differences with good humor, and to work out an American type from the contributions of all nations—a type for which he would fight against those who challenged it in arms,

and for which in time of war he would make sacrifices, even the temporary sacrifice of his individual freedom and his life, lest that freedom be lost forever.

그렇다면 이것은 개척시대의 유산이라 할 수 있다. 민주주의가 개인을 그들 위에서 작동하는 기계에 속한 톱니바퀴 하나로 만들기보다 사회를 움직이는 주체로 만들 수 있다는 열정적 신념, 민주주의가 보통사람에 대한 믿음, 보통사람의 인내에 대한 믿음, 따듯한 유머로 차이를 조율하고 온갖 민족이 참여하여 미국적 삶의 양식을 만들어내는 보통사람의 능력에 대한 믿음이라는 열정적 신념은 개척시대의 유산이다. 미국적 삶의 양식이란 바로, 무력으로 자신들의 삶의 양식을 무너뜨리려는 사람들과 맞서 싸우는 것, 전쟁이 닥치면 희생할 줄 아는 것, 더 나아가 영원히 자유를 잃어버릴 수 있는 시기에는 개인적인 자유와 삶을 일시적으로 희생할 줄 아는 것이다.

이 문장을 분석해보면 등위연결이 균형있게 짜여있다는 것을 알 수 있다. (오른쪽 페이지 참조) 다양한 층위에서 등위연결된 항목들을 보면 뒷항목이 더 길고 무겁다. 또한 요약수식구 한 개와 반복수식구 두 개가 존재한다. 특히 이 글을 소리 내어 읽어보면 마지막 16개 단어는 4중 카이아즈무스 구조를 만들어내며 우아함의 극치를 보여준다는 것을 발견할 수 있다.

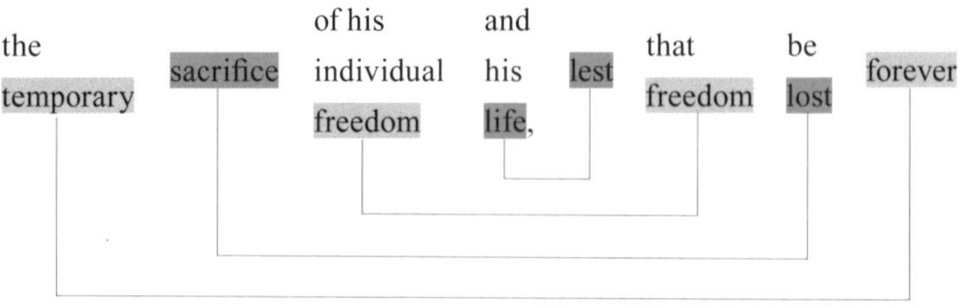

temporary-forever, sacrifice-lost는 의미 측면에서 균형을 이루고 life-lest는 소리 측면에서 균형을 이룬다. 또한 lest-lost는 라임을 만들어낸다.

This then is the heritage of the pioneer experience—

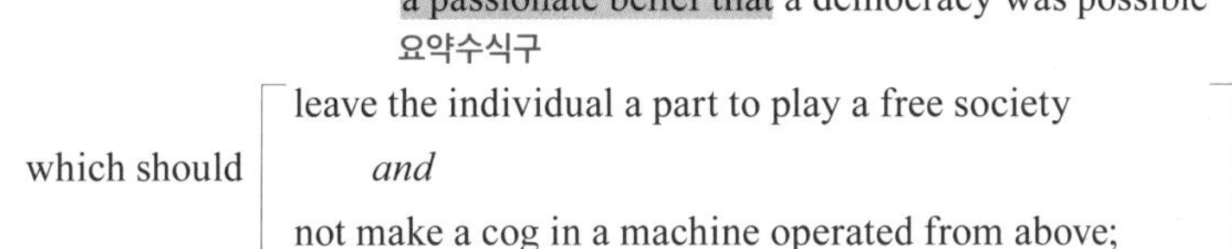

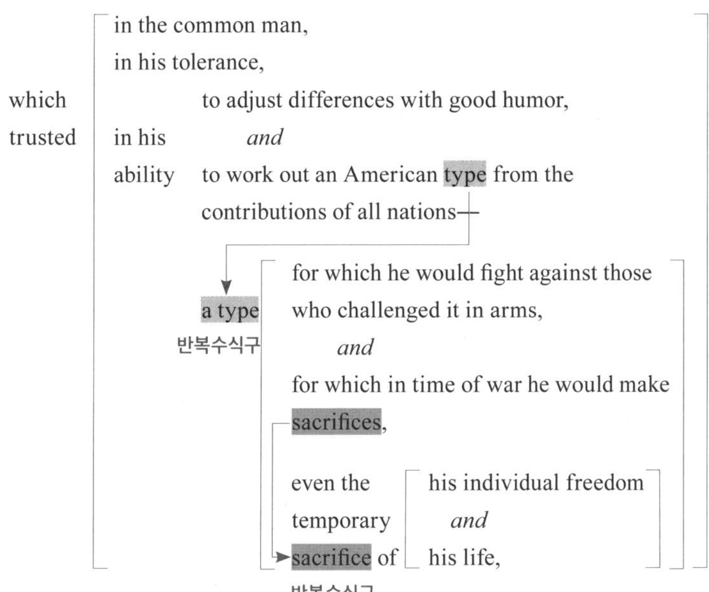

lest that freedom be lost forever.

문장의 길이에 담긴 의미

글을 쓸 때 문장의 길이까지 계획하는 경우는 많지 않다. 하지만 모든 문장이 15-6 단어가 되지 않을 만큼 너무 짧거나, 반대로 문장이 모두 길다면 문제가 될 수 있다. 노련한 작가는 문장의 길이를 활용하여 의미를 전달한다.

다음 예문은 문장의 길이와 형식을 다양하게 활용하여, 폭포가 떨어지는 소리와 거기서 솟아나는 상념과 감정을 형상화하여 보여준다.

The impetuous dashing of the rebounding torrent from the dark cavities which mocked the exploring eye produced an equal activity in my mind. My thoughts darted from earth to heaven, and I asked myself why I was chained to life and its misery. Still the tumultuous emotions this sublime object excited were pleasurable; and, viewing it, my soul rose with renewed dignity above its cares. Grasping at immortality—it seemed as impossible to stop the current of my thoughts, as of the always varying, still the same, torrent before me; I stretched out my hand to eternity, bounding over the dark speck of life to come.

We turned with regret from the cascade.

물살을 좇는 눈동자를 조롱하듯 어둑한 구멍에서 마구 쏟아져 나오는 맹렬한 물길은 내 마음속에도 똑같은 활동을 만들어냈다. 상념이 땅에서 하늘로 솟아올라, 나는 나 자신에게 왜 삶과 삶의 불행에 묶여있는지 물었다. 아직, 이 경이로운 대상이 환호하는 격렬한 감정은 즐거웠고, 폭포를 보자 내 영혼은 새로워진 위엄에 휩싸여, 모든 근심 위로 고매하게 떠올랐다. 불멸을 잡으려는 듯 나의 상념의 흐름을 멈추는 것은 불가능한 듯 보였는데, 그것은 마치 늘 모습을 바꾸는, 그럼에도 늘 같은, 내 앞에 쏟아져 내리는 폭포와도 같았다—나는 손을 뻗어 영원에 닿고자 했지만, 폭포는 다가올 어두운 삶의 얼룩들에 부딪힌 뒤 거침없이 튀어올랐다.

우리는 아쉬움을 달래며 폭포를 뒤로 하고 산에서 내려왔다.

Mary Wollstonecraft, *Letters Written During a Short Residence in Sweden, Norway, and Denmark* 메리 울스턴크래프트《스웨덴, 노르웨이, 덴마크에 잠깐 머무는 동안 쓴 편지》

첫 번째 문장은 전치사구 두 개와 관계사절 하나를 거쳐 동사(produced)에 도달한다. 이 문장은 마치 물줄기가 마구 쏟아져 나오는 것을 그대로 보여주는 듯하다. 41개나 되는 단어로 이뤄진 첫 문단의 마지막 문장은 또한 상당히 많은 구두점이 삽입되어 문장을 읽어나가는 것을 어렵게 만든다. 들쭉날쭉한 밀려드는 상념을 문장의 형태가 그대로 비춰주는 듯하다. 그러다 다음 문단을 시작하는 문장은 매우 짧다. 이 문장은 앞선 문장들과 상반된 대비를 보여주며, 몽상이 끝났다는 것을 의미적으로도 문체적으로도 보여준다.

핵심포인트

> 문장들이 모두 너무 길거나 너무 짧다면 문제가 있는 것이다. 문장을 구성하는 단어가 30개가 넘으면 길고, 15개가 되지 않으면 짧다고 볼 수 있다. 지금까지 살펴본 다양한 기법을 활용하여 문장을 편집하면 문장의 길이는 자연스럽게 다양해질 것이다. 문장의 길이에 따라 느낌이 어떻게 달라지는지 자유롭게 실험을 해보라.

Exercise 3 ▶

우아한 문장 vs 명확한 문장

이 레슨에서는 우아한 문장과 글을 만드는 방법에 대해서 설명하였다. 하지만 이러한 조언에 취해 가장 기본이 되는 원칙을 무시해서는 안 된다. 아무리 우아한 문장이라고 해도 명확하지 않으면, 또 결속성이 떨어지면 아무 소용이 없다. 지금까지 살펴본 여섯 가지 원칙을 다시 한번 정리해보자.

1. 이야기의 행위자를 문장의 주어로 삼아라. 주어로 삼은 행위자의 주요 행위를 문장의 동사로 삼아라.

2. 독자들에게 익숙한 정보로 문장을 시작하고 독자들이 예상하지 못한 낯선 정보로 문장을 끝내라.
3. 개념적으로나 문법적으로 단순한 항목으로 문장을 시작하고 복잡한 개념이나 문법항목으로 문장을 끝내라.
4. 짧고 쉽게 이해할 수 있는 정보로 문장을 시작하고 길고 복잡한 정보는 문장 뒤쪽에 놓아라. 이 원리는 문장뿐만 아니라 문단, 섹션, 글 전체에도 적용된다.
5. 문장의 화제를 밝히는 항목으로 문장을 시작하고 그에 대해 설명하거나 이야기하는 항목을 뒤에 놓아라.
6. 특별하게 강조하고자 하는 단어나 표현으로 문장을 끝내라.

384쪽에서 분석했던 워싱턴포스트의 예문이 이 원칙들을 지키는지 살펴보자.

> Its 11- and 12-year-old players, some from struggling neighborhoods, not only cheered a city challenged by violence but charmed the country with their stellar play and outstanding sportsmanship.

1. 주어 players는 이야기의 주요행위자이고, 동사 cheered와 charmed는 players의 주요행위다.
2. 앞 문장에서 이야기한 정보를 반복하는 것으로 문장을 시작한 다음, 이 선수들이 도시에 활기를 불어넣고 미국을 매료시켰다는 새로운 정보를 제시한다.
3. 단순한 항목(Its 11- and 12-year-old players)으로 문장을 시작한다.
4. 문장을 시작하는 단순한 주어는 짧다.
5. 단순하고 짧은 주어는 이 문장의 화제이기도 하다.
6. 이 문장에서 가장 강하게 전달하고자 하는 항목(superior play and sportsmanship)으로 문장을 끝맺는다.

좀더 자세히 보면, 등위연결된 두 동사구 역시 앞항목보다 뒷항목이 더 길다. 뒤에서 전치사구의 목적어를 두 개를 썼기 때문이다. 또한 강세자리 오는 세 단어 중 앞의 violence는 뒤에 오는 두 단어와 대비되면서 주장하고자 하는 키워드를 극적으로 강조한다.

Its 11- and 12-year-old players, some from struggling neighborhoods,

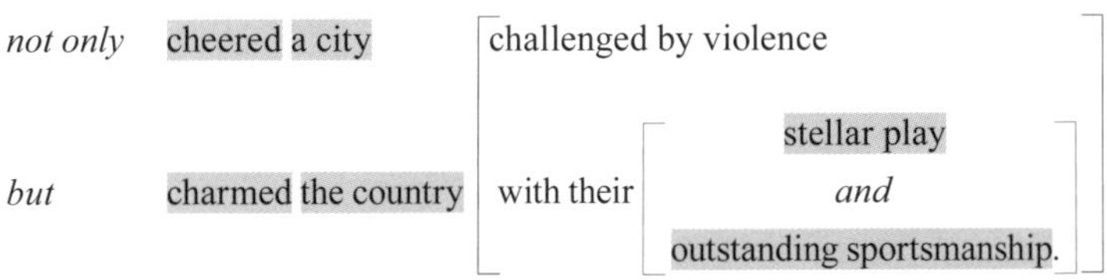

단편적인 신문기사가 아닌 좀더 길고 복잡한 예문에서도 우리가 제시한 원칙이 적용되고 있을까? 또다른 글을 분석해보자.

> When moral reflection turns political, when it asks what laws should govern our collective life, it needs some engagement with the tumult of the city, with the arguments and incidents that roil the public mind. Debates over bailouts and price gouging, income inequality and affirmative action, military service and same-sex marriage, are the stuff of political philosophy. They prompt us to articulate and justify our moral and political convictions, not only among family and friends but also in the demanding company of our fellow citizens.
>
> 도덕적 사색이 정치적 사색이 될 때, 도덕적 사색이 어떤 법으로 우리 공동체의 삶을 통제해야 하는지 물을 때, 도덕적 사색에는 도시의 소요사태와, 대중의 분노를 불러일으키는 논쟁과 사건들의 개입을 요구한다. 구제금융과 바가지요금, 소득불평등과 사회적 약자 우대정책, 병역과 동성결혼을 놓고 벌이는 논쟁은 정치철학의 문제다. 그러한 논쟁은 우리에게 도덕적 정

치적 확신을 표명하고 정당화하도록 촉구한다. 가족과 친구들 사이에서만이 아니라 동료시민들과 많은 것을 함께하는 단체활동에서도 마찬가지다.

Michael J. Sandel, Justice: What's the Right Thing to Do? 마이클 샌들 《정의란 무엇인가?》

이 글의 다양한 층위—문장, 구, 단어—에서도 짧은 항목이 앞에 나오고 긴 항목이 뒤에 나온다는 원칙이 지켜지고 있다는 것을 확인할 수 있다.

첫 번째 문장

When moral reflection... when it asks what laws...	it needs some engagement	with the tumult... with the arguments...

- when으로 시작하는 종속절 두 개를 연달아 내세워 주절을 뒤로 유예한다. 물론 이것은 저자의 의도적 선택이다.
- 문장의 맨 앞, 첫 번째 when 절 주어로 등장하는 moral reflection은 이 문장의 화제이자 주요행위자다.
- 연달아 등장하는 두 개의 when 절에서 두 번째 절이 앞 절보다 살짝 길면서 그에 걸맞게 앞 절보다 의미도 깊어, 균형을 이루는 느낌을 준다.
- 주요행위자가 주절의 주어(it [moral reflection])이고 그 행위자의 주요행위가 동사(needs)다. (it is in need of…라고 명사화하여 쓰지 않은 것을 눈여겨보라.)
- 짧은 주어와 동사를 넘어가면 곧바로 직접목적어 engagement와 마주친다. 목적어 뒤에는 with로 시작하는 전치사구 두 개가 연달아 나온다.

두 번째 문장

Debates over	bailouts and..., income inequality and..., military service and...,	are the stuff of political philosophy.

- 이 문장의 주어이자 화제인 Debates로 문장을 시작한다. debates는 앞 문장의 강세자리에서 소개한 개념을 한 단어로 요약한 것으로, 익숙한 정보를 먼저 제시하고 새로운 정보를 제시한다는 원칙을 지킨다.
- 전체주어는 16개 단어로 이루어져있는 반면 보어는 5개 단어에 불과하다. 이는 앞부분을 짧고 단순하게, 뒷부분을 길고 복잡하게 하라는 원칙을 깬 것처럼 보이지만 짧은 보어에 클라이맥스 효과를 주기 위해 의도적으로 유예한 것이다.
- 문장 끝의 전치사구는 'of+무거운 단어' 형식으로 임팩트를 준다. moral philosophy's stuff라고 끝냈으면 말을 하다마는 느낌을 주었을 것이다.

세 번째 문장

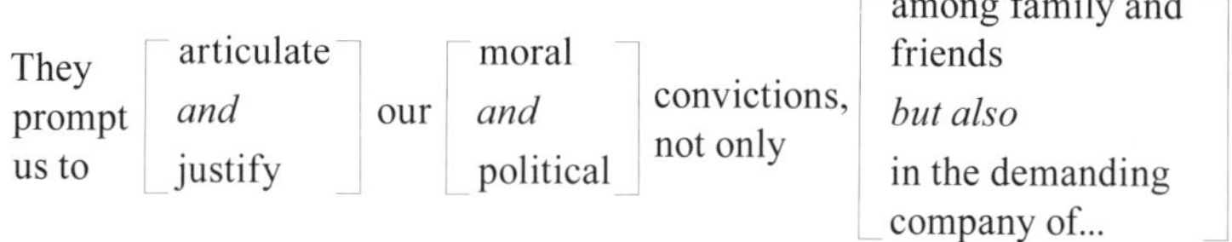

- 두 번째 문장의 주어/화자/행위자를 그대로 주어로 삼아(they) 익숙한 정보로 문장을 시작하라는 원칙을 지킨다. 주어 바로 다음에 행위를 담은 동사가 나오고 (prompt) 목적어가 나온다(us). 이 모든 것을 단 세 단어로 끝내고 문장의 강세라 할 수 있는 긴 부정사구로 넘어간다(to articulate…).
- 부정사구문에서 2음절 단어 moral은 4음절 단어 political과 균형을 이루고, 4단어로 이루어진 전치사구 among family and friends는 8단어로 이루어진 전치사구 in the demanding company of our fellow citizens와 균형을 이룬다. 역시 'of+무거운 단어' 형식으로 문장을 강렬하게 마무리한다.

우리가 이 레슨에서 설명한 것은 우아한 문장을 쓰는 기법 중 극히 일부에 불과하다. 하지만 이 책에서 설명한 기본적인 원칙을 응용하면, 명확하고 결속되어있으면서도 우아하고 아름다운 문장을 만들어내는 다양한 기법을 발굴하고 창안해낼 수 있을 것이다.

우아한 문장을 쓰고 싶다면, 우아한 문장을 구사하는 작가들의 글을 끊임없이 읽으며 그러한 문장들이 피와 살 속에 스며들도록 노력해야 한다. 그러한 노력을 하다보면 또한 어떤 문장이 진정으로 우아하고 아름다운지, 어떤 문장이 겉만 번드르르하게 치장한 것인지 판단할 수 있는 눈이 생길 것이다. 우아한 문장의 한 가지 원칙을 미리 알려준다면, 그것은 바로 '뺄수록 좋다'는 것이다. 시인 메리앤 무어Marianne Moore는 이렇게 말한다.

> **"꼭 필요한 말만 압축하여 간결하게 쓰는 것이 우아한 글을 쓰는 최고의 원칙이다."**

글쓰기 팁

밸런스 감각을 계발하는 한 가지 방법은 잘 쓴 글을 모방하는 것이다. 이 때 주의해야 할 것은, 단어 대 단어를 모방하지 말고 전반적인 패턴을 모방해야 한다는 것이다. 먼저 손꼽히는 명문이나 연설문 등 자신이 모방하고 싶은, 균형이 잘 잡힌 글을 골라서, 그 글의 전개방식이나 아웃라인을 분석하고 그것을 모방하기 위해 노력하라. 예컨대 역사학자 프레드릭 잭슨 터너의 글을 모방해보자.

> Survival in the wilderness requires the energy and wit to overcome the brute facts of an uncooperative Nature but rewards the person who acquires that power with the satisfaction of having done it once and with the confidence of being able to do it again.
>
> 거친 세상에서 생존은 고분고분하지 않는 자연이라는 잔혹한 사실을 극복할 수 있는 에너지와 재치를 요구하지만, 그 힘을 획득한 사람에게는 그것을 해냈다는 만족감과 그것을 다시 해낼 수 있다는 확신으로 보상한다.

Survival in the wilderness

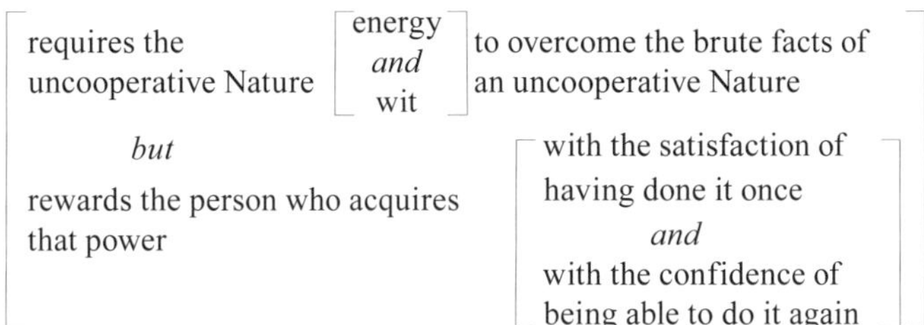

이 예문의 주어와 비슷한 주어를 떠올려보자. 예컨대 학교생활에 관한 글을 쓰고 싶다면 다음과 같이 쓸 수 있을 것이다.

Life as a college student offers a few years of intellectual excitement but imposes a sense of anxiety on those who look ahead and know that its end is in sight.

대학생으로서 삶은 몇 년간 지적 흥분 속에 살아갈 수 있는 기회를 주지만, 장래를 걱정하는 사람이나 그 시간의 끝을 눈앞에 두고 있는 사람들에게는 불안감을 준다.

Life as a college student

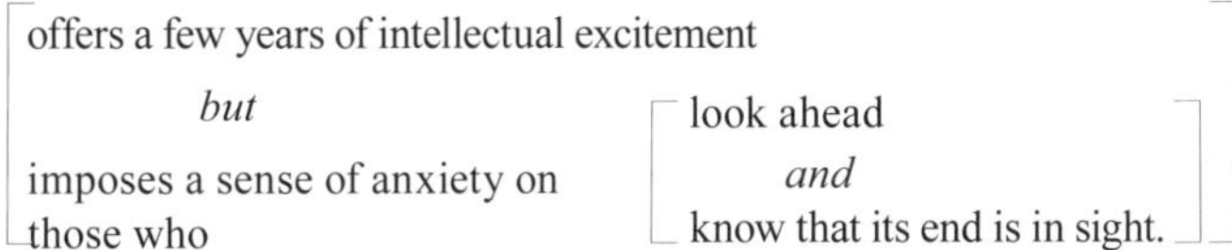

우선 이 책에 나오는 다양한 예문들을 모방해보라. 에바 호프먼과 조이스 캐롤 오츠의 글을 뼈대 삼아 우아한 문장을 써보자.

SUMMARY

우아한 문장의 특징은 너무나 다양하고 미묘하여 간략하게 한 마디로 정리하기 어렵다. 그럼에도 우아한 문장에는 보편적으로 세 가지 원칙이 작동한다. 서로 상충되는 원칙처럼 보이기도 하지만 전혀 그렇지 않다.

1. 단순성: 행위자는 주어로, 행위는 동사로 놓는다.
2. 복잡성: 구문과 의미와 소리와 리듬이 균형을 이룬다.
3. 클라이맥스: 메시지의 초점이 강세자리에 놓여 발화의 목적이 분명히 드러난다.

이러한 세 가지 원칙을 어떻게 동시에 구현할 수 있는지 잘 보여주는 예문을 읽어보자.

> The national unity of a free people depends upon a sufficiently even balance of political power to make it impracticable for the administration to be arbitrary and for the opposition to be revolutionary and irreconcilable. Where that balance no longer exists, democracy perishes. For unless all the citizens of a state are forced by circumstances to compromise, unless they feel that they can affect policy but that no one can wholly dominate it, unless by habit and necessity they have to give and take, freedom cannot be maintained.
>
> 자유로운 시민들의 국가적 통합은, 행정부는 독단으로 일을 처리할 수 없고 이에 반대하는 세력 역시 혁명적인 변화만 내세우며 비타협적으로 반대만 할 수 없는 정치권력의 상당한 균형 위에서 만들어진다. 이러한 균형이 깨지는 순간 민주주의는 멸망한다. 국가의 시민들이 어느 누구든 타협할 수밖에 없는 상황에 처하지 않는다면, 어느 누구든 정책에 영향은 미칠 수 있

어도 홀로 독점할 수 없다는 것을 깨닫지 못한다면, 어느 누구든 관습적으로든 필요에 의해서든 주고받지 않아도 상관없는 특권을 누린다면, 자유는 결코 유지될 수 없기 때문이다.

Walter Lippmann 월터 립만

총 88개 단어로 된 이 문단에서 명사화된 표현은 5개에 불과하다. unity, necessity, freedom과 balance(2번)가 전부다. 문장의 주어는 대부분 짧다. 핵심적인 행위자들이 주어로 등장하고, 핵심적인 행위가 동사로 등장한다. 또한 문장 속 다양한 요소들이 소리, 리듬, 구조, 의미 측면에서 서로 호응하면서 절묘한 균형미를 자아낸다. 모든 문장의 강세자리가 살아있을 뿐만 아니라, 구문과 절의 강세자리도 모두 살아있다.

이처럼 우아한 문장은 단순한 취향으로 우연하게 선택된 것이 아니다. 의미를 명확하게 전달하고 독자의 이해를 높이고자 끊임없이 글을 고치고 다듬고 고민한 저자의 노력의 결실이다. 이러한 글을 마주칠 때마다 우리는 희열을 느끼고 깊은 감명을 받는다.

문장의 길이가 주는 효과

문장의 길이를 활용하여 다양한 효과를 자아낼 수 있다. 예컨대 짧은 문장은 긴박감을 준다.

> Toward noon Petrograd again became the field of military action; rifles and machine guns rang out everywhere. It was not easy to tell who was shooting or where. One thing was clear; the past and the future were exchanging shots. There was much casual firing; young boys were shooting off revolvers unexpectedly acquired. The arsenal wag wrecked.... Shots rang out on both sides. But the board fence stood the way, dividing the soldiers from the revolution. The attackers decided to break down the fence. They broke down part of it and set fire to the rest. About twenty barracks came into view. The bicyclists were concentrated in two or three of them. The empty barracks were set fire to at once.
>
> 정오가 다가오자 페트로그라드는 다시 군사작전이 펼쳐지는 현장이 되었다. 소총과 기관총 소리가 사방에서 울려 퍼졌다. 누가 어디에서 쏘는지 분간하기 어렵다. 한 가지는 분명했다. 과거와 미래가 서로 총격전을 벌였다는 것. 아무데나 대고 총을 쏘는 일이 많았다. 어린 소년들은 우연히 손에 넣은 리볼버를 쏘아댔다. 무기고가 파괴되었다... 양편에서 총성이 울려 퍼졌다. 나무로 된 펜스만이 군인들과 혁명군을 구분해줄 뿐이었다. 공격자들은 펜스를 부수기로 했다. 펜스 일부는 부수고 나머지는 불을 질렀다. 20여개 막사가 시야에 들어왔다. 두세 막사에 자전거 탄 사람들이 밀집해있었다. 빈 막사들은 단번에 불태워졌다.
>
> Leon Trotsky, *The Russian Revolution*, 레온 트로츠키 《러시아 혁명사》 trans. Max Eastman

단호한 확신을 드러낼 때에도 짧은 문장은 효과적이다.

> The teacher or lecturer is a danger. He very seldom recognizes his nature or his position. The lecturer is a man who must talk an hour. France may possibly have acquired intellectual leadership of Europe when their academic period was cut down to 40 minutes. I also have lectured. The lecturer's first problem is to have enough words to fill 40 or 60 minutes. The professor is paid for his time, his results are almost impossible to estimate... No teacher has ever failed from ignorance. That is empiric professional knowledge. Teachers fail because they cannot "handle the class." Real education must ultimately be limited to men who INSIST on knowing, the rest is mere sheep-herding.
>
> 교사나 강사는 위험인물이다. 그들은 자신의 본성이나 위치를 거의 인식하지 못한다. 강사는 한 시간 동안 말을 해야 하는 사람이다. 프랑스가 수업시간을 40분으로 줄였다면 유럽의 지적 리더가 되었을 것이다. 나도 강의를 한다. 강사의 첫 번째 문제는 40분 또는 60분을 채울 만큼 말을 많이 해야 한다는 것이다. 교수는 그의 시간에 대해 보상받으며, 그 성과는... 거의 평가하기 불가능하다. 무지해서 실패하는 교사는 없다. 내가 경험해 본 바 깨달은 것이다. 교사가 실패하는 것은 '수업을 장악'하지 못하기 때문이다. 진정한 교육은 궁극적으로 앎에 대한 욕구가 큰 사람들에게만 집중되어야 하며, 나머지는 단지 끌려 다니는 양떼에 불과하다.
>
> Ezra Pound, *ABC of Reading*, 에즈라 파운드 《독서의 ABC》

또는 무언가를 직접 지시할 때도 짧은 문장은 유용하다. 마크 트웨인은 짧은 독립절을 사용하여 어린아이들을 가르치는 어른의 말투를 흉내 낸다. 그러면서도 어려운 단어를 간간히 사용하고 구두점을 활용해 문장을 길게 연결함으로써 아이들보다 지식수준이 높은 독자들까지 유인한다.

These chapters are for children, and I shall try to make the words large enough to command respect. In the hope that you are listening, and that you have confidence in me, I will proceed. Dates are difficult things to acquire; and after they are acquired it is difficult to keep them in the head. But they are very valuable. They are like the cattle-pens of a ranch—they shut in the several brands of historical cattle, each within its own fence, and keep them from getting mixed together. Dates are hard to remember because they consist of figures; figures are monotonously unstriking in appearance, and they don't take hold, they form no pictures, and so they give the eye no chance to help. Pictures are the thing. Pictures can make dates stick. They can make nearly anything stick—particularly if you make the pictures yourself. Indeed, that is the great point—make the pictures yourself. I know about this from experience.

이 글은 어린이들을 위해 쓴 것입니다. 나는 여러분들의 존경심을 불러일으킬 만한 어려운 단어들을 사용하려고 노력할 겁니다. 내 이야기를 잘 듣고 나를 믿고 잘 따라오기를 바랍니다. 역사적인 사건의 연대는 공부하기 어렵습니다. 공부하더라도 머릿속에 기억하기 어렵죠. 하지만 기억할 만한 가치가 있어요. 그건 목장에서 소를 가두는 울타리 같은 거예요. 역사적인 사건을 소에 비유한다면 이러한 소들을 가두고 구분하고 한데 뒤섞이지 않게 해주는 것이 바로 울타리입니다. 연대를 기억하기 어려운 것은 숫자로 되어있기 때문입니다. 숫자는 그 모양이 단조롭고 인상적이지 않죠. 눈길을 사로잡지도 않고, 어떤 이미지도 떠올리기 힘들죠. 눈으로만 볼 때는 아무런 도움도 주지 못하죠. 그림은 다릅니다. 그림은 숫자를 기억하도록 만들어줄 수 있어요. 그림이라면 거의 무엇이든 쉽게 기억할 수 있도록 도와줍니다. 특히 머릿속에 자신만의 이미지를 그려 기억하는 사람이라면 더욱 그러하겠죠. 실제로 바로 이것이 핵심입니다. 스스로 그림을 떠올려보세요. 내가 경험해봐서 알아요.

Mark Twain, "How to Make History Dates Stick" 마크 트웨인, "역사 연대 기억하는 법"

자의식을 드러내는 경우, 문장은 극도로 길어진다. 아래 예문에서 장황한 길이의 문장들은 전진하는 시위대열의 혼란스러움을 거울로 비추듯 보여준다.

> In any event, up at the front of this March, in the first line, back of that hollow square of monitors, Mailer and Lowell walked in this barrage of cameras, helicopters, TV cars, monitors, loudspeakers, and wavering buckling twisting line of notables, arms linked (line twisting so much that at times the movement was file, one arm locked ahead, one behind, then the line would undulate about and the other arm would be ahead) speeding up a few steps, slowing down while a great happiness came back into the day as if finally one stood under some mythical arch in the great vault of history, helicopters buzzing about, chop-chop, and the sense of America divided on this day now liberated some undiscovered patriotism in Mailer so that he felt a sharp searing love for his country in this moment and on this day, crossing some divide in his own mind wider than the Potomac, a love so lacerated he felt as if a marriage were being torn and children lost—never does one love so much as then, obviously, then—and an odor of wood smoke, from where you knew not, was also in the air, a smoke of dignity and some calm heroism, not unlike the sense of which also comes when a marriage is burst—Mailer knew for the first time why men the front line of battle are almost always ready to die; there is a promise of some swift transit... [it goes on]
>
> 어쨌든 진행요원들로 이루어진 비어있는 정사각형 바로 뒤를 따라 메일러와 로웰은 카메라, 헬리콥터, TV중계차, 진행요원들, 확성기의 세례를 받으며 행렬의 맨 첫 줄에 섰고, 유명인사

들은 서로 팔짱을 끼고 흔들리고 찌그러지고 뒤틀린 줄 속에서 (가끔 줄이 앞뒤로 비틀려 옆 사람이 앞뒤에 서서 한쪽 팔은 앞사람에게, 다른 한쪽 팔은 뒷사람에게 끼어 줄이 구불구불 해지기도 했다) 몇 발자국은 빠르게 나아가다가 멈추기도 하고, 그러는 사이 마치 거대한 역사의 돔의 어느 신비한 아치 아래 서있듯 커다란 행복감에 젖기도 하였으며, 헬리콥터는 타타타 소리 내며, 오늘 비로소 미국이 두 개로 분리되었다는 생각에 메일러의 가슴속에 감추어져있던 애국심이 피어나면서 바로 오늘 이 순간 조국에 대한 날카로운 사랑의 통증을 느끼며 포토맥 강보다 넓은 마음속 골짜기를 가로지르는데, 그것은 결혼생활이 깨지고 아이들을 잃은 것처럼 찢어지는 듯한 아픔이 느껴지는 사랑—그 때만큼, 분명히 그 때만큼 사랑을 느낀 적은 없었다—그리고 어디서 오는지 알 수는 없지만 공기 중에 전해오는 나무 타는 냄새, 위엄이 느껴지는 연기, 침착한 영웅심을 느끼며—결혼이 파국을 맞을 때 느꼈던 감정과 전혀 다르지 않았다—메일러는 전투대열 맨 앞줄에 선 사람들이 한결같이 죽을 각오를 하는 이유를 처음 깨달았는데, 이는 신속한 변화에 대한 약속과… [계속]

Norman Mailer, *The Armies of the Night: History as a Novel, the Novel as History*
노먼 메일러, 《밤의 군대들: 소설로서 역사, 역사로서 소설》

이 글은 저자의 생각의 흐름을 그대로 들려주는 듯 느껴진다. 물론 이 글은 격정에 휩싸여 써내려간 것이 아니라 철저하게 계산하여 구성한 것이다.

- 혼란스러운 상황이라는 것을 알려주기 위해 짧은 구들을 스타카토처럼 선보이며 문장을 시작한다. 이들은 모두 등위연결되어있다.
- 자유수식구를 활용해 문장을 계속 이어나간다:
  arms linked.... line twisting.... speeding up....
- 자유수식구를 몇 개 이어 쓴 다음, 반복수식구로 문장을 이어나간다:
  a love so lacerated....
- 또 다른 독립절을 쓴 다음, 다시 반복수식구로 문장을 이어나간다:
  a smoke of dignity and some calm heroism....

Lesson 10

Exercise 1

밸런스 잡기

다음은 문장을 시작하는 앞부분들이다. 이 문장들과 균형에 맞도록 뒷부분을 마무리해보자. 예컨대 다음과 같이 문장이 시작된다면:

Those who keep silent over the loss of small freedoms...

다음과 같이 문장의 후반부를 쓰면 된다.

...will be silenced when they protest the loss of large ones.

1. Those who argue stridently over small matters...

2. We should pay more attention to those politicians who tell us how to make what we have better than to those...

3. Some teachers mistake neat papers that rehash old ideas for...

4. While the strong are often afraid to admit weakness, the weak…

5. When parents raise children who scorn hard work, the adults those children become will ...

1. Those who argue stridently over small matters are unlikely to think dearly about large ones.

2. We should pay more attention to those politicians who tell us how to make what we have better than to those who tell us how to get what we don't have.

3. Some teachers mistake neat papers that rehash old ideas for great thoughts wrapped impressive packaging.

Exercise 2

짜릿한 클라이맥스

다음 예문들은 문장이 힘없이 끝난다. 먼저 문장을 명확하고 간결하게 수정한 다음, 강세자리에 좀더 무거운 항목을 넣어 힘있는 문장으로 만들어보자. 특히 of로 시작하는 전치사구를 문장의 맨 끝에 두면 좋다. (처음 두 예문에는 명사화하면 좋은 항목을 표시해두었다.)

example

Our interest in paranormal phenomena testifies to the fact that we have empty spirits and shallow minds.

✔ Our interest in paranormal phenomena testifies to the emptiness of our spirits and the shallowness of our minds.

1. If we invest our sweat in these projects, we must avoid appearing to work only because we are interested in ourselves.

2. Throughout history, science has made progress because dedicated scientists have ignored a hostile public that is uninformed.

3. Our most ethical choices are based not on what is most convenient in the moment but on moral principles that do not change from situation to situation.

4. The day is gone when school systems' boards of education have the expectation that local taxpayers will automatically go along with whatever extravagant things incompetent bureaucrats decide to do.

5. The plan for political campaign was concocted by those who were not sensitive to what we needed most critically.

6. Nothing has changed the quality of our social interactions more than communication technologies that are pervasive and very powerful.

7. At its best, her music conveys not just how painful losing someone can be but also how remembering that person consoles us.

Exercise 3

내가 쓴 글을 고쳐보자

1. If we invest our sweat these projects, we must avoid appearing to be working only for our own self-interest.

2. Throughout history, science has progressed because dedicated scientists have ignored the hostility of an uninformed public.

3. Boards of education can no longer expect that taxpayers will support the extravagancies of incompetent bureaucrats.

4. Boards of education can no longer expect that taxpayers will support the extravagancies of incompetent bureaucrats.

자신이 쓴 글에서 다양한 길이의 문장들이 모여있는 문단을 세 개 찾아내라.

문장 길이의 차이는 이 글의 리듬과 의미에 어떤 영향을 주는가?

이제, 모든 문장을 15-25단어 길이로 만들어보라. 글의 효과가 달라지는가?

Exercise 4

내가 쓴 글을 고쳐보자

미션 클리어! 명확성과 우아함에 관한 10개 레슨이 모두 끝났다.

이제 지금까지 얼마나 많은 것을 배웠는지 돌아보는 시간을 가져보자. 이 책을 읽기 전 쓴 글과 이 책을 읽고나서 쓴 글을 비교해보자. 글의 길이가 비슷하면 좋다. (500단어 정도 되는 글을 추천한다.)

두 개의 글을 다른 사람에게 주고 어떤 글이 나중에 쓴 것인지 맞춰보라고 해보라.

두 글 사이에 구체적으로 어떤 차이가 있는가? 이 책에서 제시한 원칙을 활용하여 두 글 사이의 차이를 설명해보자.

PART

Ethics

Ethics is in origin the art of recommending to others the sacrifices required for cooperation with oneself.

윤리란 원래, 나와 협력하기 위해 다른 사람이 치뤄야 하는 희생을 권유하는 수완이다.

Bertrand Russell

버트란드 러셀

11

Style is the ultimate morality of mind.

스타일은 마음이 추구하는 궁극적인 도덕이다.

Alfred North Whitehead

알프레드 노스 화이트헤드

Lesson 11

끝없는 선택의 기로에서

지금까지 본 10개의 레슨에서 나는, 글을 쓰는 사람에게는 독자를 위해 글을 명확하게 써야 할 책임이 있다고 강조했다. 하지만 어떤 아이디어는 근본적으로 난해하여, 복잡한 말로 표현될 수밖에 없는 경우도 있다. 예컨대 엔지니어가 작성한 다음 예문을 보자.

> The drag force on a particle of diameter d moving with speed *u* relative to a fluid of density *p* and viscosity *μ* is usually modeled by $F=0.5C_Du^2A$, where A is the cross-sectional area of the particle at right angles to the motion.
>
> 밀도는 p이고 점도는 μ인 유체에 비례하여 u의 속도로 이동하는 직경 d의 입자에 대한 항력은 일반적으로 $F=0.5C_Du^2A$라는 공식으로 구할 수 있는데, 이때 A는 운동방향에 수직으로 닿는 입자의 단면적이다.

물론 어떤 것이든 최대한 단순하게 만들라는 아인슈타인의 말은, 우리가 따라야 할 지고한 원칙이다. 어떤 글이든 최대한 명확하게 써야 한다. 하지만 명확성을 위해 자신이 말하고자 하는 바를 뭉뚱그리고 간략하게 만들라는 것은 아니다. 물론 독자에게 생소한 분야에 대해 이야기할 때는 독자가 적응하고 이해할 수 있도록 속도를 늦춰야 할 때도 있다. 예컨대 학생들을 위한 화학입문서를, 학술지에 수록할 화학논문처럼 작성해서는 안 될 것이다. 하지만 이것은 어렵고 난해한 사고 자체를 포기하라는 말과는 전혀 다르다.

어쨌든 문제는, 글이 너무 명확해서 발생하는 경우보다는 불필요하게 복잡하고 난해하여 발생하는 경우가 많다. 이렇게 난해한 글이 나오는 이유는 단순히 글을 쓰는 저자의 능력이 부족하기 때문일 수도 있지만, 난해하게 쓰는 것이 어떤 맥락에서 저자에게 이득이 되기 때문일 수도 있다. 단순한 이득을 넘어, 독자에게 피해를 입힘으로써 누리는 이득도 있다. 이런 점에서 명확성은 글쓰기 기술의 문제를 넘어서 윤리의 문제로 나아간다.

독자의 권리 VS 저자의 의무

글을 쓰는 사람은 독자를 위해 글을 명확하게 써야 할 책임이 있듯이, 독자 역시 저자에 대한 책임이 있다. 아주 쉬운 문장들만으로는 표현하기 어려운 생각도 있기 때문에, 독자는 어떤 글이든 면밀하게 읽고 이해하기 위해 스스로 노력해야 한다.

실제로 우리는 대부분 자신이 읽은 것을 이해하기 위해 노력한다. 하지만 독자가 이해하는 데 들이는 노력만큼 독자를 이해시키기 위해 저자가 노력하지 않았다고 여겨진다면, 더 나아가 훨씬 쉽게 쓸 수 있음에도 의도적으로 글을 이해하기 어렵게 썼다고 여겨진다면, 이야기는 달라진다. 성의도 없이 나태하게 쓴 글이라고 판단되는 순간, 독자의 욕구를 전혀 고려하지 않고 자기 멋대로 쓴 글이라고 판단되는 순간, 독자는 자신의 노력이 아깝다고 생각한다. 그런 글을 읽는 것은 시간낭비에 불과하다. 사실, 이러한 독자의 반응은 글 쓰는 사람의 책임을 다시금 일깨워준다. 남들이 난해한 글을 마구써 갈겨 나를 괴롭히지 않기를 바라는 사람이라면, 나 역시 그렇게 쓰지 말아야겠다는 결론에 도달할 것이다. 자신의 생각을 지나치게 단순화해서 글을 써도 안 되겠지만, 불필요하게 어렵게 써도 안 된다. 따라서 사회적 책임감을 느끼는 사람이라면 다음과 같은 원칙에 따라 글을 쓸 것이다.

"남들이 나에게 써 주기 바라는 대로 글을 쓰라."

우리는 이것을 글쓰기의 '골든룰'이라고 부른다. 골든룰은 독자와 자리를 바꿔 생각해볼 것을 요구한다. 내가 상정한 독자들과 자리를 바꾸고, 그들이 내 글을 읽었을 때 어떤 느낌이 들지 상상하며 글을 쓰는 것이다.

물론 글을 쓸 줄 몰라서, 쉽고 명확하게 글을 쓰는 방법을 몰라서 이러한 이타적인 이상에 부응하지 못하는 사람도 있을 것이다. 하지만 다른 목적을 가지고, 일부러 어렵게 글을 쓰며 골든룰에 부응하지 않는 사람도 존재한다. 독자가 이해하기 쉽게 써야 한다는 원칙보다 다른 가치를 우선하거나, 다른 이득을 얻기 위해서 자발적으로, 또는 직업적으로 글을 쓰는 것이다. 의도적으로 골든룰을 어기며 글을 써야만 하는 상황을 상상해보고 이에 대해 윤리적인 판단을 해보자.

명확성과 경쟁하는 가치들

독자가 쉽게 이해할 수 있도록 명확하게 글을 써야 한다는 원칙보다 다른 가치를 지키기 위해 글을 난해하게 쓰는 경우도 있다. 우리는 **레슨1 젠더와 스타일**에서 문법적 올바름이 중요한 가치이긴 하지만 최상의 가치는 아니라고 말하면서, 성별을 모두 포괄하면서 여전히 문법적으로 '틀리지 않게' 쓰는 방법에 대해 설명했다. 이처럼 젠더는 오늘날 중요하게 고려해야 하는 가치가 되었다. 여기서는 세 가지 글쓰기 상황을 소개한다.

상황 1

comic, police officer처럼 성별을 포괄하는 새로운 명사가 이미 보편화된 지금도 여전히 comedienne, policeman 같이 성별이 표시된 명사를 사용하겠다고 고집하는 것은 비윤리적인 선택일까? 우리는 그렇다고 생각한다. 굳이 성별을 구분하는 옛 단어들을 사용하겠다고 의도적으로 선택하는 것은 골든룰을 위반할 위험이 있다.

불필요하게 성별을 표시거나, 이로써 다른 성별을 무시하는 선택을 못마땅하게 생각하는 독자들이 분명히 존재할 것이다. 그럼에도 굳이 성별을 표시하는 단어를 쓰겠다고 고집하는 이유는 무엇일까? 전통적인 성역할에 대한 향수 말고는 다른 가치나 소명을 상상하기 어렵다.

상황 2

좀더 판단하기 미묘한 경우도 있다. 다음 문장을 보자.

> Anyone who wants a driver's license must have their eyes examined.
>
> Anyone who wants a driver's license must have his eyes examined.
>
> 운전면허를 따고 싶어하는 사람은 시력을 검사해야 한다.

문법적 측면에서, 윗문장은 틀리고 아랫문장은 맞다. 하지만 아랫문장을 보고 불편함을 느낄 독자들이 있을 것이라는 사실은 쉽게 상상할 수 있다. 문법과 윤리, 둘 중에 무엇을 선택할 것인가? 문법규칙을 절대 어기지 않겠다는 맹세는 스타일의 골든룰을 압도할 만큼 가치가 있는 것일까?

상황 3

위 예문에서는 특정한 사람을 가리키는 것이 아니라 불특정한 대상을 지칭하는 대명사가 문제였다. 하지만 남녀 어디에도 속하지 않는 사람으로 판명된 특정한 개인이 존재한다면 어떨까? 59쪽에서 본 예문을 다시 보자.

✔ Casey informed their teacher that they preferred neither of the traditional third-person singular pronouns.

케이시는 선생님에게 자신이 전통적인 3인칭 단수대명사 중 어느 것도 좋아하지 않는다고 말했다.

케이시는 남성도 여성도 아닌 사람으로 판명되었다. 그는 자신을 he나 she가 아닌 they라는 대명사로 지칭해주기를 원한다. 이러한 사실을 알고서도 케이시를 she나 he로 지칭하겠다고 고집하는 것은 윤리적인 선택일까? 우리는 그렇지 않다고 생각한다. 독자의 입장에 서서 글을 써야 한다면, 케이시가 자신의 바람을 저자가 존중해주기를 바란다는 것을 분명히 알 수 있다.

그렇다면 케이시의 바람을 구체적으로 알지는 못하지만, 단순히 추론만 할 수 있는 상황이라면 어떨까? she나 he로 그를 지칭한다면 이것을 잘못된 선택이라 할 수 있을까? 그러한 선택을 한 사람을 비윤리적이라고 말할 수 있을까? 명확하게 자신의 정체성을 밝히지 않은 케이시에게 책임이 있는 것은 아닐까?

명확성과 경쟁하는 저자의 이익

스타일의 골든룰은 글을 쓰는 사람에게 독자의 이익을 자신의 이익으로 놓으라고 말한다. 물론 글을 쓰는 사람의 이익이 독자들의 이익과 궤를 같이하는 경우가 많겠지만, 살다보면 그렇지 않은 상황이 발생하기도 한다.

독자의 이익에 반하는 행동을 하도록 의도적으로 거짓을 말하거나 글을 쓰는 것은 누구나 비윤리적인 행동이라고 생각할 것이다. 하지만 생략하는 것은 어떨까? 인기있는 유튜버가 상품을 소개하면서, 그 상품을 홍보하는 대가로 상당한 광고비를 받았다는 사실을 구독자들에게 알려줘야 할까? 투자상담사가 투자상품을 권유하면서, 상품계약에 성공하면 상당한 커미션을 받는다는 사실을 고객에게 알려줘야 할까? 대부분 그렇다고 말할 것이다. 그렇다면 대학의 입학안내 브로셔는 한 블록 거리에 교수진도 더 훌륭하고 학비도 저렴한 다른 대학이 있다는 사실을 독자에게 알려줘야 할까? 대부분 그렇지 않다고 말할 것이다. 이러한 판단의 차이는 왜 생기는 것일까? (이 것은 단순히 수사학적 질문이 아니다.)

그렇다면 거짓말도 하지 않고 중요한 정보를 생략하지도 않지만, 독자들을 한쪽으로 몰아가는 글은 어떨까? 글을 읽지 않았다면 전혀 가지 않았을 방향으로 이끌려가면서도, 그것이 저자의 의도적인 조작의 결과라는 사실을 인지하지 못할 수 있다. 하지만 공정하지 않은 방식으로 독자를 조종하려 한다는 사실을, 또는 불필요하게 어렵게 글을 써서 혼란을 주려고 한다는 사실을 독자들이 깨닫는 순간, 저자의 노력은 물거품처럼 허물어진다. 저자는 단순히 독자의 관심만 잃는 것이 아니라, '에토스'까지 잃는다.

에토스ethos란 아리스토텔레스가 상대방을 설득하는 데 가장 중요한 요소라고 꼽은 것으로, 독자들이 글을 읽으면서 글속에서 추론해내는 저자의 인품을 의미한다. 내가 쓴 글을 읽으면서 독자들은 나를 까다로운 사람이라고 느낄까, 친근한 사람이라고 느낄까? 믿을 수 있는 사람이라고 느낄까, 부정직한 사람이라고 느낄까? 친절하고 솔직한 사람이라고 느낄까, 인간미 없는 냉정한 사람이라고 느낄까? 내가 쓴 글에서 발산하는 에토스는 계속 축적되면서 나에 대한 흔들리지 않는 평판을 만들어낸다.

결국, 명확하게 정직하게 글을 쓰는 것은 단순히 독자를 위한 선택일 뿐만 아니라 글을 쓰는 나 자신을 위한 선택이다. 독자들의 욕구에 대해 고민하고 반응하고 배려하는 사람들은 좋은 평판, 즉 명성을 쌓는다. 이들의 글을 독자들은 신뢰한다. 이들이 무슨 말을 하든 독자들은 믿을 준비가 되어

있다(이것이 바로 명성의 실질적인 효용이다).

하지만 고용주나 권력의 이익을 대변하여 글을 쓰는 사람은 어떨까? 협업하여 글을 쓰는 사람은 어떨까? 익명으로 글을 쓰는 사람은 어떨까? 실제로 오늘날 우리가 읽는 글은 대부분 누가 썼는지 알 수 없다. 이런 글에서는 글을 쓰는 사람이 자신의 에토스를 걱정할 필요가 없다. 그렇다면 글쓰기의 윤리는 시대에 따라 바뀌어야 할까?

나도 모르게 어렵게 쓴 글

일부러 난해하고 복잡해 보이도록 글을 쓰는 사람은 사실 많지 않다. 다음 글 역시 '의도적으로' 불명확하게 썼다고 여겨지지 않는다.

> A major condition affecting adult reliance on early communicative patterns is the extent to which the communication has been planned prior to its delivery. We find that adult speech behaviour takes on many of the characteristics of child language, where the communication is spontaneous and relatively unpredictable.
>
> 초기 의사소통 패턴에 대한 성인의 의존에 영향을 미치는 주요한 요건은 의사소통이 발화되기 전 얼마나 준비되었는가 하는 정도다. 성인의 말하는 습관은 아동의 언어적 특성을 많이 띠는데, 이는 특히 갑작스러우면서도 비교적 예측하기 어려운 상황에서 극명하게 나타난다.
>
> E. Ochs and B. Schieffelin, "Planned and Unplanned Discourse" *Acquiring Conversational Competence* 엘리너 옥스, 밤비 시펠린, "계획적 담화와 비계획적 담화" 《대화능력습득》

이 글이 전달하고자 하는 의미는 아마도 다음과 같을 것이다.

> When we speak spontaneously, we rely on patterns of child language.
>
> 즉흥적으로 말해야 할 때는 어릴 적 언어패턴이 튀어나온다.

저자는 내가 고친 글을 보고 자신의 생각을 지나치게 단순화했다고 말할지도 모른다. 하지만 47개 단어를 읽고 나서 내 머릿속에 남는 것은 11개 단어로 된 저 문장이다. 중요한 것은 글을 쓴 사람들이 글 속에 집어넣었다고 생각하는 것이 아니라, 독자들이 글을 읽고 끄집어낸 것이다.

지금 이야기하는 윤리적인 문제는 의도적으로 어렵게 쓴 글이 아니라, 자신도 모르게 어렵게 쓴 글이다. 이런 글은 세심하게 또 관대하게 읽어나갈 수 있다. 또 기회가 된다면 그 글이 어떻게 느껴지는지, 왜 그렇게 느껴지는지 솔직하게 피드백을 줌으로써 글쓴이에게 도움을 줄 수 있다. 물론 지금은 나에게 그럴 만한 실력이 있을까 의심하는 사람이 많겠지만, 이 책을 탐독하는 여러분이라면 머지않아 그렇게 할 수 있다.

의도적으로 오해를 유발하는 글

읽기 어려운 글 중에는 실력부족의 결과가 아닌 경우도 많다. 독자가 아닌 다른 사람의 이익을 우선하여 글을 쓰는 경우, 난해한 글이 나올 수 있다.

우리는 쉬운 말로 솔직하게 글을 쓰지 않는 선택을 강하게 비판하고 질책할 수 있다고 생각한다. 하지만 에둘러 표현하는 것이 모두 비윤리적인 선택은 아니다. 예컨대 사장이 '새로운 사업자금을 확보하지 못해 정말 골치가 아파'라고 말을 하면 우리는 이 말이 나보고 '나가'라는 소리일지 모른다고 생각한다. 하지만 이렇게 에둘러 표현하는 것은 솔직하지 않아서라기보다는 감정을 배려한 것이라고 여겨지기에 크게 비난할 만한 비윤리적 선택은 아니다.

반면 독자에 대한 연민이나 배려가 아니라 단순히 이해관계가 독자와 달라서, 에둘러 표현하거나 잘못된 오해를 유발하는 글도 있다. 이런 글에 대해서는 어떻게 판단해야 할까? 실제 예문들을 보며 고민해보자.

사례1 누구 잘못인가?

시어즈는 자동차 수리비 과다청구로 고발당한 적이 있었는데, 이에 대응하는 광고에서 이렇게 말했다.

> With over two million automotive customers serviced last year in California alone, mistakes may have occurred. However, Sears wants you to know that we would never intentionally violate the trust customers have shown in our company for 105 years.
>
> 캘리포니아에서만 작년 한 해 동안 서비스를 받은 차량은 200만 대가 넘습니다. 실수는 당연히 일어날 수 있습니다. 하지만 시어즈가 지난 105년 동안 고객들과 쌓아온 신뢰를 고의적으로 훼손하는 일은 없었다는 것을 말씀드립니다.

첫 번째 문장에서 시어즈는 자신이 수리비 과다청구에 책임이 있는 당사자라는 사실을 언급하지 않는다. 이 문장의 주절을 수동태로 썼다면 어떻게 될까?

> ...mistakes may have been made.

물론 수동태 문장으로 써도 행위자는 밝히지 않을 수 있지만, 이렇게 쓰면 by whom을 떠올리게 만들어 이 실수가 누구의 것인지 궁금하도록 만든다. 따라서 시어즈는 자신을 무대 밖으로 완전히 끌어내는 동사를 찾아낸다. 실수가 '일어났다'고 말함으로써 실수가 스스로 저절로 생겨날 수 있는 것처럼 표현한 것이다.

두 번째 문장에서 시어즈는 자신을 주어로 내세우기는 하지만, 자신이 저지른 잘못에 대해 이야기하는 것이 아니라 '선한 의도'와 전통을 강조하면서 자신이 책임있는 행위자라는 인상을 심어준다.

> Sears... would never intentionally violate...

첫 번째 문장에서 시어즈에게 초점을 맞추고 두 번째 문장에서 시어즈를 숨긴다면 어떻게 달라질까? 원래 글과 비교해서 읽어보라.

> When we serviced over two million automotive customers last year California, we made mistakes. However, you should know that no intentional violation of 105 years of trust occurred.
>
> 캘리포니아에서만 작년 한 해 동안 서비스를 받은 차량이 200만 대가 넘다보니, 우리는 실수를 저질렀습니다. 하지만 지난 105년 동안 고객들과 쌓아온 신뢰를 고의적으로 훼손하는 일은 일어나지 않았다는 것을 말씀드립니다.

이 글은 스타일을 조작하여 자신의 이익을 도모하기는 했지만, 그래도 독자에게 해를 끼치지는 않았다. 좀더 심각한 사례를 보자.

사례2 **누가 지불하는가?**

도시가스회사가 수십만 소비자들에게 편지를 보냈다. 가스요금을 인상한다는 내용이다. (모든 절의 주어/화제어를 음영으로 표시했다.)

> The State Utilities Commission has authorized a restructuring of our rates together with an increase in service charge revenues effective at the start of the next calendar year. This is the first increase in rates in over six years. The restructuring of rates is consistent with revised state policy that rates for service to various classes of utility customers be based upon the cost of providing that service. The new rates move revenues from every class of customer closer to the cost actually incurred to provide gas service.
>
> 국가기간산업위원회는 내년 첫날부터 서비스요금 인상과 요금을 재조정할 권한을 본사에 위

> 임하였습니다. 이것은 6년만의 첫 요금인상입니다. 요금조정은 공공서비스법 시책을 준수하며, 고객의 계층에 따라 차등화된 요금은 서비스를 제공하는 비용에 기초하여 산정됩니다. 새로운 요금제를 통해 다양한 계층의 고객으로부터 얻는 수입은 가스를 공급하는 데 들어가는 실제비용에 가까워집니다.

이 통지문은 독자를 잘못된 방향으로 이끌어가는 전형적인 사례라 할 수 있다. 첫 문장만 사람(위원회)으로 시작할 뿐, 그 다음부터는 사람으로 시작하지 않는다. 어쨌든 이 글에서 가장 중요한 이해당사자는 독자(고객)인데, 고객은 주어/화제/행위자가 아닌 제 3자로서 단 두 번 언급될 뿐이다.

> ...for service to various classes of utility customers
> ...move revenues from every class of customer

또한 요금인상 주체인 가스회사 역시 제3자로 단 한 번 언급된다. 책임이 있는 주어/화제/행위자로 제시하지 않는다.

> …has authorized a restructuring of our rates…

진짜 행위자와 수여자를 명확하게 밝혀서 통지문을 작성한다면 아마 다음과 같을 것이다.

> According to the States Utilities Commission, we can now make you pay more for your gas service after new year. We have not made you pay more in over six years, but under revised state policy, now we can.
> 국가기간산업위원회의 결정에 따라 우리는 내년부터 가스공급서비스에 대하여 귀하가 지불하는 요금을 인상할 수 있게 되었습니다. 우리는 지난 6년 동안 요금을 인상할 수 없었으나, 개

정된 국가시책에 따라 이제 요금을 인상할 수 있게 되었습니다.

이 글을 쓴 사람은 스타일의 골든룰을 어겼다. 책임소재를 불분명하게 하기 위해 의도적으로 글을 쓰고 수정한 것이 명백하기 때문에, 이에 대해 충분히 비판할 수 있다. 글을 쓴 사람 자신도, 자신의 이해가 걸린 문제에 대해 누군가 이렇게 헷갈리게 글을 써서 누가 무슨 일을 하는지 알 수 없도록 숨기는 것을 바라지 않을 것이다.

하지만 이 글은 그토록 비난받아야만 할 글일까? 독자에게 잘못된 인상을 심어주기 위해 노력하기는 했지만, 거짓을 말한 것도 아니고 독자들 스스로 자신의 이익에 반하는 행동을 하게끔 속이지도 않았다. 가스비 인상조치에 대해 솔직하게 말하든 말든, 고객은 어차피 인상된 가스비를 내야 한다.

그렇다면 윤리적 측면에서 글쓰기가 넘지 말아야 할 선은 어디에서 그어야 할까? 그 해답은 스타일의 또다른 원칙 '실버룰'에서 찾을 수 있다.

"남들이 나에게 쓰지 않기를 바라는 글은 남에게 쓰지 말라."

골든룰과 실버룰을 정리하면 다음과 같다.

골든룰

"남들이 나에게 써 주기 바라는 대로 글을 쓰라."

- **공감의 원칙** 글을 쓸 때 늘 독자의 이해를 고려하여 글을 쓰라. 나의 이익 못지않게 독자의 이익을 도모하라. 독자의 시선에서 내 글을 평가하고 고쳐라.
- **저자가 추구해야 하는 이상** 좋은 글을 쓰기 위해 끝없이 갈고닦아야 한다.

실버룰

"남들이 나에게 쓰지 않기를 바라는 글은 남에게 쓰지 말라."

- **공정의 원칙** 독자를 부당하게 대해서는 안 된다. 저자와 독자의 이익이 일치하지 않는 경우, 자신에게 유리하게 글을 쓸 수는 있겠지만 독자를 속이거나 조작하여 불필요하게 해를 입혀서는 안 된다.
- **저자가 넘지 말아야 할 하한선** 이 선 밑으로 내려가는 순간 윤리적으로 비판의 대상이 될 수 있다

가스회사의 공문은 골든룰을 어긴 것이 분명하지만, 실버룰까지 어겼다고 말하기는 어렵다. 물론 글을 쓰다보면 실버룰을 지키는 것도 쉽지 않은 상황이 꽤 많다는 것을 알 수 있다. 하지만 실버룰을 위반하는 행위는 시민사회를 유지하는 신뢰를 심각하게 갉아먹는다.

사례3 누가 죽는가?

잘못된 글로 인해 사람이 죽을 수 있을까? 윤리적으로 상당한 논란이 되는 사례를 보자. 다음은 숯 포장지에 부착된 라벨이다.

CARBON MONOXIDE HAZARD

Burning charcoal inside can kill you. It gives off carbon monoxide, which has no odor.

NEVER burn charcoal inside homes, vehicles or tents.

일산화탄소 위험: 실내에서 숯을 태우는 것은 당신을 죽일 수 있습니다. 숯이 연소되면서 일산화탄소가 발생합니다. 일산화탄소는 냄새가 나지 않습니다. 절대 숯을 집, 차량, 텐트 안에서 태우지 마시오

이 라벨은 이 글을 읽는 독자들의 입장에서 명확한 글의 모범이라 할 수 있

다. 첫 번째 문장의 주어/화제는 you의 잠재적인 행위라 할 수 있는 burning charcoal inside이고, 강세는 이 글에서 가장 중요한 핵심정보라 할 수 있는 kill you가 차지하고 있다. 이 글의 주요행위자인 you에게 미칠 수 있는 매우 심각한 효과를 먼저 말하고, 그 원인은 두 번째 문장으로 미뤄둔다.

세 번째 문장은 법적 명령, 또는 군대의 명령과 같은 형식으로, 앞의 두 문장에서 말한 내용을 다시 반복하며 강조한다. 단순해 보이는 문장이라고 해서 쉽게 썼을 것이라고 생각하면 안 된다. 이러한 직접적인 진술은 이렇게 쓸 수밖에 없기 때문에 선택된 것이 아니다. 의도적으로 선택하고 다듬은 것이다. 실제로 이 글은 다음과 같이 쓸 수도 있다.

> Charcoal when burned gives off carbon monoxide, which has no odor. Burning charcoal inside homes, vehicles, or tents can cause death.
>
> 숯은 타면서 일산화탄소를 발생시킵니다. 일산화탄소는 냄새가 나지 않습니다. 집, 차량, 텐트 안에서 숯을 태우면 사망을 유발할 수 있습니다.

이렇게 고친 글도 원래 글 못지않게 명확하지만 엉뚱한 이야기를 전달한다. 이 글의 초점은 you에 있지 않고 charcoal에 있다. 숯이 탈 때 무슨 일이 일어나는지 말하는 것이 주제다. 이 글에 you는 등장하지 않는다. 과거분사 burned와 명사화된 단어 death의 숨겨진 행위일 뿐이다. 숯을 태우다 죽을 수 있다는 것을 발화의 목적이 아닌, 마치 부수적인 정보처럼 알려준다.

숯에 붙은 라벨처럼 모든 제품경고문이 독자의 안전을 고려한다면 다행이겠지만, 그렇지 않은 경우도 많다. 미국도로교통안전국NHTSA에 따르면 자동차리콜안내문을 받은 차량 소유주 중 3분의 1이 수리를 받지 않았다고 한다. 조사결과, 리콜을 하지 않은 사람들은 대부분 안내문을 이해하지 못했거나, 또는 서비스를 받기 위해 딜러에게 차를 맡겨야 한다는 말에 자동차 결함을 대수롭지 않은 것으로 판단했다.

실제 리콜안내문 중 하나를 보자. 이 글은 법적 의무는 이행하면서도 윤리적 의무는 회피하는 글쓰기의 전형을 보여준다. (문장에 번호를 매겼다.)

> ① A defect which involves the possible failure of a frame support plate may exist on your vehicle. ② This plate (front suspension pivot bar support plate) connects a portion of the front suspension to the vehicle frame, and ③ its failure could affect vehicle directional control, particularly during heavy brake application. ④ In addition, your vehicle may require adjustment service to the hood secondary catch system. ⑤ The secondary catch may be misaligned so that the hood may not be adequately restrained to prevent hood fly-up in the event the primary latch is inadvertently left unengaged. ⑥ Sudden hood fly-up beyond the secondary catch while driving could impair driver visibility. ⑦ In certain circumstances, of occurrence either of the above conditions could result in vehicle crash without prior warning.
>
> ① 프레임 서포트 플레이트에 이상이 발생할 수 있는 결함이 귀하의 차량에 발생할 수 있습니다. ② 이 플레이트(프론트 서스펜션 피벗 바 서포트 플레이트)는 프론트 서스펜션 일부와 차체 프레임을 연결시켜주는 역할을 하며, ③ 이곳에 이상이 발생하면 특히 브레이크를 세게 밟을 때 조향에 영향을 줄 수 있습니다. ④ 또한 귀하의 차량에는 후드 보조 고정시스템을 조정하는 서비스가 필요할 수 있습니다. ⑤ 후두의 주 래치가 제대로 맞물리지 않은 상황이 우연하게 발생하는 경우 보조 고정장치가 오정렬되어있으면, 후드가 열리지 않도록 적절히 제어할 수 없습니다. ⑥ 운전 중 보조 고정장치가 작동하지 않아 후드가 갑자기 열리는 경우 운전자의 시야를 가릴 수 있습니다. ⑦ 특정상황에서 위의 조건들 중 하나가 발생하는 경우, 사전경고 없이 차량 충돌로 이어질 수 있습니다.

우선, 각 문장의 주어/화제어를 보자.

① a defect ② this plate ③ its failure
④ your vehicle ⑤ the secondary catch
⑥ sudden hood fly-up ⑦ occurrence of either condition

이 글에서 주요행위자/화제는 운전자인 내가 아니라 자동차와 그 부품이다. 운전자는 거의 제 3자처럼 물러나있고 (이 글에서 운전자는 your vehicle에서 your로 한 번, driver로 한 번 등장하는 것이 전부다), 자동차회사 자신은 한 번도 등장하지 않는다(이런 글은 대개 기업에 고용된 법률가들이 엔지니어의 도움을 받아 작성한다). 이 글이 말하고자 하는 핵심은 다음과 같다.

There is a car that might have defective parts. Its frame support plate could fail, and its hood secondary catch system may not keep the hood from flying up. If either of those things happens, the car could crash without warning.

결함있는 부품이 장착된 자동차가 있을 수 있습니다. 자동차의 프레임 서포트 플레이트에 이상이 있을 수 있으며, 후드 보조 고정시스템이 고장 나 후드가 날아갈 수 있습니다. 이 중 하나라도 해당되는 경우, 예고 없이 사고가 발생할 수 있습니다.

이 글은 또한 동사를 명사화하여 사용하고, 소비자에게 위험을 일깨워주어야 할 행동을 언급하는 대목에서는 수동태를 사용한다.

① A defect which involves the possible failure of a frame support plate may exist on your vehicle. ② This plate (front suspension pivot bar support plate) connects a portion of the front suspension to the vehicle frame, and ③ its failure could affect vehicle directional control, particularly during heavy brake application. ④ In addition, your vehicle may require adjustment service to the hood secondary catch system. ⑤ The secondary catch may be misaligned so that the hood may not be adequately restrained to prevent hood fly-up in the event the primary latch is inadvertently left unengaged. ⑥ Sudden hood fly-up beyond the secondary catch while driving could impair driver visibility. ⑦ In certain circumstances, of occurrence either of the above conditions could result in vehicle crash without prior warning.

이러한 글쓰기는 의도적으로 선택한 것일까? 이 리콜안내문은 스타일의 골든룰을 위반한 것이 명백해 보인다. 이 글을 읽을 독자들의 입장에 서지도 않고, 독자들의 이해를 고려하지도 않는다.

문제는, 이 글이 스타일의 실버룰까지 위반한 것으로 보인다는 것이다. 아무리 글을 복잡하게 에둘러 쓴다 하더라도, 고객들이 자신의 생명을 위협하는 상황 앞에서 초연하게끔 유도하는 것은 분명 선을 넘는 행위다. 자신 앞에 닥친 위험, 심지어 생명까지 잃을 수 있는 상황을 독자들이 아무렇지 않은 것처럼 느끼게 의도적으로 글을 설계한 혐의가 매우 짙다. 결론적으로 이 글은 독자를 호도하기 위해 의도적인 선택을 했다고 판단할 수 있으며, 이 글로 인해 독자들이 겪을 수 있는 상황을 고려할 때 단순한 비판을 넘어서 중대한 책임을 져야 할 것으로 여겨진다.

명확성은 과연 글쓰기가 추구해야 할 최고의 가치일까?

믿거나 말거나, 명확하게 글을 써야 한다는 주장에 대해 여전히 동의하지 않는 사람들이 있다. 자신의 글이 난해하고 복잡하다는 것을 알면서도 새로운 지적 기반을 열기 위해서는 난해하게 쓸 수밖에 없다고 주장한다. 타당한 주장일까? 아니면 자기합리화에 불과할까? 윤리적으로도 미묘하고, 쉽게 풀리지 않는 문제다. 상황에 따라 달라질 수밖에 없고, 누구나 동의하는 결론을 내리기 힘든 경우도 많다. 난해한 글을 옹호하는 대표적인 주장 두 가지를 살펴보자.

고차원적인 정신세계는 난해한 말로 표현할 수밖에 없다

현대 문학이론 분야의 저명한 학자가 쓴 글을 보자.

> If, for a while, the ruse of desire is calculable for the uses of discipline soon the repetition of guilt, justification, pseudo-scientific theories, superstition, spurious authorities and classifications can be seen as the desperate effort to "normalize" *formally* the disturbance of a discourse of splitting that violates the rational, enlightened claims of its enunciatory modality.
>
> 욕망의 책략이 잠시 수양의 활용에 얼마나 기여하는지 산정할 수 있다면 곧바로 죄책감, 정당화, 유사과학이론, 미신, 겉으로만 포장된 권위, 범주화의 반복은, 그 언표적 양식에 담긴 합리적, 계몽적 주장을 위반하는 분열의 담론을 훼손하는 것을 형식적으로 '정상화'하려는 필사적인 노력으로 보여질 수 있다.
>
> Homi Bhabha "Of Mimicry and Man: The Ambivalence of Colonial Discourse" 호미 바바 "모방과 인간: 식민지담론의 양면성"

이 글로 표현하고자 한 명제는 이렇게 표현할 수밖에 없을 만큼 미묘하고 복잡한 것일까? 아니면 고상한 학자의 현학적인 옹알이에 불과할까? 이 글을 이해하기 위해 들여야 하는 시간을 고려할 때, 무난한 수준의 독서능력을 가진 일반적인 독자들에게 이 글의 뉘앙스는 과연 타당한 것일까?

저자는 독자를 위해서 정확하면서도 뉘앙스가 살아있는 글을 써야 할 의무가 있지만, 독자는 글의 의미를 파악하기 위해 무한한 시간을 쏟을 의무가 없다는 점을 명심하라. 물론 읽기 어려운 글을 썼다고 압수수색을 하는 나라는 없다. 하지만 온갖 아이디어가 서로 경쟁하는 시장에서 읽기 어려운 글은 선택받기 힘들다. '진심'을 전달하는 것이 글쓰기에서 중요한 가치이긴 하겠지만, 진심만이 유일한 가치는 아니다. 진심을 알아내기 위해 독자가 감수해야 하는 노력도 고려해야 하는 중요한 가치다.

결론적으로 말해서 자신의 생각이 새롭고 복잡하기 때문에 난해하게 글을 쓸 수밖에 없다고 누군가 주장한다면, 그것은 정당한 주장이기보다는 허황된 변명에 불과할 확률이 높다.

> Whatever can be thought can be thought clearly; whatever can be written can be written clearly.
>
> 생각할 수 있는 것은 명확하게 생각할 수 있으며, 글로 쓸 수 있는 것은 명확하게 쓸 수 있다.

언어철학자 루트비히 비트겐슈타인이 남긴 이 말에 나는 한 마디 덧붙이고 싶다.

> …and with just a bit more effort, more clearly still.
>
> …그리고 약간의 노력만 더하면 훨씬 명확하게 쓸 수 있다.

쉬운 글쓰기는 깊은 사고를 방해하는 우민화 전략이다

앞에서 본 주장과 동전의 양면과 같은 주장이다. 복잡한 것은 생각을 깊게 만드는 반면, 명확한 것은 생각을 단순하게 만든다는 전제가 깔려있다.

첫 번째 이들은, 글을 읽고 이해하는 것이 어려울수록 우리 생각이 더 깊어지고 이해의 폭이 넓어진다고 주장한다. 하지만 이를 뒷받침하는 근거는 하나도 없을 뿐만 아니라, 오히려 이를 반박하는 근거는 차고 넘친다.

두 번째 이들은, '명확성'이 권력자들의 우민화 전략을 실행하는 도구에 불과하다고 주장한다. 모든 것을 간단하고 쉽게 말하라고 함으로써 대중이 정치적 사회적 상황에 대한 복잡한 진실을 이해할 수 없도록 차단하고 이로써 진실을 통제한다는 것이다.

> The call to write curriculum in a language that is touted as clear and accessible is evidence of a moral and political vision that increasingly collapses under the weight of its own anti-intellectualism… It seems to us that those who make a call for clear writing synonymous with an attack on critical educators have missed the role that the "language of clarity" plays in a dominant culture that cleverly and powerfully uses "clear" and "simplistic" language to systematically undermine and prevent the conditions from arising for a public culture to engage in rudimentary forms of complex and critical thinking.
>
> 교과를 명확하고 쉬운 언어로 재미있게 쓰라는 요청은 도덕적, 정치적 비전이 반지성주의의 무게를 견디지 못하고 무너졌다는 것을 보여준다.... 명확하게 글을 쓰라는 요구는 비판적 교육자들에 대한 공격과 하등 다를 바 없다. 지배문화는 '명확하고 단순한' 언어를 통해 복잡하고 비판적인 사고의 기초적인 토대가 되는 공공문화가 성장할 수 없도록 체계적으로 훼손하고 방해하는 강력하고 효과적인 도구로 '언어의 명확성'을 활용해 왔다.
>
> Stanley Aronowitz, *Postmodern Education: Politics, Culture, and Social Criticism* 스탠리 아로노비츠, 《포스트모던 교육: 정치, 문화, 사회비판》

이 글은 언어와 관련하여 중요한 사실을 하나 지적한다. 언어는 정치, 이념, 통제와 떼어낼 수 없는, 밀접한 관계를 맺고 있다. 미국의 건국역사를 보면 교육받은 초기 엘리트 계층은 글쓰기를 통해 글을 모르는 문맹계층을 배제했다. 문맹률이 낮아지자 라틴어와 프랑스어를 섞어서 사용해 영어만 아는 사람들을 배제했다. 좀더 최근에는 라틴어를 흉내 낸 명사화구문으로 가득한 어휘들과 표준영어Standard English를 진입장벽으로 삼았다. '이너서클'에 편입되고 싶다면, 수십 년에 걸쳐 교육을 받으면서 엘리트의 언어뿐만 아니라 그들의 가치관까지 습득해야 한다.

이처럼 부조리한 권위를 붙잡고 놓지 않으려는 타락한 학자, 관료, 법조인들은 끝없이 명확성의 가치를 폄하하고 조롱한다. 더욱이 명확성은 저절로 발현되는 미덕이 아니다. (그래서 명확하게 글을 쓰는 방법을 터득하기 위해 지금까지 이 책을 읽은 것 아닌가?) 명확하게 글을 쓰는 것은 난해하게 글을 쓰는 것보다 오히려 더 많은 것을 고려해야 하고, 때로는 고통스럽기도 하다. 그럼에도 명확성은 우리 사회, 공동체를 건강하게 유지하기 위해 우리가 의식적으로 추구해야 하는 가치다. 우리 스스로 지키고 실천하기 위해 노력해야 한다.

여기서 한 걸음 더 나아가, 이런 질문을 하는 사람도 있을 것이다.

명확성? 그것도 어차피 이데올로기적인 가치에 불과하지 않나요?

당연히 그렇다. 어찌 그렇지 않을 수 있겠는가? 하지만 명확성이 복잡한 사회 문제를 과도하게 단순화하려는 음모에 불과하다고 공격할 수 있다면, 과학 역시 사악한 목적으로 활용하기 위한 거대한 음모라고 공격해야 할 것이다.

문제는 과학이나 명확성에 있는 것이 아니다. 우리를 위협하는 것은 과학과 명확성을 이용해 우리를 속이려고 하는 '사람'이다. 명확성이 해로운 것이 아니라, 명확성을 비윤리적으로 사용하는 행태가 해로운 것이다.

우리는 가능한 한 명확하게 진실을 전달하는 것이 글을 쓰는 사람의 의무, 특히 공무를 수행하는 사람들의 의무라는 원칙을 주장할 뿐이다. 글을 쓰는 사람들이 그러한 의무를 지키지 않는다면, 그 짐은 고스란히 그 글을 읽고 이해해야 하는 독자들, 부당한 현실을 감내하며 살아가야 하는 시민이들 짊어져야 한다.

SUMMARY

글을 쓰는 사람과 글을 읽는 사람은 서로 지켜야하는 의무가 있다. 보편적으로 말하자면, 글을 쓰는 사람은 명확하게, 의미를 왜곡하지 않고, 또 지나치게 단순화하지 않고 전달해야 하는 반면, 독자는 어려운 글을 만나도—단순한 문장으로 표현하기 어려워서 그렇게 쓸 수밖에 없었을 것이라고 믿고—이해하기 위해 노력해야 한다. 결국 저자와 독자는 '신뢰'라는 토대 위에서 관계를 맺으며, 따라서 글쓰기는 윤리의 문제로 나아간다.

하지만 모든 글이 최대한 명확하게 쓰여진 것은 아니다. 물론 명확하게 쓰는 방법을 몰라서 어렵게 쓰는 사람도 있겠지만, 의도적으로 복잡하게 쓰는 사람도 존재한다. 글을 쓸 때 우리가 지켜야 하는 기준이자, 글을 읽을 때 남의 글을 판단하는 기준이 되는 두 가지 원칙은 다음과 같다.

골든룰

"남들이 나에게 써 주기 바라는 대로 글을 쓰라."

- **공감의 원칙** 글을 쓸 때 늘 독자의 이해를 고려하여 글을 쓰라. 나의 이익 못지 않게 독자의 이익을 도모하라. 독자의 시선에서 내 글을 평가하고 고쳐라.
- **저자가 추구해야 하는 이상** 좋은 글을 쓰기 위해 끝없이 갈고닦아야 한다.

실버룰

"남들이 나에게 쓰지 않기를 바라는 글은 남에게 쓰지 말라."

- **공정의 원칙** 독자를 부당하게 대해서는 안 된다. 저자와 독자의 이익이 일치하지 않는 경우, 자신에게 유리하게 글을 쓸 수는 있겠지만 독자를 속이거나 조작하여 불필요하게 해를 입혀서는 안 된다.
- **저자가 넘지 말아야 할 하한선** 이 선 밑으로 내려가는 순간 윤리적으로 비판의 대상이 될 수 있다

Lesson 11

Exercise 1

가스요금 인상 안내문

436쪽 가스요금 인상 안내문을 좀더 직접적으로 고쳐보자. 먼저 437쪽에는 화제/행위자/주어를 we를 사용하여 고친 글이 나와있다. 여기서는 화제/행위자/주어를 you를 사용하여 고쳐보자.

화제/행위자/주어를 we나 you로 바꾼 글이 물론 훨씬 직접적으로 진술하기는 하지만, 그렇다고 해서 원래 안내문이 비윤리적이라고 말하기는 어렵다.

그렇다면 가스회사가 고객에게 보낸 원래 글은 '좋은' 글이라고 할 수 있을까?

여기서 '좋다'는 말은 무엇을 의미할까?

Exercise 2

자동차 리콜 안내문

441쪽 자동차 리콜 안내문을 좀더 직접적으로 고쳐보자. you를 주어로 사용하고, 그에 걸맞은 행위를 최대한 동사로 할당해보자.

이렇게 고치면 두 번째 문장은 다음과 같아질 것이다.

If you **brake** hard and the plate **fails**, you could...

자동차회사는 이렇게 고친 글을 고객들에게 발송할까? 자동차회사가 고객에게 보낸 원래 글은 '좋은' 글일까? 그렇다면 여기서 '좋다'는 말은 무엇을 의미할까?

글을 고치다 보면 다음과 같은 문장을 놓고 고민을 하게 될지도 모른다.

- If the plate fails, you could **crash**.
- If the plate fails, your car could **crash**.

이 두 문장 중 '진실'에 가까운 진술은 무엇일까? 아니 이런 질문은 의미가 있는 것일까?

Exercise 3

내가 쓴 글을 고쳐보자

"남들이 나에게 써 주기 바라는 대로 글을 쓰라"는 스타일의 골든룰은 자신을 독자의 입장에 놓으라고 요구한다.

이 원칙을 위반했거나 위반하고 싶은 유혹을 느꼈던 경우가 있는가? 어떤 상황이었나? 무슨 일을 하고 있었는가? 그러한 위반은 정당한 것이었는가? 지금은 생각이 바뀌었는가?

"남들이 나에게 쓰지 않기를 바라는 글은 남에게 쓰지 말라"는 스타일의 실버룰은 독자를 공정하게 대하라고 요구한다.

이 원칙을 위반했거나 위반하고 싶은 유혹을 느꼈던 경우가 있는가? 어떤 상황이었나? 무슨 일을 하고 있었는가? 그러한 위반은 정당한 것이었는가? 지금은 생각이 바뀌었는가?

Suggested Answer to Exercise 1

As the State Utilities Commission has authorized, you will have to pay more for your gas service after new year. You have not had to pay increased rates in over six years, but you will now pay rates that have been restructured consistent with revised state policy, which lets us base what you pay on what it costs to provide you with service.

Exercise 4

세상 속으로

글쓰기의 윤리적 문제는 일상에서도 무수히 접한다.

앞으로 일주일 동안 일상에서 마주치는 글을 관심을 갖고 읽어보자. 제품에 붙어있는 레이블, 청구서에 쓰여있는 깨알 같은 글씨, 광고에 쓰여있는 글, 메일함에 쏟아져 들어오는 광고성 이메일, 어느 것도 좋다.

그 중 세 가지 글을 골라서 글쓰기모임이나 동료와 함께 글쓰기의 윤리 측면에서 따져보자.

어떤 윤리적 문제가 있는가? 이 글을 쓴 사람은 어떤 일을 하는 사람일까?

윤리적인 측면을 고려하여 글을 고친다면 어떻게 될까?

Suggested Answer to Exercise 2

Your car may have a defective part that connects the suspension to the frame. If you brake hard and the plate fails, you won't be able to steer. We may also have to adjust the secondary latch on your hood because we may have misaligned it. If you don't latch the primary latch, the secondary latch might not hold the hood down. If the hood flies up while you are driving, you won't be able to see. If either of these things occurs, you could crash.

12

Anything is better than not to write clearly. There is nothing to be said against lucidity, and against simplicity only the possibility of dryness. This is a risk well worth taking when you reflect how much better it is to be bald than to wear a curly wig.

어떤 글이라도 명확하지 못한 글보다는 낫다. 다소 건조해질 수 있다는 우려만 빼면 명료함과 단순함을 져버릴 수 있는 구실은 없다. 덥수룩한 가발을 쓰느니 대머리로 다니는 것이 훨씬 단정해 보이는 것처럼 이 정도 위험은 충분히 감수할 만하다.

Somerset Maugham

서머셋 몸

Lesson 12

명확성을 넘어 탁월한 글쓰기로

스타일은—지금껏 무수히 강조했지만—선택의 문제다. 지금까지 모든 레슨을 관통하는 우리의 주장은, 글쓰기에서 이뤄지는 모든 선택은 독자의 편의를 우선하여 결정해야 한다는 것이다. 전달하고자 하는 메시지를 독자가 정확하게 이해할 수 있도록 도움을 주는 선택은 바람직하지만, 독자에게 불필요한 정보를 쏟아 부어 어지럽게 하는 선택은 바람직하지 않다. 하지만 스타일에는 명확성보다 더 중요한 요소가 있다. 다음 예문을 보라.

> Students plagiarize most frequently in large classes in which they have little contact with their teachers.
>
> 학생들은 교수와 접촉할 수 있는 기회가 적은 대규모 수업에서 가장 많이 표절한다.

> Plagiarism occurs most frequently in large classes that allow for little student-teacher contact.
>
> 표절은 학생-교수의 접촉을 거의 없는 대규모 수업에서 가장 많이 발생한다.

두 문장 모두 명확하다. 의미 또한 거의 같다. 하지만 두 문장은 근본적으로 인간의 행동을 바라보는 철학이 다르다. 주어와 동사를 눈여겨보라.

- 첫 번째 문장은 인간행위자 students를 주어로 삼고 그것의 구체적인 행위 plagiarize를 동사로 삼는다. 이는 '표절'을 인간의 의도적인 행위라고 인식하는 것이다. 대규모 수업이 학생들에게 표절할 기회를 주고, 몇몇 학생들이 그러한 행동을 하기로 선택한다.
- 두 번째 문장은 명사화한 표현 plagiarism을 주어로 삼고, occurs를 동사로 사용한다. '표절'을 특정한 조건에서 발생하는 하나의 사회현상이라고 간주하는 것이다. 이 문장에서 인간의 존재는 드러나지 않도록 의도적으로 감춰져있다. (인간은 문장 끝에 나오는 student-teacher라는 수식어 속에만 등장한다.)

여기서 말하고자 하는 핵심은 다음과 같다.

스타일은 단순한 기교의 문제가 아니다.

쓸 거리를 궁리하고 그것을 글로 쓰는 고된 작업을 끝낸 다음, 아무 생각없이 기계적으로 문장을 다듬는 것을 스타일이라고 착각해선 안 된다. 스타일에 대해 고민하다보면 다음과 같은 심오한 철학적 질문이 떠오를 수도 있다.

- 인간의 행동은 과연 그 행위자에게 책임을 물을 수 있는 것일까?
- 글을 통해 우리는 자신의 생각을 다른 사람에게 얼마나 정확하게 또 적절하게 전달할 수 있을까?

스타일은 또한 윤리적인 선택을 요구할 때가 많다. **레슨11**에서 우리는 몇 가지 짧은 예문을 통해 명확성을 둘러싼 글쓰기의 윤리에 대해 논의했다.

이 책의 마지막 레슨에서는 좀더 수준을 높여 미국 역사상 가장 뛰어난 명문으로 손꼽히는 글의 스타일을 집중분석해본다. 지금까지 공부한 스타일의 원칙에 비추어 이 글들의 가치를 판단해보자.

에이브러햄 링컨의 두 번째 대통령 취임연설

미국 역사상 가장 탁월한 글로는 흔히 독립선언문, 링컨 대통령의 게티즈버그 연설문과 두 번째 취임 연설문을 꼽는다. 먼저 링컨의 두 번째 취임 연설을 살펴보자. 링컨은 미국의 시민들이 남북으로 나뉘어 서로 죽고 죽이는 전쟁이 막바지에 치닫던 1865년 3월, 대통령으로 두 번째 취임했다. (남북전쟁은 다음 달 종료되었다.)

북부의 승리로 전쟁이 끝날 것이 명백한 상황이었지만, 전쟁 종료 후 남부에 대한 보복과 차별이 심화될 것이 우려되는 상황이었다. 비윤리적인 노예제를 고수하고자 전쟁을 일으켜 상당한 피해를 입힌 남부에 대한 북부시민들의 인식은 좋을 수 없었다. 링컨은 이 연설을 통해 갈등하는 남과 북이 서로 화해할 수 있는 계기를 만들고자 했으며, 더 나아가 이러한 화합의 정신을 미국이라는 나라의 국가적 기억 속에 새겨 넣고자 했다.

이 연설문에서 우리는 저자 개인의 신념과 독자들의 이해관계 사이에 존재하는 갈등을 해소하기 위해, 심오한 윤리적 질문을 던지고 이에 대해 협상을 벌이는 과정을 목격할 수 있다. 스타일이 얼마나 복잡하고 미묘해질 수 있는지, 또 그것이 글의 내용을 전달하는 데 얼마나 큰 효과를 미치는지 면밀히 살펴보자.

먼저 연설 전문을 보자.

Fellow-Countrymen:

동포 여러분.

At this second appearing to take the oath of the presidential office, there is less occasion for an extended address than there was at the first. Then a statement, somewhat in detail, of a course to be pursued, seemed fitting and proper. Now, at the expiration of four years, during which public declarations have been constantly called forth on every point and phase of the great contest which still absorbs the attention, and engrosses the energies of the nation, little that is new could be presented. The progress of our arms, upon which all else chiefly depends, is as well known to the public as to myself; and it is, I trust, reasonably satisfactory and encouraging to all. With high hope for the future, no prediction in regard to it is ventured.

대통령직 취임선서를 하기 위해 두 번째 선 자리에서는, 첫 취임식 때처럼 길게 연설을 할 필요는 없는 것 같습니다. 첫 취임식에서는 우리가 어떤 길을 추구해나갈 것인지 다소 자세하게 설명하는 것이 적절하다고 여겨졌습니다. 지난 4년 동안, 또 지금까지도 모든 관심을 흡수하고 국력을 빨아들이고 있는 국가적 대란이 진행되고 있는 와중에, 매순간 온갖 국면마다 수많은 공식 발표를 통해 끊임없이 대응해왔기 때문에, 새롭게 꺼내놓을 만한 말은 없습니다. 지금은 모든 것이 전쟁의 진행상황에 따라 달라질 수 있습니다. 물론 저뿐만 아니라 여러분들도 잘 알고 있듯이, 지금은 충분히 만족스럽고 고무적인 상황이라 믿습니다. 물론 미래를 향한 희망이 아무리 높아도 섣부른 예측은 조심해야 할 것입니다.

On the occasion corresponding to this four years ago, all thoughts were anxiously directed to an impending civil war. All dreaded it—all sought to avert it. While the inaugural address was being delivered from this place, devoted altogether to saving the Union without war, insurgent agents were in the city seeking to destroy it without war—seeking to dissolve the Union and divide effects, by negotiation. Both parties deprecated war; but one of them would make war rather than let the nation survive, and the other would accept war rather than let it perish. And the war came.

4년 전 처음 취임할 때 관심은 온통 임박한 내전에 쏠려있었습니다. 모두들 전쟁을 두려워했고 모두들 전쟁만은 피하고자 했습니다. 그때 바로 취임연설을 한 이 자리에서는 전쟁을 하지 않고 연방을 구출해야 한다고 온힘을 다해 역설했지만, 반란자들은 도시에 모여 전쟁을 하지 않고 연방을 파괴하는 방법을 궁리하고, 협상을 통해 연방을 해체하고 나라를 쪼개는 모의를 하고 있었습니다. 양쪽 모두 전쟁을 반대했지만, 한쪽은 국가를 유지하기보다는 전쟁을 일으켜야 한다고 주장했고, 다른 한쪽은 국가가 소멸하게 두기보다는 전쟁을 감수하겠다고 했습니다. 그렇게 해서 결국 전쟁이 시작되었습니다.

One-eighth of the whole population were colored slaves, not distributed generally over the Union, but localized in the Southern part of it. These slaves constituted a peculiar and powerful interest. All knew that this interest was, somehow, the cause of the war. To strengthen, perpetuate, and extend this interest was the object for which the insurgents would rend the Union, even by war, while the government claimed no right to do more than to restrict the territorial enlargement of it. Neither party expected for the war, the magnitude or the duration which it has already attained. Neither anticipated that the cause of the conflict might cease with, or even before, the conflict itself should cease. Each looked for an easier triumph, and a result less fundamental and astounding. Both read the same Bible and pray to the same God; and each invokes His aid against the other. It may seem strange that any men should dare to ask a just God's assistance in wringing their bread from the sweat of other men's faces, but let us judge not, that we be not judged. The prayers of both could not be answered; that of neither has been answered fully. The Almighty has His own purposes. "Woe unto the world because of offenses! for it must needs be that offenses come; but woe to that man by whom the offense cometh!" If we shall suppose that American slavery is one of those offenses which, in the providence of God, must needs come, but which, having continued through His appointed time, He now wills to remove, and that He gives to both North and South, this terrible war, as the woe due to those by whom the offense came, shall we discern therein any departure from those divine attributes which the believers in a living God always ascribe to Him? Fondly do we hope—fervently do we pray—that this mighty scourge of war may speedily pass away. Yet, if God wills that it continue, until all the wealth piled by the bondsman's two hundred and fifty years of unrequited toil shall be sunk, and until every drop of blood drawn with the lash, shall be paid by another drawn with the sword, as was said three thousand years ago, so still it must be said "the judgments of the Lord, are true and righteous altogether."

우리나라 전체인구의 8분의 1은 흑인노예들이지만, 연방 전역에 골고루 분포되어있지 않고 남부지방에 몰려있습니다. 이들 노예는 특별하고도 강력한 이해관계를 만들어냅니다. 바로 이러한 이해관계가 어쨌든 전쟁의 원인이라는 것을 우리는 모두 알고 있습니다. 이 이해관계를 강화하고 영속하고 확장하고자 하는 것이 바로 반란자들의 목표였습니다. 그들은 연방을 쪼개는 것도, 심지어 전쟁까지도 불사했습니다. 하지만 정부는 그 이해관계가 적용되는 지역이 더 이상 확산되지 못하도록 제한하는 것 말고는 어떤 조치도 하지 않았습니다. 그렇게 벌어진 전쟁이 이처럼 규모가 커지고 오래 지속될 것이라고는 양쪽 모두 예상하지 못했습니다. 갈등을 초래한 원인이 전쟁이 끝나면서, 심지어 전쟁이 끝나기도 전에 사라질 것이라고 양쪽 모두 예상하지 못했습니다. 양쪽 모두 쉽게 승리할 것이라 기대했을 뿐, 이토록 근본적이고 놀라운 결과가 나올 것이라고는 생각하지 못했습니다. 양쪽 모두 같은 성경을 읽고 같은 신에게 기도하며, 상대방을 응징하는 데 도움을 달라고 같은 신에게 간청하고 있습니다. 남이 흘린 땀으로

빵을 얻는 자들이 정의로운 신에게 도움을 청하는 모습이 뻔뻔해 보일 수도 있겠지만, 우리가 남을 심판하지 않으면 우리도 심판 받지 않을 것입니다. 어느 쪽 기도도 신의 응답을 받을 수 없습니다. 어느 쪽도 신의 응답을 온전히 받지 못했습니다. 전능한 신은 자신만의 목적을 갖고 계십니다. “사람을 죄짓게 하는 세상은 참으로 불행하여라. 이 세상에 죄악의 유혹은 있게 마련이나 남을 죄짓게 하는 자는 참으로 불행하도다.” 미국의 노예제도가 바로 그 같은 세상의 죄 가운데 하나이고 신의 섭리에 따라 이 세상에 있게 마련인 죄라면, 일정시간 동안 지속된 그 죄를 신께서 이제 그만 거두시고자 한다면, 그리고 그 죄를 짓게 한 자들로 인한 재앙을 징벌하고자 신께서 남과 북으로 하여금 이 끔찍한 전쟁을 치르게 하신 것이라면, 살아계신 신을 믿는 자들이 언제나 찬양하는 그분의 신성한 뜻에서 벗어나는 것을 인지할 수 있을까요? 이 거대한 재앙 같은 전쟁이 하루 빨리 끝나기를 우리는 간절히 바라고 열심히 기도합니다. 하지만 품삯 한 푼 주지 않고 노예의 땀으로 250년 동안 모은 재산을 모두 탕진할 때까지, 3,000년 전 말씀처럼 채찍으로 남의 피를 흘리게 한 자가 스스로 칼에 맞아 피 한 방울 한 방울을 자기 피로 되갚는 날까지, 이 전쟁을 지속시키고자 하는 것이 신의 뜻이라면, 우리는 이렇게 말할 수밖에 없습니다. “신의 심판은 참되어 옳지 않은 것이 없도다.”.

With malice toward none; with charity for all; with firmness in the right, as God gives us to see the right, let us strive on to finish the work we are in; to bind up the nation’s wounds; to care for him who shall have borne the battle, and for his widow, and his orphan—to do all which may achieve and cherish a just, and lasting peace, among ourselves, and with all nations.

누구에게도 원한 갖지 말고, 모든 이에게 자비를 베푸는 마음으로, 신께서 우리에게 보게 하신 그 정의로움에 대한 굳은 확신을 가지고 우리는 지금 우리에게 맡겨진 일을 끝내기 위해, 이 나라의 상처를 꿰매기 위해, 전투에서 나가 고통을 겪은 사람과 미망인과 고아가 된 아이를 돌보고, 우리 모두, 또 다른 모든 나라들과 정의롭고 영속적인 평화를 이루기 위해 전력을 다해 매진합시다.

첫 번째 문단

Fellow-Countrymen:

At this second appearing to take the oath of the presidential office, there is less occasion for an extended address than there was at the first. Then a statement, somewhat in detail, of a course to be pursued, seemed fitting and proper. Now, at the expiration of four years, during which public declarations have been constantly called forth on every point and phase of the great contest which still absorbs the attention, and engrosses the energies of the nation, little that is new could be presented. The progress of our arms, upon which all else chiefly depends, is as well known to the public as to myself; and it is, I trust, reasonably satisfactory and encouraging to all. With high hope for the future, no prediction in regard to it is ventured.

첫 문단에 등장하는 문장의 화제들을 표시했다. 인간행위자가 전혀 등장하지 않는다. 이처럼 철저하게 사람을 숨기는 글은 독자에게 단조롭다는 인상을 준다. 여기서 잊지 말아야 할 사실은, 이러한 스타일 역시 의도적인 선택의 결과라는 것이다. 이 글을 다음과 같이 썼다면 어땠을까?

As I appear here for the second time to take the oath of the presidential office, I have less occasion to address you at length than I did it first. Then I thought it was fitting and proper that I state in detail the course to be pursued...

대통령직 취임선서를 하기 위해 이 자리에 또다시 선 입장으로서, 첫 취임식 때보다는 길게 연설을 할 필요는 없는 것 같습니다. 첫 취임식에서는 우리가 어떤 길을 추구할 것인지 다소 자세하게 설명하는 것이 적절하다고 생각했습니다…

실제로 첫 대통령 취임연설에서는 1인칭 시점에서 이야기를 풀어나갔다.

Fellow-Citizens of the United States:
In compliance with a custom as old as the government itself, I appear before you to address you briefly, and to take, in your presence, the oath prescribed by the Constitution… I do not consider it necessary at present for me to discuss those matters of administration about which there is no special anxiety or excitement…

미합중국의 동포시민 여러분.
정부만큼이나 오래된 관습에 따라, 저는 여러분 앞에서 간략하게 연설을 하기 위해 이 자리에 섰습니다. 또 여러분이 보는 자리에서 헌법에 규정된 대로 선서하고자 합니다… 지금 이 자리에서 특별히 관심을 가질 만한 문제가 되지 않는 행정사안에 대해서는 논의할 필요가 없다고 생각합니다…

또는 1인칭 복수형 대명사를 행위자로 내세웠다면 어땠을까?

As we meet for this second taking of the presidential office, we have less need for an extended address than we had at the first. Then we felt a statement, describing in detail, the course we would pursue would be fitting and proper…

대통령직에 두 번째 취임하기 위해 모인 자리이기에, 우리는 첫 취임식 때보다는 길게 연설을 할 필요는 없는 것 같습니다. 첫 취임식에서는 우리가 추구할 길을 자세하게 설명하는 연설이 적절할 것이라고 생각했습니다…

실제로 링컨은 게티즈버그에서 이렇게 연설했다.

> Now we are engaged in a great civil war, testing whether that nation, or any nation so conceived and so dedicated, can long endure. We are met on a great battle-field of that war. We have come to dedicate a portion of that field, as a final resting place for those who here gave their lives...
>
> 지금 우리는 그렇게 잉태하고 그렇게 헌신한 나라가 얼마나 오래 버틸 수 있는지 시험하는 거대한 내전을 치르고 있습니다. 우리는 그 전쟁이 벌어진 격전지 한복판에 이렇게 모였습니다. 우리는 그 전장의 일부를, 자신의 목숨을 이곳에서 바친 이들에게 마지막 안식처로 헌납하고자 모였습니다···

링컨은 정직하고 명확하고 직설적으로 글을 쓰는 것으로 유명하다. 그럼에도 링컨은 왜 이처럼 추상적이고 에둘러 표현하는 문장들로 취임연설을 시작한 것일까? 이러한 화제들은 행위 자체에 관심이 쏠리도록 하면서, 행위에 참여한 사람들에 대해선 관심을 갖지 못하도록 가로막는다.

그렇다면 링컨이 인간행위자를 철저히 숨긴 목적은 무엇일까? 이 연설의 본문을 보면 그 힌트를 찾을 수 있다.

두 번째 문단

> On the occasion corresponding to this four years ago, all thoughts were anxiously directed to an impending civil war. **All** dreaded it—**all** sought to avert it. While the inaugural address was being delivered from this place, devoted altogether to *saving* the Union without war, **insurgent agents** were in the city seeking to *destroy* it without war—

> seeking to dissolve the Union and divide effects, by negotiation. Both **parties** deprecated war; but **one** of them would *make* war rather than let the nation survive, and the **other** would *accept* war rather than let it perish. And the war came.

역시 문장의 주어/화제를 표시했다. 인간행위자는 굵은 글씨로 강조했다. 첫 문장은 명사화된 표현을 주어로 삼은 수동태문장이다.

> all thoughts were anxiously directed…

인간행위자를 의도적으로 숨겼다는 것을 분명히 알 수 있다. 그렇다면 여기서 thought는 누구의 생각일까? direct는 누구의 행위일까? 그런 다음 링컨 특유의 직설적인 짧은 문장이 두 개 연달아 나온다. 여기서는 구체적인 인간행위자를 주어로 삼는다.

> **All** dreaded it—**all** sought to avert it.

하지만 곧바로 인간행위자가 없는 수동태문장으로 돌아간다.

> While the inaugural address was being delivered…

그 다음, 다시 인간행위자가 주어로 나오고 그들의 행위가 동사로 나오는 직설적인 문장들로 이어진다. 하지만 이들은 모두 구체적인 행위자가 아닌 보편적인 행위자들이다.

- **insurgent agents** were in the city seeking to destroy it…

- Both **parties** deprecated war;
- but **one** of them would make war…
- and the **other** would accept war…

하지만 맨 마지막 문장의 화제는 인간행위자가 아니다.

And the war came.

'전쟁이 왔다'는 말은 무슨 뜻일까? 전쟁이 자기 발로 올 수 있는 것일까? 이 문장은 전쟁을 명시적인 이유 없이 발생하는 어떠한 현상처럼 진술한다. 인간의 의도적인 행위의 결과가 아닌 것처럼 말한다. 의도하지 않은 결과에는 누구도 책임질 필요가 없다.

세 번째 문단

One-eighth of the whole population were colored slaves, not distributed generally over the Union, but localized in the Southern part of it. These **slaves** constituted a peculiar and powerful interest. **All** knew that this interest was, somehow, the cause of the war. To strengthen, perpetuate, and extend this interest was the object for which the **insurgents** would rend the Union, even by war, while the **government** claimed no right to do more than to restrict the territorial enlargement of it. Neither **party** expected for the war, the magnitude or the duration which it has already attained. **Neither** anticipated that the *cause* of the conflict might cease with, or even before, the conflict itself should cease. **Each**

> looked for an easier triumph, and a result less fundamental and astounding. **Both** read the same Bible and pray to the same God; and **each** invokes His aid against the other. It may seem strange that any **men** should dare to ask a just God's assistance in wringing their bread from the sweat of other men's faces, but let **us** judge not, that **we** be not judged. The prayers of both could not be answered; that of neither has been answered fully. **The Almighty** has His own purposes. "Woe unto the world because of offenses! for it must needs be that offenses come; but woe to that man by whom the offense cometh!" If **we** shall suppose that American slavery is one of those offenses which, in the providence of God, must needs come, but which, having continued through His appointed time, **He** now wills to remove, and that **He** gives to both North and South, this terrible war, as the woe due to those by whom the offense came, shall we discern therein any departure from those divine attributes which the **believers** in a living God always ascribe to Him? Fondly do **we** hope—fervently do we pray—that this mighty scourge of war may speedily pass away. Yet, if **God** wills that it continue, until all the wealth piled by the bondsman's two hundred and fifty years of unrequited toil shall be sunk, and until every drop of blood drawn with the lash, shall be paid by another drawn with the sword, as was said three thousand years ago, so still it must be said "the judgments of the Lord, are true and righteous altogether."

세 번째 문단 첫 문장에서 링컨은 노예제를 처음 언급한다. 그런데 노예제를 직접 언급하지 않고 다소 기이하고 복잡한 방식으로 묘사한다.

One-eighth of the whole population were colored slaves, not distributed generally over the Union, but localized in the Southern...

노예제에 대해 직접적으로 이야기한다면 다음과 같이 썼을 것이다.

Slaves were one eighth of the population, localized in the South.

인구의 8분의 1을 차지하는 노예들은 남부지방에 몰려있습니다.

이처럼 노예제에 대해 거리를 두고 에둘러 말하는 태도는, 그 다음 두 문장에서도 그대로 이어진다. 처음에는 명확하게 문장을 시작하는 듯하다가, 추상적인 개념으로 끝맺는다.

These **slaves** constituted a peculiar and powerful interest. **All** knew that this interest was, somehow, the cause of the war.

특히 두 번째 문장은 다음과 같이 쓰면 훨씬 명확했을 것이다.

All knew that slavery caused the war.

slavery는 명사화된 표현이긴 하지만, 당시에는 매우 구체적이고 강렬하고 민감한 정치적 사안이었기 때문에, 링컨은 이것을 interest라는 말로 대체하여 완곡하게 표현한다.

그 다음에는 링컨 특유의 직접적인 화법이 이어진다. 하지만 노예제에 대해서만큼은 끝까지 직접적으로 언급하지 않는다. (노예제를 일컫는 항목을 이탤릭으로 표시했다.)

- To strengthen, perpetuate, and extend this interest was the object…
- the insurgents would rend the Union…
- while the government claimed no right to do more than to restrict *the territorial enlargement of it.*
- Neither party expected…
- Neither anticipated…
- the cause of the conflict might cease…
- the conflict itself should cease.

마지막 두 문장에 cease라는 동사가 사용된 것을 눈여겨보라. 노예제나 전쟁은 스스로 멈출 수 있는 것일까? 이처럼 행위자를 지워버리는 것은 곧 책임소재를 따지는 일도 모호하게 만들어버린다.

이렇게 말한 다음, 짧은 절을 연달아 이어가며 글이 빨라지는데, 이 과정에서 '신'을 주요행위자로 도입한다. 여기서 신은 능동적인 행위자가 아니라, 기도와 간청의 대상이 되는 수동적인 대상일 뿐이다. (신을 이탤릭으로 표시했다.)

- **Each** looked for an easier triumph…
- **Both** read the same Bible and pray to the same *God*…
- **each** invokes *His* aid against the other.
- It may seem strange…
- any **men** should dare to ask a *just God's assistance*…
- but let **us** judge not…

이 다음 연달아 등장하는 세 개의 문장은 수동태로, 드디어 신이 행위자로 등장한다. 물론 신은 모두 숨겨져있으며, 또한 남과 북이 제각각 소망하고 기도하는 대로 움직여주지 않는다.

- that we be not judged [*by God*].
- The prayers of both could not be answered [*by God*];
- that of neither has been answered fully [*by God*].

이렇게 연이은 짧은 절을 통해 신을 주요행위자로 서서히 끌어낸 다음 링컨은 이제 본격적으로, 신을 의도적인 행위자로 삼아 절의 주어로 삼고, 인간은 신을 향해 기도하는 미약한 존재로 삼는다. (신을 이탤릭으로 표시했다.)

> ***The Almighty*** has His own purposes. "Woe unto the world because of offenses! for it must needs be that offenses come; but woe to that man by whom the offense cometh!" If **we** shall suppose that American slavery is one of those offenses which, in the providence of God, must needs come, but which, having continued through His appointed time, ***He*** now wills to remove, and that ***He*** gives to both North and South, this terrible war, as the woe due to those by whom the offense came, shall we discern therein any departure from those divine attributes which the **believers** in a living God always ascribe to Him? Fondly do **we** hope—fervently do we pray—that this mighty scourge of war may speedily pass away. Yet, if ***God*** wills that it continue, until all the wealth piled by the bondsman's two hundred and fifty years of unrequited toil shall be sunk, and until every drop of blood drawn with the lash, shall be paid by another drawn with the sword, as was said three thousand years ago, so still it must be said "the judgments of the Lord, are true and righteous altogether."

여기서 신과 인간이 어떤 행위를 하는지 비교해보자.

God 신	has 갖고 있다	wills 의도하다	gives 주다		
we 인간	suppose 가정하다	discern 깨닫다	ascribe 탓하다	hope 바라다	pray 기도하다

여기서 눈에 띄는 것은 78개 단어로 이뤄진 지극히 길고 복잡한 두 번째 문장이다. If we...로 시작하는 종속절이 자그마치 57 단어나 된다. 이렇게 긴 도입부를 거치고 난 다음에야 문장의 주절 shall we discern...을 만날 수 있다. 이 종속절에서 링컨은 북부에게 어떠한 특권도 없다는 것을 암묵적으로 이야기한다. (절대 직접적으로 진술하지 않는다.) 이 전쟁에 대한 책임을 물을 권리도, 전쟁을 끝낸 공로도, 노예제를 철폐한 성과도 모두 북부의 것이 아니라, 신의 섭리일 뿐이라고 말한다.

더욱이 여기서 링컨은, 노예제의 기원과 전쟁의 발발에 대해 매우 강렬한, 아니 충격적인 진술을 한다. 노예제가 생겨났다 소멸되는 것, 남과 북이 참혹한 전쟁을 벌인 것, 모두 신의 뜻이라는 것이다. 하지만 이러한 주장을 최대한 에둘러 표현하기 위해 링컨은 slavery, offences, providence와 같은 명사화된 표현을 사용한다.

> If we shall suppose that American slavery is one of those offenses which, in the providence of God, must needs come, but which, having continued through His appointed time, He now wills to remove, and that He gives to both North and South, this terrible war, as the woe due to those by whom the offense came, shall we discern...?

이러한 명사화된 표현들을 동사로 풀어서 쓴다면 다음과 같이 될 것이다.

God provided that Americans would enslave Africans. This offended God. God now wills that it end.

신은 미국인들이 아프리카인들을 노예로 부릴 수 있도록 해주셨다. 이것은 신을 성나게 하였다. 신은 이제 노예제를 끝내고자 한다.

또한 링컨은 이 주장이 강조되지 않도록 최대한 억누르기 위해 두 가지 장치를 사용하는데, 이것을 주절이 아닌 if로 시작하는 종속절 안에 넣고, 또 종속절 안에서도 suppose의 목적어 역할을 하는 명사절 속에 넣는다.

자신의 주장을 문법적 안개 속에 밀어넣어 튀지 않도록 덮기 위해 링컨이 상당한 노력을 기울였다는 것을 알 수 있다. 역사에 대한 자신의 신학적 해석이 논쟁의 초점이 되지 않도록 매우 신중하게 조율한 것이다. 실제로 링컨은 남과 북이 갈라져 참혹한 전쟁을 벌일 수밖에 없었던 상황을 신이 미리 정해놓은 섭리라고 확신했다. 그래서 링컨은 다음과 같이 말하고 싶었을지도 모른다.

God gave the war to both sides.

신은 남북 양쪽에 전쟁을 주셨다.

God willed the end of slavery.

신은 노예제를 끝내고자 하신다.

Despite our hopes and prayers God might will it to continue through His appointed time.

우리가 희망하고 기도함에도 신은 노예제가 일정시간 동안 지속되기를 바란다.

물론 연설문에서 링컨은 노예제와 전쟁이 스스로 '오고 소멸한다(come/cease)'고 말하지만 현실에서 노예제에 대한 링컨의 생각은 전혀 달랐다. 그는 노예제를 극악무도한 악으로 간주했다. 첫 번째 대통령 임기 마지막 해,

《프랭크포트 커먼웰스》의 편집장 알버트 호지스Albert Hodges에게 보낸 편지에서 링컨은 노예제에 대해 전혀 에두르지 않고 명백하게 단언한다.

> "If slavery is not wrong, nothing is wrong. I can not remember when I did not so think, and feel."
>
> 노예제가 나쁘지 않다면, 세상 그 어떤 것도 나쁘지 않소. 내가 그렇게 생각하지 않은 적, 느끼지 않은 적은, 지금껏 한 순간도 없소.

그럼에도 링컨은 이 편지에서 헌법을 준수하고 국가를 보존하라는, 자신에게 주어진 공적인 의무를 다하는 것이 우선이라고 천명한다. 노예제를 거대한 사회악이라고 보는 자신의 개인적 신념보다 국가를 위해 이바지하는 자신의 공적 책무를 수행하는 것이 우선이라고 분명하게 말한다.

취임연설에서 링컨은 논증 측면에서나 스타일 측면에서나 절묘하게 균형을 잡는 놀라운 업적을 달성한다. 국가적 선을 위해, 북부가 도덕적 우위에 서서 남부에게 복수할 수 있는 정당성을 전쟁이 끝나기 전 미리 박탈하기 위해, 인간이 아닌 신을 남북전쟁의 궁극적 행위자로 내세운다. 신은 노예제를 멈출 것인지 지속할 것인지, 벌을 내릴 것인지 말 것인지, 모든 것을 의도하고 계획하고 판단하는 유일한 주체다. 실제로, 이 글에서 '남과 북'을 함께 호명하는 것은 단 한 번 등장하는데, 행위의 주체가 아닌 신의 섭리의 대상으로 제시되는 순간이다.

> He gives to North and South, this terrible war.

마지막 문단

> With malice toward none; with charity for all; with firmness in the

> right, as God gives us to see the right, let us strive on to finish the work we are in; to bind up the nation's wounds; to care for him who shall have borne the battle, and for his widow, and his orphan—to do all which may achieve and cherish a just, and lasting peace, among ourselves, and with all nations.

많은 미국인들이 기억하는 그 유명한 마지막 문단으로, 이 글의 클라이맥스를 장식한다. 워싱턴DC 링컨기념관 벽면에 새겨져있는 이 문단은, 미국의 국가정신의 표상으로 여겨지기도 한다.

우리가 처음에 이 글을 분석하고자 했던 이유가 무엇이었는지 다시 되돌아보자. 연설 전반에 걸쳐 보여주는 탁월하고 절묘한 스타일, 특히 American slavery가 화제로 등장하는 극도로 복잡한 문장에서 링컨이 보여주는 탄복할 만한 기교는 어디서 나온 것일까? 도덕적 우월성으로 남부에 대해 복수하고자 하는 대중의 욕구를 꺾어야 한다는 목적의식, 대중들이 공유하는 이해에 맞서 국가적 선을 달성해야 한다는 사명감에서 나왔을 것이다. 독자의 욕구에 반하는 주장을 펼치기 위한 링컨의 고뇌가 이러한 탁월한 스타일의 선택으로 표현된 것이다.

이러한 선택은 독자가 이해할 수 있도록 명확하게 글을 쓰라는 공감의 원칙을 위반한 것일까? 독자들이 원하지 않는 결론으로 독자들을 유인하기 위해 독자를 속인 비윤리적인 선택일까?

링컨이 해결하고자 하는 문제의 중대성과 남북을 아우르는 공동선에 초점을 맞추고자 하는 그의 노력을 고려할 때, 그의 선택은 절대 비윤리적이라고 말할 수 없다. 더 명확하게 말할 수도 있는 곳에서 덜 명확하게, 더 나아가 모호하게 진술한 것은, 더 심오한 선善이 빛을 발하도록 링컨 스스로 의도적으로 선택하고 조율한 결과다. 이것이 바로 스타일이다.

미국독립선언문

자신의 이익을 위해 언어를 조작한 것으로 의심되는 경우에는 저자를 비난하면 그만이다. 하지만 우리를 기만하거나 속이지 않을 것이라고 여겨지는 사람이 그렇게 글을 썼다면 문제는 다소 복잡해진다. 이런 글은 스타일과 윤리라는 문제에 대해 좀더 깊이 고민할 수 있는 계기를 제공한다.

독립선언문은 토머스 제퍼슨이 초안을 작성하였고 벤자민 프랭클린, 존 애덤스, 로저 셔먼, 로버트 리빙스턴이 함께 검토하고 수정한 뒤, 발표했다. 최종적으로 고치고 다듬는 작업 역시 제퍼슨이 수행했다.

독립선언문은 미국이 독립해야 한다는 주장에 많은 이들이 수긍하도록 유도하기 위해 치밀하게 논리를 펼쳐나간다. 제퍼슨은 먼저 인권에 대해서, 또 그 기원에 대해서 이야기한 다음 명쾌한 삼단논법을 전개한다.

대전제 정부의 폭정이 오랜 기간 이어지며 강압적으로 인민을 지배하려는 계략이 명백하다면 인민은 그런 정부를 전복해야 한다.

소전제 우리 식민지는 그러한 계략을 명백하게 드러내는 폭군의 지배를 받아왔다.

결론 따라서 우리는 정부를 전복하고 우리 식민지가 자유롭고 독립적인 국가임을 선포한다.

제퍼슨은 논증을 거침없이 전개해나가면서도, 그것을 탁월한 예술적 언어로 표현해낸다. 우선 독립선언문을 처음부터 끝까지 읽어보자.

도입부에서는 먼저 독립의 타당성에 동의해야 하는 이유를 설명한다.

When, in the course of human events, it becomes necessary for one people to dissolve the political bonds which have connected them with another, and to assume among the powers of the earth, the separate and equal station to which the laws of nature and of nature's God entitle them, a decent respect to the opinions of mankind requires that they should declare the causes which impel them to the separation.

인류 역사에서 하나의 인민이 다른 인민과 맺은 정치적 결속을 해소하고, 세계 여러 나라 가운데에서 자연법과 조물주가 부여한 개별적인 평등한 지위를 차지해야 할 필요가 있을 때, 인류의 의견에 대한 온당한 존중은 분리독립을 하도록 압박하는 대의를 선포하도록 요청한다.

파트1은 대전제로, 인민이 폭정을 전복하고 자신들만의 정부로 대체하는 행위를 철학적으로 정당화한다.

We hold these truths to be self-evident, that all men are created equal, that they are endowed by their Creator with certain unalienable rights, that among these are life, liberty and the pursuit of happiness. That to secure these rights, governments are instituted among men, deriving their just powers from the consent of the governed. That whenever any form of government becomes destructive to these ends, it is the right of the people to alter or to abolish it, and to institute new government, laying its foundation on such principles and organizing its powers in such form, as to them shall seem most likely to effect their safety and happiness. Prudence, indeed, will dictate that governments long established should not be changed for light and transient causes; and accordingly all experience hath shown that mankind are more disposed to suffer, while evils are sufferable, than to right themselves by abolishing the forms to which they are accustomed. But when a long train of abuses and usurpations, pursuing invariably the same object evinces a design to reduce them under absolute despotism, it is their right, it is their duty, to throw off such government, and to provide new guards for their future security.

우리는 다음의 진실들을 자명한 것으로 여긴다. 모든 사람은 평등하게 창조되었고, 양도할 수 없는 몇몇 권리를 창조주에게서 부여받았으며, 그 중에는 생명, 자유, 행복추구의 권리가 있다. 이러한 권리를 확보하기 위해서 정부는 인민들 사이에서 세워지며, 따라서 정부는 인민의 동의에서 정당한 권력을 얻는다. 어떤 형태의 정부라도 이러한 목적을 위태롭게 할 때는 그 정부를 개혁하거나 폐지하고 새로운 정부를 세우는 것이 인민의 권리이며, 그러한 원칙을 토대로 자신들의 안위와 행복을 가장 효과적으로 도모할 수 있는 형태로 권력을 조직하는 것은 인민의 권리다. 물론 깊은 우려는 오래 존속해온 정부가 사소하고 일시적인 명분 때문에 교체되어서는 안 된다는 것을 알려준다. 그래서 악행을 견딜 수 있는 한, 인류의 모든 경험들은 익숙해져있는 정부형태를 폐지할 권리를 행사하기보다는 대개 참고 견딘다는 것을 보여준다. 하지만 장기간에 걸친 학대와 착취가 여전히 같은 목적을 추구하며 인간을 절대적 폭정 아래 예속시키려 하는 책략을 명시적으로 드러낸다면 그러한 정부를 뒤엎고 자신들의 미래의 안위를 도모할 수 있는 새로운 보호장치를 마련하는 것은 인민의 권리이자 의무인 것이다.

파트2는 이러한 원칙을 현재 식민지의 상황에 적용한다.

Such has been the patient sufferance of these colonies; and such is now the necessity which constrains them to alter their former systems of government. The history of the present King of Great Britain is a history of repeated injuries and usurpations, all having in direct object the establishment of an absolute tyranny over these states.

바로 이것이 우리 식민지가 견디어 온 고통이다. 바로 이것이 이제 기존의 정부제도를 바꾸도록 강제하는 필연성이다. 현재 대영제국 국왕의 역사는 박해와 착취를 반복하는 역사로서 이 식민지 주에 절대전제정치를 세우기 위한 목적을 노골적으로 드러낼 뿐이다.

이제 선언문은 조지왕이 식민지에서 저지른 실정을 장황하게 나열한다. 이는 조지왕의 '이 나라에 절대전제정치를 세우기 위한 목적'을 뒷받침하는 근거들이다.

He has refused his assent to laws, the most wholesome and necessary for the public good.

국왕은 공공의 이익에 가장 필요하고 유익한 법안에 대한 승인을 거부했다.

He has forbidden his governors to pass laws of immediate and pressing importance…

국왕은 긴급히 요구되는 중대한 법안이라도 식민지 총독이 통과시킬 수 없도록 금지했다…

He has refused to pass other laws for the accommodation of large districts of people…

국왕은 많은 인민이 거주하는 식민지의 요구를 반영하는 법안들을 통과시키기를 거부했다…

He has called together legislative bodies at places unusual, uncomfortable, and distant...

국왕은 의회 양원을 …멀리 떨어져있는 이례적이고 불편한 장소에서 동시에 소집했다.

파트3은 분리독립을 선택하지 않기 위한 식민지 주민들의 노력을 소회하는 것으로 시작한다.

In every stage of these oppressions we have petitioned for redress in the most humble terms: Our repeated petitions have been answered only by repeated injury. A prince, whose character is thus marked by every act which may define a tyrant, is unfit to be the ruler of a free people.

이러한 압제를 받을 때마다 우리는 공손한 언사로 시정해주기를 탄원했다. 그러나 우리의 거듭된 청원에 대한 대답은 거듭된 박해뿐이었다. 폭정이라 규정하지 않을 수 없는 행위만 저지르는 군주는 자유로운 인민의 통치자로 적합하지 않다.

Nor have we been wanting in attention to our British brethren. We have warned them from time to time of attempts by their legislature to extend an unwarrantable jurisdiction over us. We have reminded them of the circumstances of our emigration and settlement here. We have appealed to their native justice and magnanimity, and we have conjured them by the ties of our common kindred to disavow these usurpations, which, would inevitably interrupt our connections and correspondence. They too have been deaf to the voice of justice and of consanguinity. We must, therefore, acquiesce in the necessity, which denounces our separation, and hold them, as we hold the rest of mankind, enemies in war, in peace friends.

또한 우리는 영국에 사는 형제자매들의 주의를 환기시키는 일에도 부족함이 없었다. 부당하게 우리에게도 관할권을 행사하고자 하는 영국 의회의 시도에 대해 수시로 경고했다. 우리가 이곳으로 이주하여 정착하게 된 사정을 다시 일깨워주었다. 우리는 그들 내면의 정의와 관대함에 호소했다. 이러한 착취가 결국 우리의 결연과 왕래를 끊어버리고 말 것이기에 이를 거부해주기를 동족이라는 끈에 기대어 탄원했다. 그들 역시 정의와 혈연의 목소리에 귀 기울이지 않았다. 따라서 우리는 저들이 우리의 분리독립을 비난할 수밖에 없는 상황을 묵묵히 받아들이며 다른 인류와 마찬가지로 전시에는 적으로, 평화시에는 친구로 대할 것이다.

그런 다음 독립을 선언하는 것으로 글을 끝맺는다.

We, therefore, the representatives of the United States of America, in General Congress, assembled, appealing to the Supreme Judge of the world for the rectitude of our intentions, do, in the name, and by the authority of the good people of these colonies, solemnly publish and declare, that these united colonies are, and of right ought to be free and independent states; that they are absolved from all allegiance to the British Crown, and that all political connection between them and the state of Great Britain, is and ought to be totally dissolved; and that as free and independent states, they have full power to levy war, conclude peace, contract alliances, establish commerce, and to do all other acts and things which independent states may of right do. And for the support of this declaration, with a firm reliance on the protection of divine providence, we mutually pledge to each other our lives, our fortunes and our sacred honor.

그리하여 우리 아메리카주연합 대표들은 전체회의에 모여 세계의 최고 심판들에게 우리의 올곧은 의도를 호소하며, 식민지의 선한 인민들의 이름과 권위에 의거하여 우리 식민지 주연합은 자유롭고 독립된 주라는 사실을 엄숙하게 공표하고 선언한다. 우리 주연합은 영국의 왕권에 대한 모든 충성의 의무를 벗어버리며, 우리 주들과 대영제국 사이의 모든 정치적 관계는 모두 해소될 것이고, 또 해소되어야 한다. 자유롭고 독립된 주로서 우리 식민지 주연합은 전쟁을 개시하고 화의를 맺고 동맹을 체결하며 통상을 수립할 권한은 물론, 독립 주로서 가질 수 있는 기타 모든 행위와 조건들에 대한 전권을 보유한다. 신의 섭리를 수호하겠다는 굳건한 의지로 이 선언을 지지하기 위하여 우리는 우리 생명과 재산과 신성한 명예를 걸고 맹세한다.

제퍼슨은 매우 냉철하고 치밀하게 논증을 전개할 뿐만 아니라, 정교하게 언어를 사용함으로써 독자들이 자연스럽게 논리에 수긍하도록 이끈다.

스타일 분석

파트2와 **파트3**에서는 **레슨2**에서 **레슨5**까지 설명한 명확성의 원리가 그대로 적용되어있다. **파트2**에서 제퍼슨은 짧고 명확한 주어/화제/행위자로서 He(조지왕)를 사용한다.

He has refused...	국왕은… 거부했다.
He has forbidden...	국왕은… 금지했다.
He has called together...	국왕은… 소집했다.

이 문장들은 다음과 같이 쓸 수도 있었다.

His assent to laws, the most wholesome and necessary for the public good, has not been forthcoming...

공공의 이익에 가장 필요하고 유익한 법안에 대한 국왕의 승인은… 나오지 않았다.

Laws immediate and pressing importance have been forbidden...

긴급히 요구되는 중대한 법안들은… 금지되었다.

Places unusual, uncomfortable, and distant from the depository of their public records have been required as meeting places of...

공문서보관소에서 멀리 떨어진 불편하고 이례적인 장소가… 회합 장소로 결정되었다.

또는 식민지 주민에 초점을 맞춰 쓸 수도 있었다.

We have been deprived of Laws, the most wholesome and necessary...

우리는… 가장 필요하고 유익한 법안을 박탈당했다.

We lack laws of immediate and pressing importance...

우리는 긴급히 요구되는 중대한 법안의 혜택을 누리지 못한다.

We have had to meet at places usual, uncomfortable...

우리는 이례적이고 불편한 장소에서 회합해야 한다.

이처럼 조지왕을 모든 압제행위의 능동적인 주체로 삼지 않고도 충분히 진술할 수 있었음에도 그를 능동적 주어로 삼은 이유는 무엇일까? 조지왕이 의도적으로 폭정을 휘두르는 군주라는 주장을 뒷받침하기 위한 것이다. 이러한 선택은 너무나 자연스러워서, 이것이 의도적인 선택이라는 사실을 독자들은 눈치채지 못할 수도 있다.

파트3에서도 이 책에서 설명한 명확성의 원리가 적용된 것을 발견할 수 있다. 여기서도 스토리 속 주요행위자를 문장의 주어/화제 자리에 놓는다. 하지만 They too have been deaf...로 시작하는 문장을 뺀 나머지 문장의 주요행위자는 모두 식민지주민 we다.

Nor have we been wanting in attentions to our British brethren.

We have warned them from time to time...

We have reminded them of the circumstances of our emigration...

We have appealed to their native justice and magnanimity...

...we have conjured them by the ties of our common kindred...

We must, therefore, acquiesce in the necessity...

We... do... solemnly publish and declare...

...we mutually pledge to each other our lives..

다시 말하지만, 이러한 주어선택은 어쩔 수 없는 자연스러운 선택이 아니다. 영국의 형제들을 주어/화제어로 삼을 수도 있었다.

Our British brethren have heard our requests...

영국의 형제들은 우리의 요구에 대해 알고 있다...

They have received our warnings...

그들은 우리의 경고를 받았다...

They know the circumstances of our emigration...

그들은... 이주하여 정착하게 된 사정을 안다.

They have ignored our pleas...

그들은 우리의 간청을 무시했다.

하지만 제퍼슨은 식민지주민들을 행위자로 선택함으로써 협상하고자 노력해온 자신들의 노력, 그리고 독립을 선언할 수밖에 없는 자신들의 처지에 좀 더 초점을 맞춰 글을 읽도록 유도한다.

다시 말하지만, 이러한 선택은 너무나 자연스러워서 의도적으로 선택했다는 느낌을 전혀 주지 않는다. "조지왕이 이 모든 무자비한 행위들을 저지른 장본인이며, 고로 우리는 독립을 선언할 수밖에 없다"는 메시지를 매우 효과적으로 전달한다. 하지만 이러한 스타일은 저절로 선택된 것도 아니고 불가피하게 선택한 것도 아니다. 물론 **파트2**와 **파트3**의 역할에 꼭 맞는 지극히 당연한 선택이라고 말하는 것 말고는 어떤 특별한 이유를 찾기는 힘들 것이다.

오늘날 미국인이라면 대부분 기억하는 글이라 할 수 있는 **도입부**와 **파트1**에서 제퍼슨은 훨씬 흥미로운 선택을 한다. **파트2**/**파트3**과는 사뭇 다르다. 우선 **도입부**와 **파트1**에서 사람이 능동적인 행위자 주어로 선택된 문장은 단 두 개에 불과하다.

...they [the colonists] should declare the causes...

We hold these truths to be self-evident...

파트1에서 짧고 구체적인 주어가 등장하는 문장은 단 네 개다. 이들은 모두 수동태로 진술된다.

...all men are created equal...

...they are endowed by their Creator with certain unalienable Rights...

...governments are instituted among Men...

...governments long established should not be changed for light and...

첫 두 문장의 행위자는 명백히 신Creator이다. 반면 세 번째, 네 번째 문장의 경우 보편적인 인민, 특히 식민지 주민이 행위의 주체라는 점을 의도적으로 모호하게 처리한다.

이 글의 앞부분에서는 전반적으로 행위의 주체성을 희석하는 선택을 한다. 주요한 동사의 주어/화제/행위자를 숨김으로써 추상적인 개념으로 진술한다. 실제로 이러한 문장들을 **레슨2-5**에서 설명한 원칙에 따라 명확하게 고쳐 써보면 다음과 같다.

도입부

When in the course of human events, it becomes necessary one people to dissolve the political bands which have connected them...

인류 역사에서… 대의를 선포하지 않을 수 없는 상황이다.

When in the course of human events, we decide we should dissolve the political bands which have...

인류의 역사에서… 우리는 정치적 결속을 해소할 것을 결단한다.

...a decent respect to the opinions of mankind requires that they should declare the causes which impel them to the separation.

인류의 의견에 대한 온당한 존중은 분리독립을 하도록 압박하는 대의를 선포하도록 요청한다.

If we decently respect the opinions of mankind, we must declare why we have decided to separate.

인류의 의견을 온당하게 존중한다면 우리가 왜 분리독립하기로 했는지 선포해야 한다.

파트1

...it is the right of the people to alter or to abolish it, and to institute new government...

그 정부를 개혁하거나 폐지하고 새로운 정부를 세우는 것이 인민의 권리이며…

We may exercise our right to alter or abolish it, and institute new...

우리는 그러한 정부를 개혁하거나 폐지하고 새로운 정부를 세울 권리를 행사할 수 있다.

Prudence, indeed, will dictate that governments long established should not be changed for light and transient causes...

물론 깊은 우려는 오래 존속해온 정부가 사소하고 일시적인 명분 때문에 교체되어서는 안 된다는 것을 알려준다.

If we are prudent, we will not change governments long established for light and transient causes...

신중하다면, 사소하고 일시적인 명분 때문에 우리는 오래 존속해온 정부를 교체하지는 않을 것이다.

...all experience hath shown, that mankind are more disposed to suffer, while evils are sufferable...

…인류의 모든 경험들은 익숙해져있는 정부형태를 폐지할 권리를 행사하기보다는 대개 참고 견딘다는 것을 보여준다.

We know from experience that we choose to suffer, those evils that are sufferable...

우리는 견딜 수 있는 악이라면 참고 견디기를 선택한다는 사실을 경험을 통해 알고 있다.

...a long train of abuses and usurpations... evinces a design to reduce them under absolute despotism...

장기간에 걸친 학대와 착취가 여전히 같은 목적을 추구하며 인간을 절대적 폭정 아래 예속시키려 하는 책략을 명시적으로 드러낸다면…

We can see a design in a long train of abuses and usurpations pursuing invariably the same object—to reduce us under absolute despotism.

우리는 인간을 절대적 폭정 아래 예속시키려 하는 책략을 변함없이 추구하며 학대와 착취를 장기간 지속하려는 계획을 볼 수 있다.

파트2

Necessity... constrains them to alter their former systems of government.

바로 이것이 이제 기존의 정부제도를 바꾸도록 강제하는 필연성이다.

We now must alter our former systems of government.

우리는 이제 기존의 정부제도를 바꿔야 한다.

파트2 이후에는 명확하고 직접적으로 진술한 것과 달리, 앞부분에서는 행위자를 숨기고 간접적으로 진술하는 방식을 선택한 이유는 무엇일까? 간략하게 답하자면, 제퍼슨은 특정한 혁명이 아닌 보편적이고 정당한 혁명을 뒷받침하는 철학적 기초를 제시하고자 한 것이다. 서양의 정치사상을 뒤흔드는 심오한 생각, 자신들이 싫어하는 정부를 전복하고자 하는 식민지주민들의 단순한 욕망이 아니라 훨씬 보편적인 정당성을 제시하고자 한 것이다.

하지만 앞부분에서 행위자를 숨김으로써 얻고자 한 효과는 무엇보다도, 식민지주민들을 자유의지를 행사할 수 있는 권한을 박탈당한 피해자 위치에 놓음으로써 이들을 강압하는 정부의 능동적인 권한을 더욱 부각하는 것이다.

> respect for opinion requires that [the colonists] explain their action...
> causes impel [the colonists] to separate...
> prudence dictates that [the colonists] not change government lightly...
> experience has shown [the colonists]...
> necessity constrains [the colonists]...

제퍼슨은 **파트3**에서 식민지주민에 대한 강압적인 폭력을 다시 환기시킨다.

> We must, therefore, acquiesce in the necessity, which denounces our separation.
>
> 우리는… 우리의 분리독립을 비난할 수밖에 없는 상황을 묵묵히 받아들인다.

식민지주민을 명시적으로 억압하지 않는 추상적인 대의를 진술할 때도 제퍼슨은 식민지주민들이 자유로운 행위주가 아니라는 것을 암시한다.

도입부

...it becomes necessary for one people to dissolve the political bonds...

파트1

We hold these truths to be self-evident, that...
...mankind are more disposed to suffer...
...it is their right, it is their duty, to throw off such government...

'우리는 다음의 진실들을 자명한 것으로 여긴다'라는 진술은 이러한 진실을 식민지주민들이 스스로 찾아낸 것이 아니라 그들에게 부과된 사명일 뿐이라는 것을 강조한다.

간단히 말해서, 제퍼슨은 언어를 세 번 조작하는데 이 중 두 번은 투명하고 자연스럽고 쉽게 예측할 수 있는 것이어서 의도적으로 선택한 것이라는 사실 자체를 알아채기 어렵다. 파트2에서는 조지왕을 모든 문장의 주어/화제 자리에 높음으로써 자유롭게 활동하는 능동적인 행위자로 만들고, 파트3에서는 식민지 주민들을 능동적인 행위자로 진술한다.

하지만 제퍼슨은 첫 머리에서, 자신의 논증이 작동하도록 하기 위해 식민지주민들을 권력자의 강압적 지배를 받는 힘없는 대상으로 보이도록 한다. 독립선언문에서 명시적으로 등장하는 권력자는 Nature's God(조물주)과 Creator(창조주)밖에 없는데, 이는 결국 '기존의 정부제도를 바꿀 수밖에 없는' 것은 신의 뜻이라고 말하는 것이다.

독립선언문은 문법과 스타일 측면만이 아니라 다양한 이유로 명문이라 할 수 있다. 미국이라는 나라를 탄생시킨 이 선언문은 토씨 하나 바꾸지 않고도 세계 어디서나 인민의 주체적인 통치를 정당화하는 근본적인 가치를 뒷받침하는 글로 사용할 수 있다.

하지만 우리는 제퍼슨의 수사학적 설득력, 특히 스타일을 다루는 그의 천재성을 간과해서는 안 된다. 그는 거침없는 논리와 논증은 미국의 독립을 정당화하면서도 동시에 언어를 조작하고 통제하고 마사지하고 에둘러 쓰는 등—그것을 어떤 식으로 부르든—별 생각 없이 읽을 때는 잘 드러나지 않는 미세한 스타일 선택으로 자신의 논리를 뒷받침한다.

윤리적 측면에서 볼 때, 목적이 올바르다고 해서 어떤 수단이든 정당화할 수 있는 것은 아니다. 혁명하는 것 말고는 다른 선택지가 남아있지 않다는 주장을, 정당한 논리보다 언어적 기교에 의존하여 식민지주민들에게 설파했다고 공격해도 할 말이 없을 만큼 제퍼슨의 글쓰기는 탁월하다. 그렇다면 제퍼슨의 글쓰기는 사람들을 호도하는 기만일까, 그럴 만한 명분을 달성하기 정당한 수단일까?

다시 한번 우리는 윤리적 문제에 대해 고민해야 한다. 논리적으로 독자를 설득하려고 하기보다 스타일에 의존하여 독자의 반응을 이끌어내고자 하는 글을 우리는 신뢰해야 할까? 예컨대 자동차 리콜안내문의 경우 우리는 '신뢰할 수 없다'고 말할 수밖에 없다. 고객을 기만하고자 한 '의도'가 분명하기 때문이다. 반면 독립선언문의 경우 '신뢰한다'고 대부분 답할 것이다. 토머스 제퍼슨의 목적과 의도는 이러한 수단을 충분히 정당화할 수 있다는데 많은 사람들이 동의할 것이기 때문이다.

SUMMARY

마지막으로, 우리는 어떤 글을 '좋은' 글이라고 판단할 수 있을까? 명확하고 우아하고 솔직한 글이면, 글의 목적을 달성하지 못했다고 하더라도 좋은 글이라고 말할 수 있을까? 아니면 진실성과 무관하게, 또 수단방법을 가리지 않고 목적을 달성한 글을 좋은 글이라고 말할 수 있을까? 이 문제는 '좋은'이라는 말이 윤리적으로 온전하다는 뜻인지 실용적으로 성공했다는 뜻인지 결정하기 전에는 풀리지 않을 것이다.

이러한 딜레마에는 스타일의 골든룰이 분명한 해법을 제시한다.

> **독자의 자리에 서서 내가 쓴 글을 읽으면서 어떤 느낌이 들지 경험하기 위해 기꺼이 노력하는 사람은 윤리적인 저자다.**

골든룰은 내 글을 읽는 독자가 누구일지, 독자의 반응은 어떨지 상상하는 것을 넘어서, 독자의 이익을 극대화하는 선택을 해야 한다는 의무를 우리에게 부여한다. 하지만 글을 쓰는 사람과 글을 읽는 사람의 이익이 일치하지 않는 경우도 있다. 이런 경우에는 스타일의 실버룰이 넘지 말아야 할 선이 어디인지 알려준다.

> **글 전반에 걸쳐 독자의 이익을 자신의 이익보다 앞세울 필요는 없다.** (자신의 이익보다 남의 이익을 우선하라고 요구하는 것은 비현실적이다.) **하지만 속이거나 왜곡하거나 숨겨서는 안 된다. 무슨 말인지 이해할 수 없도록 글을 쓰는 것도 거짓말하는 것과 다르지 않다.**

학계나 전문직에 종사하면서 웬만큼 경륜을 쌓은 사람이라면, 모호한 글이 어떤 결과를 낳는지 경험한 적이 있을 것이다. 하지만 대학에 갓 입학한 학생들에게는 명확성, 윤리, 에토스에 관한 이 모든 이야기가 뜬구름 잡는 것처럼 들릴지도 모른다. 세 페이지 분량의 글을 쓰는 것만 해도 빠듯한 상황에서 스타일까지 신경쓰는 것은 사치로 여겨질 수 있다. 또한 명확하게 의미를 전달하기 위해 과도하게 편집된 교과서를 읽는 학생들의 경우, 독자를 전혀 배려하지 않고 난해하게 의미를 압축해 놓은 글을 읽어본 적이 없을지도 모른다. 하지만 그런 글과 맞닥뜨리는 것은 시간문제일 뿐이다.

글을 대충 쓴다고 해도 별로 손해 볼 것도 없고 또 그렇게 쓴 글도 흔한데, 명확하게 글을 쓰는 법을 왜 힘들게 배워야 하느냐고 묻는 사람도 있을 것이다. 글을 많이 읽어본 사람이라면 누구나 아는 사실이 있다. (머지않아 우리도 곧 알게 될 사실이다.) 명확하고 우아하게 글을 쓰는 사람은 실제로 매우 적기 때문에, 그런 글을 발견했을 때 저절로 감사하는 마음이 우러나온다는 것이다. 노력은 분명코, 보상으로 돌아온다.

또한 문장이나 단락을 우아하게 다듬는 일 자체에서 희열을 느끼는 사람이 많다. 이는 비단 글쓰기뿐만 아니라 어떤 일에서나 느낄 수 있는 윤리적 만족이다. 그것이 어떤 일이든, 알아주는 사람이 있든 말든, 좋은 일을 했을 때 우리는 환희를 느낀다. 정교한 설계에 따라, 더할 것도 뺄 것도 없는 경제적으로 완벽한 결과물을 볼 때 우리는 심오한 만족감을 느낀다.

철학자 알프레드 노스 화이트헤드는 이것을 '스타일감각'이라고 규정한다. 스타일감각은 예술은 물론 어느 분야에서나 통하는 미학적 감수성이자 궁극적으로 도덕적 감수성이라고, 그는 말한다. 564쪽 화이트헤드의 명확하고 우아한 문장을 음미하며 읽어보기를 바란다.

Exercise 1

상황에 따라 달라지는 기준?

441쪽에서 본 자동차리콜 안내문을 다시 보자. 이 글은 자신의 생사가 달린 일에 대해 행동에 나서지 못하도록 하기 위해 면밀하게 다듬어진 것으로 보인다.

이 글은 불량제품과 제조사의 관계를 의도적으로 떼어내기 위해 노력하는데, 이것은 링컨이 두 번째 취임연설에서 노예제와 신의 연관성을 떼어내기 위해 노력하는 것과 매우 비슷해 보인다.

이 두 글 사이에 윤리적 차이가 존재할까? 어떤 윤리적 차이가 있을까?

Appendix

In music, the punctuation is absolutely strict; the bars and rests are absolutely defined. But our prose cannot be quite strict, because we have to relate it to the audience. In other words we are continually changing the score.

음악에서 구두점은 매우 엄격하다. 마디나 쉼표를 절대 어겨서는 안 된다.
하지만 글에서는 구두점이 그만큼 엄격할 수 없다. 독자와 호흡해야 하기 때문이다.
말의 악보는 상대에 따라 끊임없이 바뀐다.

Sir Ralph Richardson

랄프 리차드슨

문장부호

사람들은 대개 구두점은 문법처럼 규칙을 따라 찍으면 된다고 생각한다. 콤마나 세미콜론을 찍는 법도 주어에 동사의 수를 일치시키는 것 정도에 불과할 것이라고 생각한다. 하지만 구두점을 찍는 방법에 관한 규칙들은 진짜 규칙이 아니라 사회적 규칙 또는 고안된 규칙에 불과하다 (**레슨1** 참조). 따라서 구두점 찍는 방법은 시대에 따라서 달라질 뿐만 아니라, 맞춤법 책에 따라서 글쓰기 책에 따라서 달라지는 것을 볼 수 있다.

구두점을 사용하는 방법은 우리가 일반적으로 생각하는 것보다 훨씬 많다. 어떤 구두점을 어디에 찍을 것인지 세심하게 선택함으로써 우리는 복잡한 문장을 독자들이 쉽게 읽을 수 있도록 도와줄 수 있을 뿐만 아니라, 미묘하지만 분명히 느낄 수 있는 강세와 뉘앙스까지 조절할 수 있다. 물론 구두점만으로 단조로운 선율을 메시아교향곡으로 만들 수는 없겠지만, 조금만 신경을 써도 충분히 만족스러운 결과를 얻을 수 있다.

여기서는 구두점을 종류별로 설명하지 않고 문장 속에서 수행하는 기능에 따라 설명한다. 먼저 문장 끝에 구두점을 찍는 법, 그 다음 문장의 앞부분에 구두점을 찍는 법, 마지막으로 문장의 중간에 구두점을 찍는 법을 살펴본다. 설명에 들어가기에 앞서, 문장의 유형을 구분할 줄 알아야 한다.

단문, 중문, 복문

절 하나가 문장이 되는 경우, 전통적으로 단문simple sentence라고 한다.

The greatest English dictionary is the Oxford English Dictionary.

가장 훌륭한 영어사전은 옥스포드영어사전이다.(독립절)

독립절이 두 개 이상 들어있는 문장은 중문compound sentence이라고 한다.

There are many good dictionaries, but the great is the Oxford English Dictionary.

좋은 사전은 많지만,(독립절) 가장 훌륭한 것은 옥스포드영어사전이다.(독립절)

독립절 하나에 종속절이 한 개 이상 붙어있는 문장은 복문complex sentence 라고 한다.

While there are many good dictionaries, the greatest is the Oxford English Dictionary.

좋은 사전은 많아도,(종속절) 가장 훌륭한 것은 옥스포드영어사전이다.(주절)

종속절이 붙어있는 독립절이 두 개 이상 연결된 문장은 중복문compound-complex sentence이라고도 한다.

하지만 이러한 문장구분은 잘못된 인상을 심어줄 수도 있다. 단문은 그야말로 단순하고 쉽고, 복문은 복잡하고 어렵다는 인상을 주기 때문이다. 단문, 중문, 복문은 문법적인 용어일 뿐, 이해하기 쉬운 문장인지 어려운 문장인지 말하는 것이 아니다. 다음 두 예문을 읽어 보자.

단문 Our review of the test led to our modification of it as a result of complaints by teachers.

시험에 대한 우리의 평가는 선생들의 불평의 결과로 그것의 수정으로 이어졌다.

복문 After we reviewed the test, we modified it because teachers complained.

시험을 평가하고 난 뒤, 선생들의 불평을 받아들여 우리는 평가를 수정했다.

읽어보면 알 수 있듯이 단문보다 복문이 훨씬 쉽다는 것을 알 수 있다. 이처럼 단문/복문은 문장에 대한 독자의 이해나 반응을 제대로 설명해주는 기준이 되지 못한다. 그렇다면 문장의 난이도를 반영하여 문장을 구분할 수 있는 좀더 유용한 기준은 무엇일까? 우리는 '문장'과 '절'이라는 기본적인 개념을 기준으로 삼고자 한다.

문장과 절

- **문장** punctuated sentence: 대문자로 시작해서 종결부호(마침표, 물음표, 느낌표)로 끝나는 문장 단위. 한 단어로 완성될 수도 있고 수백 개의 단어로 이루어질 수도 있다.
- **절** grammatical sentence: 주어와 동사를 중심으로 하나로 묶여있는 의미단위. (여기서 절은 '독립절'을 의미한다.)

We distinguish these two kinds of sentences because readers respond to them very differently: the paragraph you are now reading is one long punctuated sentence, but it is not as difficult to read as many paragraphs made up of shorter sentences with multiple subordinate clauses; we have chosen to punctuate as one long sentence what might have been punctuated as a series of shorter ones: that semicolon, those colons, and the comma before but, for example, could have been periods—and that dash could have been a period too.

문장을 이들 두 가지로 구분하는 이유는 독자들의 반응이 매우 다르기 때문인데, 지금 여러분이 읽고 있는 이 문단은 구두점으로 연결된 하나의 긴 문장으로 이루어져있지만, 여러 개의 종속절이 있는 짧은 문장으로 이뤄진 다른 문단에 비해 읽어나가는 것이 어렵지 않은 이유는, 짧은 문장들을 연달아 나열하여 쓸 수 있는 것들을 하나의 긴 문장으로 연결하였기 때문으로, 예컨대 세미콜론, 콜론, but 앞에 찍은 콤마는 마침표로 바꿀 수 있으며, 대시 역시 마침표로 바꿀 수 있다.

이 글을 문법적으로는 거의 변화를 주지 않고 구두점만 다시 찍어 7개의 문장으로 분리할 수 있다.

We distinguish these two kinds of sentences because readers respond to them very differently. The paragraph you are now reading is made up of short punctuated sentences. But it is not less difficult to read as many paragraphs made up of longer sentences with multiple independent clauses. We have chosen to punctuate as a series of separate sentences what might have been a comma. The last two periods have been semicolons. And that period could have been a dash.

문장을 이들 두 가지로 구분하는 이유는 독자들의 반응이 매우 다르기 때문이다. 지금 여러분이 읽고 있는 이 문단은 구두점으로 분리된 짧은 문장들로 이루어져있다. 그렇다고 해서 여러 개의 독립절이 이어진 긴 문장으로 이뤄진 다른 문단보다 읽어나가는 것이 더 쉬운 것은 아니다. 우리는 콤마로 연결할 수 있었던 것들을 잘라서 여러 문장들의 연속으로 보여주기로 했다. 바로 앞 두 문장의 마침표는 세미콜론으로 바꿀 수 있다. 그리고 방금 찍은 마침표는 대시로 바꿀 수 있다.

문장은 거의 바꾸지 않고 구두점만 다르게 찍었을 뿐이지만, 7개의 문장들이 개별적으로 존재할 때와 하나의 문장 안에 존재할 때 독자들이 경험하는 스타일적 효과는 크게 달라진다. 여기서 알 수 있는 사실은, 구두점은 규칙의 문제가 아니라 선택의 문제라는 것이다.

절의 끝부분 구두점 찍기

구두점에 관한 규칙 중에서 글 쓰는 사람이 반드시 알아야 하는 것은 절을 마무리하는 법이다. 절이 어디에서 끝나고 어디에서 시작하는지 알 수 없으면 독자들은 혼돈에 빠질 수밖에 없다. 절의 경계를 표시하는 방법에는 다음 10가지가 있다.

절을 종결하는 가장 일반적인 방법	1. 마침표/물음표/느낌표	I win. You lose.
	2. 세미콜론	I win; You lose.
	3. 콤마+등위접속사	I win, and you lose.
일반적이지는 않지만 세련되게 글을 쓰는 사람들이 자주 사용하는 방법	4. 마침표+등위접속사	I win. And you lose.
	5. 세미콜론+등위 접속사	I win; and you lose.
	6. 등위접속사	I win and you lose.
	7. 콤마	I win, you lose.
자신만의 스타일을 과시하고자 하는 사람들이 선택하는 특별한 종결방법	8. 콜론	I win: you lose.
	9. 대시	I win—you lose.
	10. 괄호	I win (you lose).

하나씩 살펴보자.

1. 마침표/물음표/느낌표

가장 단순하며 특별해 보이지 않는 종결부호는 마침표period다.

In 1967, Congress passed civil rights laws that remedied problems of registration and voting this had political consequences throughout the South.

1967년 의회는 투표자 등록절차와 투표권 문제를 해결하는 시민권법안을 통과시켰다 이는 남부 전역에 정치적인 파장을 일으켰다.

이처럼 두 문장이 마침표도 없이 이어져있는 것을 fused sentence(뭉뚱그려진 문장) 또는 run-on sentence(줄줄이 문장)라고 하는데, 이는 절대 용납할 수 없는 실수로 여겨진다. 누군가 이런 문장을 썼다면, 이는 글쓰기의 기본조차 모르는 '문맹'으로 간주되기도 한다. (물론 '글을 쓰는 문맹illiterate writer'이라는 말은 그 자체로 성립할 수 없는 말이지만, 독자들 눈에는 그만큼 강렬하게 눈에 거슬린다는 뜻이다.)

✔ In 1967, Congress passed civil rights laws that remedied problems of registration and voting. This had political consequences throughout the South.

1967년 의회는 투표자 등록절차와 투표권 문제를 해결하는 시민권법안을 통과시켰다. 이는 남부 전역에 정치적인 파장을 일으켰다.

여기서 스타일 측면에서 조언을 덧붙인다면, 이렇게 짧은 문장이 연달아 등장하면 뚝뚝 끊기는 느낌을 준다. 또한 깊은 생각을 할 줄 모르는 사람이 쓴 글처럼 보이기도 한다. 글을 많이 써본 사람들은 짧은 절이 연달아 나올 경우, 이를 종속절이나 구로 바꿔서 하나의 문장으로 묶어준다.

✔ **When** Congress passed civil rights laws to remedy problems of registration and voting in 1967, they had political consequences throughout the South.

1967년 의회가 투표자 등록절차와 투표권 문제를 해결하는 시민권법안을 통과시켰을 때, 이는 남부 전역에 정치적인 파장을 일으켰다.

✔ The civil rights laws **that** Congress passed in 1967 to remedy problems of registration and voting had political consequences throughout the South.

1967년 투표자 등록절차와 투표권 문제를 해결하기 위해 의회가 통과시킨 시민권법안은 남부 전역에 정치적인 파장을 일으켰다.

물론 너무 많은 절을 한 문장으로 연결하면 글 자체가 산만해질 수 있다.

2. 세미콜론

세미콜론은 가벼운 마침표라고 보면 좋다. 세미콜론 앞뒤에는 절이 나와야 한다. (예외는 뒤에서 설명한다.) 마침표 대신 세미콜론을 찍는 것이 적절한 경우는, 앞에 나오는 절이 짧아야 하고(15단어 이내) 앞뒤 문장이 긴밀하게 연관되어있어야 한다.

In 1967, Congress passed civil rights laws that remedied problems of registration and voting; those laws had political consequences throughout the South.

1967년 의회는 투표자 등록절차와 투표권 문제를 해결하는 시민권법안을 통과시켰는데; 그 법안은 남부 전역에 정치적인 파장을 일으켰다.

하지만 이 예문은, 앞뒤 문장 사이의 연관성이 너무나 막연하고 느슨하다. 이 예문의 경우에는 그냥 콤마를 찍는 것만으로도 충분하다(굳이 세미콜론을 찍을 이유가 없다). 세미콜론을 제대로 사용하기 위해서는, 앞뒤 문장의 의미가 좀더 밀접하게 연관되도록 만들어주어야 한다.

✔ In 1967, Congress passed civil rights laws that remedied problems of registration and voting; by 1995 Southern states had thousands of sheriffs, mayors, and other officials from their African-American communities.

1967년 의회는 투표자 등록절차와 투표권 문제를 해결하고자 시민권법안을 통과시켰는데; 이로써 1995년까지 남부의 많은 주에서 아프리카계 치안감, 시장, 관료가 수천 명이나 나왔다.

이처럼 의미가 매우 구체적이어야 독자들은 앞뒤 문장 사이의 연관성을 좀 더 쉽게 파악할 수 있다. 약간의 배경지식까지 덧붙여 앞뒤 문장의 논리적, 맥락적 연관성을 훨씬 명확하게 만들어주면 더욱 좋다.

✔ In 1967, Congress passed civil rights laws to remedy racial problems of registration and voting, particularly in the South; by 1995 Southern states had elected thousands of sheriffs, mayors, and other officials from their African-American communities.

1967년 의회는 투표자 등록절차와 투표권에 대한 인종문제, 특히 남부지역의 인종문제를 해결하기 위한 시민권법안을 통과시켰는데; 이로써 1995년까지 남부의 많은 주에서 아프리카계 치안감, 시장, 관료가 수천 명이나 선출되었다.

세미콜론 용법은 다소 어렵다고 느껴져서 많은 이들이 될 수 있으면 쓰지 않으려고 한다. 하지만 글을 세련되게 잘 쓴다는 평가를 받고 싶다면, 반드시 사용법을 배워야 한다. 두 페이지 당 한 번 꼴로 쓰면 좋다.

3. 콤마+등위접속사

콤마 뒤에 다음 두 가지 요소가 따라 나올 경우 독자들은 절이 끝났다는 신호로 파악한다.

- 등위접속사: and, but, yet, for, so, or, nor
- 접속사+주어+동사

✔ Technology companies need highly skilled workers, so they recruit aggressively at the best colleges and universities.

기술기업들은 매우 숙련된 노동자를 필요로 하기에, 그들은 최고의 대학에서 공격적으로 인재를 선발한다.

마침표, 세미콜론, 콤마 중 어떤 것을 찍어야 할지 고민될 경우 선택에 도움이 되는 가이드라인을 제시하자면, 연결하고자 하는 절들이 길고, 그 속에 이미 구두점이 찍혀있다면 마침표나 세미콜론을 사용하라. 물론 절을 세 개 이상 연결하더라도 절들이 모두 짧고 그 속에 구두점이 존재하지 않는다면, 절 사이에 콤마를 찍는 것으로도 충분하다.

✔ Baseball satisfies our admiration for precision, basketball speaks to our love of speed and grace, and football appeals to our lust for violence.

야구는 정교함에 대한 경외감을 채워주고, 농구는 속도와 우아함에 대한 흠모를 꼬드기고, 풋볼은 난폭함에 대한 욕망을 자극한다.

하지만 절 안에 이미 구두점이 사용되고 있다면, 세미콜론을 찍어야 한다.

✔ Baseball, the oldest indigenous American sport and essentially a rural one, satisfies our admiration for precision; basketball, our newest sport and now more urban than rural, speaks to our love of speed and grace; and football, a sport both rural and urban, appeals to our lust for violence.

미국에서 탄생한 가장 오래된 스포츠이자 근본적으로 시골에서 즐기는 야구는, 정교함에 대한 경외감을 채워주고; 가장 최신의 스포츠이자 지금은 시골보다는 도시에서 많이 즐기는 농구는, 속도와 우아함에 대한 흠모를 꼬드기고; 시골과 도시 어느 곳에서나 즐길 수 있는 풋볼은, 난폭함에 대한 욕망을 자극한다.

한 가지 주의할 점은, and나 so로 절을 지나치게 많이 연결하는 것은 바람직하지 않다는 것이다. 접속사는 아이디어들 사이의 관계를 보여주는 이정표 역할을 하는데, 이런 접속사가 너무 많이 나올 경우, 글쓴이의 사고가 단순하고 얕아 보일 수 있다. 한 페이지에 한두 번 이상 쓰지 않도록 주의하라.

짧은 절 두 개를 연결하더라도 이들을 수식하는 공통 수식구가 먼저 나오는 경우에는 콤마를 찍지 않는다.

✔ Once the financial crisis ended, the stock market rebound but unemployment persisted.

금융위기가 끝난 뒤, 주식시장은 다시 살아났지만 실업은 여전히 지속되고 있다.

절을 콤마로 끝낸 다음 however를 쓰고 콤마를 찍고 새로운 절을 시작하는 것은 잘못된 구두점 사용방법이다. 교육수준이 높은 사람들도 자주 저지르는 실수다.

Taxpayers have supported public education, however, they now object because taxes have risen so steeply.

납세자들은 공공교육을 지지한다. 하지만 지금은 세금이 급격히 올라서 반대한다.

however는 등위접속사가 아니라 부사다. 따라서 however 앞에는 콤마가 아닌 마침표나 세미콜론이 나와야 한다. 물론 however 다음에 콤마 찍는 것도 잊어서는 안 된다.

✔ Taxpayers have supported public education. However, they now object because taxes have risen so steeply.

✔ Taxpayers have supported public education; however, they now object because taxes have risen so steeply.

4. 마침표+등위접속사

글쓰기에 관한 책이나 강의에서 가끔 and나 but 같은 접속사로 문장을 시작하지 말라는 조언을 들어본 적 있을 것이다. 아무 근거도 없는 주장이다.

✔ Education cannot guarantee a democracy. And when it is available to only a few, it becomes a tool of social repression.

교육은 민주주의를 보장하지 않는다. 오히려 소수에게만 제공되는 경우, 교육은 사회적 억압의 수단이 된다.

이렇게 등위접속사로 문장을 시작하면 격식을 갖추지 않고 말하는 느낌을 준다. 예컨대 무거운 이야기를 하더라도 좀 가볍게 말하는 느낌을 주고 싶을 때 자주 사용된다. 물론 심각한 맥락에서는 and로 시작하는 문장을 한 페이지에 한두 번 이상 쓰지 않는 것이 좋다.

5. 세미콜론+등위접속사

두 절이 짧을 때는 콤마로 연결하는 것이 자연스럽다.

✔ Technology companies need highly skilled workers, so they recruit aggressively at the best colleges and universities.

기술기업들은 매우 숙련된 노동자를 필요로 하기에, 그들은 최고의 대학에서 공격적으로 인재를 선발한다.

하지만 두 절이 길고, 그 속에 콤마가 이미 사용되어있는 경우에는 세미콜론을 찍는 것이 좋다. 문장이 훨씬 명확해진다.

✔ Problem solving, one of the most active areas of psychology, has made great strides in the last decade, particularly in understanding the problem-solving strategies of experts; so it is no surprise that educators have followed that research with interest.

심리학에서 가장 활동적인 영역이라 할 수 있는 문제해결, 특히 전문가의 문제-해결전략에 대한 이해 분야는, 지난 10년간 엄청난 발전을 했다; 따라서 교육자들이 이 분야의 연구성과를 눈여겨보는 것은 전혀 놀랍지 않다.

물론 이런 경우 세미콜론보다는 마침표를 찍고 문장을 새로 시작하는 것이 더 좋을 수 있다.

6. 등위접속사

밀접한 연관성이 있는 짧은 절 두 개를 연결할 경우, 콤마 없이 등위접속사만 쓰기도 한다.

✔ Oscar Wilde violated a fundamental law of British society and we all know what happened to him.

오스카 와일드는 영국사회의 토대가 되는 법을 위반하였고 우리는 그가 어떤 일을 당했는지 알고 있다.

많은 작가들이 사용하는 방식이지만, 학교 글쓰기수업에서는 이 연결방식을 틀린 것으로 간주하는 경우가 많다.

7. 콤마

콤마만으로 두 개의 절을 구분하는 것은 불안정하지만, 앞뒤 절이 짧고 인과, 나열, 가정 등 의미상 밀접하게 연관되어있다면 사용할 수 있다.

✔ Act in haste, repent at leisure.

서둘러 행동하고, 느긋하게 뉘우쳐라.

물론 문장 안에 이미 콤마가 있다면 콤마 대신 세미콜론을 찍어야 한다.

Public-school teachers, who have long been underpaid, are no longer content with their situation, they are now demanding change.

✔ Public-school teachers, who have long been underpaid, are no longer content with their situation; they are now demanding change.

오랫동안 낮은 임금을 받아왔던 공립학교 교사들은, 이제 더 이상 자신들의 상황을 감내하지 않고; 변화를 요구하고 있다.

학교 글쓰기수업에서는 대개 콤마로 절을 분리하는 것을 틀린 것으로 간주한다. 콤마로 절을 분리하는 것을 comma splice(콤마연결)라고 하며, 문법적 오류의 대표적인 사례로 꼽는다. 따라서 초중고 학교에서 글쓰기 과제를 할 때는 등위접속사와 콤마로 문장을 연결하지 않는 것이 좋다. 변치 않는 진실은, 자신의 글을 읽을 독자가 누구인지 먼저 생각하고 써야 한다는 것이다.

글쓰기 팁

등위접속사 앞에 콤마를 찍을 것인가, 마침표를 찍을 것인가? 다른 구두점 사용법과 마찬가지로 문장에 담긴 의미에 따라 결정한다. 등위접속사 뒤에 나오는 절이 앞에 나온 절을 한정하는 경우에는 콤마를 찍고, 뒤에 나오는 절이 논의의 주제가 될 만큼 중요한 내용을 담고 있는 경우에는 마침표를 찍는다.

✔ The immediate consequence of higher gas prices was some curtailment of driving, but that did not last long. The long-term effect was changes in the car buying habits of Americans, a change that the Big Three car manufacturers could not ignore. They...

휘발유값 상승의 즉각적인 결과는 약간의 자동차 운행단축이었지만, 오래 지속되지 않았다. 장기적인 효과는 미국인들의 자동차 구매습관을 바꿨는데, 이는 빅쓰리 자동차제조사들도 무시할 수 없는 변화였다. 그들은…

✔ The immediate consequence of higher gas prices was some curtailment of driving. But the long-term effect changed the car buying habits of Americans, perhaps permanently, a change that the Big Three car manufacturers could not ignore. They...

휘발유값 상승의 즉각적인 결과는 약간의 자동차 운행단축이었다. 하지만 장기적인 효과는 미국인들의 자동차 구매습관을 바꿨는데, 이는 빅쓰리 자동차제조사들도 무시할 수 없는, 어쩌면 돌이킬 수 없는 변화였다. 그들은…

8. 콜론

콜론으로 절을 종결하는 방법을 정확히 안다면, '글 좀 쓸 줄 아는 사람'이라는 인상을 줄 수 있다. 문장을 종결하는 콜론은 '예컨대', '다시 말해', '정확하게 말하자면', '설명하자면', '따라서'와 같은 의미로 해석된다.

✔ Dance is not widely supported: no company operates at a profit, and there are few outside major cities.

무용은 대중적인 지지를 받지 못한다: 이는 곧 어떠한 무용단도 수익을 내지 못하며, 대도시 밖에서는 운영할 수 없다는 뜻이다.

앞뒤에 오는 절이 구조, 소리, 의미 측면에서 서로 균형을 이루고 있다는 것을 강조하고자 할 때에도 콜론은 매우 유용하게 쓸 수 있다.

✔ Civil disobedience is the public conscience of a democracy: mass enthusiasm is public consensus of a tyranny.

시민불복종은 민주주의의 공적인 양심이다: 대중적 열광은 독재의 공적인 의견일치다.

콜론 뒤에 절이 나올 경우, 첫 글자를 대문자로 써도 되고 소문자로 써도 된다. 강조하고 싶을 때는 대문자로 시작한다. (하지만 콜론 뒤에 대문자로 절을 시작하면 안 된다고 주장하는 사람도 있다는 것을 참고로 알아두어라.)

글쓰기 팁

콜론은 문법적으로 완벽한 문장 다음에 써야 한다.

✘ Genetic counseling requires: a knowledge of statistical genetics, an awareness of choices open to parents, and the psychological competence to deal with emotional trauma.

✔ Genetic counseling requires the following: a knowledge of statistical genetics, an awareness of choices open to parents, and the psychological competence to deal with emotional trauma.

유전자 상담을 받기 위해 갖춰야 할 조건으로는 통계유전학에 대한 지식, 부모에게 터놓을 수 있는 선택에 대한 인식, 정서적 트라우마를 견뎌낼 수 있는 심리적 건강함이 있다.

9. 대시

대시는 콜론과 마찬가지로 앞뒤에 오는 절이 서로 균형을 이루고 있다는 것을 강조하지만, 콜론보다 비격식적인 용법으로 사용된다. 대시는 문득 떠오른 생각을 덧붙인다는 것을 암시한다.

✔ Stonehenge is a wonder—only a genius could have conceived it.

스톤헨지는 불가사의다—천재만이 이해할 수 있을 것이다.

대시를 콜론으로 바꾸면 어떻게 달라지는지, 미묘한 차이를 음미해보자.

✔ Stonehenge is a wonder: only a genius could have conceived it.

10. 괄호

짧은 절을 다른 절 속에 괄호 쳐서 삽입할 수 있다. 괄호는 글을 쓰다가 문득 떠오른 것을 삽입한 느낌을 준다. 괄호 속에는 마침표를 찍지 않고 괄호 밖에만 마침표를 하나 찍는다.

✔ Stonehenge is a wonder (only a genius could have conceived it).

스톤헨지는 불가사의다(천재만이 이해할 수 있을 것이다).

지금까지 살펴본 10가지 종결방식은 아무 곳에서나 사용할 수 있는 것이 아니다. 구두점마다 의미와 효과가 달라지기 때문에 전달하고자 하는 의도에 맞는 적절한 종결방식을 선택해야 한다. 404쪽 메리 울스턴크래프트의 글을 읽어보면서, 문장종결방식에 따라 글의 느낌이 어떻게 달라지는지 살펴보라.

의도적인 파편문

완결되지 않은 절을 완결된 절처럼 종결하는 것은 독자들의 눈에 매우 심각한 오류처럼 보인다. 이처럼 문장의 일부를 완결된 문장처럼 분리한 것을 파편문fragment이라고 하는데, 가장 자주 볼 수 있는 파편문은 because로 시작하는 종속절을 문장처럼 쓴 것이다.

> You cannot break a complex sentence into two shorter ones merely by replacing commas with periods. **Because** if you do, you will be considered at least careless, at worst uneducated.
>
> 콤마를 마침표로 바꾸는 것만으로 복문을 단문으로 쪼갤 수 없다. 그렇게 글을 쓰면, 부주의하다고 여겨질 것이고, 나쁘게 보면 무식하다고 여겨질 것이기 때문이다.

which로 시작하는 파편문도 자주 볼 수 있다.

> Most fragments occur when you write a sentence that goes on so long and becomes so complicated that you start to feel that you are losing control over it and so need to drop in a period to start another sentence. **Which** is why you must understand how to write a long but clearly constructed sentence that readers can follow easily.
>
> 대다수 파편문은 문장을 너무 길게 쓰다가 복잡해져서 문장에 대한 통제력을 잃고 마침표를 찍고 새로운 문장을 시작해야겠다는 생각이 간절해질 때 발생한다. 이것이 바로 아무리 길어도 독자들이 쉽게 따라올 수 있도록 명확한 짜임새가 있는 문장을 쓰는 법을 터득해야 하는 이유다.

부사구를 독립시킨 파편문도 자주 볼 수 있다.

Traditionally, a punctuated sentence that fails to include an independent main clause is wrong. At least in theory.

전통적으로, 독립적인 주절 없이 문장을 완결하는 것은 허용하지 않는다. 적어도 이론상.

실제로 이러한 파편문을 많은 저자들이 의도적으로 사용한다. 의도적인 파편문에는 일반적으로 두 가지 특성이 있다.

- 비교적 짧다: 단어수가 10개 정도에 불과하다.
- 마음의 흐름을 반영한다. 독자에게 직접 말을 하듯이 문장을 끝내고, 곧바로 그것을 늘리거나 한정한다. 대개 문득 떠오른 생각을 진술하며 역설적인 내용을 담는다.

많은 문학작품에서 다양한 파편문을 볼 수 있다.

Now listen to me, don't listen to [the American colonist]. He'll tell you the lie you expect. **Which** is partly your fault for expecting it.

He didn't come in search of freedom of worship. England had more freedom of worship in the year 1700 than America had. Won by Englishmen who wanted freedom and so stopped at home and fought for it. And got it. Freedom of worship? Read the history of New England during the first century of its existence.

Freedom anyhow? The land of the free! This the land of the free! Why, if I say anything that displeases them, the free mob will lynch me, and that's my freedom. Free? Why I have never been in any country where the individual has such an abject fear of his fellow countrymen. **Because**, as I say, they are free to lynch him the moment he shows he is not one of them...

이제 내 말을 들어라. [미국인] 이야기를 듣지 마라. 그는 당신이 기대하는 거짓말을 할 것이다. 그것을 기대한다는 것 자체가 당신에게도 잘못이 있다는 말이다.

그는 예배의 자유를 찾아서 온 것이 아니다. 1700년, 영국은 미국보다 예배의 자유가 훨씬 보장되어있었다. 자유를 갈구하던 영국인들이 하던 일을 멈추고 싸워서 얻어낸 것이다. 쟁취한 것이다. 예배의 자유? 뉴잉글랜드가 생겨난 뒤 첫 100년간의 역사를 읽어보라.

어쨌든 자유롭지 않냐고? 자유의 땅이라고? 망할 놈의 자유의 땅! 아니, 자신들 마음에 들지 않는 이야기를 하면 그 '자유로운' 군중들은 나를 흠씬 두들겨 팰 것이다. 그것이 나의 자유다. 자유롭냐? 아니, 함께 사는 동포들에 대해 그처럼 절망적인 두려움을 품고 사는 나라는 지금껏 가본 적이 없다. 말하자면, 자신들 무리에 속하지 않는다는 것을 보여주는 순간 그들은 마음껏 두들겨 팰 자유를 가지고 있기 때문이다···

D. H. Lawrence, *Studies in Classic American Literature* DH 로렌스, 《미국문학고전연구》

For amusement I scribbled things for the Virginia City Enterprise... One of my efforts attracted attention, and the Enterprise sent for me and put me on its staff.

And so I became a journalist—another link. By and by Circumstance and the Sacramento Union sent me to the Sandwich Islands for five or six months, to write up sugar. I did it; and threw in a good deal of extraneous matter that hadn't anything to do with sugar. But it was this extraneous matter that helped me to another link.

It made me notorious, and San Francisco invited me to lecture. Which I did. And profitably. I had long had a desire to travel and see the world, and now Circumstance had most kindly and unexpectedly hurled me upon the platform and furnished me the means. So I joined the "Quaker City Excursion."

장난삼아 나는 버지니아시티엔터프라이즈에 지원하는 서류를 대충 써서 냈는데… 나의 노력 중 뭔가가 주목을 끌었는지, 내가 뽑혔다고 하면서 직원으로 갖다 앉히더라고.

그렇게 난 저널리스트가 되었지. 또다른 연결점이었어. 얼마 지나지 않아 어찌어찌 하다가 새크라멘토유니온에서 샌드위치아일랜드로 가서 5-6개월 동안 설탕에 대한 심층보도기사를 써달라고 하더라고. 그렇게 했지. 그런데 설탕과는 아무 상관도 없는 일투성이더라고. 하지만 이 아무 상관도 없는 일은 나에게 또다른 연결점을 만들어주었지.

그걸로 얻은 악명 덕분에, 샌프란시스코에서 나에게 강연을 해달라고 연락이 왔더군. 그렇게 했지. 돈도 두둑이 받고. 난 오래 전부터 세상을 여행하면서 구경하는 게 꿈이었는데, 어찌어찌 하다 보니 지극히 친절하게 그리고 전혀 예상치 못하게 주머니도 두둑한 채로 플랫폼 위에 서있더라고. 그렇게 '퀘이커시티 유람'에 합류했지.

Mark Twain, "The Turning-Point of My Life" 마크 트웨인, "내 인생의 분기점"

하지만 학문적인 글에서는 파편문을 거의 쓰지 않는다. 격식이 떨어진다고 여기기 때문이다. 따라서 파편문을 의도적으로 쓴다는 사실을 독자들이 분명히 알아줄 것이라 여겨지는 분야에서만 써야 한다.

절의 시작부분 구두점 찍기

You have no issues in punctuating the beginning of a sentence when you begin directly with its subject as I did this one.

지금 이 문장처럼 주제로 곧바로 들어갈 때에는 문두에 구두점을 쓸 필요가 없다.

However, as with this one, when a sentence forces a reader to plow through several introductory words, phrases, and clauses, especially when they have their own internal punctuation and readers might be confused by it all (as you may be right now), forget trying to punctuate it right: revise it.

하지만 이 문장과 같이, 도입부 역할을 하는 몇몇 단어, 구, 절 등을 헤치고 나가야 주절에 닿을 수 있는 경우, 특히 도입부 안에 구두점이 연달아 나와 독자를 혼란에 빠뜨릴 수 있는 경우 (지금 당신이 느끼는 것과 마찬가지로), 구두점을 제대로 찍는 법을 잊고 만다: 다시 고쳐 써라.

독자들은 글을 읽으면서 글 쓰는 사람이 몇 가지 규칙은 지켜주기를 바란다. 물론 그 규칙을 지킬 것인지 말 것인지는 글을 쓰는 사람이 판단한다.

믿을 만한 규칙 5가지

1. **문장의 구조를 독자가 잘못 이해할 수 있는 경우, 도입부와 주절 사이에 반드시 콤마를 찍어 분리하라.**

When a lawyer concludes her argument has to be easily remembered by a jury.

✓ **When** a lawyer concludes, her argument has to be easily remembered by a jury.

변호사는 결론을 내릴 때 자신의 주장을 배심원단이 쉽게 기억할 수 있도록 해야 한다.

2. **도입부 역할을 하는 절이나 구는 아무리 길더라도 세미콜론으로 주절과 분리하지 않는다.**

독자들은 세미콜론을 독립절 끝에만 나오는 신호라고 생각한다.

Although the museum possessed a formidable collection of Mesopotamian artifacts, some more than five thousand years old; it could display only a fraction of them.

✔ **Although** the museum possessed a formidable collection of Mesopotamian artifacts, some more than five thousand years old, it could display only a fraction of them.

이 박물관은 5,000년 넘게 거슬러 올라가는 유물을 포함하여 엄청난 양의 메소포타미아 유물을 소장하고 있음에도, 그 중 소수만 전시할 뿐이다.

도입부가 너무 길고 복잡한 경우에는 별도의 독립절로 분리하는 것이 낫다.

✔ The museum possessed a formidable collection of Mesopotamian artifacts, some more than five thousand years old, but it could display only a fraction of them.

이 박물관은 5,000년 넘게 거슬러 올라가는 유물을 포함하여 엄청난 양의 메소포타미아 유물을 소장하고 있지만, 그 중 소수만 전시할 뿐이다.

3. 종속접속사 바로 뒤에 종속절의 주어가 나올 경우 그 사이에 콤마를 찍으면 안 된다.

Although, the art of punctuation is simple, it is rarely mastered.

구두점을, 찍는 기술은 단순하지만, 통달하기는 어렵다.

4. 등위접속사 다음에 주어가 나올 경우 그 사이에 콤마를 찍으면 안 된다.

But, we cannot know whether life on other planets exists.

하지만, 우리는 다른 별에 생명이 존재하는지 알지 못한다.

글쓰기 팁

등위접속사(and, but, yet, for, so, or, nor)나 종속접속사 바로 뒤에 도입부가 따라나올 경우에는, 콤마를 찍기도 한다.

✔ Yet, during this period, prices continued to rise.

하지만, 이 시기 동안 가격은 계속 올랐다.

✔ Although, during this period, prices continued to rise, interest rates did not.

이 시기 동안 가격은 계속 올랐지만, 이자율은 오르지 않았다.

구두점을 찍는 것은 글 쓰는 사람의 자유지만, 많이 찍을수록 독서속도가 떨어진다는 점을 명심하라. 따라서 윗예문들은 다음과 같이 구두점을 생략하는 것이 훨씬 바람직하다. 독서속도가 훨씬 빨라진다.

✔ Yet during this period, prices continued to rise.

✔ Although during this period, prices continued to rise, interest rates did not.

5. 뒤따라 나올 문장 전체를 수식하는 부사나 앞뒤 절을 연결해주는 접속부사가 도입부로 나오면 콤마를 찍는다.

fortunately, allegedly와 같은 부사나 however, nevertheless, regardless 같은 접속부사들은 소리 내 읽어보면 잠깐 쉬어야 한다는 것을 알 수 있다. (눈으로만 읽을 때에도 우리는 마음속으로 소리 내어 읽는 경우가 많다.)

✔ Fortunately, we proved our point.

다행스럽게도, 우리는 핵심을 입증했다.

✔ Not surprisingly, the defendant plans to appeal.

전혀 놀랍지 않은 일이지만, 피고측에서 상고할 계획을 하고 있다.

하지만 도입부 다음에 콤마를 찍은 문장이 계속 나오면 곤란하다. 그런 문장이 연달아 나오면 글 전체가 무언가 망설이고 머뭇거리는 느낌을 준다. 그래서 now, thus, hence 같은 부사 뒤에는 콤마를 생략하는 것이 좋다.

✔ Now it is clear that many will not support this position.

이제 많은 사람들이 이 입장을 지지하지 않을 것이 분명하다.

✔ Thus the only alternative is to choose some other action.

따라서 유일한 대안은 다른 행동을 선택하는 것이다.

✔ Her computer crashed, and she had no backup. Hence she was forced to begin anew.

그녀의 컴퓨터가 망가졌는데, 백업을 해놓지 않았다. 그래서 처음부터 새로 시작할 수밖에 없었다.

믿을 만한 원칙 2가지

1. 도입부가 짧은 경우, 도입부와 주어 사이에 콤마를 안 찍어도 된다.

✔ Once again we find similar responses to such stimuli.

다시 한번 우리는 그런 자극에 대한 비슷한 반응을 찾는다.

✔ In 1066 William the Conqueror landed on England's southern shore.

1966년 정복자 윌리엄이 영국의 남부해안에 상륙했다.

물론 콤마를 찍어도 틀린 것은 아니다. 하지만 콤마를 찍으면 독서속도가 느려진다는 것을 명심하라. 독자가 빠르게 읽어나가기 바라는 곳에서는 콤마를 찍지 않는 것이 좋다.

2. 도입부가 네다섯 단어 이상 길어지는 경우, 독자들은 도입부와 주어 사이에 콤마가 찍혀있기를 바란다.

✔ **When** a lawyer begins her opening statement with a dry recital of the law, the jury is likely to nod off.

변호사가 법정에서 진술을 시작하면서 딱딱한 법조항을 읊을 때, 배심원단은 졸고 있을 확률이 높다.

절의 중간에 구두점 찍기

이 부분은 설명이 다소 복잡한데, 절 안에 구두점을 찍는 것은 문법적 요소뿐만 아니라 독자들이 마음속으로 글을 읽어가며 느끼는 리듬, 의미, 강세와 같은 뉘앙스까지 고려해야 하기 때문이다. 하지만 여기에도 몇 가지 믿을 만한 규칙이 있다.

주어—동사, 동사—목적어

주어와 동사 사이에 콤마를 찍으면 안 된다. 주어가 아무리 길더라도 찍으면 안 된다. 마찬가지로 동사와 목적어 사이에도 콤마를 찍으면 안 된다.

> A sentence that consists of many complex subordinate clauses and long phrases that all precede a verb, may seem to some students to demand a comma somewhere.
>
> 동사 앞에 복합종속절과 긴 구가 여러 개 나오는 문장은, 학생들에게 어딘가 콤마를 찍어야 할 것처럼 느껴질 수 있다.

독자들은 일반적으로 주어가 길게 늘어지는 것을 좋아하지 않는다. 주어 뒤에 콤마를 찍고 싶다는 생각이 든다면, 주어를 짧게 줄여라. 물론 주어가 길어질 수밖에 없는 경우도 있을 것이다. 특히 여러 항목을 주어로 나열해야 하는 경우 콤마를 찍을 수밖에 없다.

> The president, the vice president, the secretaries of the departments, senators, members of the House of Representatives, and Supreme Court justices take an oath that pledges them to uphold the Constitution.
>
> 대통령, 부통령, 각부 장관, 상·하원의원, 대법관은 헌법을 수호하겠다고 다짐하는 선서를 한다.

이런 경우 나열된 명사 다음에 콜론이나 대시를 삽입한 뒤, 목록을 묶어줄 수 있는 한 단어를 주어로 세우면 독자의 정보처리부하를 덜어줄 수 있다.

✔ The president, the vice president, the secretaries of the departments, senators, members of the House of Representatives, and Supreme Court justices: all take an oath that pledges them to uphold the Constitution.

대통령, 부통령, 각부 장관, 상원의원, 하원의원, 대법관, 이들은 모두 헌법을 수호하겠다고 다짐하는 선서를 한다.

콜론을 넣을 것인지 대시를 넣을 것인지는 어느 정도 격식을 유지할 것인지에 따라 판단한다. 앞에서도 말했듯이 콜론이 대시보다 격식을 갖춘 선택이다.

삽입 interruption

주어와 동사, 동사와 목적어 사이를 끊고 구나 절을 삽입하면 독자들이 기본적인 문장구조를 파악하는 데 혼란을 느낄 수 있다. 따라서 특별한 강조나 뉘앙스를 만들어낼 목적이 아니라면 이곳은 끊지 않는 것이 좋다(**레슨9** 참조). 하지만 주어와 동사, 동사와 목적어 사이에 단어 몇 개를 넣어야만 하는 경우도 있을 것이다. 이때는 삽입부 앞뒤로 콤마를 찍어야 한다.

✔ A sentence, if it includes subordinate clauses, may seem to need commas.

문장은, 종속절이 있으면, 콤마를 찍어야 할 것 같은 느낌이 든다.

하지만 이렇게 콤마만 찍는다고 문장이 명확해지는 것은 아니다. 문장을 이해하는 데 꼭 필요한 종속절이라고 여겨질 경우, 문장 끝으로 옮기면 콤마를 찍지 않아도 된다. (한 때는 문장 끝에 종속절을 매달 경우, 앞에 콤마를 찍으면 안 된다고 학교에서 가르치기도 했다.)

- A sentence may seem to need commas if it includes subordinate clauses.

  종속절이 있으면, 문장에 콤마를 찍어야 할 것 같은 느낌이 든다.

- No one should violate the law just because it seems unjust.

  법이 불공평해 보인다는 이유만으로 그 누구도 법을 위반해서는 안 된다.

짧은 부사구를 문장의 앞과 뒤에 삽입할 때는 콤마를 찍지 않는 것이 바람직한 반면, 문장 중간에 삽입할 때는 앞뒤로 콤마를 찍는다. 어디에 삽입할지는, 강조하고자 하는 부분에 따라 달라진다. 위치에 따라 강조되는 부분이 어떻게 달라지는지 비교해보자.

- In recent years modern poetry has become more relevant to the average reader.

  최근 현대시는 평균독자들에게 더 가까워졌다.

- Modern poetry has, in recent years, become more relevant to the average reader.

  현대시는 최근, 평균독자들에게 더 가까워졌다.

- Modern poetry has become, in recent years, more relevant to the average reader.

  현대시는 평균독자들에게 최근 더 가까워졌다.

- Modern poetry has become more relevant to the average reader in recent years.

  최근 현대시는 평균독자들에게 더 가까워졌다.

코멘트 loose commentary

코멘트는 삽입과 다르다. 삽입은 문장 어디에나 넣을 수 있는 반면, 코멘트는 코멘트하는 대상 바로 뒤에 나와야 하기 때문에 자리를 옮길 수 없다. 문장 중간에 코멘트를 다는 경우에는 앞뒤에 콤마, 대시, 괄호를 찍어 구분해줘야 한다.

코멘트는 문법과 의미에 따라 다양할 수 있기 때문에 정확하게 설명하기는 어렵다. 여기서 참고할 수 있는 원칙은 제한적 관계사절과 비제한적 관계사절 용법이다. 제한적 수식은 문장을 이해하는 데 꼭 필요한 정보를 제공하는 반면 비제한적 수식은 문장에 생략가능한 정보를 덧붙여주는 기능을 한다. (물론 정보의 성격을 명확하게 구분하기 어려울 때도 있다.) 피수식 명사를 식별할 수 있게 해주는 제한적 수식에는 콤마를 찍지 않는다.

✔ The house **that** I live in is 100 years old.

내가 사는 집은 100년이 되었다.

이와 달리 피수식 명사에 대한 코멘트를 달아주는 비제한적(계속적) 수식의 경우에는 콤마를 찍어 분리해줘야 한다.

✔ We had to reconstruct the larynx, **which** is the source of voice, with cartilage from the shoulder.

어깨에서 채취한 물렁뼈로 후두(후두란 소리를 만드는 기관이다)를 복원해야 했다.

우리가 자주 쓰는 동격어구는 바로 이러한 비제한적 수식을 축약한 것이다.

✔ We had to reconstruct the larynx, ~~**which** is~~ the source of voice, with cartilage from the shoulder.

어깨에서 채취한 물렁뼈로 후두(~~후두란~~ 소리를 만드는 기관~~이다~~)를 복원해야 했다.

콤마 대신 대시나 괄호를 쓸 수 있다. 대시나 괄호는 콤마보다 다소 격식을 차리지 않은 느낌을 준다.

✔ We had to reconstruct the larynx—the source of voice—with cartilage from the shoulder.

✔ We had to reconstruct the larynx (the source of voice) with cartilage from the shoulder.

코멘트 안에 이미 콤마가 있는 경우 코멘트 앞뒤에 콤마를 또 찍으면 독자들이 혼란에 빠질 수 있다. 이럴 경우 콤마 대신 대시나 괄호를 쓰면 혼란을 예방할 수 있다.

The nations of Central Europe, Poland, Hungary, Romania, Bulgaria, the Czech Republic, Slovakia, Bosnia, Serbia have for centuries been the middle of an East-West tug-of-war.

✔ The nations of Central Europe—Poland, Hungary, Romania, Bulgaria, the Czech Republic, Slovakia, Bosnia, Serbia—have for centuries been the middle of an East-West tug-of-war.

유럽 중앙에 위치한 국가들—폴란드, 헝가리, 루마니아, 불가리아, 체코, 슬로바키아, 보스니아, 세르비아—은 몇 세기 동안 동유럽과 서유럽의 줄다리기 한 가운데 놓여있었다.

독자에게 톤을 낮춰 코멘트를 들려주고 싶을 때는 괄호를 쓴다.

✔ The brain (at least that part that controls non-primitive functions) may comprise several little brains operating simultaneously.

뇌(비원시적인 기능을 통제하는 기관)는 동시에 작동하는 몇몇 작은 뇌로 이루어져있다.

문장 안에 주석을 달 때에도 괄호를 쓴다.

✔ Lamarck (1744-1829) was a pre-Darwinian evolutionist.

라마르크(1744-1829)는 다윈 이전의 진화론자였다.

✔ The poetry of the fin de siecle (end of the century) was characterized by a world-weariness and fashionable despair.

핀드섹(세기말) 시에는 세상에 대한 피로와 당대 유행하던 절망이 깊이 배어있다.

문장 끝에 코멘트를 매다는 경우에는 앞에만 콤마나 대시를 찍고 뒤에는 마침표를 찍는다.

✔ I wandered through Europe, seeking a place where I could write undisturbed.

나는 유럽 전역을 돌아다녔다. 방해받지 않고 글을 쓸 수 있는 곳을 찾아서. (commenting)

✔ I spent my time seeking a place where I could write undisturbed.

나는 방해받지 않고 글을 쓸 수 있는 곳을 찾느라 시간을 보냈다. (identifying)

✔ Offices will be closed July 2-6, as announced in the daily bulletin.

사무실은 7월 2일에서 6일까지 문을 닫는다고 일일게시판에 공지되어있다.(commenting)

✔ When closing offices, secure all safes as prescribed in the manual.

사무실을 닫을 때는, 매뉴얼에 적힌 대로 모든 금고의 보안장치를 확인하라. (identifying)

✔ Historians have studied the domestic lives of ordinary people, at least in recent years.

역사학자들은 평범한 사람들의 일상을 연구했다. 적어도 최근 몇 년 동안은. (commenting)

✔ These records must be kept at least until the IRS reviews them.

이 기록은 적어도 국세청이 검토하기 전까지는 보관되어야 한다. (identifying)

등위항목 연결하기

일반적으로 두 항목을 나란히 연결할 때는 콤마를 찍지 않는다.

As computers have become sophisticated, and powerful they have taken over more clerical, and bookkeeping tasks.

✔ As computers have become sophisticated and powerful they have taken over more clerical and bookkeeping tasks.

컴퓨터가 정교해지고 강력해지면서 더 많은 사무업무와 회계업무를 잠식했다.

하지만 네 가지 예외적인 경우가 있다.

1. 앞뒤 항목의 극적으로 대비시키면서 뒤에 나오는 항목을 강조하고자 할 때 콤마를 찍을 수 있다.

✔ The ocean is nature's most glorious creation, and its most destructive.

바다는 자연이 만들어낸 것 중에 가장 장엄하며, 가장 파괴적이다.

뒷항목을 강조하려면 뒷항목이 앞항목보다 짧아야 한다.

✔ Organ transplants are becoming more common, but not less expensive.

장기이식은 더 일상화되고 있지만, 값은 떨어지지 않는다.

2. 등위항목이 앞으로 나아가면서 힘이 점점 커지는 느낌을 주고 싶을 때 and를 빼고 콤마만 찍는다.

✔ Lincoln never had a formal education and never owned a large library.

✔ Lincoln never had a formal education, never owned a large library.

링컨은 공식교육을 받은 적이 없고, 거대한 도서관도 소유한 적 없다.

✔ The lesson of the pioneers was to ignore conditions seemed difficult or even overwhelming and to get on with the business of subduing a hostile environment.

✔ The lesson of the pioneers was to ignore conditions seemed difficult or even overwhelming, to get on with the business of subduing a hostile environment.

개척자의 교훈은 험난한 심지어 압도하는 듯한 조건을 무시하고, 적대적인 환경을 제압하는 과업을 수행해나가는 것이다.

3. 두 개의 긴 항목을 연결할 때, 독자에게 숨을 돌릴 수 있는 여유가 필요하거나 문장구조를 정리할 시간이 필요하다고 생각되는 경우, 콤마를 찍는다.

It is in the graveyard that Hamlet finally realizes that the inevitable end of life is the grave and clay and that the end of all pretentiousness and all plotting and counter-plotting, regardless of one's station in life, must be dust.

✔ It is in the graveyard that Hamlet finally realizes that the inevitable end of life is the grave and clay, and that the end of all pretentiousness and all plotting and counter-plotting, regardless of one's station in life, must be dust.

삶의 피할 수 없는 종말이 무덤과 진흙이며, 살면서 누렸던 지위와 무관하게 온갖 가식과 모략과 음모는 티끌이 될 수밖에 없다는 것을 햄릿이 마침내 깨달은 곳은 바로 무덤이었다.

이 문장을 소리 내 읽어보면 clay와 life 다음에 숨을 쉬어야 한다는 것을 알 수 있다. 더욱이 clay 뒤에 콤마를 찍지 않으면 grave and clay and that에서 독자들은 문장구조를 파악하지 못해 혼란에 빠질 수 있다.

다음 예문의 경우, 앞에 오는 항목이 너무 길어서 뒤에 오는 항목을 어디에 연결해서 읽어야 할지 독자들은 혼란을 느낄 수 있다.

Conrad's *Heart of Darkness* brilliantly dramatizes those primitive impulses that lie deep in each of us and stir only in our darkest dreams but asserts the need for the values that control those impulses.

✔ Conrad's *Heart of Darkness* brilliantly dramatizes those primitive impulses that lie deep in each of us and stir only in our darkest dreams, but asserts the need for the values that control those impulses.

콘래드의 《어둠의 심장》은 우리 개개인의 마음속 깊이 놓여있으면서 우리의 가장 어두운 꿈 안에서만 휘젓고 다니는 그 원시적인 충동을 영리하게 드라마틱하게 보여주지만, 그러한 충동을 통제하는 가치에 대한 필요성을 주장한다.

하지만 이렇게 구두점을 찍어야만 제대로 이해될 수 있는 복잡한 문장이라면, 고쳐 쓰는 것이 좋다.

4. 하나의 도입부가 등위되는 두 개의 독립절을 수식하는 경우. 도입부 끝에 콤마를 찍고 등위되는 두 독립절 사이에는 콤마를 찍지 않는다.

✔ **Once** the financial crisis ended, the stock market rebounded but unemployment persisted.

금융위기가 끝나고 난 뒤, 주식시장은 되살아났지만 실업은 그대로 유지되었다.

등위항목을 3개 이상 연결하기

이 경우에는 사람마다 의견이 다르다. 맨 마지막 항목 앞에 콤마를 찍지 않아도 된다고 말하는 사람도 있지만, 대부분 찍어야 한다고 생각한다.

✔ His wit, his charm and his loyalty made him our friend.

✔ His wit, his charm, and his loyalty made him our friend.

그의 재치, 매력, 의리 덕분에 그는 우리 친구가 되었다.

두 가지 모두 맞다. 하지만 어느 것을 선택하든 일관성이 있어야 한다. 나열된 항목 안에 콤마가 들어있는 경우, 항목 사이에 콤마 대신 세미콜론을 찍어야 독자들이 헷갈리지 않는다.

✔ In mystery novels, the principal action ought to be economical, organic, and logical; fascinating, yet not exotic; clear, but complicated enough to hold the reader's interest.

미스터리소설에서 주요한 행위는 경제적이고 유기적이고 논리적이어야 하며, 매혹적이지만 이국적이지 않아야 하며, 명확하지만 독자들의 호기심을 끌 수 있을 만큼 복잡해야 한다.

아포스트로피

아포스트로피의 경우에는 선택의 여지가 없다. 지켜야 할 규칙만 있을 뿐이다. 이 규칙을 어길 경우, 문법경찰들의 총알세례에 벌집이 될 수 있다.

1. 축약

아포스트로피는 원래 단어를 축약했다는 것을 표시한다. 학술적인 글이나 공식적인 글에서는 이러한 축약된 표현을 쓰지 않는다. 글이 가벼워 보일 수 있기 때문이다. 어떤 글이나 책에 축약된 표현이 등장한다면, 전문가보다는 일반독자를 대상으로 썼다는 뜻이다. 글쓰기레슨을 받는 경우에는 축약형을 써도 되는지 강사에게 먼저 물어보라.

don't we'll she'd I'm it's

2. 복수

단수명사를 복수형으로 만들 때 s만 붙이지만, 알파벳 하나로 이루어진 명사의 경우 예외적으로 아포스트로피+s를 붙이는 경우가 있다.

Dot your I's and cross your t's. many A's and I's

i에 점을 찍고 t에 가로획을 그어라. 많은 A와 I들

이런 경우 아포스트로피를 찍는 이유는, 아포스트로피를 찍지 않으면 is, ts, As, Is, Us처럼 보일 수 있기 때문이다. 따라서 숫자나 대문자가 여러 개 나와 헷갈릴 위험이 없는 경우에는 아포스트로피를 찍지 않고 s만 붙인다.

The ABCs CDs the 1950s URLs 767s 45s

이런 특별한 경우를 제외하고 복수형을 만들 때에는 절대 아포스트로피를 찍지 않는다. 예컨대 다음과 같은 단어를 사용한다면 문법경찰들이 여지없이 문을 박차고 들이닥칠 것이다.

bus's fence's horse's

3. 소유

단수 명사의 소유격을 표시할 때 아포스트로피+s를 붙인다.

an eagle's wingspan South Korea's technology companies

이 원칙은 s로 끝나는 보통명사나 고유명사에도 그대로 적용된다.

an hourglass's   shape the U .S.'s history   Keats's odes

하지만 복수를 표시하기 위해 s를 붙인 보통명사나 고유명사에는 아포스트로피만 붙인다.

workers' votes   the Smiths' house

복합명사의 소유격을 표시하는 경우에는 마지막 단어에만 아포스트로피+s를 붙인다.

the attorney general's decision   his sisters-in-law's business

단수와 복수가 동일한 명사 중에서 s로 끝나는 경우 아포스트로피만 붙인다.

politics' importance   the United Arab Emirates' oil

스타일가이드에 따라 제시하는 규칙이 달라질 수 있다. 예컨대 s로 끝나는 고유명사, 특히 성서나 고전에 등장하는 인물 중 s로 끝나는 사람에게는 아포스트로피만 붙이라고 말하는 책도 있다.

Moses' tablets   Sophocles' plays

Descartes' *Discourse on Method*

어떤 규칙을 따르든, 일관성을 지켜야 한다.

SUMMARY

구두점을 찍는 목적은 독자들에게 어느 지점이 연결되고 분리되는지 알려줌으로써 문장을 쉽게 이해할 수 있도록 도와주는 것이다. 독자의 눈으로 자신의 글을 읽을 줄 알아야 한다. 물론 말처럼 쉬운 일은 아니지만, 글을 쓰는 사람이라면 반드시 몸에 익혀야 하는 기술이다. 물론, 처음부터 명확한 문장을 쓴다면, 구두점은 자연스럽게 해결될 것이다.

1. 절이 끝나는 지점에는 다음과 같은 방법으로 종결표시를 해야 한다.

절을 종결하는 가장 일반적인 방법	1. 마침표/물음표/느낌표	I win. You lose.
	2. 세미콜론	I win; You lose.
	3. 콤마+등위접속사	I win, and you lose.
일반적이지는 않지만 세련되게 글을 쓰는 사람들이 자주 사용하는 방법	4. 마침표+등위접속사	I win. And you lose.
	5. 세미콜론+등위 접속사	I win; and you lose.
	6. 등위접속사	I win and you lose.
	7. 콤마	I win, you lose.
자신만의 스타일을 과시하고자 하는 사람들이 선택하는 특별한 종결방법	8. 콜론	I win: you lose.
	9. 대시	I win—you lose.
	10. 괄호	I win (you lose).

2. 절을 시작하는 부분에 구두점을 찍을 때는 다음과 같은 원칙을 지켜야 한다.

- 문장의 구조를 독자가 잘못 이해할 수 있는 경우, 도입부와 주절 사이에 반드시 콤마를 찍어 분리하라.

- 도입부 끝에는 세미콜론을 찍지 않는다.
- 종속접속사와 종속절의 주어 사이에 콤마를 찍지 않는다.
- 등위접속사 다음에 주어가 나올 경우 그 사이에 콤마를 찍지 않는다.
- 문장 전체를 수식하는 부사나 접속부사들이 도입부로 나오면 콤마를 찍는다.
- 도입부가 짧으면 도입부 다음에 콤마를 찍어도 되고 찍지 않아도 된다.
- 도입부가 길면, 도입부 다음에 콤마를 찍는 것이 좋다.

3. 문장 중간에 구두점을 찍을 때는 다음과 같은 원칙을 지켜야 한다.

- 주어와 동사, 동사와 목적어 사이에는 특별한 경우가 아니라면 구두점을 찍지 않는다.
- 절 안에 코멘트를 삽입할 경우에는 앞뒤에 콤마, 대시, 괄호로 감싸준다.
- 독립절 끝에 종속절을 덧붙일 때, 문장의 의미를 해석하는 데 꼭 필요한 요소가 아니라면 콤마를 찍어 분리한다.

4. 등위연결을 할 때 등위항목 안에 콤마가 이미 들어있는 경우 세미콜론을 찍는다.

5. 아포스트로피를 찍는 규칙을 잘 익혀 두어라. 선택할 수 있는 경우에는 일관성 있게 사용하라.

Appendix

Exercise 1

문장부호 찍기

다음 예문들은 원래 있던 구두점들을 모두 삭제한 것이다. 절이 끝나는 곳은 사선으로 표시했다. 이 예문에 다음과 같이 구두점을 넣어보자.

1. 첫 번째 작업에서는 구두점을 최대한 적게 넣는다.
2. 두 번째 작업에서는 구두점을 최대한 많이 넣는다.
3. 마지막 세 번째 작업에서는 가장 적절하다고 여겨지는 수준에서 구두점을 선별하여 넣는다.

덧붙여, 이 예문들의 구조를 분석해보라. 우아한 글의 또 다른 모범을 만날 수 있다. 특히 문장을 시작하고 끝맺는 방식에 주목하라. 글을 분석하다 보면 여러분들이 직접 몇몇 부분은 더 뛰어나게 개선할 수도 있을 것이다.

1. Scientists and philosophers of science tend to speak as if "scientific language" were intrinsically precise as if those who use it must understand one another's meaning even if they disagree / but in fact scientific language is not as different from ordinary language as is commonly believed / it too is subject to imprecision and ambiguity and hence to imperfect understanding / moreover new theories or arguments are rarely if ever constructed by way of clear-cut steps of induction deduction and verification or falsification / neither are they defended rejected or accepted in so straightforward a manner / in practice scientists combine the rules of scientific methodology with a generous admixture of intuition aesthetics and philosophical commitment / the importance of what are sometimes called extra-rational or extra-logical components of thought in the discovery of a new principle or law is generally acknowledged... But the role of these extra-logical components in persuasion and acceptance in making an argument convincing is less frequently discussed partly because they are less visible / the ways in which the credibility or effectiveness of an argument depends on the realm of common experiences or extensive practice in communicating those experiences in a common language are hard

to see precisely because such commonalities are taken for granted / only when we step out of such a "consensual domain" when we can stand out on the periphery of a community with a common language do we begin to become aware of the unarticulated premises mutual understandings and assumed practices of the group / even in those subjects that lend themselves most readily to quantification discourse depends heavily on conventions and interpretation, conventions that are acquired over years of practice and participation in a community.

from Evelyn Fox Keller, *A Feeling for the Organism: The life and Work of Barbara McClintock*

2. In fact of course the notion of universal knowledge has always been an illusion / but it is an illusion fostered by the monistic view of the world in which a few great central truths determine in all its wonderful and amazing proliferation everything else that is true / we are not today tempted to search for these keys that unlock the whole of human knowledge and of man's experience / we know that we are ignorant / we are well taught it / and the more surely and deeply we know our own job the better able we are to appreciate the full measure of our pervasive ignorance / we know that these are inherent limits compounded no doubt and exaggerated by that sloth and that complacency without which we would not be men at all / but knowledge rests on knowledge / what is new is meaningful because it departs slightly from what was known before / this is a world of frontiers where even the liveliest of actors or observers will be absent most of the time from most of them / perhaps this sense was not so sharp in the village that village which we have learned a little about but probably do not understand too well the village of slow change and isolation and fixed culture which evokes our nostalgia even if not our full comprehension / perhaps in the villages men were not so lonely / perhaps they found in each other a fixed community a fixed and only slowly growing store of knowledge of a single world / even that we may doubt / for there seem to be always in the culture of such times and places vast domains of mystery if not unknowable then imperfectly known endless and open.

from J. Robert Oppenheimer, "The Sciences and Man's Community," *Science and the Common Understanding*

1. 구두점을 최대한 적게 찍을 경우

Scientists and philosophers of science tend to speak as if "scientific language" were intrinsically precise, as if those who use it must understand one another's meaning even if they disagree. But in fact scientific language is not as different from ordinary language as is commonly believed. It too is subject to imprecision and ambiguity and hence to imperfect understanding. Moreover, new theories or arguments are rarely if ever constructed by way of clear-cut steps of induction, deduction and verification or falsification. Neither are they defended, rejected or accepted in so straightforward a manner. In practice scientists combine the rules of scientific methodology with a generous admixture of intuition, aesthetics and philosophical commitment. The importance of what are sometimes called extrarational or extra-logical components of thought in the discovery of a new principle or law is generally acknowledged... But the role of these extra-logical components in persuasion and acceptance in making an argument convincing is less frequently discussed partly because they are less visible. The ways in which the credibility or effectiveness of an argument depends on the realm of common experiences, or extensive practice in communicating those experiences in a common language are hard to see precisely because such commonalities are taken for granted. Only when we step out of such a "consensual domain," when we can stand out on the periphery of a community with a common language do we begin to become aware of the unarticulated premises, mutual understandings and assumed practices of the group. Even in those subjects that lend themselves most readily to quantification, discourse depends heavily on conventions and interpretation, conventions that are acquired over years of practice and participation in a community.

구두점을 최대한 많이 찍을 경우

Scientists and philosophers of science tend to speak as if "scientific language" were intrinsically precise, as if those who use it must understand one another's meaning, even if they disagree. But, in fact, scientific language is not as different from ordinary language as is commonly believed: it, too, is subject to imprecision and ambiguity, and hence to imperfect understanding. Moreover, new theories, or arguments, are rarely, if ever, constructed by way of clearcut steps of induction, deduction, and verification or falsification; neither are they defended, rejected, or accepted in so straightforward a manner. In practice, scientists combine the rules of scientific methodology with a generous admixture of intuition, aesthetics, and philosophical commitment. The importance of what are sometimes called extra-rational or extra-logical components of thought in the discovery of a new principle or law is generally acknowledged... But the role of these extra-logical components in persuasion and acceptance in making an argument convincing is less frequently discussed, partly because they are less visible. The ways in which the credibility, or effectiveness, of an argument depends on the realm of common experiences, or extensive practice in communicating those experiences in a common language, are hard to see precisely, because such commonalities are taken for granted. Only when we step out of such a "consensual domain," when we can stand out on the periphery of a community with a common language, do we begin to become aware of the unarticulated premises, mutual understandings, and assumed practices of the group. Even in those subjects that lend themselves most readily to quantification, discourse depends heavily on conventions and interpretation, conventions that are acquired over years of practice and participation in a community.

2. 구두점을 최대한 적게 찍을 경우

In fact of course, the notion of universal knowledge has always been an illusion. But it is an illusion fostered by the monistic view of the world in which a few great central truths determine in all its wonderful and amazing proliferation everything else that is true. We are not today tempted to search for these keys that unlock the whole of human knowledge and of man's experience. We know that we are ignorant. We are well taught it. And the more surely and deeply we know our own job, the better able we are to appreciate the full measure of our pervasive ignorance. We know that these are inherent limits compounded no doubt and exaggerated by that sloth and that complacency without which we would not be men at all. But knowledge rests on knowledge. What is new is meaningful because it departs slightly from what was known before. This is a world of frontiers where even the liveliest of actors or observers will be absent most of the time from most of them. Perhaps this sense was not so sharp in the village, that village which we have learned a little about but probably do not understand too well, the village of slow change and isolation and fixed culture which evokes our nostalgia even if not our full comprehension. Perhaps in the villages men were not so lonely. Perhaps they found in each other a fixed community, a fixed and only slowly growing store of knowledge of a single world. Even that we may doubt. For there seem to be always in the culture of such times and places vast domains of mystery if not unknowable then imperfectly known, endless and open.

구두점을 최대한 많이 찍을 경우

In fact, of course, the notion of universal knowledge has always been an illusion, but it is an illusion fostered by the monistic view of the world, in which a few great, central truths determine, in all its wonderful and amazing proliferation, everything else that is true. We are not, today, tempted to search for these keys that unlock the whole of human knowledge and of man's experience: we know that we are ignorant; we are well taught it; and the more surely and deeply we know our own job, the better able we are to appreciate the full measure of our pervasive ignorance. We know that these are inherent limits, compounded, no doubt, and exaggerated by that sloth and that complacency without which we would not be men at all. But knowledge rests on knowledge: what is new is meaningful, because it departs, slightly, from what was known before. This is a world of frontiers, where even the liveliest of actors or observers will be absent most of the time, from most of them. Perhaps, this sense was not so sharp in the village, that village which we have learned a little about, but probably do not understand too well–the village of slow change, and isolation, and fixed culture, which evokes our nostalgia, even if not our full comprehension. Perhaps in the villages men were not so lonely; perhaps they found in each other a fixed community, a fixed and only slowly growing store of knowledge of a single world. Even that we may doubt, for there seem to be always in the culture of such times and places, vast domains of mystery, if not unknowable, then imperfectly known–endless and open.

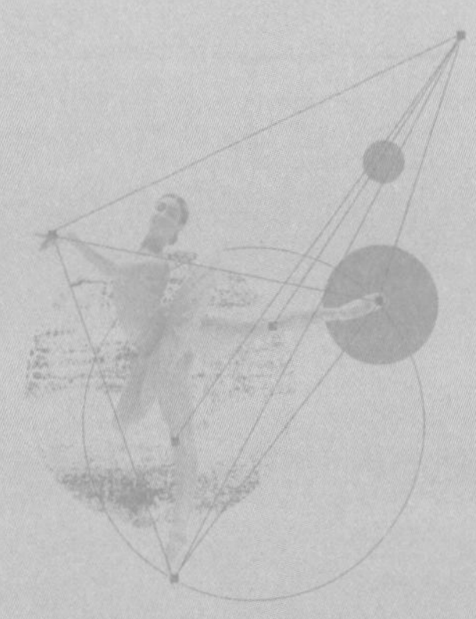

Everything of importance has been said before by somebody who did not discover it.

중요한 것은 예외없이, 그것을 발견한 사람이 아닌 누군가가 이미 말했던 것이다.

Alfred North Whitehead

알프레드 노스 화이트헤드

인용하기

자신의 생각만으로 글을 써낼 수 있는 사람은 아마도 세상에 존재하지 않을 것이다. 어떠한 연구자도 혼자 생각만으로 글을 쓸 수 없다. 다른 사람에게서 배우는 것을 통해 우리 생각은 풍요로워지고, 글도 잘 쓸 수 있는 법이다. 다른 사람의 말이나 생각을 자신의 글에 사용하고 싶다면, 가장 먼저 해야 할 일은 그들의 생각을 제대로 이해하고 존중하는 것이다. 이 과정에서 조그마한 실수라도 한다면 큰 손상을 입힐 수 있다. 주장의 신뢰성도 훼손될 것이며 학점도 망칠 것이고, 심각한 경우 '정직하지 않은 사람'이라는 치명적인 오명을 쓸 수도 있다.

하지만 인용을 할 때에도 스타일 측면에서 선택할 수 있는 요소들이 많다. 여기서는 앞선 레슨들과 마찬가지로 제대로 인용하기 위해 꼭 지켜야 하는 규칙을 먼저 설명하고, 효과적으로 인용하기 위해 선택할 수 있는 요소를 설명한다.

표절로 의심받지 않기 위해 알아야 할 것들

표절이란 다른 사람의 생각이나 말을 가져다가 온전히 자신이 만들어낸 생각이나 말처럼 하는 것을 말한다. 글을 쓰는 사람이 저지를 수 있는 악행 중에서도 가장 심각한 악행이자 범죄라고 할 수 있다. 표절보다 더 심각한 범죄를 굳이 찾는다면, 근거를 꾸며내고 조작하는 행위 또는 모든 것을 거짓으로 꾸며내는 행위처럼 매우 극단적인 악행밖에 없을 것이다. 표절에 대해서 먼저 이야기하는 이유는, 당신이 정직하지 않을 것이라고 의심하기 때문이 아니라 표절이 글쓰기 윤리를 위반하는 얼마나 심각한 행위인지 일깨워주고자 하는 것이다.

물론 스스로 정직하게 글을 썼다고 자부하는 사람은, 표절에 대해 걱정할 필요가 없다고 생각할 수도 있겠지만, 전혀 그렇지 않다. 표절을 의심하고 판단하는 기준이 무엇인지 알지 못하면, 자신도 모르는 사이에 표절 의심을 받을 수 있다. 특히 다른 글의 일부를 인용하거나 다른 자료를 가져오는 방법을 정확하게 알지 못한다면 그러한 위험은 더욱 커진다.

무심코 저지른 실수라고 판명이 난다고 하더라도, 표절은 쉽게 용인될 수 있는 문제가 아니다. 글을 쓰는 사람이 다른 글이나 자료를 인용하는 법을 모른다는 것 자체가 변명이 되지 않기 때문이다. 어떤 경우든 독자들은 당신의 글을 신뢰하지 않을 것이고, 더 나아가 '당신'도 의심할 것이다. 남의 글과 자료를 제대로 인용하는 방법은 글쓰기의 가장 기초라고 할 수 있기 때문에, 이것을 실수한다는 것은 글을 쓰는 사람으로서 기본적인 자질을 갖추지 못했다는 뜻이다. 의도적으로 표절한 것이 아니라 단순한 실수일 뿐이라고 해도, 저자의 신뢰성과 명성은 크게 손상될 것이고 학자나 전문가로서 경력을 쌓아가기 어려워질 것이며 이미 쌓아온 경력 또한 한순간에 무너질 수 있다.

기본적인 맞춤법이나 문법을 잘 알지 못한 채 글을 써서 발표했다면 제대로 밤잠을 잘 수 있을까? 언제 누가 엉터리 맞춤법을 지적할지 모른다. 다른 사람의 글을 가져다 쓰는 방법을 정확하게 알지 못하고 글을 쓰는 것도 마찬가지다. 언제 누가 표절 의혹을 제기하지 않을까 걱정하며 초조하게 살아야 한다. 인용을 할 때 지켜야 하는 규칙을 제대로 이해하지 못하거나 또는 그런 규칙을 존중하지 않는다면, 표절은 언제 터질지 모르는 폭탄처럼 당신을 끊임없이 괴롭힐 것이다.

표절은 단순히 말을 훔치는 행위가 아니다. 다른 사람이 응당 받아야 하는 사회적 존경과 인정을 훔치고 빼앗는 행위다. 남의 과제를 베껴서 내는 행위 역시 그 학생이 받아야 할 인정은 물론, 학점까지 훔치는 것이다. 그와 비슷한 과제가 또 존재한다면, 그의 과제는 그만큼 두드러져 보이지 않을 것이고 따라서 정당한 평가를 받기 어려울 것이다.

이러한 도둑질이 일상화되면 어떻게 될까? 의심이 점점 퍼져나가면서 사람들은 서로 불신할 것이고, 마침내 공동체 전체가 '수단과 방법을 가리지 않고 나만 잘 살면 그만'이라는 냉소적이고 염세적인 문화 속에 파묻히고 말 것이다.

"그래서 뭐? 이게 잘못된 일이야? 다들 그렇게 하잖아. 돈 벌고 출세하면 장땡이지."

그런 나라는 학문의 수준은 물론 교육의 수준도 계속 추락할 것이다. 교수와 선생들이 교과과정을 계발하고 발전시키는 데 노력을 쏟아야할 시간에, 학생들의 부정직한 표절을 잡아내는 헛일을 해야만 하기 때문이다.

표절은 절대 사소한 악행이 아니다. 학술공동체와 전문가공동체의 가장 기초가 되는 윤리의식을 갉아먹는다. 표절에 눈감는 순간, '정직한 연구'가 아닌 다른 요인이 더 큰 힘을 발휘한다. 집단은 본질적 존립가치를 잊고, 돈과 권력이 지배하는 또다른 평범한 이익집단으로 전락한다. 표절에 눈 감는 것은 공동체를 파괴하고 스스로 자멸하는 지름길을 선택하는 것이다.

표절을 하지 않는 기본원칙을 한마디로 정리하자면 다음과 같다.

남의 말이나 아이디어를 마치 자기 것처럼 사용하고 있다는 인상을 주는 행위는, 어떤 행위든 절대 하지 말라. 내 말이나 내 아이디어가 아닌 것을 말할 때는 무조건 출처표기를 하라. 독자들이 모를 것이라고 생

각하지 말라. 나보다 훨씬 많은 지식과 정보를 가진 독자들이 모두 찾아낼 것이다.

제대로 인용하기 위해 반드시 지켜야 하는 규칙들

인용출처를 밝혀야 하는 대상은 출간된 책에만 적용되는 것이 아니다. 간단한 인쇄물, 온라인에 게시된 글, 말로 하는 강연, 녹취록도 모두 출처를 밝혀야 한다. 인터넷에 떠돌아다니는 글은 마음대로 가져다 자기 글처럼 써도 된다고 생각해서는 안 된다. 내 글이나 생각이 아니면 무조건 출처를 밝히고 인용해야 한다.

남의 글을 인용하는 방법에는 다음 세 가지가 있다.

옮겨쓰기 quoting 직접인용	어디서 어디까지 남의 말을 '따온' 것인지 따옴표를 치거나 블록으로 구분해서 표시한다.
풀어쓰기 paraphrasing 간접인용	원전의 내용을 이해하고 그것을 나만의 말로 완전히 바꿔서 표현한다.
빌려오기 아이디어나 연구방법	아이디어만 빌려왔다고 하더라도 반드시 출처를 밝혀야 한다.

물론, 분야마다 인용방법이 조금씩 다를 수 있으니 자신이 속한 분야의 관습을 확인해고 그에 따라야 한다.

제대로 인용하기 위해서는 인용구를 메모하는 법, 구두점 찍는 법, 인용구 쓰는 법과 같이 반드시 지켜야하는 기본적인 규칙부터 알아야 한다. 자칫 고리타분하게 느껴질 수도 있겠지만, 이런 것들을 제대로 할 줄 알아야 그 다음 중요하고 세련된 기술—인용구를 자신의 글 속에 효과적으로 녹여내는 기술—을 익힐 수 있다.

메모하기

인용과정에서 실수를 저지르지 않기 위해서는 자료를 조사하고 메모하는 과정부터 조심해야 한다. 정확하게 메모하기 위해서는 상당한 시간이 들어갈 수 있지만, 인용의 가장 첫 단계부터 제대로 하지 않으면 나중에 두 번 세 번 다시 확인하고 또 확인해야 하는 사태가 벌어질 수 있다.

1. **서지정보를 정확하게 기록한다.**

   처음부터 제대로 기록해두지 않으면 나중에 마감시간에 쫓겨 다시 책을 뒤져야 하는 상황에 처할 수 있다. 최악의 경우, 서지정보를 확보하지 못해, 인용한 부분을 통째로 빼야 하는 불상사가 벌어질 수도 있다. 메모할 때 기록해두어야 할 서지정보는 다음과 같다.

책의 서지정보	논문, 칼럼, 기사의 서지정보
• 저자 • 제목 (부제목이 있다면 부제목까지) • (시리즈에 속한 책일 경우) 시리즈 제목 • 판edition이나 권volume 번호 • 출간도시와 출판사 • 출간연도 • 인용할 내용이 있는 페이지	• 저자 • 제목 (부제목이 있다면 부제목까지) • 글이 수록된 잡지, 저널, 책의 제목 • 권volume과 호issue 번호 • 온라인 데이터베이스 • 출간연도 • 글이 수록된 페이지

   물론 이 중에서 해당되지 않는 정보는 생략할 수 있다. 예컨대 판이나 권 번호가 없는 책도 많고, 온라인 데이터베이스가 없는 글도 있다. 온라인 자료를 인용할 때는 위에 나열한 정보에 덧붙여 URL과 접속한 날짜까지 메모해야 한다. URL로 출처를 정확하게 표기할 수 없는 경우, 독자들이 출처를 쉽게 찾을 수 있도록 도움을 줄 수 있는 정보를 추가하라.

2. **인용문을 정확하게 기록한다.**

인용할 글을 원문 그대로 '정확하게' 베껴 쓴다. 원문에 들어있는 콤마, 세미콜론과 같은 구두점도 그대로 옮겨야 한다. 인용할 내용이 길다면, 스캔하거나 복사하거나 다운로드해놓는다.

3. **가져온 글과 자신이 쓴 글이 명확하게 구분되도록 표시한다.**

메모한 것을 몇 주 후 펼치더라도 다른 글에서 가져온 부분과 내 생각을 분명하게 구분할 수 있어야 한다. 그렇지 않으면 인용구를 자신이 쓴 것처럼 글에 삽입하는 실수를 범할 수 있고 이로 인해 표절로 의심받을 수 있다. 펜으로 쓰든, 컴퓨터로 작성하든 반드시 구분해 놓아야 한다.

아무리 뛰어난 학자라고 해도 표절논란으로 인해 한 순간에 명예가 실추되는 사건을 목격한 적이 있을 것이다. 그들은 한결같이 다른 글을 옮겨 쓰거나 풀어 쓰는 과정에서, 가져온 글과 자신의 생각을 구분하지 못하는 단순한 실수로 인해 발생한 일이라고 변명한다. 처음부터 신중하게 메모하는 습관을 들이지 않으면 언제든 이런 실수를 저지를 수 있다.

4. **풀어 쓸 때는 원문과 비슷하지 않게 쓴다.**

단순히 몇몇 단어를 비슷한 단어로 바꿔 넣는 것은 풀어 쓰는 것이 아니다. 이렇게 단어만 바꾸는 것은 표절로 간주된다. (인용출처를 표기해도 표절이다!) 인용하고자 하는 부분을 완전히 자신의 말로 다시 써야 한다. 문장의 형태도 완전히 달라야 한다. 실제 예문을 통해 풀어쓰기와 표절을 비교해 보자. 원문의 문장구조를 거의 그대로 유지하면서 단어만 갈아 끼운 글은 표절이라는 점을 명심하라.

원문

At the heart of the argument culture is our habit of seeing issues and ideas as absolute and irreconcilable principles continually at war. To move beyond this static and limiting view, we can remember the Chinese approach to yin and yang. They are two principles, yes, but they are conceived not as irreconcilable polar opposites but as elements that coexist and should be brought into balance as much as possible.

논증문화의 핵심에는 이슈와 의견들을 끝없이 교전중인 절대적이고 화해할 수 없는 원칙으로 바라보는 우리의 습성이 있다. 이러한 정적이고 제한적인 관점을 넘어서기 위해, 중국의 음양론을 참고할 수 있다. 말 그대로 여기에는 두 개의 원칙이 존재한다. 하지만 음과 양은 화해할 수 없는 양극단의 대립요소가 아니라 공존하는 요소로 여겨지며 가능한 한 균형을 찾는다.

Deborah Tannen, *The Argument Culture: stopping America's War of Words* 데보라 태넌, 《논증문화: 미국에서 벌어지는 말들의 전쟁을 멈춰라》

풀어 쓴 것 같지만 표절인 글

At the center of our culture of argument is our tendency to regard position and ideas as entirely and irresolvable in conflict. To get past this rigid and narrow understanding, we need to see our concepts not as completely opposed but as perspectives that exist simultaneously and that should be harmonized to the fullest possible extent.

논증의 문화의 중심에는 입장과 아이디어를 전적으로 융합될 수 없는 갈등으로 바라보는 우리의 경향이 있다. 이러한 완고하고 속 좁은 이해를 넘기 위해, 우리의 발상을 완전히 대립하는 것이 아닌 동시에 존재할 수 있는 관점으로 보며 최대한 조화를 이룰 수 있는 것으로 봐야 한다.

제대로 풀어 쓴 글

Our society's approach to argument is based on an assumption that competing positions and ideas must always be in conflict. To transcend it, we need to recognize that these competing positions and ideas can often reconciled.

논증을 대하는 우리 사회의 태도는, 경쟁하는 입장과 의견이 갈등관계에 있다는 가정에서 나온다. 그 한계를 넘어서기 위해서는, 갈등하는 입장과 아이디어들 중 많은 것들이 중재할 수 있다는 사실을 떠올려야 한다.

인용문 삽입하기

인용한 글이라는 표시를 하기 위해 구두점을 찍는 규칙은 다음과 같다.

1. 인용구 다음에 구두점을 찍어야 할 때

인용구 다음에 마침표나 콤마를 찍어야 할 때는 따옴표 '안에' 찍는다.

John Maynard Keynes observed, "In the long run we are all dead."

존 메이나드 케인즈는 말했다. "언젠가 우리는 모두 죽는다."

When John Maynard Keynes observed, "In the long run we are all dead," he was reminding us not to be seduced by abstract economic theory.

존 메이나드 케인즈가 "언젠가 우리는 모두 죽는다"라고 말한 것은, 추상적인 경제이론에 미혹되지 말라고 경고한 것이다.

물음표, 콜론, 세미콜론을 찍어야 할 때는 따옴표 '밖에' 찍는다.

My first bit of advice is "Quit complaining"; my second is "Get moving."

나의 첫 번째 조언은 "불평은 그만 하라"는 것이고 두 번째 조언은 "계속 나아가라"는 것이다.

The Old West served up plenty of "rough justice": Lynchings and other forms of casual punishment were not uncommon.

과거 서부는 "난폭한 정의"를 양산했다. 집단폭력 등 임의적인 형태의 처벌이 흔하게 벌어졌다.

How many law professors believe in "natural law"?

얼마나 많은 법학교수들이 "자연법"을 신봉하는가?

Why does Keats write, "Beauty is truth, truth beauty"?

키츠는 왜 "아름다움은 진리요, 진리는 아름다움이로다"라고 썼을까?

2. 인용구가 물음표나 느낌표로 끝날 때

인용구 자체가 물음표나 느낌표로 끝나는 경우, 인용 다음에 찍어야 할 마침표나 콤마는 생략한다.

Freud famously asked, "What do women want?"

프로이트가 던진 질문은 유명하다. "여자는 무엇을 원하는가?"

3. 인용구 안에 인용구가 나올 때

인용구 다음에 마침표나 콤마를 찍어야 할 경우 두 따옴표 '안에' 찍는다.

She said, "I have no idea how to interpret 'Ode to a Nightingale.'"

"'나이팅게일에 바치는 송가'를 어떻게 해석해야 할지 모르겠다"고 그녀는 말했다.

인용출처 표기하기

이제 남은 것은 어디서 인용한 것인지 온전하게, 정확하게, 적절하게 표기하는 것이다. 콤마를 잘못 찍는 것은 그래도 어느 정도 실수라고 봐줄 수도 있겠지만, 인용출처를 표기하는 규칙을 지키지 못하는 것은 심각한 문제가 될 수 있다. 이러한 사소한 규칙조차 제대로 지키지 못하는 사람이 중요한 문제를 제대로 풀 수 있을지, 사람들은 의심할 것이다.

인용출처를 표기할 때 가장 많이 사용하는 세 가지 형식이 있다.

MLA Modern Language Association(현대언어학회)에서 제시한 인용출처 표기방식으로 문학연구, 고등학교와 대학의 글쓰기 수업에서 사용한다.

APA American Psychological Association(미국심리학회)에서 제시한 인용출처 표기방식으로 사회과학에서 주로 사용한다.

CMS Chicago Manual of Style 《시카고대학 스타일매뉴얼》에서 제시한 인용출처 표기방식으로 인문학과 사회과학 일부에서 사용한다.

우선 자신의 독자가 이중에 어떤 표기방식을 원하는지 알아야 한다. 인용출처 표기방식에 대해 자세히 알고자 한다면 출처표기방식만 따로 설명하는 책을 사서 보기 바란다.

인용효과를 극대화하기 위한 선택

다시 말하지만 다른 사람의 글을 윤리적으로 정당하게 사용하고자 한다면, 정확하게 옮겨 쓰고, 적절하게 풀어 쓰고, 분야에 맞는 인용출처 표기방식을 따라야 한다. 문법이라는 규칙 위에 선택할 수 있는 스타일의 영역이 존재하는 것처럼, 반드시 지켜야 하는 인용규칙 위에, 인용하고자 하는 의도를 반영하기 위해 선택할 수 있는 요소들이 있다. 우리는 인용문을 글 속에 넣는 방식을 선택함으로써 인용에 대한 독자의 반응에 어느 정도 영향을 미칠 수 있다. 이러한 선택요소들을 결정하기 위해서는 먼저 다음 세 가지 질문에 답해야 한다.

- 얼마나 인용할 것인가? 단어 하나만 인용할 것인가? 구? 문장? 문단을 인용할 것인가? 또는 글 전체를 요약할 것인가?
- 어떻게 인용할 것인가? 원문을 정확히 그대로 옮겨올 것인가? 아니면 그 아이디어만 가져와 내 말로 풀어 쓸 것인가?
- 출처를 어떻게 표시할 것인가? 인용한 글이나 생각의 원저자를 어떤 식으로 보여줄 것인가?

이 질문에 답하기 전에 주의해야 할 것이 있다. 분야마다 인용규칙이 조금씩 다른 것처럼 인용방식 또한 조금씩 다를 수 있다. 옮겨쓰기를 주로 선호하는 분야도 있고, 옮겨쓰기보다는 풀어쓰기나 줄여쓰기를 선호하는 분야도 있다. 자신이 속한 분야에서 어떤 인용방식을 선호하는지 알아보는 가장 좋은 방법은, 그 분야에서 가장 권위있는 저자의 글에서 어떻게 인용하는지 찾아보는 것이다.

여기서는 일반적인 수준에서 몇 가지 선택할 수 있는 인용방법을 설명한다. (이 글에서는 괄호 속에 출처를 표기한다. 이것도 분야마다 다를 수 있으니 확인하기 바란다.)

얼마나 인용할 것인가?

먼저 인용할 분량을 결정해야 한다. 단어 몇 개 ? 한 문장? 여러 문장? 또는 글 전체 요약? 또 이것을 옮겨 쓸 것인지 풀어 쓸 것인지 줄여 쓸 것인지 결정해야 한다. 물론 이에 대해 즉각적으로 답할 수 있는 규칙은 존재하지 않지만, 참고할 만한 세 가지 원칙이 있다.

1. 필요한 만큼만 인용하라

옮겨 쓰든 풀어 쓰든 인용한 양이 너무 적으면, 원문을 제대로 이해하고 인용을 했는지 의심스러울 수도 있고 인용문이 전반적인 논의에 어떻게 기여하는지 또 무슨 연관성이 있는지 의심스러울 수도 있다. 반대로 인용한 양이 지나치게 많으면 글이 전개해나가고자 하는 논의 자체가 위태로워 보일 수 있다. '딱 적당한' 수준을 찾는 것은 물론 어려운 일이다. 무수히 강의를 듣고 책을 읽고 글을 쓰는 방법밖에 없다. 그런 과정을 통해 서서히 균형감각이 생겨날 것이다. 이것이 우리가 해 줄 수 있는 최선의 조언이다.

불안을 해소하기 위한 선택이 아니라 논증을 강화하기 위한 선택을 하라.

2. 인용구가 주목받기 원하는 만큼만 인용하라

인용하는 부분이 중요하다고 생각되거나 이에 대해서 면밀하게 논의하고자 한다면 그만큼 많이 인용하라. 그냥 언급만 하고 지나치고 싶다면 최소한만 인용하라.

3. 인용문에 대한 나의 입장에 비례하여 인용하라

이 원칙은 윤리적인 문제 또는 저자로서 투사하고자 하는 에토스와 관련이 있다(432쪽 참조). 내가 동의하는 글은 조금만 인용해도 된다. 그런 글은 정확하고 공정하게 인용하고 해설할 것이라고 독자들은 가정한다. 하지만 내가 동의하지 않는 글은 좀더 많은 양을 인용해야 한다. 자신이 제대로 원문을 이해하고 해설하고 있다는 것을 독자들에게 보여줘야 하기 때문이다. 자신이 원하는 방향으로 논의를 끌고 나가기 위해 원문을 숨기거나 원문의 의미를 왜곡하는 것처럼 보여서는 안 된다.

어떻게 인용할 것인가?

얼마나 많은 양을 인용할 것인지 결정하고 나면, 그것을 어떻게 글 속에 삽입할 것인지 선택해야 한다. 원문의 특정한 부분을 그대로 옮겨 쓸 수도 있고, 원문의 특정한 부분을 자신의 말로 풀어 쓸 수도 있고, 원문의 핵심을 자신의 말로 요약할 수도 있다. 간략하게 원칙을 말하자면, 원문의 표현을 그대로 보여줘야 할 때에만 옮겨 쓰고, 나머지 경우에는 풀어 쓰거나 요약한다. 좀더 자세하게 알아보자.

1. 줄여쓰기 summarizing (요약)

줄여쓰기의 대상은 원문 전체가 될 수도 있고, 일부 섹션이 될 수도 있다. 또는 원문의 특정한 측면이 될 수도 있다. 줄여쓰기는 원문이 '말하고자 하는 바'를 독자들이 쉽게 이해할 수 있도록 요약해주는 것이다.

원문의 논증을 세부적으로 알려주고자 하거나 원문을 근거로 사용하고자 할 때 줄여쓰기는 적절한 선택이 아니다. 예컨대 소설 속 한 대목을 집중적으로 분석하고자 할 때나, 보고서에 수록된 데이터를 분석하고자 할 때는 옮겨쓰기나 풀어쓰기를 선택해야 한다.

줄여쓰기는 절이나 문장 하나로 끝날 수도 있고, 몇 개 문단으로 길어질 수도 있다. 요약을 어떻게 사용하고자 하느냐에 따라 길이는 달라진다. 얼마나 인용할 것인지 판단하는 세 가지 원칙에 기초해 판단하라.

줄여쓰기를 할 때는 '내가 원문을 정확하게, 공정하게 요약하고 있다고 독자들이 생각할까' 스스로 질문해야 한다. 원문을 온전히 이해하지 못한 채 요약하거나 자신의 편의를 위해 원문을 왜곡하여 요약한다는 의심이 든다면, 독자는 당신의 논의 전체를 의심할 것이다.

요약하는 것을 절대 가볍게 생각해서는 안 된다. 사실, 어떤 글을 요약한다는 것은 매우 어려운 작업이다. 단순히 원문의 일부를 그대로 옮겨 쓰거나 풀어 쓰는 것이 아니라, 글 전체에서 '의미를 증류'해내야 한다. 그럼에도 요약은 학술세계에서든 직업세계에서든 가장 기초적인 글쓰기 형태이기 때문에 반드시 숙달해야 한다.

면밀하게 말하자면, 요약은 원문의 '정확한' 의미를 절대 포착해낼 수 없다. 무엇을 남기고 무엇을 배제할지 선택하는 작업은 기본적으로 해석에 따라 달라진다. 원문을 어떤 의미로 이해하기로 내가 '선택'한 것이고 또 원문이 독자들에게 어떤 의미로 이해되기를 바라는지 내가 '선택'한 것이다.

하지만 노련한 작가들은 이러한 근원적 난관을 넘을 수 없는 장벽이라고 여기고 좌절하기보다, 원문의 '어떤 측면은 감추고 어떤 측면은 부각할 수 있는' 기회로 활용한다. (어느 부분에 그늘을 드리운다는 뜻으로 이것을 '쉐이딩shading'이라고 부른다.) 실제로, 원문을 요약하는 과정에서 쉐이딩을 어느 정도까지 할 수 있는지 아느냐 모르느냐 하는 것은 진정한 전문가를 판단하는 기준이 된다. 쉐이딩을 활용하여 화제에 대해 내가 얼마나 정통한지 보여줄 수 있으며 독자들의 관심을 끌 수 있다.

안타깝게도 쉐이딩이 어느 선까지 가능한지 판단할 수 있는 보편적 기준은 없다. 자기 분야에서 권위있는 사람들이 쓴 글을 꾸준히 읽어가면서 스스로 터득해야 한다. 다만 우리는 개략적인 조언 두 가지는 알려줄 수 있다.

- 신중하라: 겁 없이 밀고 나가는 돈키호테보다는 지나칠 정도로 낯을 가리는 햄릿처럼 보이는 것이 현명한 선택이다.
- 내가 동의하지 않은 글을 요약할 때는 두 배로 신중하라: 원문을 요약해서 보고하는 방식이 공정하지 않다는 인상을 독자에게 주어서는 안 된다.

2. 풀어쓰기 paraphrasing (직접인용)

풀어 쓸 때에도 줄여 쓸 때와 마찬가지로 쉐이딩이 작동할 수밖에 없다. 어찌 그렇지 않겠는가? 어휘선택이 달라지고 문장이 달라지면 의미는—아주 미묘한 차이라고 할지라도—변할 수밖에 없다. 문제는 이러한 의미의 변화를 의식적으로, 또 책임있게 통제할 줄 알아야 한다는 것이다. 앞에서 표절을 설명하면서 보았던 데보라 태넌의 예문을 다시 보자.

원문 (데보라 태넌의 책 284쪽에 수록되어있는 내용)

At the heart of the argument culture is our habit of seeing issues and ideas as absolute and irreconcilable principles continually at war. To move beyond this static and limiting view, we can remember the Chinese approach to yin and yang. They are two principles, yes, but they are conceived not as irreconcilable polar opposites but as elements that coexist and should be brought into balance as much as possible.

논증문화의 핵심에는 이슈와 의견들을 끝없이 교전중인 절대적이고 화해할 수 없는 원칙으로 바라보는 우리의 습성이 있다. 이러한 정적이고 제한적인 관점을 넘어서기 위해, 중국의 음양론을 참고할 수 있다. 말 그대로 여기에는 두 개의 원칙이 존재한다. 하지만 음과 양은 화해할 수 없는 양극단의 대립요소가 아니라 공존하는 요소로 여겨지며 가능한 한 균형을 찾는다.

풀어쓰기

Our society's approach to argument is based on an assumption that competing positions and ideas must always be in conflict. To transcend it, we need to recognize that these competing positions and ideas can often reconciled (284).

논증을 대하는 우리 사회의 태도는, 경쟁하는 입장과 의견이 갈등관계에 있다는 가정에서 나온다. 그 한계를 넘어서기 위해서는, 갈등하는 입장과 아이디어들 중 많은 것들을 중재할 수 있다는 사실을 떠올려야 한다(284).

풀어쓰기는 원문의 의미를 정확하게 전달하지 않는다. 풀어 쓴 글은 사실, 원문을 읽고 내가 이해한 내용을 쓴 것이며, 이것은 또한 원문의 다양한 측면 중에서 내가 가장 중요하다고 생각하는 측면을 쓴 것이다. 다른 사람이 이 글을 풀어 쓴다면 달라질까? 물론 그렇다. 그럼에도 가장 정확하고 공정하게 풀어 썼다고 스스로 확신할 수 있는 선택을 하라.

풀어쓰기를 할 때 이러한 선택을 피해나갈 수 있는 방법은 없다. 따라서 이러한 선택은 반드시 의식적으로, 의도적으로, 윤리적으로 결정해야 한다. 풀어 쓴 글이 원문을 충실하게 반영하고 있으며, 논의의 맥락에 적절하며, 독자들이 충분히 이해할 수 있는 선택인지 신중하게 따져라.

3. 옮겨쓰기 quoting (직접인용)

블록쿼트 block quote (별도 문단으로 넣기)

직접인용을 할 내용이 몇 줄을 넘어가는 경우 따옴표를 치지 말고 문단을 분리하여 삽입한다. 블록쿼트는 일반 문단의 첫 줄을 들여쓰기 하는 공간만큼 문단 전체를 들여 쓴다. 블록쿼트 속에 여러 문단이 들어있는 경우, 문단의 첫 줄을 또 다시 들여쓰기할 수 있다.

About our society's approach to argument, linguist Deborah Tannen offers this observation:

> At the heart of the argument culture is our habit of seeing issues and ideas as absolute and irreconcilable principles continually at war. To move beyond this static and limiting view, we can remember the Chinese approach to yin and yang. They are two principles, yes, but they are conceived not as irreconcilable polar opposites but as elements that coexist and should be brought into balance as much as possible. (284)

우리 사회의 논증에 대한 태도에 대해 언어학자 데보라 테넌은 다음과 같이 논평한다.

> 논증문화의 핵심에는 이슈와 의견들을 끝없이 교전중인 절대적이고 화해할 수 없는 원칙으로 바라보는 우리의 습성이 있다. 이러한 정적이고 제한적인 관점을 넘어서기 위해, 중국의 음양론을 참고할 수 있다. 말 그대로 여기에는 두 개의 원칙이 존재한다. 하지만 음과 양은 화해할 수 없는 양극단의 대립요소가 아니라 공존하는 요소로 여겨지며 가능한 한 균형을 찾는다. (284)

이 예문에서 볼 수 있듯이 블록쿼트를 할 때는, 블록쿼트 바로 앞에 인용구를 소개하는 문장을 쓰고 마침표나 콜론을 찍는다.

약간의 변칙적인 방법으로, 소개문장과 블록쿼트를 한 문장처럼 연결할 수 있다. 이 경우 소개문장 끝을, 인용구와 문법적으로 자연스럽게 이어지도록 처리한다.

Linguist Deborah Tannen observes that the core of our society's approach to argument

> is our habit of seeing issues and ideas as absolute and irreconcilable principles continually at war...

언어학자 데보라 테넌에 따르면 우리 사회의 논증에 대한 태도의 핵심에는

> 이슈와 의견들을 끝없이 교전중인 절대적이고 화해할 수 없는 원칙으로 바라보는 우리의 습성이 있다…

드롭인 drop in (글 속에 넣기)

인용할 내용이 4줄 이하라면, 블록쿼트처럼 별도의 문단으로 분리하지 않고 글 속에 집어넣어도 된다. 물론 여기서도 인용구를 소개하는 문장이 먼저 나와야 한다.

According to linguist Deborah Tannen "At the heart of the argument culture is our habit of seeing issues and ideas as absolute and irreconcilable principles continually at war" (284).

언어학자 데보라 테넌에 따르면 "논증문화의 핵심에는 이슈와 의견들을 끝없이 교전중인 절대적이고 화해할 수 없는 원칙으로 바라보는 우리의 습성이 있다" (284).

As Tannen says/ asserts/ states/ claims/ comments/ notes/ observes/ suggests, "At the heart of the argument culture is our habit of seeing issues and ideas as absolute and irreconcilable principles continually at war" (284).

테넌이 말/역설/진술/단언/표명/주장/언급/논평/제안/비판하듯이/ 일깨워주듯이/ 밝히듯이 "논증문화의 핵심에는 이슈와 의견들을 끝없이 교전중인 절대적이고 화해할 수 없는 원칙으로 바라보는 우리의 습성이 있다" (284).

소개문장에서 다양한 동사를 선택할 수 있다는 것을 눈여겨보라. 인용구에 대한 나의 태도에 따라 다른 선택을 할 수 있다.

인용구의 저자를 글 속에서 명확하게 언급하지 않았다면, 다른 방법으로 표시해주어야 한다.

According to one eminent linguist, "At the heart of the argument culture is our habit of seeing issues and ideas as absolute and irreconcilable principles continually at war" (Tannen 284).

탁월한 언어학자에 따르면 "논증문화의 핵심에는 이슈와 의견들을 끝없이 교전중인 절대적이고 화해할 수 없는 원칙으로 바라보는 우리의 습성이 있다" (Tannen 284).

리듬을 주거나 강조효과를 주기 위해 인용구를 잘라서 삽입할 수도 있다.

"At the heart of the argument culture" writes linguist Deborah Tannen, "is our habit of seeing issues and ideas as absolute and irreconcilable principles continually at war" (284).

"논증문화의 핵심에는" 언어학자 데보라 테넌에 따르면 "이슈와 의견들을 끝없이 교전중인 절대적이고 화해할 수 없는 원칙으로 바라보는 우리의 습성이 있다" (284).

인용구를 종속절로 삽입할 수도 있다. 이 경우에는 콤마를 찍으면 안 되며, 원문이 대문자로 시작한다고 하더라도 소문자로 바꿔서 써야 한다.

Linguist Deborah Tannen observes that "at the heart of the argument culture is our habit of seeing issues and ideas as absolute and irreconcilable principles continually at war" (284).

언어학자 데보라 테넌에 따르면 "논증문화의 핵심에는 이슈와 의견들을 끝없이 교전중인 절대적이고 화해할 수 없는 원칙으로 바라보는 우리의 습성이 있다" (284).

드롭인 인용은 원저자의 주장을 원저자의 말로 독자들에게 전달하고자 할 때 사용한다. 하지만 드롭인 인용을 너무 많이 사용하면 글이 읽기 어려워질 뿐만 아니라, 인용구만 잘 엮어서 주장하고자 하는 바를 만들어내려고 하는 것 아닌가 하는 의심을 살 수 있다. 따라서 인용을 할 때는 인용구가 내 주장을 펼쳐나가는 데 어떻게 기여하는지 명확하게 알려주어야 한다.

위브인 weave in (글 속에 엮기)

인용구를 내 문장 속에 엮어 넣는 것으로, 인용구가 내 생각과 밀접하게 통합되어있다는 느낌을 준다.

Linguist Deborah Tannen suggests that to change our "argument culture," we need to stop "seeing issues and ideas as absolute and irreconcilable principles continually at war" and to view them instead "as elements that coexist and should be brought into balance as much as possible"(284).

언어학자 데보라 테넌에 따르면 "논증문화"를 바꾸고자 한다면, "이슈와 의견들을 끝없이 교전중인 절대적이고 화해할 수 없는 원칙으로 바라보는" 것을 멈추고 이들이 "공존하는 요소로 가능한 한 균형을 찾는다"고 봐야 한다(284).

인용구를 내 문장 속에 끼워넣기 위해서는 단어를 추가하거나 빼거나 바꿔야 할 때도 있다. 그런 경우, 인용구의 의미가 바뀌지 않도록 조심해야 한다. 단어를 추가하거나 수정했을 때는 사각괄호square bracket을 사용하여 표시하고, 단어를 뺐을 때는 마침표 세 개를 찍어 생략되었다는 것을 표시한다. (생략 다음에 문장이 끝나는 경우는 마침표를 하나 더 추가해 네 개를 찍는다.)

Linguist Deborah Tannen suggests that to change our "argument culture," we need to stop "seeing issues and ideas as... continually at war" and, instead, to "[bring them] into balance as much as possible"(284).

언어학자 데보라 테넌은 "논증문화"를 바꾸고자 한다면, "이슈와 의견들을 끝없이 교전중인… 원칙으로 바라보는" 것을 멈추라고 하면서 "[이들은] 가능한 한 균형을 찾는다"고 말한다 (284).

인용구의 특정 항목을 강조하고자 할 때에는 강조가 원문에 있던 것이 아니라 내가 추가한 것이라는 사실을 분명히 밝혀야 한다. 사각괄호나 출처 표기하는 괄호 속에 my emphasis, emphasis mine, emphasis added 같은 표현을 넣는다.

Linguist Deborah Tannen challenges us to view our different concepts "as *elements that coexist* [my emphasis] and should be brought into balance as much as possible" (284).

언어학자 데보라 테넌은 우리의 다양한 생각은 "**공존하는 요소**[강조는 내가 추가]로 여겨지며 가능한 한 균형을 찾는다"고 역설한다 (284).

Linguist Deborah Tannen challenges us to view our different concepts "as elements that coexist and should be brought into *balance as much as possible*" (284 emphasis added).

언어학자 데보라 테넌은 우리의 다양한 생각은 "공존하는 요소로 여겨지며 **가능한 한 균형**을 찾는다"고 역설한다 (284 강조는 내가 추가).

위브인 인용은 독자를 특정한 단어나 구에 집중시키고자 할 때 사용할 수 있다. 인용하고자 하는 단어가 적을수록 더 강렬한 스폿라이트를 받는다.

Linguist Deborah Tannen suggests that "at the heart of the argument culture is our habit of seeing issues and ideas as absolute and irreconcilable principles continually at war," and she challenges us to view them instead "as elements that coexist and should be brought into balance as much as possible" (284).

언어학자 데보라 테넌은 "논증문화의 핵심에는 이슈와 의견들을 끝없이 교전중인 절대적이고 화해할 수 없는 원칙으로 바라보는 우리의 습성이 있다"고 말하며 이들은 "공존하는 요소로 여겨지며 가능한 한 균형을 찾는다"고 역설한다 (284).

Linguist Deborah Tannen suggests that our "argument culture" is based on our tendency to regard "issues and ideas as absolute and irreconcilable principles continually at war," and she challenges us to "[bring them] into balance as much as possible" (284).

언어학자 데보라 테넌은 우리의 "논증문화"는 "이슈와 의견들을 끝없이 교전중인 절대적이고 화해할 수 없는 원칙으로" 간주하는 우리의 경향에 기초한다고 말하며 "[이들은] 가능한 한 균형을 찾는다"고 역설한다 (284).

Linguist Deborah Tannen suggests that our "argument culture" is based on our tendency to regard different positions and concepts as "continually at war," and she challenges us to seek "balance" instead (284).

언어학자 데보라 테넌은 우리의 "논증문화"는 다른 입장과 생각을 "끝없이 교전중인" 것으로 간주하는 우리의 경향에 기초한다고 말하며 이들은 "균형"을 유지하고자 한다고 역설한다 (284).

적은 양을 인용할수록 인용구가 더 많이 강조된다는 것을 알 수 있다. 물론 인용구가 적어지면 원문의 맥락이 모호해질 수 있고, 원문을 내가 제대로 해석하고 있는지 독자에게 입증할 수 있는 기회도 줄어든다. 단어 몇 개나 짧은 구를 인용하고자 할 때는, 내가 원문을 정확하고 공정하게 인용하고 있다고 독자들도 믿을지 곰곰이 생각해보라.

원문에서 몇 단어만 가져다 쓰고자 할 때는 먼저 그것을 인용할 필요가 있는지 따져봐야 한다. 누구나 쓸 수 있는 단어라고 여겨진다면, 굳이 인용표시를 할 필요가 없다. 반면 눈에 띄게 특이하거나 중요한 단어라고 여겨진다면, 인용표시를 하고 출처를 표기해야 한다. 태넌의 첫 번째 문장을 보자.

At the heart of the argument culture is our habit of seeing issues and ideas as absolute and irreconcilable principles continually at war.

여기서 issues and ideas는 너무나 평범한 표현이기 때문에 굳이 인용을 할 필요도 없으며, 이 표현을 가져다 쓴다고 하더라도 따옴표를 치거나 출처를 밝힐 필요가 없다. 반면 argument culture는 태넌이 만들어낸 독창적이고 눈에 띄는 표현이기에 인용표시를 하고 출처표기를 해야 한다. 이렇게 한 번 따옴표를 찍고 출처를 밝히고 나면, 그 다음부터는 따옴표를 찍지 않고 써도 된다. (출처도 당연히 밝히지 않아도 된다.)

출처를 어떻게 표시할 것인가?

인용구의 저자를 다양한 방식으로 표시할 수 있다. 예문을 비교해보자.

Linguist Deborah Tannen observes that our society's approach to argument is based on an assumption that competing positions and ideas must always be in conflict (284).

언어학자 데보라 테넌은, 논증을 대하는 우리 사회의 태도는 경쟁하는 입장과 의견이 갈등관계에 있다는 가정에서 나온다고 말한다 (284).

> Our society's approach to argument is based on an assumption that competing positions and ideas must always be in conflict (Tannen 284).
>
> 논증을 대하는 우리 사회의 태도는 경쟁하는 입장과 의견이 갈등관계에 있다는 가정에서 나온다 (Tannen 284).

어떤 선택을 해야 할지는 인용하는 목적에 따라 달라진다. 인용문의 저자를 본문 속에서 명시적으로 보여주는 것은 이 인용문과 거리를 두고자 한다는 뜻이다. 반면 인용문의 저자를 괄호 속에 넣어 표기하는 것은 그 인용문에 내가 전적으로 동의한다는 뜻으로, 인용문을 마치 내 생각인 것처럼 진술하는 것이다. 태넌의 인용문에 동의할 경우에는, 인용문 다음에 그 주장의 유용성을 명시적으로 진술해주는 것이 좋다.

> Our society's approach to argument is based on an assumption that competing positions and ideas must always be in conflict (Tannen 284). Recognizing this assumption helps us understand the shrill tone of much talk radio today.
>
> 논증을 대하는 우리 사회의 태도는 경쟁하는 입장과 의견이 갈등관계에 있다는 가정에서 나온다 (Tannen 284). 이러한 가정은 시끄럽게 소리지르는 오늘날 라디오 토크쇼들을 이해할 수 있도록 도움을 준다.

물론 인용문의 저자를 본문 속에서 명시적으로 보여주고 나서 인용문에 동의하는 진술을 하는 덧붙일 수도 있다.

> Linguist Deborah Tannen observes that our society's approach to

argument is based on an assumption that competing positions and ideas must always be in conflict (284). This view helps us understand the shrill tone of much talk radio today.

언어학자 데보라 테넌은, 논증을 대하는 우리 사회의 태도는 경쟁하는 입장과 의견이 갈등관계에 있다는 가정에서 나온다고 말한다 (284). 이러한 관점은 시끄럽게 소리지르는 오늘날 라디오 토크쇼들을 이해할 수 있도록 도움을 준다.

반면, 태넌의 인용문에 동의하지 않는 경우에는 저자를 명시적으로 보여준 다음에 인용구에 담긴 주장의 한계를 덧붙여 진술해야 한다. (인용구를 소개하는 동사로 claim을 선택한 것을 눈여겨보라. 위에서는 observe를 선택했다.)

Linguist Deborah Tannen claims that our society's approach to argument is based on an assumption that competing positions and ideas must always be in conflict (284). But in fact, many in our society value different perspectives on complex issues.

언어학자 데보라 테넌은, 논증을 대하는 우리 사회의 태도는 경쟁하는 입장과 의견이 갈등관계에 있다는 가정에서 나온다고 주장한다 (284). 하지만 우리 사회를 구성하는 많은 이들이 복잡한 이슈를 바라보는 관점은 실로 다양하다.

하지만 저자를 본문에서 명시적으로 보여주지 않고 주장의 한계를 진술한다면, 독자들은 다소 혼란을 느낄 수 있다. 인용문을 내 생각인 것처럼 진술했기 때문에, 스스로 모순되는 말을 하고 있는 것처럼 보인다.

✖ Our society's approach to argument is based on an assumption that competing positions and ideas must always be in conflict (Tannen 284). But in fact, many in our society value different perspectives on complex issues.

논증을 대하는 우리 사회의 태도는 경쟁하는 입장과 의견이 갈등관계에 있다는 가정에서 나온다 (Tannen 284). 하지만 우리 사회를 구성하는 많은 이들이 복잡한 이슈를 바라보는 관점은 실로 다양하다.

인용문의 저자를 명시적으로 드러내는 것이 부담스럽다면, 일반적인 발화자를 내세워 진술할 수 있다. (그럼에도 인용출처는 반드시 표기해야 한다.)

Some linguists claims that our society's approach to argument is based on an assumption that competing positions and ideas must always be in conflict (Tannen 284). But in fact, many in our society value different perspectives on complex issues.

몇몇 언어학자들은, 논증을 대하는 우리 사회의 태도가 경쟁하는 입장과 의견이 갈등관계에 있다는 가정에서 나온다고 주장한다 (Tannen 284). 하지만 우리 사회를 구성하는 많은 이들이 복잡한 이슈를 바라보는 관점은 실로 다양하다.

SUMMARY

남의 말이나 생각을 빌려올 때, 그 출처를 밝히고 원문을 정확하고 공정하게 보여줘야 하는 것은 글을 쓰는 사람의 윤리적 의무다.

표절, 즉 남의 글이나 생각을 가져다 마치 자신이 떠올린 것처럼 사용하는 행위는 심각한 범죄다. 더 나아가, 표절로 의심받는 행동도 해서는 안 된다. 다음 원칙을 명심하라.

- 내 말이나 내 아이디어가 아닌 것을 말할 때는 무조건 출처를 표기하라. 그것은 숨긴다고 해서 숨길 수 있는 것이 아니다. 훨씬 많은 정보를 가진 독자들이 모두 찾아낼 것이다.

다른 사람의 글이나 생각을 인용할 때는 다음 세 가지 방법을 따른다.

- 옮겨쓰기 quoting (직접인용): 인용한 말에 따옴표를 치거나 블록으로 구분해서 어디서 어디까지 가져온 것인지 표시한다.
- 풀어쓰기 paraphrasing (간접인용): 원전의 내용을 완전히 나만의 말로 표현해야 한다.
- 아이디어나 연구방법 빌려오기: 아이디어만 빌려왔다고 해도 반드시 출처를 밝혀야 한다.

자료를 조사하는 과정에서 대충 메모하거나 정확하게 인용하는 방법을 모르고 메모하면, 인용과정에서 실수를 저지를 수 있다. 내가 쓴 글과 인용한 글이 명확하게 구분되게끔 구두점을 찍는 법과 인용출처를 표기하는 방법을 알아야 한다. 인용표기법은 분야마다 다르니 자신이 속한 분야에서 사용하는 방식을 익혀두어라.

효과적으로 인용을 하기 위해서는 다음 세 가지 질문에 답하라.

- 얼마나 인용할 것인가? 단어 하나만 인용할 것인가? 구? 문장? 문단을 인용할 것인가? 또는 글 전체를 요약할 것인가?
- 어떻게 인용할 것인가? 원문을 정확히 그대로 옮겨올 것인가? 아니면 아이디어만 가져와 내 말로 풀어 쓸 것인가?
- 인용문의 저자를 어떻게 표시할 것인가? 인용한 글이나 생각의 원저자를 어떻게 보여줄 것인가?

원문의 말을 그대로 가져다가 독자에게 보여줄 필요가 있는 경우에는 옮겨 쓰고(직접인용) 그렇지 않은 경우에는 풀어 쓰거나(간접인용) 줄여 쓰라(요약).

원문을 그대로 옮길 때(직접인용) 세 가지 방법으로 인용할 수 있다.

- 별도 문단으로 넣기 block quote
- 글 속에 넣기 drop in
- 글 속에 엮기 weave in

인용구에 대해 독자들이 어떻게 반응하기를 바라는지 판단하여 선택하라.

인용구의 저자를 표기하는 방법은, 인용한 글에 대해 자신이 동의하느냐 동의하지 않느냐에 따라 결정한다. 다른 사람의 글을 옮겨 쓰거나 풀어 쓰면서 저자를 명시적으로 언급하지 않으면 (괄호 속에 넣어 표기한다면), 인용한 글도 마치 내가 쓴 것처럼 읽힌다. 이는 인용한 글에 내가 동의한다는 것을 독자들에게 알려주는 것이다.

The administrator with a sense for style hates wastes; the engineer with a sense for style economizes his material; the artisan with a sense for style prefers good work. Style is the ultimate morality of mind.

스타일 감각이 있는 행정가는 낭비를 싫어하고, 스타 일 감각이 있는 엔지니어는 재료를 효율적으로 활용하며, 스타일 감각이 있는 장인은 훌륭한 작품을 만 들어낸다. 스타일은 우리 마음 속 궁극의 도덕이다.

Alfred North Whitehead

알프레드 노스 화이트헤드

용어설명

여기서는 이 책을 제대로 이해하기 위해 알아야 할 용어들을 설명한다. 본문에서 상세하게 설명한 용어는 그 페이지만 표시한다. 이 책을 빠르게 읽어나가고 싶다면 주어, 단순주어, 전체주어, 동사만 먼저 확인해도 좋다.

가정법 subjunctive 사실과 다른 진술을 할 때 사용하는 동사 형태.

If he were President··· He asked that they be removed

강세 stress ➡ 199

강조어 intensifier ➡ 310

개념문제 conceptual problem ➡ 238

공감대 common ground 글의 첫머리에 제시하는, 글쓴와 독자 모두 동의할 수 있는 정보. 공감대는 바로 뒤에 따라 나오는 불안정조건으로 뒤집기 위해 깔아 두는 맥락 역할을 한다. ➡ 242

과거분사 past participle 동사의 과거분사는 대개 과거와 형태가 같지만 불규칙적으로 변형되는 것들도 있다.

- 규칙동사: jump—jumped—jumped, work—worked—worked
- 불규칙동사: see—saw—seen, break—broke—broken, swim—swam—swum

동사로 사용될 때는 be나 have 뒤에 따라 나오며, 명사를 수식하는 기능을 하기도 한다.

It was found. I have gone. unclaimed money

관계대명사 relative pronoun 관계사절을 이끌기 위해 사용하는 대명사.

who whom which whose that

관계사절 relative clause 관계대명사로 시작하는 절(그래서 '관계대명사절'이라고 부르기도 한다). 관계사절은 두 가지로 구분할 수 있다. ➲ 39, 57, 348, 520

- 제한적 관계사절 restrictive clause

  The book that I read was good. 내가 읽은 책은 좋았다.

- 비제한적(계속적) 관계사절 nonrestrictive clause

  My car, which you saw, is gone. 내 차는, 방금 봤지, 가버렸어.

관사 article 말로 정의하려면 어렵지만 a, an, the 세 개밖에 밖에 없기 때문에 외우면 된다. 관사는 **한정사** 중 하나다.

구 phrase 두 개 이상의 단어가 모여 의미뭉치를 형성하지만, 그 속에 주어와 **정형동사**가 없는 것.

the dog too old was leaving in the house ready to work

능동태 active voice ➲ 126

단순주어 simple subject **전체주어** 속에서 가장 핵을 이루는 최소주어로 동사의 수를 결정한다.

The books that are required reading **are** listed.

단순주어는 가급적 동사와 가까이 놓는 것이 좋다.

If a book **is** required reading, it **is** listed.

대상 goal 동사로 표현된 행위의 대상. 대개 **직접목적어**가 대상이다.

I see you. I broke the dish. I built a house.

가끔은 목적어가 아닌 주어가 행위의 대상인 경우도 있다.

I underwent an interrogation. She received a warm welcome.

댕글링 dangling modifier '현수수식구'라고도 한다. ➲ 365

독립절 independent clause 그 자체로 하나의 문장(대문자로 시작하고 종결부호로 끝나는

단위)이 될 수 있는 절. 문법적 문장grammatical sentence이라고도 한다. ➲ 495

동격 appositive which + be를 생략하고 남은 명사구.

My dog, ~~which is~~ a dalmatian, ran away.

동명사 gerund 동사에 ing를 붙여서 명사화한 것.

When she left we were happy. ➔ Her leaving made us happy.

동사 verb 주어와 수를 일치시켜야 하며, 시제에 따라 형태가 달라진다.

The book is ready. The books were returned.

등위연결 coordination 문법적으로 대등한 항목을 연결하는 것. 등위연결에 사용되는 접속사로는 and, or, nor, but, yet이 있다.

- 같은 품사를 연결하는 경우: you and I, red and black, run or jump
- 구를 연결하는 경우: in the house but not in the basement
- 절을 연결하는 경우: when I leave or when you arrive

리바이징 revising 내가 쓴 글을 독자의 시선에서 고치는 작업. 진단-분석-수정 3단계 과정으로 진행된다. ➲ 87

메타디스코스 metadiscourse ➲ 135, 176, 198, 203, 288, 307, 316

명사 noun 문장에서 다음 빈 칸 안에 들어갈 수 있는 단어는 명사다.

The ________ is good.

명사는 크게 두 가지 유형으로 분류할 수 있다.

- 구체적인 명사: dog, rock, car
- 추상적인 명사: ambition, space, speed

동사나 형용사를 명사로 표현할 수 있는데, 이러한 명사들이 바로 이 책에서 가장 자주 언급되는 명사화된 표현이다.

act ➔ action wide ➔ width

명사절 noun clause 명사 기능을 하는 절. 문장에서 주어나 목적어가 될 수 있다.

That you are here proves that you love me.

명사화 nominalization ➲ 83

목적어 object 목적어에는 다음 세 가지 종류가 있다.

- 직접목적어 direct object: 타동사 뒤에 따라나오는 명사.

  I read the book. We followed the car.

- 간접목적어 indirect object: 동사와 직접목적어 사이에 위치하는 명사.

  I gave the waiter a tip.

- 전치사의 목적어 prepositional object: 전치사 뒤에 따라나오는 명사.

  in the house by the walk with fervor

무거운 단어 weighty words ➲ 393

문헌연구 literature review ➲ 236

반복수식구 resumptive modifier ➲ 350

병렬 parallel 문법적 특성이 같은 항목을 등위접속사로 연결한 것.

I decided to work hard and to do a good job.

다음은 병렬이 아니다.

I decided to work hard and that I should do a good job.

보어 complement 동사만으로 의미를 완성하지 못할 경우, 의미를 보충해주는 역할을 하는 문장성분.

I am home. You seem tired. She helped me.

복합명사 compound noun phrase ➲ 139, 528

부사 adverb 명사를 뺀 나머지 품사를 수식하는 단어. 구, 절을 수식할 수도 있다.

- 형용사 수식 extremely large, rather old
- 동사 수식 frequently spoke, often slept
- 부사 수식 very carefully, somewhat rudely
- 관사 수식 precisely the man I meant, just the thing I need
- 문장 수식 Fortunately, we were on time.

부사구 adverbial phrase 부사 기능을 하는 구.

We arrived a day later than expected.

She went to Florence to paint.

부사절 adverbial clause 동사나 형용사를 수식하는 절. 시간, 이유, 조건 등을 표시한다.

because, when, if, since, while, unless 같은 종속접속사가 이끄는 종속절.

If you leave, I will stop. **Because** he left, I did too.

부정사 infinitive 시제를 표시할 수 있는 정형동사와 달리, 시제를 표시할 수 없는 부정형동사. 대개 to 다음에 나오지만 단독으로 나오는 경우도 있다.

He decided to stay. We helped him repair the door.

비정형동사 nonfinite verb 시제를 표시할 수 없는 동사. 다음 세 가지 형태가 있다.

- 부정(형동)사 infinitive: She wants to leave. She let him leave.
- 분사 participle: The guy is fixing my bike. He has fixed my bike. My bike was fixed.
- 동명사 gerund: Eating too much made me sick. She avoids eating too much. That prevents you from eating too much.

센텐스리듬 sentence rhythm ➲ 385, 391

소유격 possessive 어떤 대상의 소유주라는 사실을 표시하는 장치. 명사에 -'s를 붙인다.

my your his her its their

the dog's tail workers' votes

수동태 passive voice ➲ 126

술부 predicative 전체주어 뒤에 따라나오는 것. 동사구부터 문장 끝까지.

He left yesterday to by a hat.

실용문제 practical problem ➲ 238

심층결속성 coherence ➲ 169

아포스트로피 apostrophes ➲ 526

연결동사 linking verb 보어가 주어의 정체를 밝히거나 주어의 상태를 밝히는 역할을 할 때 주어와 보어를 이어주는 동사.

He is my brother. They became teachers. She seems reliable.

요약수식구 summative modifier ➲ 351

유예 suspension ➲ 397

의존절 dependent clause 홀로 문장이 될 수 없는 절. 부사절접속사와 관계절접속사로 시작한다.

why he left **because** he left **that** he took

인칭대명사 personal pronoun 사람을 가리키는 대명사로 다음과 같이 분류할 수 있다.

- 1인칭 대명사: I, me, my, mine, we, us, our, ours
- 2인칭 대명사: you, your, yours
- 3인칭 대명사: he, him, his, she, her, hers, they, them, their, theirs

자동사 intransitive verb resemble, become, stand 같이 목적어가 필요없는 동사. 수동태로 바꿀 수 없다.

He exists. They slept soundly.She became a doctor.

He stands six feet tall. She will play outside today.

자유수식구 free modifier ➲ 352

장르 genre 서로 비슷한 속성을 가진 텍스트들의 집합. 특정한 종류의 커뮤니케이션을 용이하게 하는 기능을 한다.

전체주어 whole subject 문장의 동사를 찾으면 전체주어를 쉽게 찾을 수 있다. '누가' 또는 '무엇이' 그 행위를 했는지 물었을 때, 그것에 대한 답이 바로 전체주어다.

The ability of the city to manage education is an accepted fact.

- 질문: What is an accepted fact?
- 답: the ability of the city to manage education

이 답이 전체주어다. 전체주어를 찾으면 그 속에 있는 단순주어를 찾는다. 동사의 수는 단순주어에 맞춘다.

The **ability** of the city to manage education **is** an accepted fact.

전치사 preposition 전치사를 정의하기는 어렵지만, 무엇이 전치사인지 아는 것은 어렵지 않다.

in, on, up, over, of, at, by, to, for, off, over, about, from, below, under, among, inside, across, toward, within, during, between, etc.

전치사구 prepositional phrase 전치사+전치사의 목적어.

in the evening　　**under** the sea　　**near** the house

절 clause 절은 다음 두 가지 특성을 지닌다.

- 주어+동사 구조로 되어있다.
- 동사는 주어와 수가 일치해야 하며 시제를 표현할 수 있어야 한다.

she left　　that they leave　　if she left　　why he is leaving

반면 의미상 주어와 수를 일치시키지도 않고 시제도 표시하지 않는 것은 절이 아니라 구다.

for them to go　　her having gone

접속사 conjunction 단어, 구, 절을 연결해주는 단어. 기능에 따라 다음과 같이 분류할 수 있다.

- 부사절접속사 adverbial conjunction: because, although, when, since, if
- 관계절접속사 relative conjunction: who, whom, whose, which, that
- 문장접속사 sentence conjunction: thus, however, therefore, nevertheless
- 등위접속사 coordinating conjunction: and, but, yet, for, so, or, nor
- 상관접속사 correlative conjunction: both X and Y, not only X but Y, (n)either X (n)or Y, X as well as Y

부사절접속사와 관계절접속사는 종속접속사로 묶어서 분류하기도 한다.

정보구조 information structure ➔ 197

정형동사 finite verb 시제를 표시할 수 있는 동사. 시제가 표시되어 행위의 범위가 규정되어있다는 뜻이다.

She wants to leave.　　She wanted to leave.

반면 시제를 표시하지 않은 동사로는 **비정형동사, 부정사**가 있다.

젠더 gender ➲ 57, 429

종속절 subordinate clause 의존절 중 하나로 종속접속사(부사절접속사와 관계절접속사)로 시작된다. 종속절을 온전한 문장처럼 쓰면 **파편문**이 된다.

주어 subject 동사의 수를 결정하는 문장성분. **단순주어**와 **전체주어**로 구분할 수 있다.

Two men **are** at the door. One man **is** at the door.

주절 main clause 그 자체로 하나의 문장(대문자로 시작하고 종결부호로 끝나는 단위)이 될 수 있는 절.

주제 theme ➲ 212

주제의 흐름 thematic thread 글 속에서 주제가 이어져 내려가는 흐름

줄줄이 문장 run-on sentence 둘 이상의 독립절을 등위접속사로 연결하지도 않고 구두점을 찍어 분리하지 않고 나열한 문장 지금 이 문장이 바로 줄줄이 문장이다. ➲ 498

직접목적어 direct object 타동사 다음에 나오는 명사. 수동태로 전환하면 주어가 된다.

I found the money. ➜ The money was found by me.

진행형 progressive be 동사 다음에 현재분사를 놓아 행동이나 상태가 계속되고 있음을 표시한다.

Our team is winning the game. The children are watching TV.

카이아즈무스 chiasmus ➲ 396

콤마연결 comma splice 두 독립절을 접속사 없이 쉼표로 연결한 것. ➲ 505

Oil-producing countries depend too much on oil revenues, they should develop their educational and industrial resources, as well.

타동사 transitive verb 직접목적어를 필요로 하는 동사. 직접목적어는 행위의 대상이 되며, 수동태로 바꿨을 때 주어가 된다.

We **read** the book. ➜ The book **was** read by us.

클라이메스 climax ➲ 391

파편문 fragment 독립절이 아닌 (종속)절에 종결부호를 찍어 완성한 문장.

온전한 문장	파편문
He left because I did.	Because I did.
Though I am here, she is not!	Though I am here!
I know what we did.	What you did?

표층결속성 cohesion ➲ 163

한정사 determiner 명사 앞에 와서 명사의 범위를 한정해주는 역할을 하는 것 중에서 형용사를 뺀 나머지 것들. 한정사에는 다음 네 가지 요소가 있다.

- 관사article: a, an, the
- 지시사demonstrative: this, that, these, those
- 소유격 대명사possessive: my, your, his, her, its, our, their
- 수량사quantifier: one, two, first, many, much, more, most, some, once

한정어 hedge, qualifier ➲ 310

행위 action 행위는 기본적으로 동사로 표현하지만, 명사로도 표현한다(명사화). 또한 형용사 속에 숨어있는 경우도 있다.

동사	명사 (명사화된 표현)	형용사
move	movement	movable
hate	hatred	hateful
think	thought	thoughtful
advise	advice	advisable
result	result	resultant
explain	explanation	explanatory

행위자 agent 행위를 하는 주체. 원래 자신의 의지에 따라 움직일 수 있는 인격체만 행위자가 될 수 있지만, 글을 쓰는 사람의 의도에 따라 비인격체를 행위자로 표시할 수 있다.

- 실제 행위의 주체를 행위자로 삼은 경우: She **criticized** the program in this report.
- 행위의 수단을 행위자로 삼은 경우: This report **criticized** the program.

행위자는 주어로만 표시되지 않는다. 목적어로 등장할 수도 있다.

I was **arrested** and **interrogated** by the police.

이 책에서는 이야기 속 행위자를 일컬을 때는 특별히 character라는 단어를 쓰는데, 한국어번역에서는 모두 '행위자'로 번역되었다.

현재분사 present participle 동사에 ing를 붙인 형태.

running thinking watching singing getting

형용사 adject very old, very interesting처럼 very 다음에 올 수 있는 단어들.

(물론 예외도 있다. major, additional 앞에는 very를 쓸 수 없다).

the+명사 사이에 넣을 수 있다면 형용사이고, 넣을 수 없다면 부사다.

The occupational hazard the major reason

물론 the chemical hazard처럼 명사도 들어갈 수 있으니 주의하라.

형용사구 adject phrase 형용사 기능을 하는 구.

the jar in the refrigerator People want to be proud of their leaders.

형용사절 adjectival clause 명사를 수식하는 절. 대개 관계대명사(which, that, who, whom, whose)로 시작하기 때문에 관계대명사절이라고도 한다.

화제 topic ➲ 170

화제의 흐름 topic string 글 속에서 화제가 이어져 내려가는 흐름

Joseph M. Williams

조셉 윌리엄스

저자소개

시카고대학 영어영문학과 명예교수. 윌리엄스는 원래 영어의 역사를 연구하는 학자였다. 1975년 출간한 《영어의 기원에 관하여In Origins of the English Language: A Social and Linguistic History》에서 그는 인간의 진화과정까지 거슬러 올라가 현대 영어가 어떻게 발달해 왔는지 추적한다. 하지만 이 과정에서 문법과 수사학 사이에 깊은 연관성이 있다는 사실을 깨닫고, 같은 해 출간한 《새로운 영어The New English: Structure, Form, Style》에서 그 단초를 보여준다.

그의 연구는 마침내 1981년, 바로 이 책 《스타일레슨Style: Lessons in Clarity and Grace》으로 세상에 빛을 발한다. 이 책은 출간 이후 지금까지 미국의 대학, 대학원들이 가장 많이 사용하는 기본 글쓰기교재로 최근 13판까지 업데이트되어 출간되었다.

이 책을 발간하고 나서 윌리엄스는 그레고리 콜럼Gregory G. Colomb, 프랜시스 키나한Francis X. Kinahan, 로렌스 맥케너니Lawrence D. McEnerney 등 뜻을 함께 하는 동료들과 함께 혁신적인 글쓰기교육 프로그램을 구상하고 직접 학생들을 가르치기 시작한다. 이것이 바로 오늘날 시카고대학 라이팅센터의 기초가 된 리틀레드스쿨하우스The Little Red Schoolhouse다. 이 스쿨하우스에는 학부생, 대학원생은 물론, 교수, 교직원, 전문분야에 종사하는 일반인들까지 글쓰기를 배우기 위해 찾아왔고, 그 성과 또한 눈부셨다.

글쓰기교육을 진행하면서 윌리엄스의 관심은 자연스럽게 문체를 넘어 글쓰기 자체로 옮겨갔다. 그에게 글쓰기란 곧 '윤리'다. 글쓰기는 글을 쓰는 사람과 글을 읽는 사람 사이에 일어나는 사회적 행동이며, 따라서 글은 언제나 일관성있고 정직해야 한다고 주장한다. 글쓰기에 관한 새로운 통찰과 경험을 반영하여 《스타일레슨》도 계속 개정해나갔다.

1995년 윌리엄스는 스쿨하우스에서 글쓰기레슨을 하는 동료들과 함께 《학술논문작성법The Craft of Research》이라는 책을 발표한다. 학문분야나 연구수준과 상관없이 누구나 연구보고서, 논문, 책을 쉽게 쓸 수 있는 실질적인 원칙과 요령을 알려주는 책이다. 윌리엄스는 이 책에서 '쓰면서 생각하기', '독자의 시선으로 생각하기'와 같은 철학을 글 속에서 어떻게 실현할 수 있는지 구체적으로 설명한다. 또한 현대논리학의 아버지라고 불리는 스티븐 툴민Stephen Toolmin의 논증공식이 실제 글쓰기에 적용되기 어려운 부분을 지적하고 현실적인 대안을 제시한다. 이 책으로 윌리엄스는 미국평론가협회에서 주는 크리틱스초이스어워드Critics' Choice Award를 수상한다.

2001년 윌리엄스는 콜럼과 함께 《논증의 탄생The Craft of Argument》을 출간한다. 그 동안 자신들이 쌓아온 글쓰기에 관한 모든 노하우를 집대성하여 학자는 물론 일반인들도 쉽게 글쓰기에 활용할 수 있는 책을 만들어낸 것이다. 이 책에서는 특히 글쓰기의 핵심기술로 논증을 제시한다. 논증이란 진실을 찾아가는 과정일 뿐만 아니라 설득을 위한 수사학적 상황을 만들어가는 과정이라고 이 책을 통해 그는 말한다.

윌리엄스는 리틀레드스쿨하우스의 성공에 힘입어 동료들과 함께 클리어라인즈Clearlines라고 하는 글쓰기 컨설팅회사를 세워 정부기관, 대기업, 로펌, 컨설팅회사, 전문직 종사자 등 학교 밖에 있는 일반인들을 위한 글쓰기 컨설팅/교육 사업을 하기도 하였다.

조셉 윌리엄스는 책과 교육을 통해 미국의 글쓰기 문화에 상당한 영향을 미쳤다. 그만큼 많은 상을 받기도 했다. 시카고대학에서 학부생교육에서 훌륭한 성과를 내는 교수에게 주는 콴트렐어워드Quantrell Award를 받았으며, 2006년에는 미국 법률문서작성연구소Legal Writing Institute에서 법률문서의 수준을 높이는 데 특별하게 기여한 사람들에게 주는 골든펜어워드Golden Pen Award를 받았다. 법률문서작성연구소는 그에게 상을 주는 이유를 다음과 같이 설명한다.

> **명확한 글쓰기에 대한 그의 명저들은 오늘날 법률가들의 글쓰기방식에 지대한 영향을 미쳤을 뿐만 아니라, 미래의 법률가들을 키워내는 법률대학원 교수들에게도 상당한 영향을 미쳤다. 그의 소중한 가르침에 대해 우리는 보잘것없는 이 상으로나마 감사함을 표하고자 한다.**

조셉 윌리엄스는 2008년 2월 미시건 사우스헤븐에 있는 자신의 집에서 75년의 삶을 뒤로하고 세상을 떴다.

The places we have known do not belong only to the world of space on which we map them for our own convenience. They were only a thin slice, held between the contiguous impressions that composed our life at that time; the memory of a particular image is but regret for a particular moment; and houses, roads, avenues are as fugitive, alas, as the years.

우리가 아는 장소는 인간이 편의를 위해 지도위에 표시한 공간의 세계에만 존재하는 것이 아니다. 그 얄팍한 편린들은, 그 시점에 우리 삶을 구성하던 인접한 인상들 사이에 얽매여있다. 어떤 이미지에 대한 추억은 그 순간에 대한 아쉬움일 뿐이니, 아! 집도 길도 거리도 그저 덧없기만 하여라.

Marcel Proust

마르셀 프루스트 Swann's Way "스완네 집으로" translated by Scott Moncrieff and Terence Kilmartin

Dialectica Docet, Rhetorica Movet

변증법은 정보를 진술하고, 수사학은 감동시킨다

감수자 해제

철학자 쇼펜하우어는 스타일을 '정신의 생김새'라고 정의하면서, 스타일이야말로 얼굴보다 그 사람의 특징을 더 잘 보여준다고 주장한다. 그리스-로마 수사학의 대변자를 자청했던 디오니시우스의 거친 스타일rough style에서 20세기 중반 미국사회를 휩쓴 루돌프 플레쉬Rudolph Flesch의 평이한 스타일plain style에 이르기까지, 스타일은 작가의 내밀한 정신을 투명하고 명료하게 드러내야 한다는 관념이 지배했다. 이런 측면에서 명료한 스타일은 유일한 글쓰기 유형처럼 여겨져 온 것이 사실이다.

하지만 명료한 스타일을 추구하는 인간의 욕망 한 켠에는 언제나 거대한 공백, 암울한 침묵, 황폐한 전망이 도사리고 있다. 과학 수사학자 앨런 그로스Alan Gross는 간결성, 정확성, 명확성을 추구하는 스타일의 역사를 한갓 '가득한 실천, 메마른 이론'의 시대라고 폄하하며, 명료한 스타일은 철학적인 반성의 기회도 얻지 못한 채 사회적으로 강제되어온 문명의 습관에 불과하다고 비판한다. 실제로 인류역사를 돌아볼 때 지리와 인종, 성별, 계급의 차별이 존재하는 곳에서 투명하고 명료한 스타일이 유별나게 강조되었던 것은 결코 우연이 아니다. 스타일의 역사는 문자로 번역된 남성의 역사였다.

아시아의 창녀를 경계하라!

기원전 29년 할리카르낫소스 디오니시우스Dionysius of Halicarnassus가 로마에 입성한다. 한 해 전 옥타비아누스가 내전을 종식하고 제정로마의 초대황제로 등극하면서 이제 막 정치적 안정기가 시작되려는 시점이었다. 디오니시우스는 그리스는 물론 로마의 수사학 이론을 자기만의 독창적인 방식으로 정리한 《고대의 웅변가들On Ancient Orators》이라는 빼어난 저서를 출간한다.

이 책 서문에서 그는 알렉산더대왕 사후 위대한 그리스의 정신이 급속도로 타락했다고 성토하면서, 그 원인은 바로 아티카의 여신Attic Muse이 아시아의 창녀Asian Harlot에 의해 쫓겨났기 때문이라고 주장한다. 천박하고 혐오스러운 수사학, 즉 아시아의 타락한 스타일이 제국의 후미진 곳까지 장악했다는 말이다.

로마사회에서 '아시아'라는 용어는 혐오감을 자아내는 표현이었다. '아시아'는 지중해 동쪽 식민지 민족들을 비열한 노예근성을 지닌 유약한 여성에 비유하여 지칭하는 차별적 용어였다. 그리스시대에는 페르시아 지역을 의미하던 이 단어는 로마제정 초기에는 오늘날 터키에 해당하는 소아시아 지역까지 포함하더니 이후 팔레스타인과 이집트까지 포괄하게 된다.

특히 탁월한 신체의 건장한 남성성을 추구하는 그리스와 로마의 군사문화와 대립되는 개념으로 아시아는 타락한 문화와 비열한 도덕성을 상징하는 대명사로 사용된다. 예컨대 로마의 역사가 플루타르코스는 악티움해전에서 패배한 안토니우스의 정치연설이 장황하다고 지적하면서 이러한 장황함은 그가 아시아스타일에 전염된 증거라고 주장한다. 그의 생활방식이 허세와 쾌락으로 점철되었으며, 취향과 판단 역시 타락하여 결국 비참하게 인생을 마칠 수밖에 없었던 것 역시 아시아스타일 때문이었다고 단언한다. 이처럼 아시아는 언어, 정치, 문화 등 모든 상황에서 타락의 상징처럼 사용되었다.

모든 정치권력이 로마로 집중되는 와중에, 정작 로마사회 내부에서는 그리스문화에 대한 숭배의식이 갈수록 확산되고 있었다. 그리스어로 연설하고 그리스어 문학을 강독하는 것은 물론, 그리스식 이름 짓기, 그리스풍 패션과 헤어스타일이 크게 유행했다. 《변신이야기》의 저자 오비디우스는 심지어, 그리스의 전통과 문화가 그리스보다 로마에서 더 잘 유지되고 있다고 말했다. 키케로는 시칠리아 총독 가이우스 베레스가 그리스어를 잘 구사하지 못한다는 것을 주요한 이유로 꼽으며 그를 탄핵해야 한다고 주장하기도 했다.

더 나아가 '존엄한 자'를 의미하는 아우구스투스라는 칭호를 받고 황제로 추대된 옥타비아누스도 그리스-로마의 문화적 일체성을 강조하며, 자신을 지지하는 모든 정치세력에게 그리스의 생활양식을 갖추도록 독려하였고 일반인들에게는 미덕과 용기를 강조하는 그리스의 시민의식을 고취하기 위해 노력했다. 특히 아우구스투스는 아시아와는 구별되는 아티카Attica—이상적인 사회로 여겨지는 기원전 5-4세기 그리스—를 제국의 통치모델로 설정하고, 예술양식과 연설스타일에서 아시아적 요소를 철저히 배격해나간다.

이처럼 로마와 그리스 사이의 문화적 연대의식이 고조되던 상황에서 디오니시우스는 아우구스투스의 통치이념을 전파하는 명실상부한 그리스문화 전도사로 변신한다. 하지만 디오니시우스는 정작 소아시아에 위치한 그리스의 속주 카리아의 해안도시 할리카르낫소스 출신이었다. 자신이 타고난 고향과 혈통을 배반했던 것이다.

디오니시우스는 그리스의 알렉산더대왕이 페르시아의 다리우스 3세를 격파하고 아시아를 정복할 수 있었던 것도, 근본적으로 아시아가 비열한 노예근성을 지닌 여성의 땅이었기 때문이라고 주장한다. 기원전 1세기 당시 그리스-로마 문화권이 아시아에 대해 품고 있던 성적-인종적 편견과 문화적 우월감을 노골적으로 드러낸 표현이었다.

더 나아가 디오니시우스는 로마의 위대한 웅변가 키케로가 특별한 상황에서는 아시아스타일이 연설에 적합할 수 있다고 옹호한 것을 두고 그를 '여자 같은 남자'라고 공격한다. 이처럼 디오니시우스는 아시아스타일을 정신과 언어와 도덕이 타락한 표상으로 치부하는 반면, 로마인은 역사상 가장 위대한 인종이라 칭송하며 아우구스투스의 문화정책을 확고하게 뒷받침하고 발전시켜나간다.

디오니시우스는 아우구스투스를 명확한 사고와 강인한 육체가 조화된 이상적인 남성의 표상으로 추켜세운다. 또한 이상화된 남성의 신체라는 감각적 상상력을 바탕으로 화려한 장식이 배재된 단순하고 명확한 글을 아티카스타일의 전형으로 삼고, 이를 로마 수사학과 표현술의 기준으로 세우고 전파하기 위해 노력한다. 이로써 명확성은 로마의 지배계급 사이에서 로마인의 문화적 역량을 상징하는 핵심적인 가치가 된다. 이후 도덕적 타락, 언어적 무절제, 정치적 실패가 쟁점이 될 때마다 강인한 남성적 아티카스타일 대 유약한 여성적 아시아스타일의 이분법이 부각되었고 그때마다 아시아스타일은 어김없이 공격과 혐오의 대상이 되었다.

유럽과 아시아라는 지정학적 위치로 상징되는 스타일에 대한 인종적-성적 편견은 서로마 멸망 이후 중세유럽까지도 끈질기게 이어져 내려왔다. 중세유럽의 수도원에서 펼쳐진 성경 필사작업 역시 이러한 편견 위에서 실행되었다. 더 나아가 이러한 편견은 르네상스를 거쳐 오늘날에 이르기까지 언어와 형식만 달라졌을 뿐 문화적 쟁점으로 꾸준히 재현되고 있다.

바빌론의 창녀야, 네가 받을 심판을 보여주리라!

영어단어 style은 '끝이 뾰족한 필기도구'를 의미하는 라틴어 stylus에서 유래한다. 이집트에서 수입한 갈대에 금속 펜촉을 부착해 만든 스틸루스는 이집트에서 로마로, 다시 중세유럽 각지로 전파되며 서구 기독교 사회를 거대한 필경공동체scriptural culture로 변모시킨 영혼의 '날카로운 창'이었다. 거칠게 비상하는 펜촉은 흔히 수도원의 핏줄이라 불리던 성경 필사작업에서 가장 중요한 도구였다.

필경수도사들은 뾰족한 필촉으로 양이나 어린 소의 가죽으로 만든 양피지parchment의 표면에 하느님의 신성한 입김을 한 글자, 한 글자 찌-르-는 행위를 우주의 나이만큼 영원히 반복했다. 성경 한 권을 필사하기 위해서는 자그마치 양 500마리를 도축해야 했기에, 필촉을 손에 쥔 젊은 필경수도사들은 한 글자라도 틀리지 않기 위해 극도로 긴장하고 조심해야만 했다. 매끈한 양피지 위에 글자들을 정성스레 옮겨 적고 나서 행여나 실수한 획이 없는지 숨죽이며 확인하고 난 뒤 필경수도사의 입에선 황홀한 탄식처럼 한 마디가 새어 나왔다.

"Benedicamus Domino"

베네디카무스 도미노. 나의 주 하느님, 감사하나이다.

성경 필사는 분명히 힘과 절제가 요구되는 고단한 노동이었다. 1073년 독일 바이에른의 한 필경수도사는 하느님의 은총이 자신의 펜촉에 내려앉는 찰나의 황홀을 떠올리며, 수도원의 필사실을 기도의 공간이자 시련의 장소였다고 회상한다. 17살, 난생 처음 펜촉을 잡던 순간부터 인생의 절반을 필사작업에 쏟아 부었던 그가 매일같이 감당해야 했던 시련은 육신의 고통만이 아니었다.

한겨울 칼날처럼 파고드는 추위 속에서도 손가락 끝에 만져지는 그 부드럽고 관능적인 양피지는 고독한 수도사의 영혼을 마비시키는 욕정을 일깨웠다. 펜촉과 손가락으로 더듬는 양피지는 마치 타락한 여인의 관능적인 살결처럼 필경수도사의 굳건한 자제력을 끝내 무너뜨리고 남성적 활력을 분출하도록 끝없이 유혹했던 것이다. 한 낮에 그의 육신은 추위와 맞서 싸워야 했고, 한밤중에 그의 영혼은 필사작업을 하다 깨어난 관능적 욕망을 떨쳐 내기 위해 맞서 싸워야 했다. 거대한 관능이 몰고온 음탕한 환상과 죄의식에 놀란 그는 요한계시록 17장의 한 구절을 분노와 회한 속에서 강박적으로 읊어댄다.

"바빌론의 창녀Whore of Babylon야, 네가 받을 심판을 보여주리라!"

바이에른의 필경수도사는 오로지 펜촉에 의지하여 양피지의 촉각이 불러내는 그 천박한 황홀과 씨름했다. 한참의 세월이 흐른 뒤 고독한 회상을 하며 그는, 바빌론의 창녀로부터 자신의 영혼을 구원한 것은 다름 아닌 영혼의 날카로운 창, 낡은 펜촉이었다고 고백한다. 아시아의 창녀로부터 로마의 문화적 순수성을 지켜낸 디오니시우스의 투박하고 거친 스타일은 중세의 날카롭고 거친 펜촉으로 부활한 것이다.

불쾌함의 기원—문학사의 비만한 여인네들

영문학자 패트리샤 파커Patricia Parker는 스타일에 대한 취향과 판단이 성적 불평등에서 비롯된 신체적 편견을 통해 지속되어 왔다고 주장한다. 이 논의에서 그는 르네상스의 고독한 그림자로 전락한 '문학사의 비만한 여인네들literary fat ladies'이라는 개념을 제시한다. 여성의 수동성을 강조하는 비만한 육체는 스타일의 장황함volubilitas을 표상한다. 비만한 여성, 타락한 신체, 장황한 텍스트로 이어지는 부정적인 신체-문자 개념의 전통이 비로소 탄생한 것이다. 파커는 고대 히브리민족의 영감문학에서 전위적인 모더니즘 작가 제임스 조이스의 소설에 이르기까지 서양문학사를 관통하는 성적 편견이 인간의 몸과 산문의 스타일을 평가하는 절대 기준으로 자리매김하였으며, '인간의 발견'이 화두로 부상한 르네상스 시대에 와서 이러한 관념은 더욱 확고히 뿌리내렸다고 주장한다.

예컨대 르네상스 시대의 고매한 지성으로 존경받던 에라스무스는 일기와 서한을 통해 로마의 정치가 키케로의 달변을 평가절하한다. 에라스무스는 키케로의 웅변의 특징이라 할 수 있는 열정적인 달변을 그칠 줄 모르는 여성의 수다에 비유하면서, 그의 웅변에서 남성다운 활력은 찾을 수 없다고 지적한다. 더 나아가 키케로의 풍부하고 상세한 설명방식을 '비만한데다 헤

프기까지 한' 여성의 열등한 화법 같다고 폄하한다.

이처럼 비만한 여성의 신체를 장황한 스타일과 결합시킴으로써, 오직 남성적인 것만이 세상을 구원한다는 강직한 신념과 해묵은 편견은 더욱 굳건하게 강화되었다. 르네상스 시대, 장황한 스타일이 여성의 비만한 몸에 비유되기 시작하면서, 여성으로 연상되는 모든 감각, 태도, 습관은 남성성이 결여된 빈곤한 존재와 타락한 스타일을 상징하는 개념으로 자리잡는다.

문법이 제국을 지배하다: 1875년 하버드의 교과개혁운동

1667년 토마스 스프랏Thomas Sprat은 당대 과학자들의 글쓰기와 스타일선택의 기준을 일목요연하게 정리한 기념비적 저서 《런던왕립학회의 역사History of the Royal Society of London》를 출간한다. 시인이자 역사학자이자 로체스터의 주교이기도 했던 스프랏은 중세적 직관과 신념을 이제 막 태동하는 근대세계의 이성과 증명으로 대체할 것을 호소하며 수학적 정밀성을 구현해낼 수 있는 스타일의 조건을 탐구했다. 그는 결국 간결성과 명확성이야말로 탁월한 스타일의 미덕이라고 확신하고, 이를 공식적인 학술적인 글쓰기의 규범으로 선포한다.

특히 스프랏은 고대의 원시적 순수성primitive purity을 강조하며 '설명하지 말고 증명하라'고 주장했는데 이는, 공감과 연대라는 여성적 가치를 배제하고 설득과 증명이라는 남성적 가치를 추구하는 고대로부터 내려온 편견의 수사학에 기반한 것이었다. 당시로서는 독보적이라 할 수 있었던 박식함을 내세우며 스프랏은 자신의 스타일규범을 옹호하고 전파하는데 성공한다. 머지않아 그의 스타일규범은, 학계를 넘어 정치, 상업, 산업, 교육 등 다방면으로 영향력을 미치기 시작한다.

스프랏은 가장 단순한 원리로 증명할 수 없는 공식은 추상에 불과하며, 학자라면 최소한의 문장을 사용해 가장 많은 원리를 설명할 수 있어야 한다고 단언한다. 단어를 최소한 사용해 문장을 짧게 쓰는 간결함의 원리가 곧 문장의 의미를 명확하게 드러내는 토대가 된다는 그의 주장은 '확신'만을 강제하는 근대의 시대정신과 잘 호응했다.

하지만 그의 주장은 명확한 스타일의 조건을 구체적으로 보여주기보다는 '구태의연한 비유나 화려한 미사여구를 쓰지 말라'와 같은 공허한 구호만으로 이루어져있었다. 실제로 그가 내세우는 단순명확한 스타일규범은 오히려 무수한 예외사항을 만들어내 누구도 실천하기 힘들었다. 그리하여 스프랏의 스타일철학은 당시 학계를 비롯해 사회 전반에서 전폭적인 지지를 받았음에도, 정작 영국왕립협회 등 학자들 사이에서는 현실과 동떨어진 구호에 불과하다는 평가를 받았다.

스타일을 둘러싼 이러한 갈등과 이견은 시간이 가면서 흐지부지 사라지는 듯했으나, 200년을 훌쩍 넘겨 대서양 건너편에서 우연한 계기로 다시 되살아난다. 그 계기는 바로 미국 최초의 문해위기literacy crisis로 기록된 하버드대학의 작문 입학시험이었다. 무수한 주립대학들이 미국 전역에 설립되기 시작하자 1874년 하버드대학은 독보적인 자신만의 교육기준을 대외적으로 천명하고 졸업생들의 사회적 위상을 강화하고 다른 대학과 차별화하기 위한 전략으로, 입학전형의 일부로 작문시험을 실시한다.

하지만 그 결과는 참담하기 짝이 없었다. 지원자들의 글쓰기실력이 너무나 형편없는 것으로 드러났기 때문이다. 글의 수준을 평가할 필요도 없을 만큼 스펠링, 구두점, 단어선택, 문법 등 기초적인 오류들이 쏟아져 나왔다. 결국 하버드대학은 응시생 중 절반 이상을 불합격 처리하고도 기대에 미치지 못하는 신입생들을 받아들일 수밖에 없었다.

머지않아 이러한 사실은 외부로 알려졌고, 사회적인 문제로 비화되었다. 대학의 평판을 고민하던 하버드 평의회는 고등학교 교육의 부실을 원인으로 지목하고 다음 해인 1875년, New Curriculum이라는 교과개혁운동을 추진하면서, 신입생영어Freshmen English라고 하는 작문강좌를 신설한다. 당시로서는 파격적이었던 이 과목은 20년이 지난 1894년 신입생 필수과목으로

지정된다(오늘날 '대학국어'에 해당한다).

최고의 대학 하버드의 커리큘럼 개혁을 쫓아 신생 주립대학들도 너도 나도 신입생을 대상으로 하는 작문강좌를 필수과목으로 채택한다. 하지만 엄청난 수의 학생들을 대상으로 진행하는 글쓰기강좌가 제대로 성과를 내기는 처음부터 불가능한 것이었다. 예컨대 1894년 미시건대학에서는 작문교사 4명과 대학원생 2명이 2,000명에 달하는 학부생들의 작문을 매주 교정해주는 살인적인 업무를 소화해야만 했다.

이러한 상황은 하버드 역시 크게 다르지 않았다. 하버드대학의 수사학과(영문학과) 교수 바렛 웬델Barrett Wendell은 1892년 학부 신입생 170명을 상대로 글쓰기를 가르쳤는데, 매주 그가 교정하고 성적을 매겨야 했던 작문과제는 855편에 달했다. 그의 표현대로 '즐거움 없이 사는 기술을 터득해야만 감당할 수 있는 삶의 형벌'이었다. 결국 당시 작문교육은 스펠링, 구두점, 어법과 같은 기계적인 문법교육에 집중할 수밖에 없었고, 복잡하고 미묘한 음미와 반성을 요구하는 스타일에 대한 이해와 교육은 강의실 밖으로 쫓겨날 수밖에 없었다.

결국 19세기, 미국의 글쓰기교육은 문법교육의 전성기로 이어졌다. 영국왕립협회의 스프랏이 스타일의 기준으로 제시한 수학적 정밀성은 스타일이 아닌 문법에 들어맞는 개념이라는 사실도 이 당시 서서히 밝혀지기 시작했다. 수학적으로 계산 가능한 언어의 측면은 규칙에 근거한 문법이었다. 또한 고대로부터 남성적인 스타일의 특징으로 거론되어온 정확성이라는 개념 역시, 독자의 주관적인 인상에 좌우되는 스타일보다는 문법에 훨씬 잘 들어맞았다.

결국 남성적 스타일의 특징으로 거론되어온 간결성concision, 명확성clarity, 정확성precision은 더 이상 옹호하거나 설득할 필요가 없는 개념이라는 것이 드러났다. 이러한 특성은 문법을 통해 실현되는 것이기 때문이다. 19세기 '평이한 스타일'라는 거창한 탈을 쓰고 실시된 문법교육은 결국 미국의 초등학교 교실의 풍경까지 바꿔놓았다. 그렇게 문법은 힘이 세다.

짧고 간결한 문장이라는 환상

상상력이 거세된 문법교육을 개탄하며 작문교육을 폐지하는 것이 낫다는 주장이 거세지면서 결국 하버드대학은 20세기에 들어서기 전 다양한 작문 강좌를 폐지한다. 하지만 하버드를 좇아 작문을 신입생 필수과목으로 운영하고 있던 대다수 주립대학들은 교육적 반성이나 이론적 고민없이 기존의 커리큘럼을 그대로 유지한다.

이러한 상황에서 1957년 콜롬비아대학의 가독성연구소를 이끌던 루돌프 플레쉬Rudolph Flesch가 짧고 간결한 글의 과학적 우수성을 주장하며, 쉽고 평이하게 글을 써야 한다는 주장을 다시 들고 나온다. 이것이 바로 평이한 스타일Plain Style 운동이다.

스타일을 둘러싼 고대로마의 악몽을 되풀이하듯, 평이한 스타일운동은 미국사회 전역에 파고든다. 가장 좋은 영어 문장은 17개 미만의 단어로 이루어져야 하고, 화려하고 유식한 단어보다는 평이한 단어를 써야 하며, 수동태가 아닌 능동태를 사용해야 한다는 플레쉬의 주장은 마치 견고한 과학처럼 포장되어 퍼져나갔다.

플레쉬는 특히 겉으로 드러난 스타일을 수학공식처럼 풀어내 수정할 수 있다고 주장했다. 예컨대 직접 고안해낸 정교한 공식을 적용하여 AP통신의 다양한 기사의 문장길이, 어휘선택 등을 분석하고 교정할 수 있다는 것을 보여주면서 일약 사회적 유명인사로 급부상한다. 플레쉬의 가독성공식은 문법규칙을 확장한 것으로, 여성의 비만한 신체처럼 느슨한 생각과 장황한 문장을 배척하고 고대의 거친 아티카스타일을 20세기에 다시 불러내는 데 성공한다.

제임스 조이스의 난해한 텍스트를 분석하고 설명한 것으로 유명한 휴 케너Hugh Kenner는 플레쉬의 가독성공식을 비판하며, 그가 추구하는 영어는 '배관공의 영어'라고 폄하한다. 어느 가정집의 막힌 하수도를 뚫기만 하면 도시문명 하나를 건설할 수 있다고 착각하고 있다는 것이다. 더 나아가 그는 플레쉬를 '야생마를 길들이다 스스로 길들여진 조련사'라고 조롱하며, 짧고 간결한 문장이란 단순한 것을 선호하는 인간의 타성과 정교하고 복잡한 것을 두려워하는 인간의 불안이 공모하여 만들어낸 느슨한 환상에 불과하다고 비판한다. 또한 플레쉬의 가독성공식은 비용을 최소화하고 효율을 극대화하려는 자본주의의 논리를 내면화한 것이라고 지적한다.

1970년대 중반에 이르러 작문학은 물론, 미학, 교육학, 사회학, 의학, 심리학 등 다양한 학계를 비롯하여 플레쉬의 가독성공식을 표준적인 문서 제작공정으로 도입하여 사용하고 있던 산업계까지도 플레쉬의 글쓰기 이론에 대한 의구심을 드러내기 시작한다. 그럼에도 플레쉬가 촉발한 짧고 간결한 문장이라는 환상은 미국을 넘어 세계적으로 퍼져나갔고, 그의 전망이 유효하다고 믿는 사람이 여전히 곳곳에 존재한다. 결국 스타일에 대한 더 깊이있는 이해와 해명은 이제 우리가 풀어야 할 과제로 남았다.

조셉 윌리엄스: 단순함은 흉내낼 수 없는 복잡한 실천이다.

이 책《스타일레슨》의 저자 조셉 윌리엄스는 1965년 시카고대학 영문학과 조교수로 부임한 뒤 본격적으로 단어, 문법, 스타일, 수사학의 역사를 거슬러 올라가는 작업에 매진한다. 특히 그는 오늘날 스타일를 평가할 때 사용하는 부정적인 용어들의 기원을 추적하고, 영어의 역사 뿐만 아니라 그 용어가 처음 등장한 시기의 언어까지 되짚어보며 용어의 원초적 의미를 복원하기 위해 노력했다.

그러한 예 중 하나로, '미사여구'를 의미하는 purple patch라는 단어가 있다. 흔히 과장되고 불필요한 표현을 지칭할 때 사용되지만, 이 단어를 최초로 기록한 문헌에서는 지금과 사뭇 다른 의미로 사용되었다는 것을 알 수 있다. 로마의 시인 호라티우스의《시의 기교Ars Poetica》에 처음 등장한 purpureus…pannus에서 기원한 이 단어는 말 그대로 '붉은색 천 조각'을 의미한다. 호라티우스에게 이 단어는 풍경처럼 늘어서있는 문장과 단락에서 특정 단어나 문장을 인위적으로 강조함으로써 독자에게 강렬한 인상을 남기기 위해 고안된 수사적 장치를 일컫는 말이었다. 이러한 격조높은 표현술을 활용하기 위해 작가는 단어의 강세, 문장의 리듬, 비유나 환유 같은 언어의 상징적 효과에 대한 풍부한 지식을 쌓고 의식적으로 모방하고 부단히 연습해야 한다. 호라티우스는 purple patch를 세계에 대한 작가의 내밀한 개성과 의지를 세련하는 격조높은 서정이라고 추켜세웠지만, 이후 한물간 취향 또는 본질을 호도하는 조악한 장식, 여성의 허영을 상징하는 수사로 변질되고 만다.

이러한 연구를 통해 조셉 윌리엄스가 얻은 결론은 '단순함이란 흉내 낼 수 없는 복잡한 실천'에서 나온다는 것이었다. 그것은 규칙이 자명한 문법이나 '짧고 간결하고 평이하게 글을 쓰라'는 있으나마나 한 스타일규범으로는 도달할 수 없는 치열한 전망이다. 조셉 윌리엄스는 로마의 시인 오비디우스의 '진정한 기교는 기교를 숨기는 것이다Ars Est Celare Artem'라는 문장을 평생 즐겨 인용했다. 이 위대한 로마시인의 목소리를 빌어, 윌리엄스는 독자들에게 쉽게 읽히는 글은 작가의 힘겨운 고통 속에서만 탄생한다고 믿었다.

글을 읽고 글을 쓰는 모든 행위의 이면에는 탁월함을 동경하는 독자의 열망과 복잡함을 감내하는 작가의 노고가 늘 날카롭게 맞부딪힌다. 정직한 문법에는 기교가 부재하고, 평이한 스타일에는 기교가 부족하다. 여성적이고 사소한 것으로 폄하되던 아시아스타일의 가치가 바로 이 지점에서 빛을 발한다고 말해도 틀리지 않을 것이다.

철학자 니체는 심하게 아파본 사람만이 세련될 수 있다고 고백한다. 《스타일레슨》의 소중한 교훈을 실천하기 위해 우리 번역가들은 기꺼이 경험하고, 모방하고, 아파했으니, 독자들은 우리를 대신해 평안한 독서를 즐길 수 있을 것이다.

딱딱한 계산에서 황홀한 열정으로

1930년 10월, 브르타뉴 출신의 장 그르니에Jean Grenier는 알제리의 수도 알제의 한 고등학교 교사로 부임하고 얼마 뒤 창백한 표정 속에 조숙한 열정을 간직한 한 학생을 발견한다. 하지만 그 학생은 머지않아 결핵으로 인해 학업을 중단했고, 그르니에는 가정방문을 빙자해 빈민가에 사는 학생을 찾아 나선다. 이로써 평생 감사와 존경으로 맺어진 20세기 문학사에서 가장 극적인 스승과 제자 사이의 우정이 탄생한다. 제자의 이름은 바로 알베르 카뮈Albert Camus다.

광활한 바다와 눈부신 태양, 특히 아름다운 소녀들의 수다를 끔찍이 사랑한 카뮈, 그의 산만한 열정 속에서 눈부시게 빛나는 '고독'을 간파하고, 이를 글쓰기에 대한 집념과 황홀로 승화할 수 있도록 이끌어준 그르니에, 한참의 세월이 흐른 뒤 서로의 우정을 이어주던 편지에 빼곡한 문장 대신 여백과 침묵이 더 많아지던 1959년 어느 봄날, 그르니에는 《섬》을 완성하고 나서 제자 카뮈에게 서문을 써 달라고 부탁한다.

> **조그만 책을 펼치고 그 처음 몇 줄을 읽다 말고는 다시 접어 꼭 껴안고, 마침내 아무도 보는 이 없는 곳으로 달려가 미친 듯이 읽고 싶다는 일념으로 내 방까지 한달음으로 달려가던 그날 저녁으로 나는 되돌아가고 싶다. 나는 아무런 회한도 없이, 부러워한다. 오늘 처음으로 이 책 《섬》을 펼쳐보게 될 저 낯선 젊은이를 뜨거운 마음으로 부러워한다.**

그 자신이 프랑스의 이방인이었던 카뮈의 겸손한 문장으로 이 글의 끝맺음을 대신한다.

2018년 3월

—라성일

https://xcendo.net/style

이 책을 학습하거나 수업교재로 사용할 때

도움이 되는 자료들을

PDF로 다운로드 받을 수 있습니다.